처음 배우는 매트랩

MATLAB for Engineers

방성완 지음

지은이 **방성완** sungbang@yahoo.com

서강대학교 전자공학과에서 학사 과정을 마친 뒤, 다우기술에서 UNIX 기반의 메인 프레임 시스템에 관한 기술 영업으로 근무했다. 미국 메인주립대학교(University of Maine) 전기 및 컴퓨터공학과에서 석사 학위를 받고, 2006년 미국 러트거스뉴저지주립대학교(The State University of New Jersey) 전기 및 컴퓨터공학과에서 광통신 시스템 분야로 박사 학위를 받았다. 2011년부터 2021년 7월까지 중앙대학교 전자전기공학부에서 C 프로그래밍, 공업수학, 물리전자, 수치해석을 영어로 강의했고 이후 중앙대학교 차세대반도체 혁신공유대학에서 근무했다. 관심 분야는 인공지능을 이해하는 데 필요한 기초 과목(파이썬, 통계 등)과 인공지능을 응용한 차량 반도체이다. 저서로는 『제대로 배우는 MATLAB&Simulink』(한빛아카데미, 2020), 『처음 만나는 회로이론(2판)』(한빛아카데미, 2021), 『MATLAB으로 배우는 공학 수치해석(3판)』(한빛아카데미, 2023)이 있다.

처음 배우는 매트랩

초판발행 2023년 4월 10일

지은이 방성완 / **펴낸이** 전태호

펴낸곳 한빛아카데미(주) / **주소** 서울시 서대문구 연희로2길 62 한빛아카데미(주) 2층

전화 02-336-7112 / **팩스** 02-336-7199

등록 2013년 1월 14일 제2017-000063호 / **ISBN** 979-11-5664-582-5 93560

책임편집 박현진 / **기획** 김평화 / **편집** 김평화, 임여울, 박현진

디자인 표지 박정우 내지 윤혜원 / **전산편집** 임희남 / **제작** 박성우, 김정우

영업 김태진, 김성삼, 이정훈, 임현기, 이성훈, 김주성 / **마케팅** 길진철, 김호철, 심지연

이 책에 대한 의견이나 오탈자 및 잘못된 내용에 대한 수정 정보는 아래 이메일로 알려주십시오.

잘못된 책은 구입하신 서점에서 교환해 드립니다. 책값은 뒤표지에 표시되어 있습니다.

홈페이지 www.hanbit.co.kr / 이메일 question@hanbit.co.kr

Published by HANBIT Academy, Inc. Printed in Korea

처음 배우는 매트랩

MATLAB for Engineers

방성완 지음

한빛아카데미
Hanbit Academy, Inc.

한 단계씩 차근차근 배우는 MATLAB 프로그래밍

MATLAB은 공학의 기초인 행렬을 이용하여 최신 데이터와 함수를 쉽게 처리할 수 있는 프로그래밍 언어로, 데이터를 시각화하여 고품질의 그래프로 나타낼 수 있다. 이 밖에도 일반적인 공학 및 과학의 연산을 지원하는 내장함수가 광범위하게 포함되어 있으며, 연산을 빠르게 실행할 수 있는 최적화된 라이브러리를 제공한다. 또한 확장된 기능을 갖는 심벌릭 툴박스를 제공하고 데이터 분석, 알고리즘 개발, 모델 작성을 위한 다양한 수치 메소드를 제공한다. MATLAB은 플랫폼 간의 호환성이 높기 때문에 매우 강력하면서도 유용한 개발 환경을 제공한다.

2012년에 처음 MATLAB 관련 책을 출판했었는데, 그 당시만 해도 국내 대학 중 일부 몇몇 대학에서만 MATLAB을 다루었다. 그러나 세월이 흐르면서 MATLAB을 이용하는 기초 및 응용 강의의 비율은 점차 늘어나는 추세이다. 이와 동시에 MATLAB의 중요성을 인식하고 MATLAB을 배우려는 공학 전공자도 꾸준히 늘고 있다. 저학년일 때 MATLAB 프로그래밍을 학습하면 MATLAB 응용 비중이 늘어나는 고학년의 심화과목을 수강할 때 훨씬 더 수월해진다. 제임스 웹(James Webb)의 우주 망원경을 통해 우주의 신비함에 대한 갈증을 해소했던 것처럼 MATLAB을 통해 공학의 난해함에 대한 의문을 해결할 수 있을지 모른다.

기존 MATLAB 관련 책들은 엘리베이터를 타고 1층에서 10층을 갔다가 다시 3층으로 내려오는 것처럼 그때그때 상황에 맞춰 내용을 소개하고 있다. 반면에 이 책은 계단을 1층부터 차례대로 오르며 근력을 키우듯 MATLAB의 기초 개념부터 고급 개념까지 독자 스스로 내공을 차근히 쌓을 수 있도록 돕는다. 이를 위해 교재 전반에 걸쳐 MATLAB의 다양한 기능을 소개하고, 다양한 분야에 어떻게 활용되는지 살펴본다. 이론과 연계된 MATLAB 실습은 대화형 인터페이스를 사용하는 MATLAB의 화면을 통해 생생하게 학습할 수 있도록 한다. 실습에서 사용한 100여 개의 파일은 온라인에서 제공되며, MATLAB 프로그래밍에 익숙해지려면 한 번쯤 관심을 두고 살펴볼 만하다.

이 책의 구성

1장에서는 MATLAB의 개발 배경, 주요 특징을 설명하고 MATLAB 평가판을 스스로 다운로드하여 설치하는 방법을 다룬다. 이때 MATLAB을 통한 실습을 수월하게 할 수 있도록 전체 화면 구성을 상세하게 설명한다. MATLAB에서는 다양한 부호를 사용하는데, 이들 부호를 올바르게 사용할 수 있도록 기능을 상세히 설명한다.

2장에서는 수학의 연산과 비슷하면서 다른 특징을 갖는 배열의 연산, 그리고 MATLAB에서 특성화되어 있는 배열의 각양각색의 부호 및 명령어에 대한 기초 사용법을 배운다. 배열(array)은 동일한 형태의 숫자 또는 문자들로 이루어진 유한집합으로 정의한다. 이는 MATLAB에서 가장 중심이 되는 내용이다. MATLAB을 실현하기 위해 최소 한 번 이상 등장하는 배열은 두 개 부분으로 세분화시켰다. 3장에서는 문자열, 구조, 셀형의 배열의 유용한 응용 방법 및 다차원 배열을 알아본다.

1~3장에서 MATLAB 환경에 대한 내용을 맛보기로 다루었다면, 4장에서는 MATLAB 환경이 아닌 외부에서 생성된 파일을 알아보고, MATLAB에서 독창적 형태로 만들어지는 파일과 어떠한 연관성이 있는지 살펴본다. 예를 들어 MATLAB의 내부 혹은 외부에서 만들어진 텍스트 파일, 엑셀 파일, 이미지 파일, 오디오 파일이 자유로운 입출력 형식을 통해 호환되는 과정을 담고 있다. 5장에서는 2차원 및 3차원 그래프를 이용하여 실험이나 수식으로 얻은 복잡한 수치 및 자료를 시각적으로 훨씬 명쾌하게 그릴 수 있는 방법을 다룬다.

6장부터 8장까지는 MATLAB 프로그램의 심화 내용을 설명한다. 먼저 6장에서는 MATLAB 프로그램의 설계 및 구현을 이해하기 위해 제어 구조, 모듈, 조건문, 순환문, 혼합문의 알고리즘에 대한 개념을 다룬다. 7장에서는 MATLAB에서 기본으로 제공하는 내장변수와 내장함수를 간략하게 살펴보고, 스크립트 파일에 입출력 형태에 따라 다양한 사용자정의 함수를 작성하여 실행 및 저장하는 방법을 설명한다. 8장에서는 공학 및 과학 분야의 수식을 보다 편리하게 계산하는 데 활용하는 심벌릭 툴박스의 다양한 사용법을 살펴본다.

마지막으로 응용 파트인 9장에서는 스크립트 파일로 작성한 기초수학 문제와 기초공학 문제뿐만 아니라 다소 어려운 응용공학 문제를 코딩하는 방법을 소개한다.

감사의 글

기초부터 응용까지 모든 내용을 포괄적으로 담은 MATLAB 교재를 출간할 수 있는 기회가 주어진 것에 감사하다. MATLAB을 배우고자 하는 독자들에게 유용한 한 권의 프로그래밍 책이 되기를 바라면서 서두르지 않고 시종일관 한 단계씩 차근차근 집필했다. 유학 생활과 새로운 회사에 적응하기 바쁜 와중에도 자주 안부를 전하는 박종익 군과 최은수 군, 집필에 대해 항상 좋은 피드백과 응원을 보내주는 윤해인 양에게 감사함을 전한다.

지은이 **방성완**

미리보기

이 장에서는 먼저 MATLAB의 배경과 주요 특징을 살펴보며 현재 MATLAB이 왜 유용하게 사용되는 프로그램인지 살펴본다. 그리고 MATLAB의 시작부터 종료까지 그 과정을 실제 화면으로 생생하게 설명한다.

MATLAB의 기본기를 탄탄하게 기를 수 있도록 복잡하고 난해한 명령어를 간편하게 설명하는 도움말 기능을 알아보고 각종 부호의 쓰임에 대해 살펴본다. 이 밖에도 MATLAB 자료를 언제든지 다시 불러올 수 있도록 파일을 저장하는 방법과 각 파일의 확장자에 대해서도 학습한다.

장 도입글

해당 장의 주요 내용을 소개하여 장의 전체 그림을 그려본다.

SECTION 8.7

심벌릭 그래프

학습 목표

- plot, ezplot 함수를 이용하여 심벌릭 그래프를 그린다.
- plot, ezplot 함수의 차이점을 이해한다.

하나의 변수로 표현된 심벌릭 수식의 그래프를 쉽게 그릴 수 있는 ezplot 함수에 대해 살펴보자.

ezplot 함수

ezplot은 입력 변수가 x로 명시되는 함수 $f(x)$의 그래프를 기본 영역 $-2\pi < x < 2\pi$에 대해 그려준다.

ezplot 함수의 기본 형태는 다음과 같다.

```
ezplot(E, [xmin  xmax])
```

- E : 그래프로 나타낼 심벌릭 수식
- xmin : 사용하는 변수의 최소 범위
- xmax : 사용하는 변수의 최대 범위

TIP 변수의 최소 및 최대 범위를 지정하지 않으면 범위는 기본인 $[-2\pi \ \ 2\pi]$로 지정된다.

[그림 8-81]은 입력 변수 x가 $-3 \le x \le 5$의 범위에서 0.1씩 증가할 때 수식 $E = x^2 - 2x + 5$의 일반적인 그래프를 그리기 위한 명령어 입력을 보여준다. [그림 8-82]는[그림 8-81]에 대한 그래프를 보여준다.

```
Command Window
>> x = -3:0.1:5;
>> E = x.^2-2*x+5;
>> plot(x,E);
>> xlabel('x');
>> ylabel('E');
>> title('E = x^2-2x+5');
```

그림 8-81 일반적인 그래프를 그리기 위한 명령어 입력하기

학습 목표

해당 절에서 배울 내용을 미리 보여준다.

주요 명령어&함수

반드시 알아야 할 주요 명령어 및 함수를 한눈에 파악할 수 있도록 보여준다.

TIP

참고로 알아두면 좋은 내용과 실습 과정에서 주의해야 할 사항을 설명한다.

NOTE

본문을 이해하는 데 도움이 되는 참고 내용, 심화 내용 등을 설명한다.

Note 시뮬링크 파일의 확장자

이 책에서는 다루지 않지만, MATLAB의 시뮬링크는 파일의 이름이 'simul'이면 확장자 .slx를 붙인 'simul.slx'가 된다. 2015b 버전 이전에 사용한 시뮬링크 확장자는 .mld였으나 2015b 버전 이후의 시뮬링크 확장자는 .slx이다.

.mdl 파일은 단일 텍스트 파일이고 .slx 파일은 압축 패키지이다. 일반적으로 상위 버전에서 생성된 파일은 하위 버전에서는 사용하지 못하지만, 하위 버전에서 생성된 파일은 상위 버전에서도 사용할 수 있다. 예를 들어 2020a 버전에서 설계한 시뮬링크 파일 'simul20.slx'는 2010b 버전의 시뮬링크에서는 사용할 수 없다. 반면에 2010b 이전 버전에서 설계한 시뮬링크 파일 'simul10.mld'는 2020a 버전의 시뮬링크를 실행하여 불러온 후 'simul10.slx'로 새로 저장하면 계속 사용할 수 있다.

실습 6-7 M-File | cond10.m

[실습 6-6]에서 if문을 만족하는 경우는 "Passed"만을 출력하고 만족하지 않는 경우는 "Failed"와 "Sorry, take course again."을 동시에 출력하는 프로그램으로 수정하라.

풀이

```
cond10.m
grade = input('Enter your score:');
if(grade >= 40)
    disp("Passed")
else
    disp("Failed")
    disp("Sorry, take course again")
end
```

그림 6-25 [실습 6-7]의 스크립트 파일

end 명령어 다음에 쓰여진 출력문 "Sorry, take course again"를 지우고 else문에 이어져 나오는 "Failed" 다음에 출력문을 지정한다.

```
Command Window
>> cond10
Enter your score:45
Passed
>> cond10
Enter your score:30
Failed
Sorry, take course again
```

그림 6-26 [실습 6-7]의 실행 결과

참인 조건을 만족하는 45를 입력하면 "Passed"만을 출력하고, 참인 조건을 만족하지 않는 30을 입력하면 "Failed"와 "Sorry, take course again"을 함께 출력한다.

M-File

실습에서 사용하는 파일명을 보여주며 이 파일은 온라인에서 다운로드할 수 있다.

실습

본문에서 다룬 개념을 응용하여 문제와 풀이를 제시한다.

CHAPTER

06 연습문제

6.1 다음과 같은 두 행렬이 있다. 관계 연산자를 이용하여 행렬 **B**의 원소가 행렬 **A**의 원소보다 작은 원소를 찾고, 행렬 **B**의 원소가 4와 동일한 원소를 찾은 후 실행 결과를 설명하라.

$$\mathbf{A} = \begin{bmatrix} 2 & 2 & 9 \\ 8 & 9 & 8 \\ 3 & 4 & 7 \end{bmatrix}, \quad \mathbf{B} = \begin{bmatrix} 1 & 7 & 7 \\ 8 & 4 & 3 \\ 9 & 2 & 4 \end{bmatrix}$$

6.2 다음과 같은 행렬 **C**가 있다. 행렬 **C**의 원소 중에 5와 동일한 모든 원소를 −5로 대체시켜라.

$$\mathbf{C} = \begin{bmatrix} 7 & 7 & 0 & 3 \\ 1 & -4 & 5 & -6 \\ 5 & 5 & 1 & 2 \\ 3 & 4 & 2 & 5 \end{bmatrix}$$

연습문제

다양한 공학 주제를 연계하여 양질의 연습문제를 제공한다.

이 책의 사용 설명서

강의 보조 자료

한빛아카데미 홈페이지에서 '교수회원'으로 가입하신 분은 인증 후 교수용 강의 보조 자료를 제공받을 수 있습니다. 한빛아카데미 홈페이지 상단의 〈교수전용공간〉 메뉴를 클릭하세요.

http://www.hanbit.co.kr/academy

온라인 자료 안내

이 책의 온라인 자료는 다음 경로에서 내려받을 수 있습니다.

한빛아카데미 홈페이지 접속 → [도서명] 검색 → 도서 상세 페이지의 [부록/예제소스]

학습 로드맵

STEP 01 기초	**1장** 처음 만나는 MATLAB
	2장 MATLAB의 산술 및 배열 연산
	3장 배열의 유형과 응용
	4장 MATLAB의 파일 처리
	5장 MATLAB의 그래프
STEP 02 심화	**6장** 조건문과 순환문
	7장 MATLAB의 변수와 사용자정의 함수
	8장 심벌릭 함수
STEP 03 응용	**9장** MATLAB으로 공학 문제 해결하기

참고문헌

1. W.J. palm III, 『Introduction to MABLAB7 for Engineers』, 3rd Ed., McGraw-Hill, 2010.

2. H. Moore, 『MATLAB for Engineers』, 4th Ed., Prentice Hall, 2014.

목차

목차

CHAPTER 03 | 배열의 유형과 응용

CHAPTER 04 | MATLAB의 파일 처리

CHAPTER 05 | MATLAB의 그래프

CHAPTER 06 | 조건문과 순환문

CHAPTER 07 | MATLAB의 변수와 사용자정의 함수

CHAPTER 08 | 심벌릭 함수

목차

CHAPTER

01

처음 만나는 MATLAB

이 장에서는 먼저 MATLAB의 배경과 주요 특징을 살펴보며 현재 MATLAB이 왜 유용하게 사용되는 프로그램인지 살펴본다. 그리고 MATLAB의 시작부터 종료까지 그 과정을 실제 화면으로 생생하게 설명한다.

MATLAB의 기본기를 탄탄하게 기를 수 있도록 복잡하고 난해한 명령어를 간편하게 설명하는 도움말 기능을 알아보고 각종 부호의 쓰임에 대해 살펴본다. 이 밖에도 MATLAB 자료를 언제든지 다시 불러올 수 있도록 파일을 저장하는 방법과 각 파일의 확장자에 대해서도 학습한다.

SECTION 1.1

MATLAB의 소개

학습 목표

- MATLAB의 개념과 특징을 학습한다.
- MATLAB을 설치하고 실행한다.
- MATLAB의 실행을 종료한다.

1. MATLAB이란?

MATLAB은 미국 매스웍스(MathWorks) 사에서 개발한 프로그래밍 언어로, MATrix LABoratory를 줄인 말이다. 이름에서 알 수 있듯이 MATLAB은 행렬(matrix)과 깊이 관련되어 있다.

최초의 MATLAB은 프로그래밍 언어가 아니라 단순한 대화형 행렬 계산기 역할을 했으며, 지금처럼 프로그램을 작성하거나 툴박스(toolbox)를 이용하고 그래프를 그리는 환경은 지원하지 않았다.

미국 뉴멕시코(New Mexico) 주립대에서 선형대수학과 수치해석을 강의하는 클레브 몰러(Cleve Moler) 교수는 포트란(Fortran)[1] 언어를 작성할 필요 없이 이들 패키지 라이브러리에 쉽게 접근할 수 있는 MATLAB 개발을 시작했다. 당시 학생들은 포트란을 기반으로 하는 LINPACK(Linear Equation Package)과 EISPACK(Matrix Eigensystem Package)[2]을 사용했는데, 이들 패키지는 학생들이 사용하기에 어려웠다.

그리고 미국 IBM 사에서 개인용 컴퓨터를 개발한 2년 후인 1983년에 매스웍스 사의 공동 창업자 잭 리틀(Jack Little)의 제안으로 상업적 목적의 MATLAB을 개발하게 되었다. 개인용 컴퓨터를 사용하는 'PC-MATLAB'은 1984년 IEEE(전기전자학회)가 미국 라스베이거스에서 개최한 '결정과 제어' 학회에서 처음 소개되었다. 1985년에 유닉스(Unix) 운영체제를 기반으로 하는 워크스테이션(workstation)을 위한 'Pro-MATLAB'이 출시되어 현재에 이르고 있다.

현재 MATLAB은 공학자에게 강력하면서도 유용한 프로그래밍 언어와 개발 환경을 제공하고 있다.

1 IBM 사에서 개발한 과학 기술용 프로그래밍 언어이다.

2 LINPACK과 EISPACK은 수치계산을 위한 과학적인 서브루틴 라이브러리 패키지이다.

MATLAB의 주요 특징을 정리하면 다음과 같다.

■ 개발하기에 쉽고 효율적이다.

대화형(interactive) 인터페이스를 사용하므로 쉽고 효율적으로 개발할 수 있다. 다른 프로그래밍 언어와는 달리 컴파일 과정 없이 출력 결과를 직접 MATLAB의 명령 창에 보여준다.

■ 데이터 및 함수를 쉽게 처리한다.

행렬을 이용하여 데이터와 함수를 쉽게 처리할 수 있다. 또한 데이터를 벡터화시켜 계산하므로 자동 메모리 할당이 가능하다.(따라서 효율적으로 프로그래밍 할 수 있다.)

■ 최적화된 라이브러리를 제공한다.

일반적인 공학 및 과학의 연산을 지원하는 내장(built-in) 함수가 광범위하게 포함되어 있으며, 핵심적인 수학 함수는 벡터와 행렬 연산을 빠르게 실행할 수 있도록 최적화된 라이브러리를 제공한다.

■ 최신 데이터 구조 및 데이터 유형을 제공한다.

수 체계의 최상위인 복소수(complex number)를 포함하여 다양한 최신 데이터 구조 및 데이터 유형을 제공한다.

■ 시각화가 가능하다.

행렬을 이용하여 처리시킨 데이터와 함수를 고품질의 그래프로 시각화할 수 있다.

■ 심벌릭 툴박스를 제공한다.

수학 연산을 좀더 편하게 할 수 있도록 심벌릭 툴박스(symbolic toolbox)를 제공한다. 또한 데이터 분석, 알고리즘 개발, 모델 작성을 위해 다양한 수치 연산 메소드(method)를 제공한다.

■ 플랫폼 간 호환이 수월하다.

플랫폼(platform) 간에 호환이 가능한 프로그램 파일을 제공한다. 그러므로 C 언어, 파이썬(python) 언어와 연결하여 프로그램을 개발 및 확장하기가 수월하다. 또한 객체 지향 프로그래밍 언어인 자바(Java)를 지원한다. 필요에 따라 응용 및 시뮬레이션을 위한 다수의 애드온(add-on) 툴박스 패키지를 추가하면 더욱 확장된 기능을 사용할 수 있다.

Note 컴파일이란?

[그림 1-1]은 프로그래밍 언어의 가장 기본인 C 언어의 실행 프로세스를 보여준다.

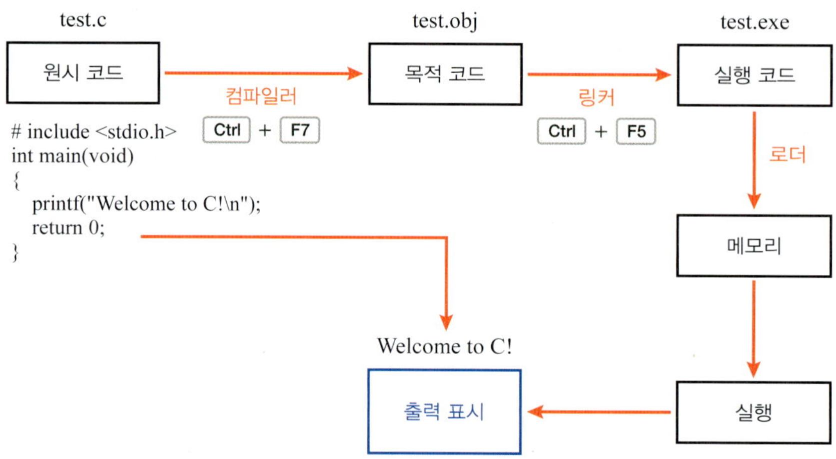

그림 1-1 C 언어 실행 프로세스

C 언어에서 문서 편집 시스템을 이용하여 "Welcome to C!"를 작성하면 C 언어 파일 test.c가 저장되는데, 이를 원시 코드(source code)라고 한다. 컴파일(compile)은 저장된 원시 코드를 컴파일러(compiler) 프로그램을 통해 기계 언어 코드로 변환하는 것을 말한다. 보통 프로그래밍 언어는 컴파일 과정을 거쳐 결과를 출력한다. 그러나 MATLAB은 컴파일 과정 없이 출력 결과를 명령 창에 바로 보여준다. 그렇다고 해서 MATLAB을 프로그래밍 언어의 범주에서 빼면 안 된다.

[그림 1-2]는 MATLAB의 명령 창에 "Welcome to MATLAB!"이 출력된 것을 보여준다. MATLAB 명령 창에 대한 내용은 1.2절에서 더 자세히 살펴볼 것이다.

그림 1-2 MATLAB의 출력 결과

2. MATLAB 설치하기

MATLAB을 설치하려면 매스웍스코리아 홈페이지에 접속하여 최신 버전의 평가판을 다운로드하면 된다.[3] 자세한 설치 방법은 다음과 같다.

1 평가판 다운로드하기

❶ 매스웍스코리아 홈페이지(https://kr.mathworks.com/products/matlab.html)에 접속하여 [소프트웨어 평가판 신청] 버튼을 클릭한 후 ❷ 계정을 생성하여 로그인한다. ❸ 이어지는 화면에서 [컴퓨터에 MATLAB 설치] 버튼을 선택한 후 ❹ 자신이 사용 중인 운영체제를 클릭하여 설치 파일을 실행하거나 저장한다.

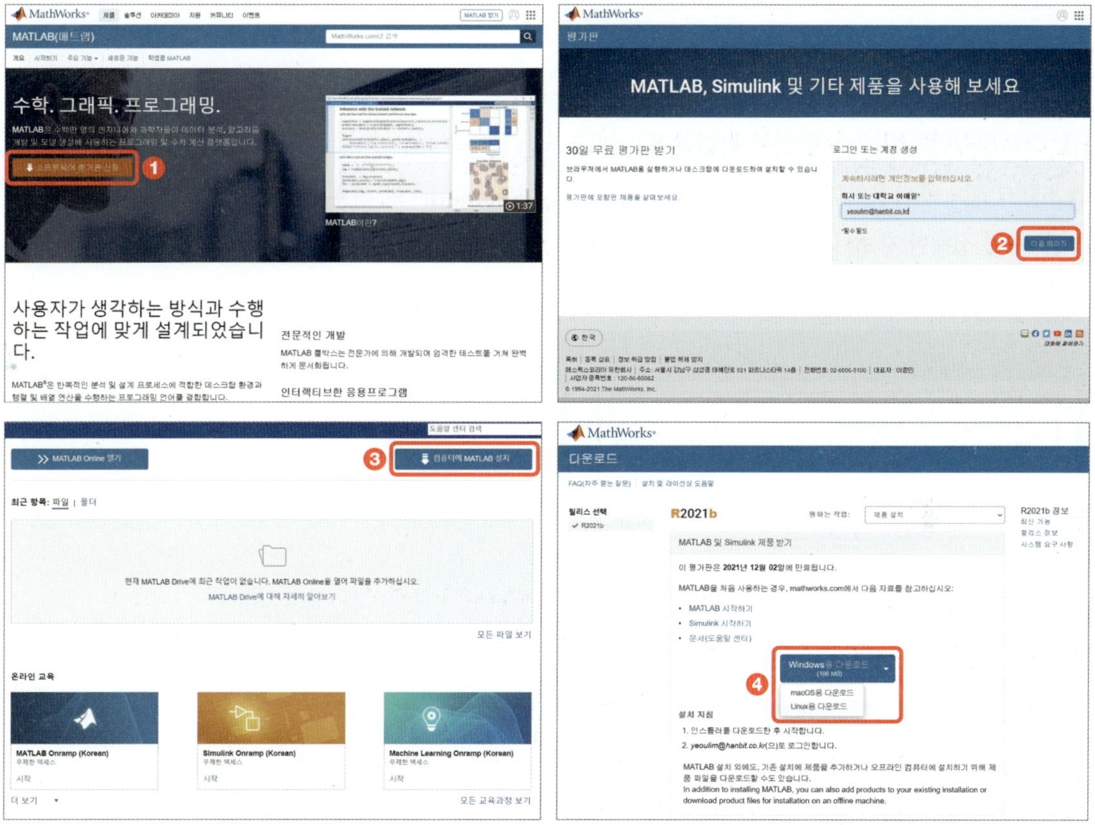

---

3 이 책에서 사용하는 버전은 R2020a이다. 만일 R2020a 버전이 없다고 해도 R2019b 이후 버전이라면 충분히 실습할 수 있다.

2 로그인하기

설치 파일을 실행한 후 다시 로그인한다.

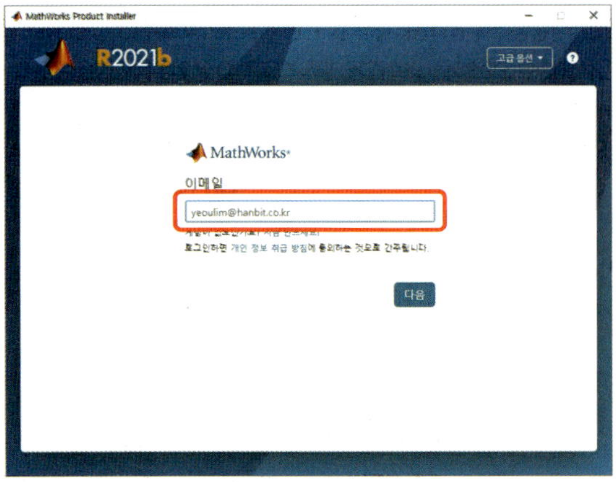

3 소프트웨어 라이선스 동의서 확인하기

❶ 소프트웨어 라이선스 동의서(Software License Agreement)의 내용을 살펴보고, 그 내용에 동의한다면 '예'를 선택한 후 ❷ [다음] 버튼을 클릭한다.

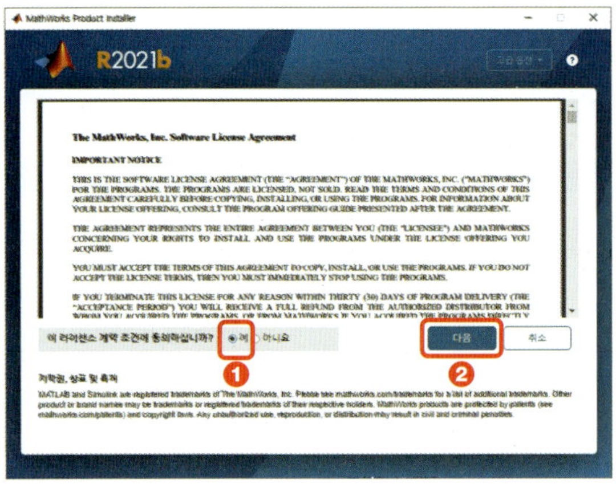

4 설치 정보 제공하기

❶ 다운로드한 평가판의 라이선스 정보가 나타나면 그중 하나를 선택하고 ❷ [다음] 버튼을 클릭한다. ❸ 이어지는 화면에서 사용자 정보가 맞는지 확인하고 ❹ [다음] 버튼을 클릭한다.

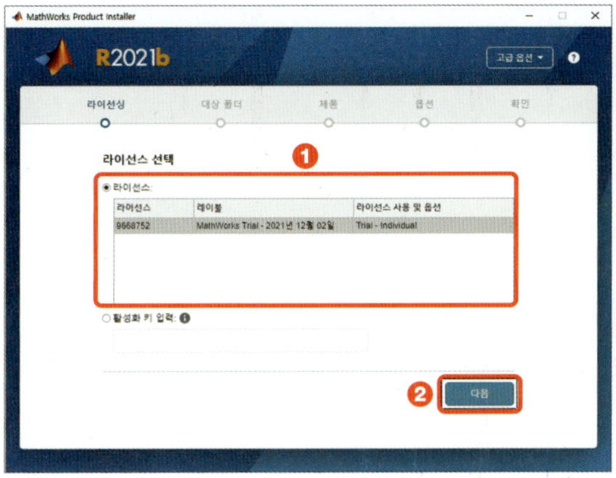

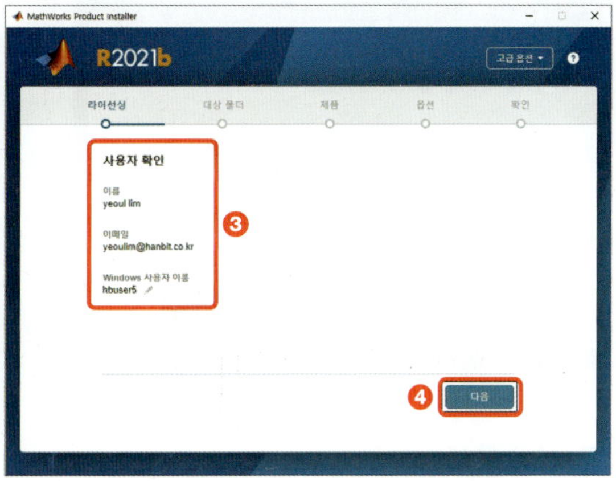

5 설치 경로 지정하기

MATLAB을 설치할 경로를 지정한다. 기본 설치 경로는 C:\Program Files\MATLAB\R2021b이지만 이는 사용자의 편의에 따라 변경할 수 있다. ❶ [찾아보기] 버튼을 클릭하고 설치 경로를 지정(또는 직접 입력)한 후 ❷ [다음] 버튼을 클릭한다. 여기서는 기본 설치 경로로 설치 폴더를 지정했다.

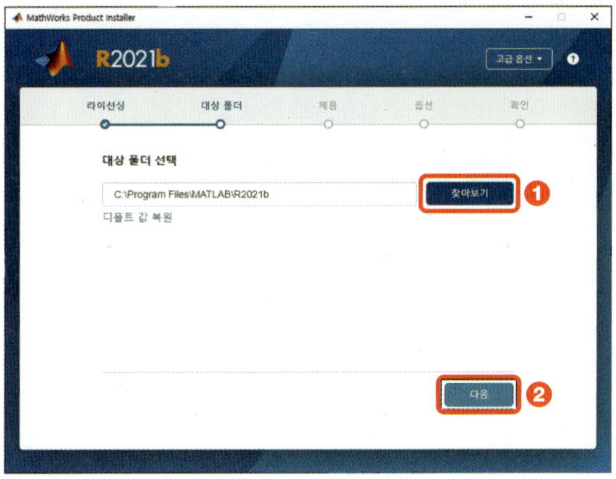

6 설치할 제품 선택하기

❶ 설치할 제품을 선택한 후 ❷ [다음] 버튼을 클릭한다.

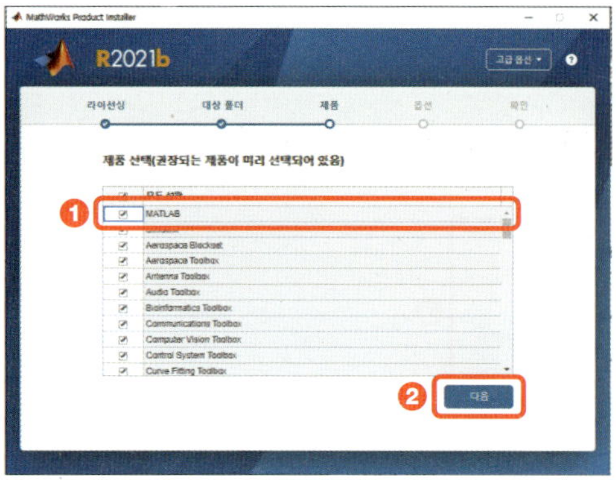

7 설치 옵션 선택하기

❶ '바탕 화면에 바로 가기 추가'를 선택한 후 ❷ [다음] 버튼을 클릭한다.

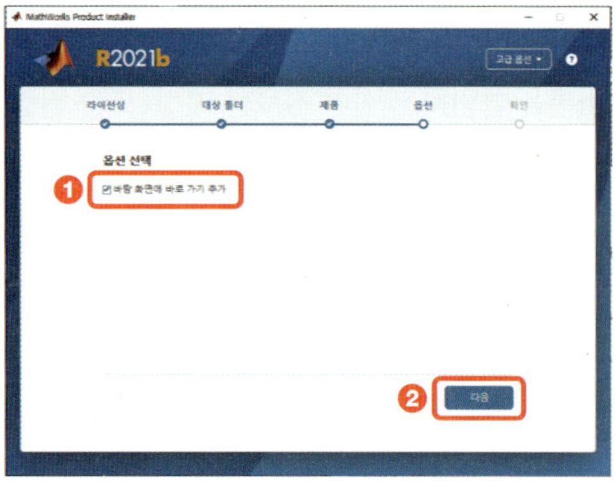

8 선택 사항 확인하기

지금까지 선택한 내용을 확인한다. 설치를 계속 진행하려면 [설치 시작] 버튼을 클릭한다.

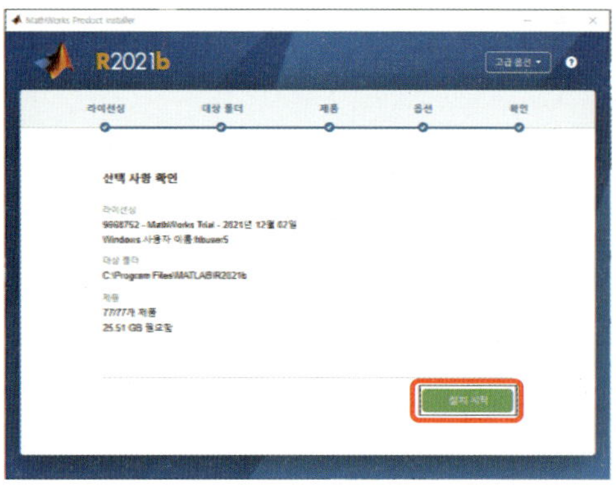

9 설치 완료

프로그램이 모두 설치될 때까지 기다린 후 완료 창이 뜨면 [닫기] 버튼을 클릭한다.

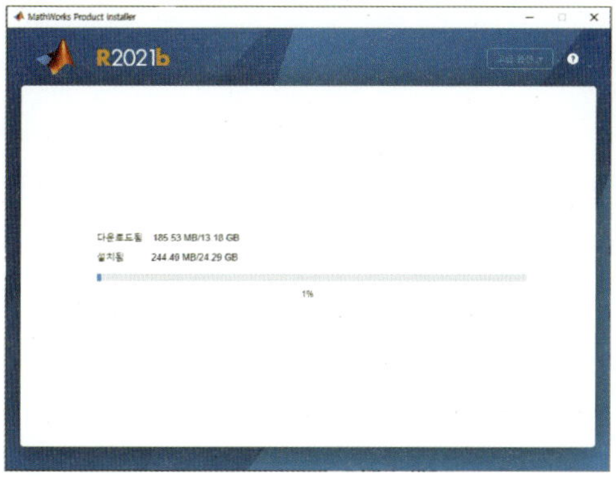

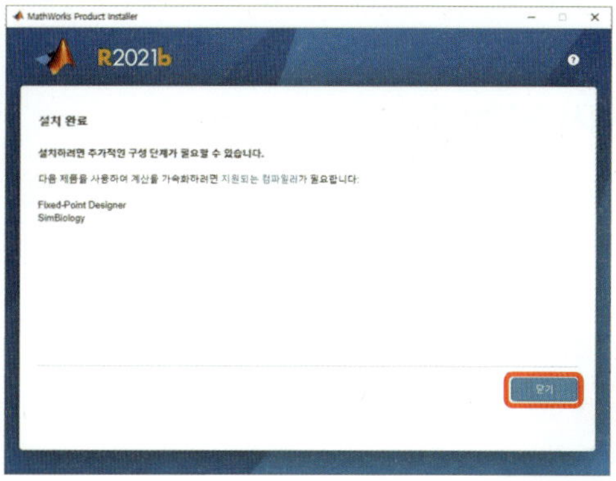

Note a 버전과 b 버전의 차이점

소프트웨어의 버전을 다룰 때 영문자 a는 알파(alpha) 버전, b는 베타(beta) 버전을 나타낸다. 일반적으로 동일 연도의 b 버전은 a 버전보다 새로운 기능이 추가된 최신 버전이다. 반면에 소프트웨어의 신뢰성은 a 버전이 b 버전보다 높다. 즉 a 버전은 완전하게 발표된 상태이고 b 버전은 안정성을 검토하는 단계로서 1년 후 출시될 a 버전의 준비 상태로 볼 수 있다. 실제로 2020a 버전과 2020b 버전은 연도만 동일하게 표시할 뿐, 기본적인 성격은 다르다.

표 1-1 소프트웨어의 버전

구분	a 버전	b 버전
의미	알파(alpha)	베타(beta)
기능	비교적 적음	비교적 많음
신뢰성	높음	낮음

연도가 다른 경우 2020b 버전은 다음 연도의 2021a 버전을 미리 출시한 버전이라고 할 수 있다. 따라서 2020a 버전이 좀더 안정적이기 때문에 2020b 버전보다 프로그래밍 오류(bug)가 적다. 만일 MATLAB의 R2020a 버전을 설치한 경우에는 MATLAB의 R2019b 버전을 업그레이드한 것으로 생각해도 된다.

3. MATLAB 실행하기

MATLAB을 실행하려면 바탕 화면에 있는 바로 가기 아이콘을 선택하거나 [내 PC] 메뉴에서 MATLAB 디렉터리 그룹을 찾아 선택하면 된다.

바탕 화면에서 실행하기

MATLAB을 컴퓨터에 설치하면 [그림 1-3]처럼 바탕 화면에 바로 가기 아이콘이 자동으로 생성된다. 바로 가기 아이콘을 더블 클릭하면 MATLAB 실행 화면이 나타난다.

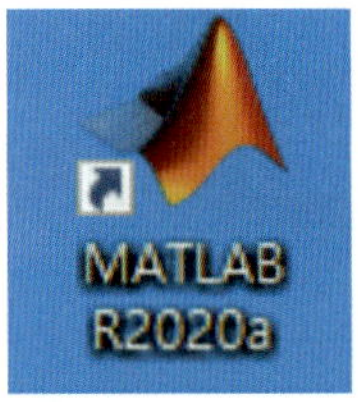

그림 1-3 MATLAB의 바로 가기 아이콘

[내 PC] 메뉴에서 실행하기

MATLAB을 실행하기 위해 [내 PC]-[로컬디스크(C:)]-[Program Files]-[MATLAB]-[R2020a]-[bin] 메뉴를 클릭한다. 그리고 MATLAB 로고(matlab)를 더블 클릭하면 MATLAB 실행 화면이 나타난다.

MATLAB을 실행하기 위해 매번 이 방법을 이용하는 것은 불편하므로 바탕 화면에 바로 가기 아이콘을 만들어 놓는 것을 권장한다. 마우스의 오른쪽 버튼으로 matlab을 클릭한 후 [보내기]-[바탕 화면에 바로 가기 만들기]를 클릭하면 바탕 화면에 MATLAB 아이콘을 생성할 수 있다. 이후에는 바탕 화면에서 실행하기 방법을 사용하면 된다.

4. MATLAB 종료하기

사용 중인 MATLAB을 종료하는 방법은 몇 가지가 있는데, 다음에 소개하는 방법 중 가장 편한 방법을 사용하면 된다.

■ **마우스를 사용하는 방법**

화면 오른쪽 상단의 [닫기] 버튼(×)을 마우스로 클릭한다. 다른 응용 프로그램을 실행할 때와 마찬가지로 가장 간편하게 종료하는 방법이다.

■ 키보드의 기능 키를 사용하는 방법

키보드에서 Alt + F4 또는 Ctrl + Q를 동시에 눌러 MATLAB을 종료할 수 있다. 이 방법은 컴퓨터 시스템 보호 차원에서 사용하면 좋다.[4]

■ 명령 창에 입력하는 방법

명령 창의 프롬프트에서 >>quit 또는 >>exit를 입력한다.

Note 바탕 화면 언어 설정

MATLAB을 작업할 때 나타나는 명령 창 언어는 [그림 1-4]와 같이 설정을 변경할 수 있다.

❶ 명령 지시줄에서 Preferences 를 클릭한다. ❷ 〈Preference〉 창에서 [General]을 클릭한 후 ❸ 'Desktop language'에서 'Korean(한국어)' 또는 'English(영어)'를 선택한다.

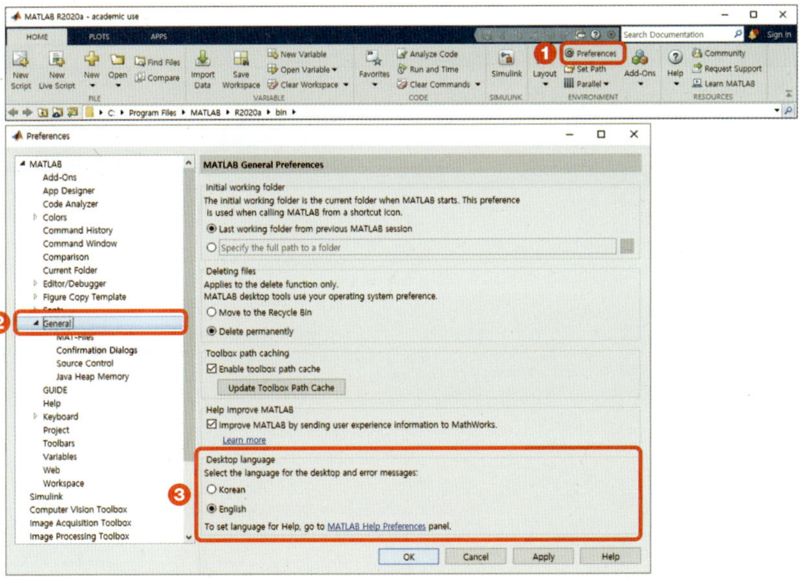

그림 1-4 MATLAB 명령 창의 언어 설정

TIP 명령 창 또는 스크립트 창에서는 일반 문서에서 입력할 때와 동일하게 글자판의 한/영 키를 이용하여 언어를 변경한다.

4 외출하기 전 사용 중인 전기용품을 끌 때, 콘센트의 플러그를 바로 뽑는 것보다 전기용품의 스위치를 먼저 끈 후 플러그를 뽑아 전기용품의 수명을 늘리는(넓게는 전기시스템에 부하를 덜어 주는) 방법과 같은 논리이다.

SECTION 1.2

MATLAB의 전체 화면 구성

학습 목표

- MATLAB의 전체 화면을 구성하는 요소와 역할을 이해한다.

MATLAB을 실행하면 [그림 1-5]와 같은 전체 화면이 나타난다. 그림에서 보듯이 전체 화면은 크게 명령 지시줄, 현재 폴더 창, 명령 창, 작업 공간 창으로 나뉜다.

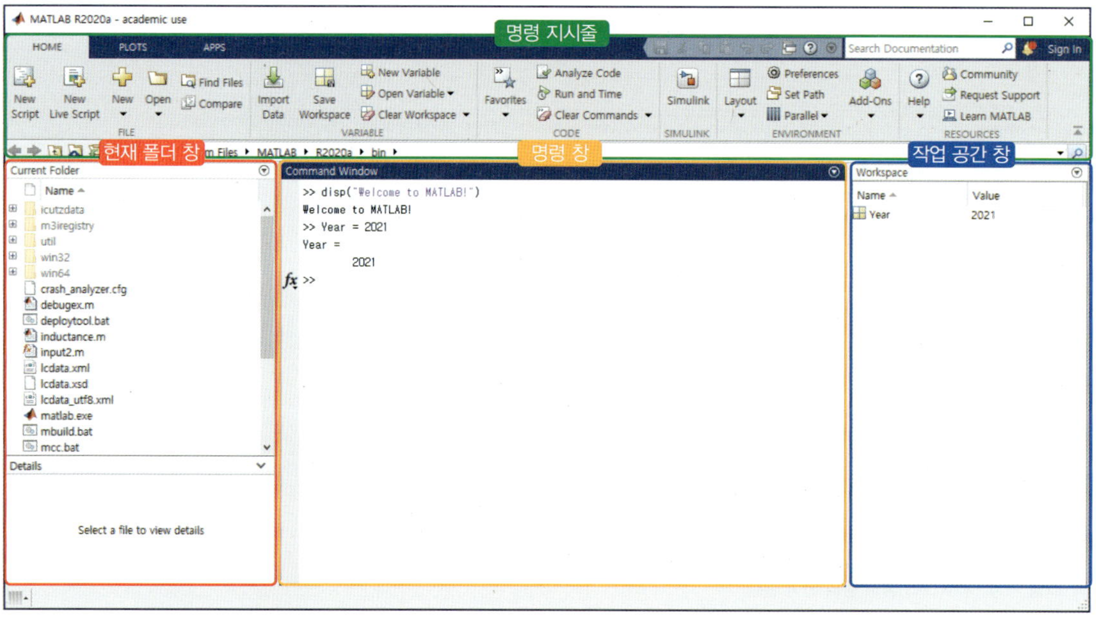

그림 1-5 MATLAB의 전체 화면(R2020a 버전)

1. 명령 지시줄

명령 지시줄은 [그림 1-6]과 같이 제목 표시줄, 메뉴 표시줄, 도구 모음, 현재 폴더 상자 등으로 구성되어 있다. 대표적인 구성 요소의 명칭과 기능은 다음과 같다.

❶ **제목 표시줄** : 현재 사용하는 MATLAB의 버전을 보여준다.

❷ **메뉴 표시줄** : MATLAB에서 사용하는 명령어가 메뉴별로 구분되어 있다.

❸ **도구 모음** : 많이 사용되는 메뉴를 아이콘 형태로 보여준다.

❹ **현재 폴더 상자** : 현재 폴더의 경로를 보여준다. 경로는 간단한 방법으로 변경할 수 있다.

❺ **문서 검색 창** : MATLAB에서 사용하는 문서의 내용을 탐색한다.

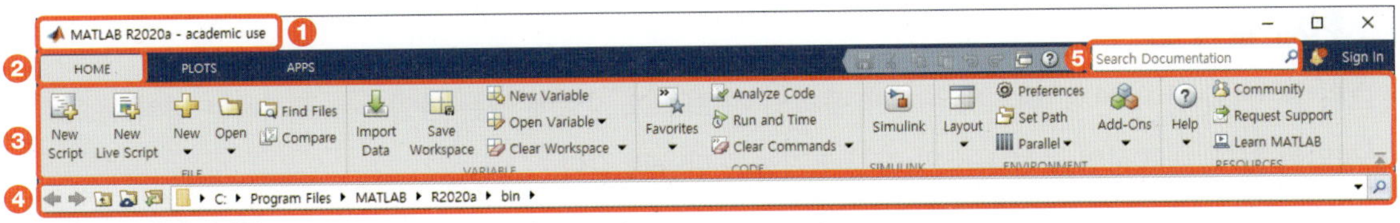

그림 1-6 명령 지시줄

Note 현재 폴더의 경로 변경하기

현재 폴더의 경로는 [그림 1-7]과 같이 명령 지시줄의 현재 폴더 상자와 폴더 찾아보기 창을 이용하여 변경할 수 있다. 그 방법은 다음과 같다.

방법 ❶: 경로가 표시된 경로 표시줄을 더블 클릭하고 변경할 경로를 입력한다.

방법 ❷: [Browse for folder] 버튼( )을 클릭하면 나타나는 새로운 폴더 선택하기 창이 나타난다. 여기서 현재 폴더를 원하는 경로로 변경한다.

방법 ❸: [Up One Level] 버튼( )을 클릭하면 현재 폴더보다 상위 폴더로 이동한다.

그림 1-7 현재 폴더 상자와 폴더 찾아보기 창

[그림 1-8]은 방법 ❸을 이용하여 [bin] 디렉터리보다 상위 폴더인 [R2020a] 폴더로 이동했을 때의 찾아보기 창이다. 이때 [Back] 버튼( )을 클릭하면 이전 경로 [bin] 디렉터리로 이동하고, 다시 앞선 경로인 [R2020a] 폴더로 이동하려면 [Forward] 버튼 ( )을 클릭하면 된다.

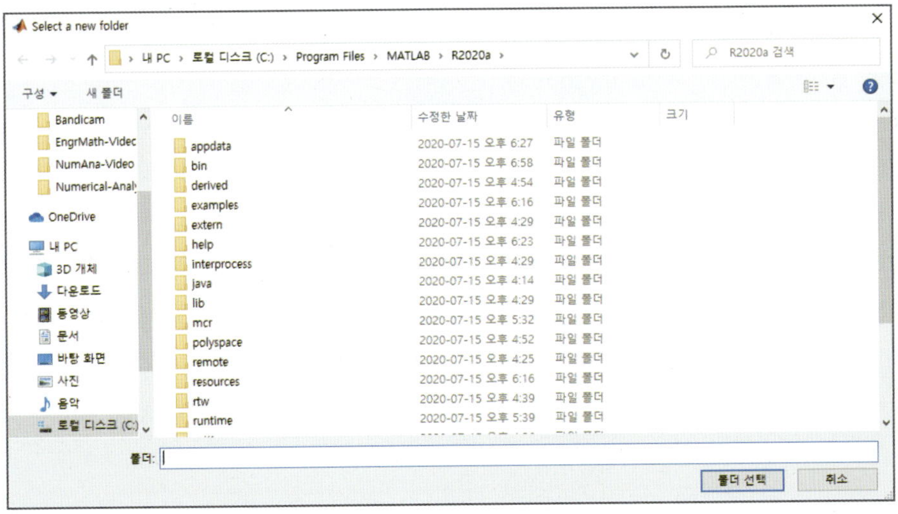

그림 1-8 상위 폴더의 찾아보기 창

2. 현재 폴더 창

[그림 1-9]와 같이 현재 폴더 창은 현재 폴더의 경로와 그 경로에 있는 파일들을 표시하는 영역 등으로 구성되어 있다. 대표적인 구성 요소의 명칭과 기능은 다음과 같다.

❶ **파일 목록** : MATLAB 작업을 실행하고 저장한 파일을 보여주며 해당 파일을 찾는 데 사용한다. 저장된 파일을 실행하려면 해당 파일을 더블 클릭하면 된다.

❷ **정보** : 선택된 파일의 정보를 자세하게 보여준다.

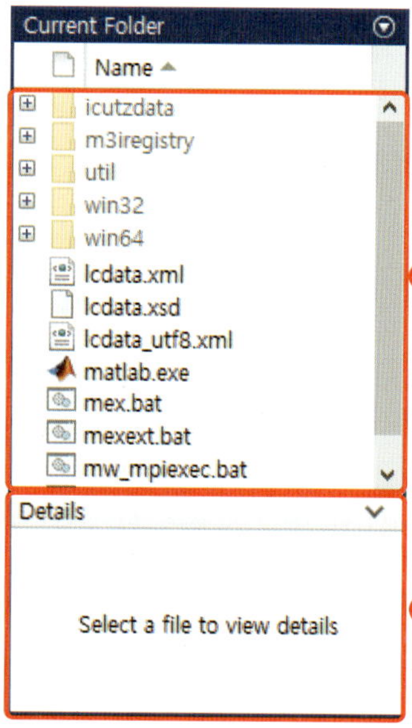

그림 1-9 현재 폴더 창

3. 명령 창

[그림 1-10]과 같이 명령 창(Command Window)은 MATLAB 명령어를 입력하고 명령어와 함수를 실행할 수 있는 영역이다. 명령 창에는 >> 기호가 나타나는데, 이를 프롬프트(prompt)라고 한다. 이 기호는 키보드로 입력한 MATLAB 명령어를 즉시 실행할 준비가 되었음을 의미한다. 프롬프트 뒤에 실행할 명령어를 입력하고 Enter 를 누르면 새로운 입력을 기다리는 프롬프트가 다시 나타난다. 이후 같은 방법으로 필요한 명령어를 계속 입력할 수 있다. 이때 이전에 입력한 명령어는 현재 사용 중인 명령 창에 계속 보관되고 유지된다.

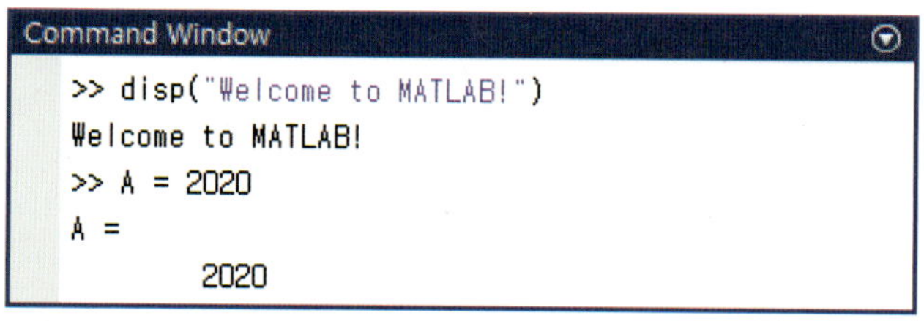

그림 1-10 명령 창

명령 창에 명령어를 계속 입력하면 명령 창의 크기 제한으로 인해 내용이 점차 사라진다. 그리고 >>clc를 입력하면 명령 창의 내용이 모두 사라진다. 이러한 경우 명령 창에서 키보드의 화살표 키를 누르면 [표 1-2]와 같이 이전에 보관된 명령어 기록을 확인할 수 있다. 이 과정은 MATLAB을 종료한 후 동일한 컴퓨터에서 다시 MATLAB을 실행하는 경우에도 동일하게 적용할 수 있다.

표 1-2 명령 창에서 화살표 키의 기능

화살표 키	기능
↑	한 번씩 누를 때마다 이전에 입력한 명령어를 역순으로 볼 수 있다.
↓	한 번씩 누를 때마다 최근에 입력한 명령어를 다시 볼 수 있다.
←, →	일반 문서 편집기와 마찬가지로 글자의 앞뒤로 이동할 수 있다.

TIP MATLAB 작업 중에 명령 창의 내용이 현재 작업에 불필요한 경우 `clc` 명령어를 입력하면 명령 창의 내용을 모두 지울 수 있다. 이 명령어는 단순히 프롬프트가 맨 위 화면에 이동하여 위치할 뿐 지금까지 진행한 작업의 내용은 모두 다시 소환할 수 있다.

4. 작업 공간 창

[그림 1-11]처럼 작업 공간 창은 현재 진행 중인 작업에서 이미 입력하여 사용하는 임의의 변수 및 배열의 이름과 값을 보여준다.

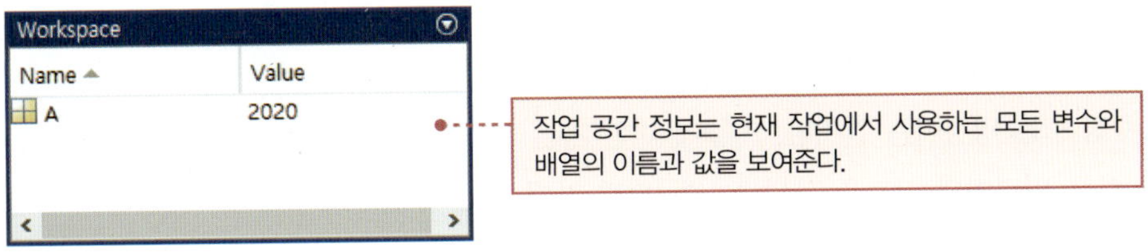

그림 1-11 작업 공간 창

Note clear 명령어

명령 창에 `clear` 명령어를 입력하면 작업 공간 창에 보이는 모든 내용을 지울 수 있다. 이 명령어를 실행한 후에는 명령 창의 과거 기록을 더 이상 소환할 수 없다. 심벌릭 툴박스에서 이미 지정한 명령어와 새롭게 지정한 명령어 사이에 충돌이 발생하는 것을 방지하기 위해 이 명령어를 사용할 수 있다. `clear` 명령어의 기능을 정리하면 [표 1-3]과 같다.

표 1-3 clear 명령어

명령어	기능
>>clear	모든 변수 삭제
>>clear 변수 이름	해당 변수 삭제
>>clear all	모든 변수, 광역 변수, 함수 등 모든 정보 삭제

SECTION 1.3 MATLAB의 도움말 명령어

학습 목표

- help, doc, lookfor 명령어의 쓰임을 이해한다.

MATLAB의 가장 큰 장점은 다른 프로그래밍 언어에 비해 다양한 내장함수를 제공한다는 것이다. MATLAB을 작업하면서 함수, 명령어, 기타 다른 내용의 정보를 알고 싶은 경우 도움말 명령어 `help`, `doc`, `lookfor` 등을 사용하면 된다.

도움말 명령어는 [그림 1-12]와 같이 문서 검색 창 혹은 명령 창에 입력하면 된다.

그림 1-12 문서 검색 창

1. help 명령어

`help` 명령어는 함수명 또는 명령어는 알지만, 이들에 대한 기본 정보를 모르는 경우에 사용한다. [그림 1-2]에서 사용한 `disp` 명령어의 기능을 검색해보자. 명령 창에 다음과 같이 입력하고 Enter 를 누르면 [그림 1-13]과 같이 `disp` 명령어의 기본 정보가 명령 창에 나타난다. 기본 정보에는 `disp` 명령어의 기본 입력 형태, 이와 관련된 명령어 등이 포함된다.

```
>>help disp
```

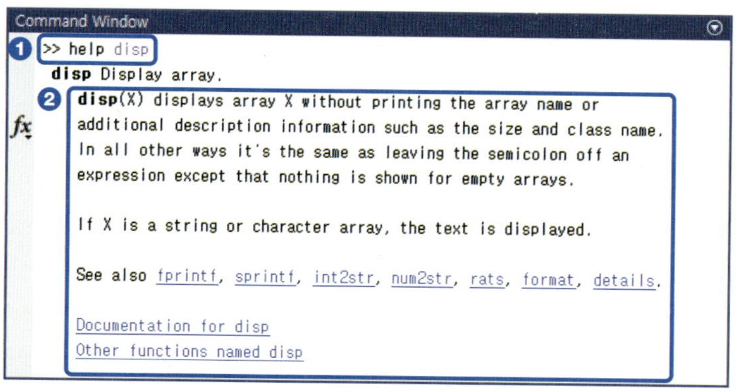

그림 1-13 help 명령어를 이용하여 disp 명령어의 기능 검색

2. doc 명령어

doc 명령어를 사용하면 더 상세한 설명과 간단한 보기를 얻을 수 있다. 명령 창에 다음과 같이 입력하고 Enter 를 누르면 [그림 1-14]와 같이 disp 명령어의 상세 정보가 인터넷 브라우저가 열리면서 나타난다. 이때 활용할 수 있는 관련 예제도 함께 보여준다.

```
>>doc disp
```

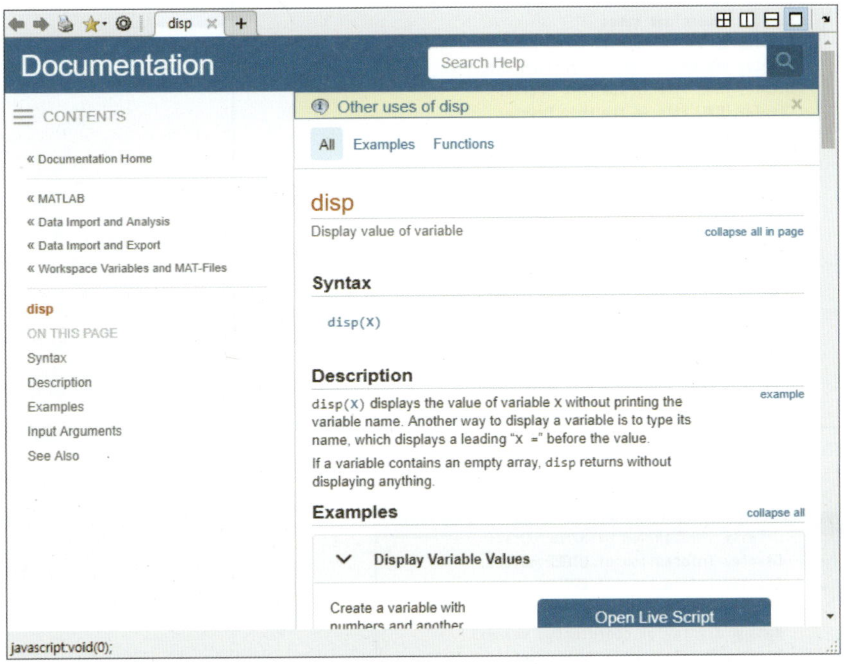

그림 1-14 doc 명령어를 이용하여 disp 명령어 기능 검색

TIP 구글 검색 창에 'disp command in matlab'을 입력한 후 처음 검색되어 나오는 정보를 클릭하면 [그림 1-14]와 동일한 정보를 얻을 수 있다.

3. lookfor 명령어

help나 doc 명령어와는 달리 MATLAB에서 실행 가능한 함수명 또는 명령어를 정확히 알지 못할 때는 lookfor 명령어를 사용한다. lookfor 명령어를 사용하면 찾으려는 정확한 함수명 또는 명령어는 물론이고 입력된 영문 철자가 포함된 관련 함수명 또는 명령어가 함께 나타난다.

명령 창에 다음과 같이 입력하고 Enter 를 누르면 [그림 1-15]와 같이 'display'와 연관된 모든 함수명 또는 명령어를 나열한다.

```
>>lookfor display
```

[그림 1-15]에서 첫 번째 disp를 클릭하면 [그림 1-16]처럼 disp 명령어의 기본 정보가 lookfor 명령어 실행 종료 후 맨 아래쪽에 나타난다. 이 결과는 [그림 1-13]에서 help 명령어를 이용하여 disp 명령어를 검색한 결과와 동일하다.

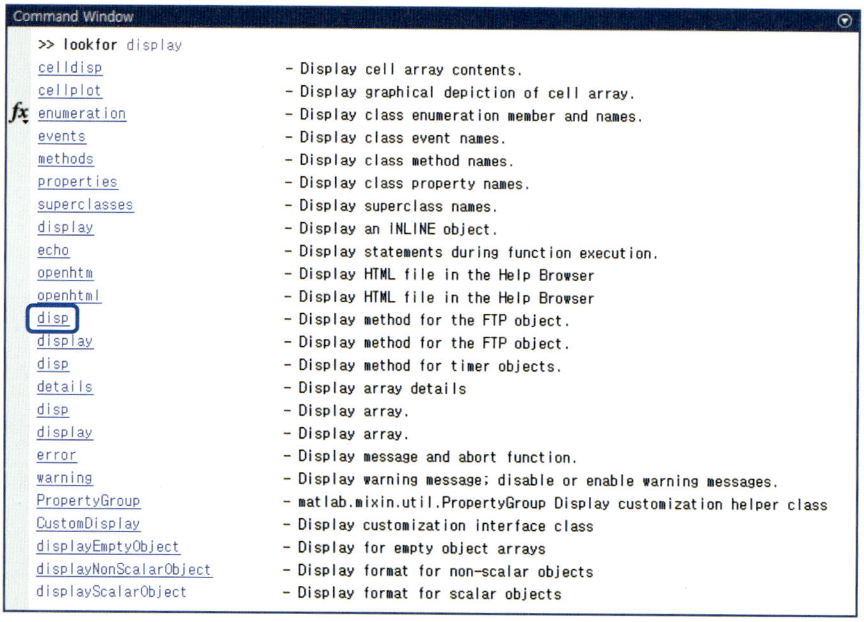

그림 1-15 lookfor 명령어를 이용하여 display 검색

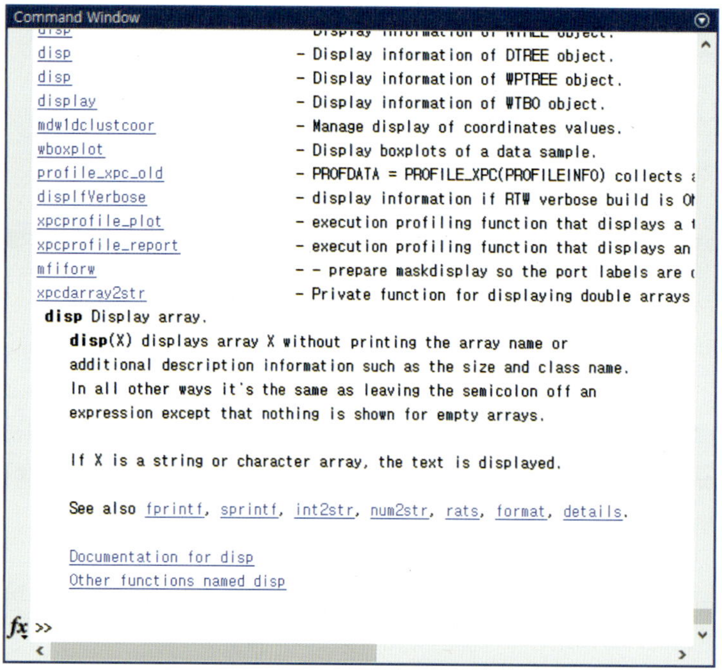

그림 1-16 lookfor 명령어 실행 후 나열된 disp 명령어의 실행 결과

TIP 명령 창에 결과를 계속해서 보여줄 때 중간에 실행을 종료하려면 Ctrl + C 를 동시에 누르면 된다.

실습 1-1

로그의 밑 값에는 임의의 모든 상수가 사용될 수 있다. 특히 10을 밑으로 갖는 로그를 상용로그(common logarithm), 자연상수 e(= 2.718)를 밑으로 갖는 로그를 자연로그(natural logarithms)라고 한다. 숫자 α에 대한 상용로그는 $\log_{10}\alpha$로 나타내고, 자연로그는 $\ln \alpha$로 나타낸다. 이때 `lookfor` 명령어를 사용하여 로그와 관련 함수를 찾아라.

풀이

명령 창에 >>`lookfor log`를 입력하고 Enter 를 누르면 [그림 1-17]과 같이 'log'라는 철자가 포함된 수많은 함수가 나열된다.

```
Command Window
>> lookfor log
islogical                     - True for logical array.
logical                       - Convert numeric values to logical.
log                           - Natural logarithm.
log10                         - Common (base 10) logarithm.
log1p                         - Compute LOG(1+X) accurately.
log2                          - Base 2 logarithm and dissect floating point number.
reallog                       - Real logarithm.
logspace                      - Logarithmically spaced vector.
logo                          -
membrane                      - Generates the MATLAB logo.
preferences                   - Bring up MATLAB user settable preferences dialog.
isJavaTimer                   - Returns logical indicating if object is a Java timer
logm                          - Matrix logarithm.
and                           - &  Logical AND.
not                           - ~   Logical NOT.
or                            - |   Logical OR.
xor                           - Logical EXCLUSIVE OR.
fx betaln                     - Logarithm of beta function.
```

그림 1-17 lookfor 명령어의 실행 결과

TIP MATLAB에서 제공하는 자연로그의 함수명은 `log`이고 상용로그의 함수명은 `log10`이다.

SECTION 1.4

MATLAB의 부호

학습 목표

- MATLAB 부호의 종류와 기능을 이해한다.

MATLAB은 부호 사용에 매우 민감하다. 따라서 반드시 올바르게 부호를 사용해야 하고, 불필요한 부호는 표기하지 않는 것이 원칙이다. 이 규칙을 지키지 않으면 명령 창에 오류 메시지가 계속 표시된다. MATLAB에서 가장 자주 사용하는 부호를 정리하면 [표 1-4]와 같다.

표 1-4 MATLAB의 부호

이름	부호	기능	이름	부호	기능
퍼센트	%	주석 처리	콜론	:	배열 표시
소괄호	( )	수식 간결화	아포스트로피	'	전치 행렬 지정
대괄호	[ ]	벡터와 행렬 대입	점	.	항목별 연산
중괄호	{ }	셀형 배열 대입	역사선	₩	부호 확장
세미콜론	;	행 구분	따옴표	' ' 와 " "	String형 생성자
콤마	,	열 및 문장 구분			

퍼센트 %

퍼센트(Percent)는 한 행 또는 한 행의 일부를 주석(comment)[5]으로 나타낼 때 사용한다. 이때 부호는 주석이 시작되는 위치에 삽입한다. 이 밖에도 퍼센트는 출력 형태를 지정할 때 사용하는데, 이는 4장에서 자세히 다룰 예정이다.

[그림 1-18]은 명령 창과 스크립트 파일에서 퍼센트 부호를 이용하여 주석을 처리한 것을 보여준다. 주석은 명령어 실행에 영향을 미치지 않으며, 다른 명령어와 달리 초록색으로 나타난다.

5 명령 창의 명령어 및 스크립트 파일의 내용을 쉽게 이해하도록 풀어 쓴 글을 의미한다(7장 참고).

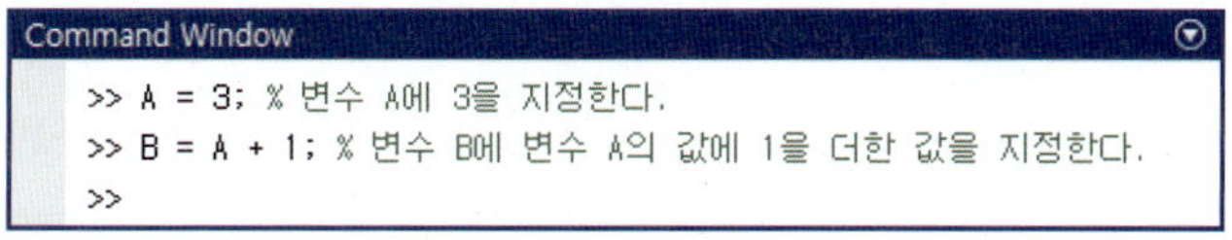

(a) 주석을 삽입한 명령 창

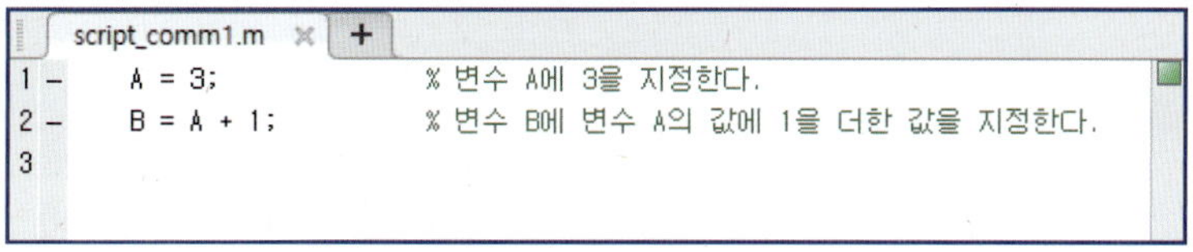

(b) 주석을 삽입한 스크립트 파일

그림 1-18 퍼센트 부호의 실행 결과

소괄호 ( )

내장함수와 사용자정의 함수를 변수 혹은 상수처럼 사용할 때 소괄호(parentheses)를 이용한다. 또한 복잡한 수식을 입력할 때 소괄호를 이용하여 수식을 간결하게 만든다. 이를 통해 코딩의 오류를 줄일 수 있다. 소괄호는 산술 연산자의 우선순위에서 최상위이다. 소괄호가 중첩되어 산술 연산자를 사용하는 경우 가장 안쪽부터 바깥쪽으로 연산한다. 소괄호를 적절히 사용하면 연산 순서를 명확히 할 수 있어 계산의 오류를 방지할 수 있다. 그러나 소괄호 없이 산술 연산자를 사용하게 되면 오류 메시지가 나타난다.

대괄호 [ ]

벡터 혹은 행렬의 각 원소를 입력할 때 대괄호(brackets)를 사용한다. [그림 1-19]는 대괄호를 이용하여 숫자 또는 문자열(string) (또는 문자) 원소를 포함하는 배열 입력을 보여준다. 이는 2장에서 자세히 다룰 예정이다.

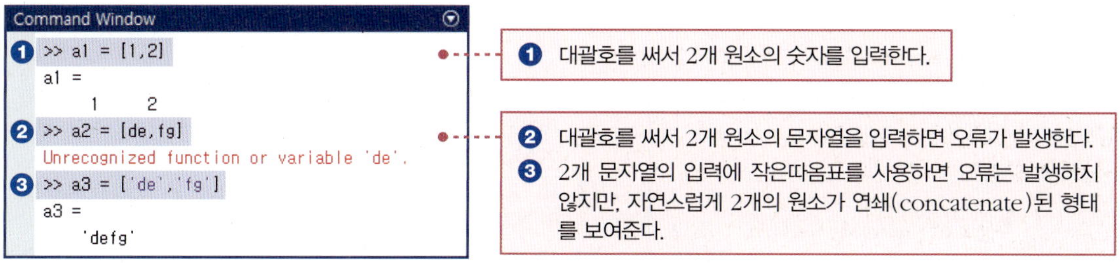

그림 1-19 대괄호의 실행 결과

중괄호 { }

중괄호(braces)는 서로 다른 유형의 원소를 단일 배열에 저장할 때 사용하는 부호로, 이때 이 배열을 셀형(cell) 배열[6]이라 한다. [그림 1-20]은 중괄호를 이용하여 숫자 또는 문자열(또는 문자) 원소를 포함하는 배열 입력을 보여준다. 이는 2장에서 더 자세하게 다룰 예정이다.

```
Command Window
❶ >> b1 = {1,2}
   b1 =
     1×2 cell array
       {[1]}    {[2]}
❷ >> b2 = {de,fg}
   Unrecognized function or variable 'de'.
❸ >> b3 = {'de','fg'}
   b3 =
     1×2 cell array
       {'de'}    {'fg'}
```

❶ 중괄호를 이용하여 2개 원소의 숫자를 입력하면 각 숫자가 하나의 셀로 지정되어 2개 원소를 갖는 셀형 배열을 보여준다.
❷ 대괄호처럼 중괄호를 이용하여 2개 원소의 문자열을 입력하면 오류가 발생한다.
❸ 2개 문자열의 입력에 작은따옴표를 사용하면 오류가 발생하지 않고, 각 문자열이 하나의 셀로 지정되어 2개 원소를 갖는 셀형 배열을 보여준다.

그림 1-20 중괄호의 실행 결과

세미콜론 ;

세미콜론(semicolon)은 행렬의 각 행을 바꿀 때 사용한다. 세미콜론을 명령어 끝에 입력하면, 입력에 대한 정보를 숨기고(suppress) 자동으로 다음 명령줄로 넘어간다. 하지만 MATLAB 명령 창을 이용하는 동안에는 언제든지 명령한 내용을 사용할 수 있도록 저장된다.

세미콜론을 명령어 끝에 입력하지 않으면 방금 입력한 결과를 즉시 이어서 보여준다. 이는 자료의 입력이 정확한지 수시로 확인할 수 있는 장점이 있지만, 너무 많은 자료에 대한 결과가 나열되면 작업의 진행 속도가 느려지고 명령 창의 사용이 제한되는 단점이 있다. [그림 1-21]은 세미콜론을 지정한 경우와 지정하지 않은 결과를 보여준다.

```
Command Window
❶ >> x = 1;
❷ >> y = 2
   y =
        2
❸ >> x
   x =
        1
```

❶ 세미콜론을 사용했으므로 변수 x에 지정한 숫자 1을 이어서 보여주지 않는다.
❷ 세미콜론을 생략했으므로 변수 y에 지정한 숫자 2를 이어서 보여준다.
❸ 숨겨진 변수 x = 1은 여전히 현재 사용 중인 명령 창으로 불러올 수 있다.

그림 1-21 세미콜론의 실행 결과

6 각 원소가 배열을 포함할 수 있는 배열이다. 즉 서로 다른 클래스의 배열을 셀 배열에 저장할 수 있다. 또한 차원이 다른 자료 세트를 함께 묶을 수 있다.

콤마 ,

다수의 문장을 묶어서 명령줄 한 줄에 작성할 때 문장과 문장 사이에 콤마(comma)를 사용한다. 일반적으로 명령 창을 이용하여 MATLAB 프로그램을 실행할 때는 명령줄 한 줄에 문장 하나를 작성하면 가독성을 향상시킬 수 있다. 반면에 너무 많은 자료에 대한 결과가 나열되면 명령 창의 사용이 제한되는 단점이 있다.

[그림 1-22]는 콤마를 사용하여 명령줄 한 줄에 다수의 문장을 작성한 결과를 보여준다.

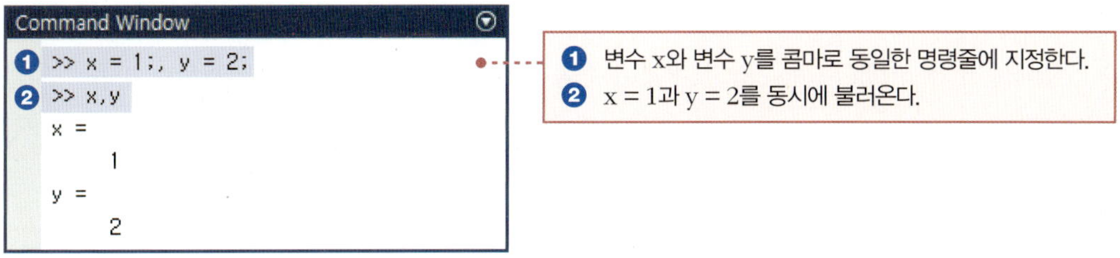

그림 1-22 콤마 실행 결과

콤마를 사용하여 배열의 동일한 행에 포함되는 열의 원소들을 분리한다[7]. 보통 배열의 색인을 생성할 때와 각각의 차원에 해당하는 행과 열에 대한 색인을 분리할 때 사용한다. 콤마의 왼쪽에는 지정하는 행의 번호를, 오른쪽에는 지정하는 열의 번호를 입력한다.

TIP 구조체(structure) 및 셀형 배열과 같이 규모가 크고 복잡한 데이터 구조에 콤마를 사용하면 MATLAB 코드를 간소화할 수 있다. 파이썬 프로그래밍 언어에서 사용하는 파일에는 파일 콤마 분리값을 나타내는 확장자 .csv(comma-separated values)를 사용한다.

콜론 :

콜론(colon)은 주어진 배열에 대한 각 원소, 행, 열 및 부분 배열을 다양한 방법으로 표시하는 데 사용한다. 또한 콜론은 전체 행 혹은 열에 대해 와일드카드 역할[8]을 한다. 여러 가지 원소를 벡터로 표시할 때는 대괄호로 여닫지만, 콜론을 사용하는 경우 대괄호를 생략해도 무방하다.

아포스트로피 '

아포스트로피(apostrophe)는 행렬에서 열과 행을 바꾸는, 즉 생성된 MATLAB 행렬 변수 **A**에 대한 전치 행렬 $\mathbf{A}^T$을 지정할 때 사용한다.

7 콤마 없이 원소 사이를 한 칸 여백 처리해도 동일한 역할을 한다.

8 와일드카드의 역할은 전체 이름을 입력하는 대신 단축어만 입력하여 파일 검색을 가능하게 해준다. 대개 소프트웨어에서 사용하는 와일드카드 문자는 별표(*)를 사용하는 일종의 자리 표시자이다.

점 .

행과 열의 수가 같은 두 배열은 배열 연산자인 점(period 혹은 dot) 부호를 이용하여 항목별 연산을 할 수 있다. 배열 연산자는 곱셈, 나눗셈, 지수승 바로 앞에 붙여서 사용한다. 배열 연산자를 이용하면 자료를 더욱 쉽게 생성하고, 읽고, 문서로 작성할 수 있다. 그중에서도 점 부호는 구조 배열의 상위 분야와 연결된 하위 분야를 지정할 때 사용한다.

역사선 \

역사선(backslash)은 컴퓨터 글자판의 ₩를 사용하여 입력할 수 있으며 확장 문자(escape character)라 부른다. 컴파일러(compiler)는 문자열 내에 부호를 확장하기 위해 쓰여지는 역사선과 다음 문자를 결합한 문자 집합(escape sequence)을 하나의 명령어로 번역한다.

따옴표 ' '와 " "

문자열은 문자를 포함하여 변수로 사용하는데, 숫자와 달리 반드시 문자의 앞뒤에 작은따옴표(single quotation)나 큰따옴표(double quotation)를 사용한다. 즉 문자열에 작은따옴표나 큰따옴표를 생략하면 오류가 발생한다. 작은따옴표 및 큰따옴표를 사용하는 문자 및 문자열은 7.1절에서 더 자세히 다룰 예정이다.

[그림 1-23]은 작은따옴표와 큰따옴표를 이용하여 숫자 또는 문자열(또는 문자) 원소를 포함하는 배열 입력을 보여준다. 문자열과 함께 표시된 작은따옴표와 큰따옴표는 특수문자로 출력되는 것이 아니라 문자열을 강조하는 느낌으로 사용된다.

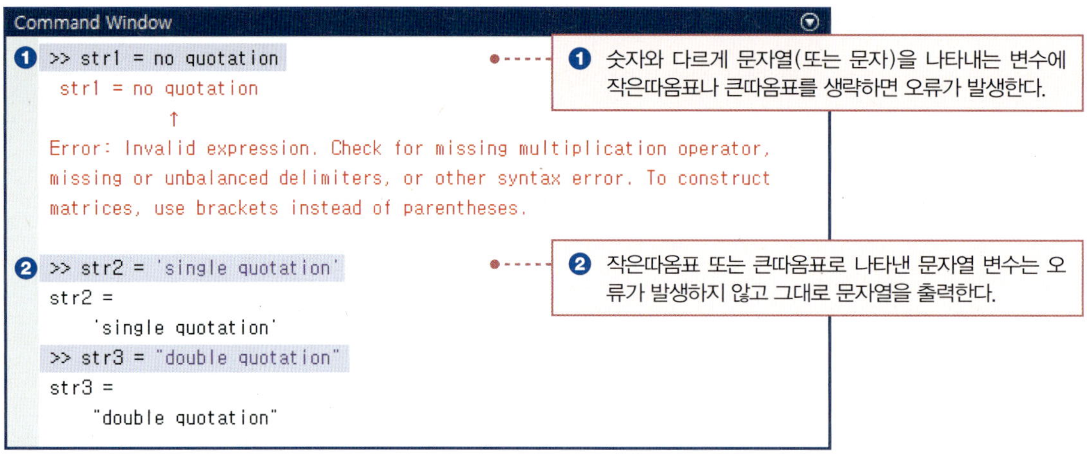

그림 1-23 작은따옴표와 큰따옴표의 실행 결과

SECTION 1.5

MATLAB의 자료 저장 및 확장자

학습 목표

- 자료를 저장하는 방법을 익힌다.
- 자료의 독자성을 제공하는 다양한 확장자를 이해한다.

이 절에서는 명령 창에 입력한 자료를 임시로 저장하고 불러오는 방법을 살펴보고, MATLAB에서 제공하는 다양한 파일의 확장자에 대해 살펴보자.

1. 자료 저장 및 불러오기

명령 창에 입력한 자료를 임시로 저장하는 명령어는 save이고, 이후 다시 불러오는 명령어는 load이다.

save 명령어

현재 작업하는 명령 창의 모든 자료를 임시로 저장할 때는 save 명령어를 사용한다. [그림 1-24]는 명령 창에서 'temp_data'라는 이름으로 자료를 임시로 저장하는 과정이다.

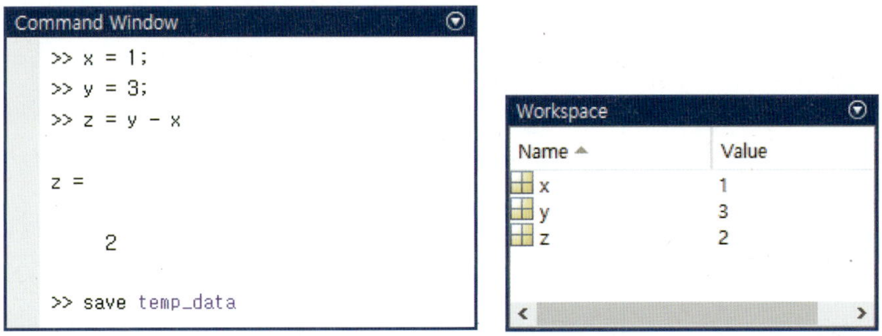

(a) 명령 창에 자료 입력 후 저장하기

(b) 작업 공간 창에 저장된 자료 보여주기

그림 1-24 save 명령어의 사용 및 저장된 자료 확인

save 명령어를 실행한 후 현재 폴더 창을 확인하면 [그림 1-25]처럼 방금 저장한 데이터 파일 'temp_data.mat'이 생성된다.

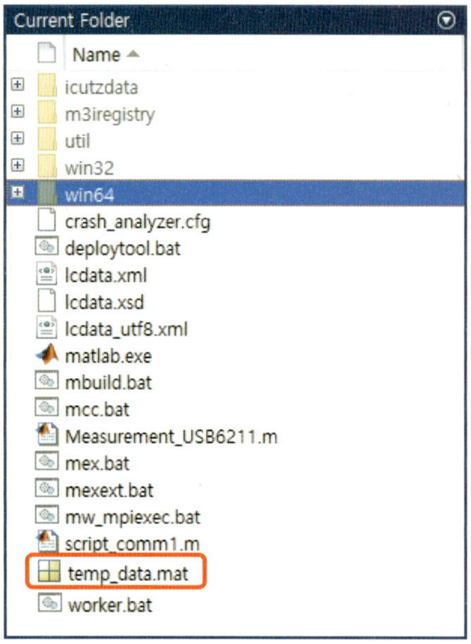

그림 1-25 save 명령어의 실행 결과 : 현재 폴더 창에 생성된 데이터 파일

load 명령어

임시로 저장한 자료를 불러올 때는 `load` 명령어를 사용한다. `load` 명령어를 사용하면 명령 창에는 다음 입력을 기다리는 프롬프트가 나타나고, 작업 공간 창에는 불러온 temp_data 자료가 나타난다.

[그림 1-26]은 명령 창에서 현재 폴더 창에서 임시로 저장한 temp_data.mat 자료를 불러오는 과정이다. 만일 `save` 명령어를 실행한 후 MATLAB을 종료할 때 `clear` 명령어를 실행했다고 하자. 이때 저장된 자료는 MATLAB 화면을 다시 실행해도 `load` 명령어로 불러올 수 없다.

(a) 명령 창에 저장된 자료 불러오기

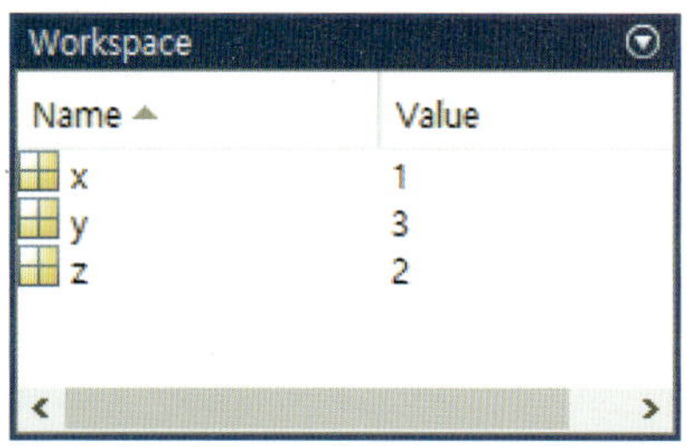

(b) 작업 공간 창에 저장된 자료 보여주기

그림 1-26 load 명령어의 사용 및 저장된 자료 확인

만약 `load` 명령어를 사용하지 않고 저장된 temp_data 파일을 불러오려면 [그림 1-25]의 temp_data.mat 파일을 한 번 클릭하면 된다. 그러면 [그림 1-27]처럼 현재 폴더 창 아래 화면에서 저장된 정보를 자세하게 보여준다. 이 정보는 작업 공간 창에서 보여주는 저장된 temp_data 내용과 동일하다.

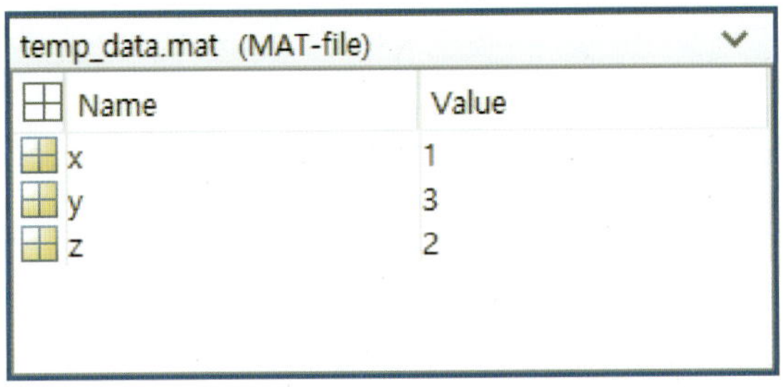

그림 1-27 한 번 클릭으로 불러온 파일의 실행 결과

만일 temp_data.mat 파일을 두 번 클릭하면 [그림 1-28]처럼 명령 창에 자동으로 `load` 명령어를 실행하는 것과 동시에 작업 공간 창에 저장된 내용을 생성한다.

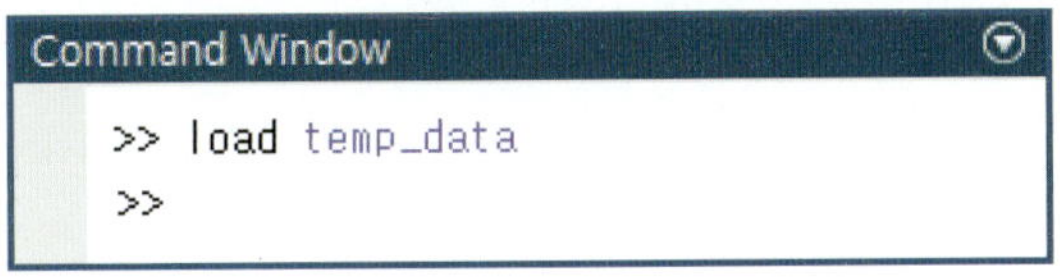

(a) 자동으로 load 명령어 실행하기

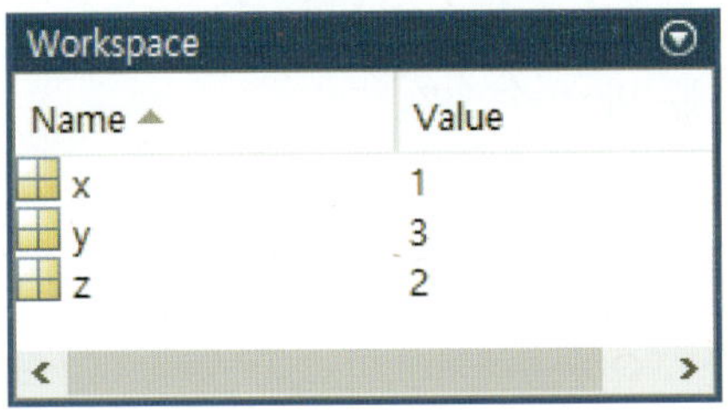

(b) 작업 공간 창에 저장된 내용 생성하기

그림 1-28 두 번 클릭으로 불러온 파일의 실행 결과

2. MATLAB 파일의 확장자 종류

확장자(extension)는 개별적 자료 파일에 독자성을 제공하여 소프트웨어가 특정 작업을 수행할 수 있도록 한다. 이 확장자를 사용함으로써 프로그래밍 언어 또는 기타 응용 프로그램의 기능을 향상시킬 수 있다. 예를 들어, 컴퓨터 처리 시간을 크게 단축시킬 수 있다. MATLAB 프로그램에서 사용하는 파일의 확장자에는 다음과 같이 몇 가지 종류가 있다.

스크립트 파일의 확장자

마이크로소프트(Microsoft)의 워드나 엑셀 파일을 저장할 때는 확장자(.doc 혹은 .xls)가 반드시 붙는다. 만일 저장하고자 하는 워드 파일의 이름이 'word'이면 'word.doc'로, 엑셀 파일의 이름이 'excel'이면 'excel.xls'로 지정된다. 이 밖에도 MATLAB으로 문서를 편집할 때 저장하고자 하는 파일의 이름이 'script'이면 확장자(extension) .m을 붙인 'script.m'으로 지정된다. 이는 MATLAB을 실행할 수 있는 소프트웨어가 설치되어 있지 않으면 사용할 수 없다.

TIP 물론 컴퓨터에 이미 마이크로소프트 오피스가 설치되어 있으면, 작업을 마칠 때 파일 이름만 입력해도 자동으로 확장자가 지정된다. 기술적으로 'word.doc' 파일은 마이크로소프트 오피스가 설치되어 있지 않은 컴퓨터에서는 사용할 수 없다.

그림 파일의 확장자

MATLAB에서 그림 파일의 이름이 'figure'이면 확장자 .fig를 붙인 'figure.fig'가 된다. 일반적으로 확장자 .bmp, .jpg, .jpeg, .tiff 등이 붙은 그림 파일은 컴퓨터 상에서 자유롭게 열 수 있지만, 앞서 설명한 스크립트 파일 확장자 .m처럼 .fig 확장자의 그림 파일은 MATLAB에서만 열 수 있다.

데이터 파일의 확장자

확장자 .mat를 갖는 MAT 파일은 변수, 함수, 배열 및 여러 정보를 포함하는 데이터 파일로 분류된다. [그림 1-25]에서 보여준 데이터 파일의 확장자 .mat는 MATLAB 프로그램이 사용하는 2진 데이터 컨테이너(container) 형식의 파일이다.

TIP 컨테이너 형식은 여러 데이터 스트림을 단일 파일에 포함할 수 있는 형식이다. 그러므로 `load` 명령어를 사용하면 MAT 파일 형식의 데이터를 작업 공간으로 불러올 수 있다.

Note **시뮬링크 파일의 확장자**

이 책에서는 다루지 않지만, MATLAB의 시뮬링크는 파일의 이름이 'simul'이면 확장자 .slx를 붙인 'simul.slx'가 된다. 2015b 버전 이전에 사용한 시뮬링크 확장자는 .mld였으나 2015b 버전 이후의 시뮬링크 확장자는 .slx이다.

.mdl 파일은 단일 텍스트 파일이고 .slx 파일은 압축 패키지이다. 일반적으로 상위 버전에서 생성된 파일은 하위 버전에서는 사용하지 못하지만, 하위 버전에서 생성된 파일은 상위 버전에서도 사용할 수 있다. 예를 들어 2020a 버전에서 설계한 시뮬링크 파일 'simul20.slx'는 2010b 버전의 시뮬링크에서는 사용할 수 없다. 반면에 2010b 이전 버전에서 설계한 시뮬링크 파일 'simul10.mld'는 2020a 버전의 시뮬링크를 실행하여 불러온 후 'simul10.slx'로 새로 저장하면 계속 사용할 수 있다.

CHAPTER

01 연습문제

1.1 코탄젠트(cotangent)는 직각삼각형에서 밑변의 길이에 대한 높이의 비율을 나타내는 탄젠트(tangent)의 역수로, $\cot\theta = \frac{1}{\tan\theta} = \frac{\text{밑변}}{\text{높이}}$을 나타낸다. 이때 `help` 명령어를 사용하여 `cot` 함수의 기본 정보를 확인하라.

1.2 [연습문제 1.1]을 실행하면 `cot` 함수와 관련된 함수로서 `acot`과 `cotd` 함수를 보여준다. `doc` 명령어를 사용하여 `cotd` 함수의 상세 정보를 확인하라. 그리고 `cot` 함수와 `cotd` 함수의 차이점을 설명하라.

1.3 쌍곡선(hyperbolic) 코탄젠트 값을 구하는 함수를 사용하려고 할 때, `lookfor` 명령어를 사용하여 관련 함수를 찾아라.

CHAPTER 02

MATLAB의 산술 및 배열 연산

MATLAB의 특징은 배열을 간단한 형태로 입력하여 빠르게 연산할 수 있는 것이다. 먼저 수학에서 기본적으로 다루는 산술 연산과 동일 선상에서 MATLAB의 산술 연산을 살펴보고, MATLAB에서 제공하는 고유한 배열 연산을 학습한다. 그리고 MATLAB에서 배열의 사용을 보다 유용하고 편리하게 도와주는 다양한 배열의 부호 및 배열의 명령어를 이용한 활용법을 알아본다.

SECTION 2.1 산술 연산

학습 목표

- MATLAB에서 사용되는 덧셈, 뺄셈, 곱셈, 나눗셈 연산자를 학습한다.
- 지수승과 지수함수의 명령어인 exp 명령어를 학습한다.
- 산술 연산자의 우선순위를 이해한다.

MATLAB의 가장 기본적인 기능은 계산기이다. 수학의 대표적인 산술 연산자인 덧셈, 뺄셈, 곱셈, 나눗셈은 MATLAB에서 계산할 때도 가장 많이 사용된다.

1. 덧셈과 뺄셈

MATLAB에서 사용하는 덧셈 연산자와 뺄셈 연산자의 기호는 수학에서 사용하는 연산자와 동일한 '+'와 '–'이다. [그림 2–1]은 두 수의 덧셈과 뺄셈을 실행한 결과를 보여준다.

Command Window

```
>> 1+2
ans =
     3
>> 3-1
ans =
     2
>> 1 + 2
ans =
     3
>> 3 - 1
ans =
     2
```

덧셈 연산자와 뺄셈 연산자를 사용하여 두 수를 더하거나 뺀다. 이때 연산자 사이를 띄어 써도 상관없다.

그림 2–1 덧셈 및 뺄셈의 실행 결과

MATLAB에서 덧셈 및 뺄셈한 결과는 자동으로 배정하는 내장변수(built–in variable)[1] ans로 지정된다. 반면에 [그림 2–2]는 두 수의 덧셈과 뺄셈의 연산 결과를 직접 각 변수에 지정하여 실행한 결과를 보여준다.

1 내장변수는 7장에서 자세하게 다룰 예정이다.

```
Command Window
>> x = 1 + 2
x =
     3
>> y = 3 - 1
y =
     2
```

❶ 덧셈 연산자를 이용하여 더한 값을 변수 x에 지정한다.

❷ 뺄셈 연산자를 이용하여 뺀 값을 변수 y에 지정한다.

그림 2-2 지정 변수에 덧셈 및 뺄셈을 실행한 결과

TIP 사용자가 임의의 변수를 지정하면 더 이상 기본으로 제공되는 내장변수(ans)는 표시되지 않는다.

[그림 2-3]처럼 각 숫자를 변수로 우선 지정한 후 덧셈과 뺄셈을 실행할 수도 있다.

```
Command Window
>> x1 = 1;
>> x2 = 2;
>> x = x1+x2
x =
     3
>> y1 = 3;
>> y2 = 1;
>> y = y1 - y2
y =
     2
```

그림 2-3 각 숫자를 변수로 지정한 후 덧셈 및 뺄셈을 실행한 결과

2. 곱셈

일반 계산기와 비교하여 MATLAB의 가장 큰 특징은 곱셈 기호 '×'를 사용하지 않는다는 것이다. MATLAB에서는 별표 *(asterisk)[2] 기호가 곱셈 연산자 기능을 한다.

[그림 2-4]는 두 수의 곱셈을 실행한 결과를 보여준다.

```
Command Window
>> 3*4
ans =
     12
>> 3 * 4
ans =
     12
>> x = 3;
>> y = 4;
>> z = x*y
z =
     12
```

❶ 곱셈 연산자를 사용하여 두 수를 곱한다. 이때 연산자 사이를 띄어 써도 상관없다.

❷ 각 숫자를 변수로 우선 지정한 후 곱셈을 실행할 수 있다. 곱셈 결과도 지정 변수를 사용한다.

그림 2-4 곱셈의 실행 결과

2 Shift + 8 을 동시에 누르면 표시된다.

실습 2-1

$w = x - 2y + z$를 계산하라. 여기서 $x = 3$, $y = 2$, $z = 1$이다.

풀이

```
Command Window
❶ >> x = 3;
   >> y = 2;
   >> z = 1;
❷ >> w = x-2y+z
    w = x-2y+z
           ↑
   Error: Invalid expression. Check for missing multiplication
   operator, missing or unbalanced delimiters, or other syntax
   error. To construct matrices, use brackets instead of
   parentheses.

   Did you mean:
   >> w = x-2*y+z
   w =
        0
```

그림 2-5 덧셈, 뺄셈, 곱셈의 실행 결과

❶ 세 수를 변수 3개에 지정한다.

❷ 수학적 표현 그대로 2y를 입력하면 오류가 발생한다. 이 경우 곱셈 연산자 *를 사용하여 입력해야 한다.

3. 나눗셈

곱셈과 마찬가지로 MATLAB에서는 나눗셈 기호 '÷'를 사용하지 못한다. 대신 기호 '/'[3]가 나눗셈 연산자 기능을 한다. 이때 / 연산자를 오른쪽 나눗셈 연산자라고 한다.

오른쪽 나눗셈과 상호보완적으로 사용하는 나눗셈 연산자를 왼쪽 나눗셈 연산자라고 하는데, '\'로 나타낸다. 보통 왼쪽 나눗셈은 키보드에서 ₩ 키를 사용하여 입력한다.

[표 2-1]과 같이 오른쪽 나눗셈 연산자를 사용한 A/B는 A를 B로 나눈 값이고, 왼쪽 나눗셈 연산자를 사용한 A\B는 B를 A로 나눈 값이다. 즉 오른쪽 나눗셈 연산자와 왼쪽 나눗셈 연산자는 역수 관계이다.

표 2-1 나눗셈 연산자

종류	연산자	의미
오른쪽 나눗셈 연산자	/	A/B : A를 B로 나눈 값
왼쪽 나눗셈 연산자	\	A\B : B를 A로 나눈 값

3 물음표 키 ? 와 같은 위치에 있다.

[그림 2-6]은 오른쪽 나눗셈 연산자와 왼쪽 나눗셈 연산자를 사용하여 계산한 나눗셈 결과를 보여준다.

```
Command Window
>> A = 10;
>> B = 5;
>> R = A/B          ❶
R =
    2
>> L1 = A₩B         ❷
L1 =
    0.5000
>> L2 = B/A
L2 =
    0.5000
```

❶ 오른쪽 나눗셈 연산자의 계산은 10 ÷ 5 = 2이다.

❷ 왼쪽 나눗셈 연산자의 계산은 5 ÷ 10 = 0.5이다.

그림 2-6 오른쪽 및 왼쪽 나눗셈의 실행 결과

TIP 별도로 출력 형식을 지정하지 않으면 결과는 소수점 아래 네 자리까지 나타난다. 출력 형식은 3장에서 자세하게 다룬다.

실습 2-2

$x = 8$, $y = 2$일 때 오른쪽 나눗셈 연산자를 이용하여 $z_1 = x \div y$를 계산하라. 그리고 왼쪽 나눗셈 연산자를 이용하여 $z_2 = y \div x$를 계산한 후 $z_1 = z_2$가 되는 결과를 비교하라.

풀이

```
Command Window
❶ >> x = 8;
   >> y = 2;
❷ >> z1 = x/y
   z1 =
       4
❸ >> z2 = y₩x
   z2 =
       4
```

그림 2-7 나눗셈의 실행 결과

❶ 변수 x와 변수 y를 지정한다.

❷ 오른쪽 나눗셈 연산자를 이용하면 수학적 계산 $z_1 = \frac{x}{y}$가 된다.

❸ 왼쪽 나눗셈 연산자를 이용하면 수학적 계산 $z_2 = \frac{x}{y}$가 된다.

왼쪽 나눗셈 연산자를 이용한 결과는 오른쪽 나눗셈 연산자를 이용한 결과와 같다. 따라서 왼쪽 나눗셈 연산자와 오른쪽 나눗셈 연산자가 역수 관계임을 알 수 있다.

4. 지수승과 지수함수

동일한 하나의 수를 연속해서 여러 번 곱할 때, 연속해서 곱하는 수의 횟수를 그 수 위에 첨자로 나타낼 수 있다. 여기서 위 첨자의 수를 지수승이라 한다. 어떤 밑수에 대한 지수승을 표현할 때는 ^ 키를 사용한다.

exp 명령어

MATLAB에서는 지수함수 e^x을 수행할 때 exp 명령어를 사용한다. 여기서 지수함수는 자연로그[4] 함수 $\log_e x = \ln x$의 역함수를 나타낸다. exp 명령어를 사용할 때는 반드시 소괄호 안에 지수승을 적어야 하며, 소괄호를 사용하지 않으면 오류가 발생한다.

[그림 2-8]은 밑수가 3이고 지수승이 4인 3^4과 지수함수 e^1을 계산한 결과를 보여준다.

```
Command Window
❶ >> 3*3*3*3
ans =
    81
>> 3^4
ans =
    81
❷ >> exp1
Unrecognized function or variable 'exp1'.
>> exp(1)
ans =
    2.7183
```

❶ 3을 네 번 곱한 계산은 밑수가 3, 지수승이 4인 3^4의 계산 결과와 동일하다.

❷ exp 함수를 소괄호 없이 사용하면 오류가 발생한다.

그림 2-8 지수승과 지수함수의 실행 결과

실습 2-3

지수 1.23×2^2, 1.23×10^{-2}을 명령 창에 입력하여 결과를 확인하라.

풀이

밑수가 10이고 지수승이 $\pm n$인 $10^{\pm n}$을 표현할 때는 10의 거듭제곱을 의미하는 e를 사용하여 $1e\pm n$으로 나타낸다. e를 사용하는 경우 양의 지수승 + 기호는 생략할 수 있고, 소괄호를 사용하지 않아도 된다.

```
Command Window
>> 1.23*2^2
ans =
    4.9200
>> 1.23*10^-2
ans =
    0.0123
>> 1.23e-2
ans =
    0.0123
```

그림 2-9 지수의 실행 결과

실습 2-4

밑이 동일한 a이고 지수가 서로 다른 n과 m을 갖는 두 지수의 몫은 $\frac{a^n}{a^m} = a^{n-m}$이고, 이를 몫의 규칙(quotient rule)이라 한다. $\frac{2^5}{2^3}$을 몫의 규칙을 사용한 계산 결과와 사용하지 않은 계산 결과를 확인하라.

풀이

```
Command Window
❶ >> 2^5/2^3
ans =
     4
❷ >> 2^5-3
ans =
    29
❸ >> 2^(5-3)
ans =
     4
```

그림 2-10 몫의 규칙 사용 여부에 따른 실행 결과

❶ 몫의 규칙을 사용하지 않고 계산한다.

❷ 몫의 규칙을 사용하여 2^{5-3}을 계산한다. 이때 지수승을 빼는 소괄호를 생략하면 오류는 발생하지 않지만, 계산 결과가 올바르지 않다.

❸ 소괄호를 적절하게 사용해 연산 순서를 명확히 하여 계산 오류를 방지한다.

5. 산술 연산자의 우선순위

연산 결과는 연산 순서를 결정하는 연산자의 우선순위에 따라 바뀐다. 따라서 연산자의 우선순위는 매우 중요하다.

산술 연산자의 우선순위는 다음과 같다.

( ) → ^ → exp → *, /, \ → +, −

소괄호가 중첩되어 있는 경우 가장 안쪽부터 바깥쪽으로 확장하여 해석한다. 또한 우선순위가 같은 연산자는 왼쪽에 위치한 연산자부터 해석한다.

MATLAB에서는 우선순위를 고려하지 않고 연산자를 사용하여 의도한 것과 다른 결과가 나오더라도 경고나 오류 메시지를 표시하지 않는다. 따라서 연산자를 사용할 때 우선순위를 고려하지 않으면 전체 프로그래밍의 결과에 심각한 영향을 미칠 수 있으므로 주의해야 한다.

4 자연상수 $e(=2.718)$를 밑으로 갖는 로그를 상용로그와 구별하여 자연로그(natural logarithms)라 부른다.

[그림 2-11]은 $2+3$을 세 번 연속해서 곱할 때 소괄호를 사용한 경우와 사용하지 않은 경우를 비교한 계산 결과를 보여준다.

```
Command Window
❶ >> 2+3*2+3*2+3
ans =
    17
❷ >> (2+3)*(2+3)*(2+3)
ans =
   150
```

❶ 곱셈이 덧셈보다 산술 연산자의 우선순위가 앞선다.

❷ 소괄호를 사용하면 $2+3$을 하나로 묶어서 실행하기 때문에 원하는 결과를 얻는다.

그림 2-11 소괄호의 사용 유무에 따른 실행 결과

실습 2-5

다음과 같은 수식을 올바르게 계산하라. 여기서 $a=1.9432$, $b=2.34156$, $c=19.83$, $d=0.81$, $f=2.74$이다.

$$x = bd\frac{1}{c}\frac{f^4}{4}, \quad y = \frac{1}{-\frac{1}{a}+\frac{1}{b}+\frac{1}{cd}+\frac{1}{f}}$$

풀이

```
Command Window
❶ >> format long
❷ >> a = 1.9432;
  >> b = 2.34156;
  >> c = 19.83;
  >> d = 0.81;
  >> f = 2.74;
❸ >> x = b*d/c*f^4/4
  x =
     1.347751597348583
❹ >> y = 1/(-1/a+1/b+1/(c*d)+1/f)
  y =
     2.944018859117840
❺ >> y = 1/(-1/a+1/b+1/c*d+1/f)
  y =
     3.142071722029485
```

그림 2-12 수식의 입력 실행 결과

❶ 소수점 아래 5자리 이상을 나타내기 위해 출력 형식을 `format long`으로 먼저 지정한다.

❷ 주어진 변수 5개를 입력한다.

❸ 수식 x는 소괄호를 사용하지 않아도 올바르게 계산된다.

❹ 소괄호를 적절하게 사용한 첫 번째 수식 y는 정확하게 계산된다.

❺ 소괄호를 적절하게 사용하지 않은 두 번째 수식 y는 틀리게 계산된다.

SECTION 2.2

배열 연산

학습 목표

- 배열의 개념과 종류를 이해한다.
- 배열을 입력하는 방법을 터득한다.
- 산술 연산자를 이용하여 배열 연산한다.
- 배열 연산자를 이용하여 배열을 항목별로 연산한다.

MATLAB에서는 임의의 변수에 단일 숫자를 이용하여 연산을 실행하기도 하지만, 보통 배열을 이용하여 연산하는 경우가 많다.

1. 배열이란?

배열(array)은 문자, 기호, 자료 등 같은 성격을 가진 수치 정보들을 순서에 따라 무리지어 표시한 것이다. 그중 하나의 행(row)으로 구성된 배열을 행벡터, 하나의 열(column)로 구성된 배열을 열벡터, 2차원 이상 배열을 행렬(matrix)이라고 한다. 공학에서는 배열과 행렬을 혼용하여 사용하는데, 이 책에서는 수학적인 설명에서만 행렬이라고 표기한다.

행렬은 실수 혹은 복소수를 직사각형 배열로 표시한다. 행이 i개, 열이 j 개인 행렬 **A**의 형태는 일반적으로 다음과 같이 나타낸다. 행렬 **A**를 간략하게 $i \times j$ 행렬이라고 한다.

$$\mathbf{A} = \begin{bmatrix} a_{11} & \cdots & a_{1j} \\ \vdots & \ddots & \vdots \\ a_{i1} & \cdots & a_{ij} \end{bmatrix} \tag{2.1}$$

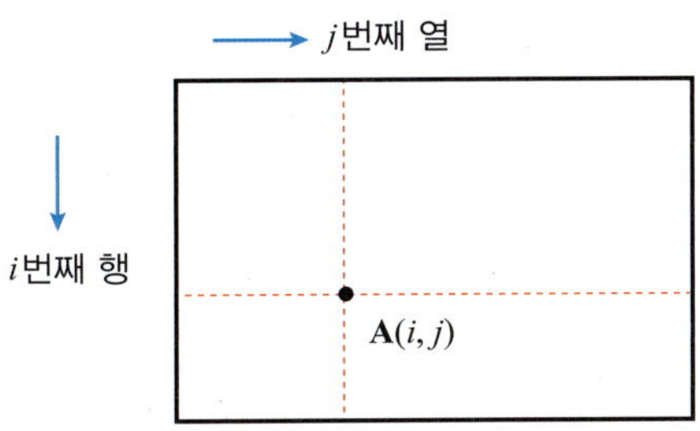

그림 2-13 행렬의 첨자 규칙

식 (2.1)에서 단수 행과 복수 열을 갖는 형태를 행벡터, 복수 행과 단수 열을 갖는 형태를 열벡터라 하며, 각각 다음과 같이 나타낸다.

$$\mathbf{A}_{1*} = [a_{11} \ \cdots \ a_{1j}], \quad \mathbf{A}_{*1} = \begin{bmatrix} a_{11} \\ \vdots \\ a_{i1} \end{bmatrix} \tag{2.2}$$

행렬은 행과 열의 크기(size) 또는 차원(dimension)에 따라 정방행렬, 영행렬, 단위행렬로 구분한다.

■ 정방행렬

행과 열의 크기 또는 차원이 동일한, 즉 $i = j$인 행렬을 정방행렬(square matrix)이라고 한다.

■ 영행렬

모든 원소가 0인 $i \times j$ 행렬을 영행렬(zero matrix)이라고 한다. 영행렬의 표기 방법은 $\mathbf{0}_{i\times j}$이지만, 간략하게 $\mathbf{0}$으로 표기한다.

■ 단위행렬

$i = j$인 정방행렬에서 주 대각선에 위치한 모든 원소가 1이고 나머지 원소는 0인 행렬을 단위행렬(identity matrix)이라고 한다. $i \times i$ 단위행렬의 표기 방법은 $\mathbf{I}_i$이지만 보통 간략하게 $\mathbf{I}$로 표기한다. 단위행렬 $\mathbf{I}$는 기본 연산에서 사용하는 1과 같은 개념이다. 단위행렬의 일반적인 형태는 다음과 같다.

$$\mathbf{I}_i = \begin{bmatrix} 1 & 0 & \cdots & 0 \\ 0 & 1 & & 0 \\ \vdots & & \ddots & \\ 0 & \cdots & & 1 \end{bmatrix} \tag{2.3}$$

2. 배열 입력하기

배열을 입력할 때는 대괄호 [ ] 안에 원소를 넣는다. 또한 배열의 행을 바꿀 때는 대괄호 사이에 세미콜론(;)을 넣고, 열을 바꿀 때는 한 칸을 띄거나 콤마(,)를 넣는다. [그림 2-14]는 행 또는 열만 입력한 행벡터와 열벡터의 실행 결과를 보여준다.

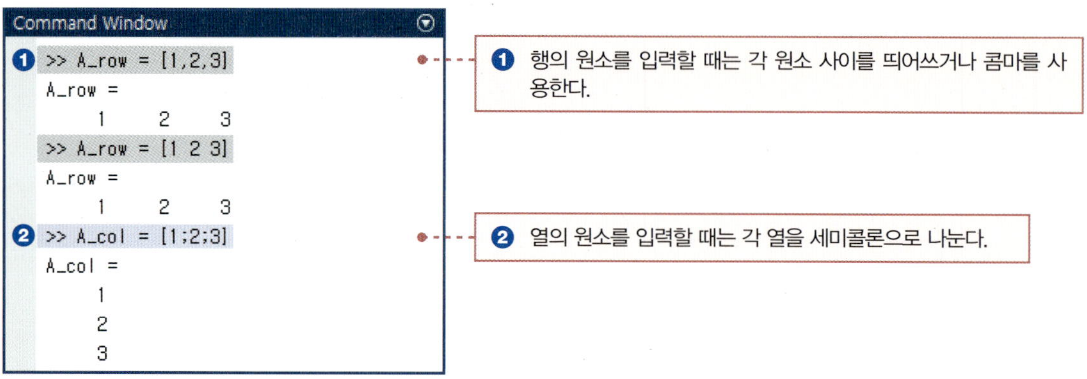

그림 2-14 행벡터와 열벡터의 실행 결과

[그림 2-15]는 3행3열 배열의 입력 실행 결과를 보여준다.

```
❶ >> A = [1,-2,0;4,3,-6;5,1,8];
❷ >> A
A =
     1    -2     0
     4     3    -6
     5     1     8
❸ >> B = [1 -2 0;4 3 -6;5 1 8]
B =
     1    -2     0
     4     3    -6
     5     1     8
```

❶ 행과 열의 원소를 콤마와 세미콜론으로 입력한 후, 마지막에 세미콜론을 사용하면 결과는 명령 창에 나타나지 않지만 현재 작업 공간에 저장된다.

❷ 따라서 언제든지 배열을 현재 작업 중인 명령 창에 불러올 수 있다.

❸ 행의 원소 입력은 띄어쓰기를 사용할 수 있다. 마지막에 세미콜론을 생략하면 방금 입력한 배열을 바로 보여준다.

그림 2-15 3행3열 배열의 실행 결과

실습 2-6

영행렬 $\mathbf{0}_{3\times2}$와 단위행렬 $\mathbf{I}_3$를 실행하라.

풀이

```
❶ >> Z = [0 0;0 0;0 0]
Z =
     0     0
     0     0
     0     0
❷ >> I = [1 0 0;0 1 0;0 0 1]
I =
     1     0     0
     0     1     0
     0     0     1
```

그림 2-16 영행렬과 단위행렬의 실행 결과

❶ 3행2열의 모든 원소가 0인 영행렬을 입력한다.

❷ 3행3열의 정방행렬에서 주 대각선 원소 3개는 1, 나머지 원소는 0인 단위행렬을 입력한다.

TIP 영행렬은 정방행렬이 아니더라도 가능하다. 그러나 단위행렬은 정방행렬인 경우에만 실행할 수 있다.

3. 산술 연산자를 이용하여 배열 연산하기

MATLAB의 산술 연산자인 덧셈, 뺄셈, 곱셈, 오른쪽 나눗셈, 왼쪽 나눗셈 연산자를 이용하여 배열을 연산할 수 있다. 먼저 MATLAB에서 사용되는 산술 연산자를 정리하면 [표 2-2]와 같다.

표 2-2 MATLAB의 산술 연산자

연산자	연산 기능	연산자	연산 기능
+	덧셈	/	오른쪽 나눗셈
−	뺄셈	₩	왼쪽 나눗셈
*	곱셈	^	지수승

배열의 덧셈

행렬의 덧셈은 행렬 **A**와 **B**에서 같은 위치에 있는 원소들을 각각 더하면 된다. 이때 행렬 **A**와 **B**의 행과 열의 크기는 항상 동일해야 한다. 즉 $i \times j$ 행렬 **A**와 **B**를 더하여 연산된 행렬 $\mathbf{C} = \mathbf{A} + \mathbf{B}$의 크기도 $i \times j$이며, 다음과 같이 나타낸다.

$$\mathbf{C} = \begin{bmatrix} c_{11} & \cdots & c_{1j} \\ \vdots & \ddots & \vdots \\ c_{i1} & \cdots & c_{ij} \end{bmatrix} = \begin{bmatrix} a_{11} + b_{11} & \cdots & a_{1j} + b_{1j} \\ \vdots & \ddots & \vdots \\ a_{i1} + b_{i1} & \cdots & a_{ij} + b_{ij} \end{bmatrix} \tag{2.4}$$

행렬 **A**와 **B**의 덧셈 순서를 바꾼 $\mathbf{C} = \mathbf{B} + \mathbf{A}$의 연산도 식 (2.4)와 동일하다. 즉 행렬의 덧셈은 교환법칙(commutative rule)이 성립한다.

$i \times j$ 행렬 **A**와 **B**를 덧셈하여 얻은 결과가 영행렬이면 행렬 **B**는 행렬 **A**의 모든 원소가 음의 값을 갖는 행렬 $-\mathbf{A}$이다. 따라서 영행렬은 행렬 덧셈의 항등원이라고 할 수 있다. [그림 2-17]은 배열의 덧셈을 실행한 결과를 보여준다.

```
Command Window
❶ >> A = [1 2 3;4 5 6];
   >> B1 = [1 -1;-1 1];
   >> C = A + B1
   Matrix dimensions must agree.
❷ >> B2 = [1 -1 1;-1 1 -1];
   >> C = A + B2
   C =
        2     1     4
        3     6     5
❸ >> C = B2 + A
   C =
        2     1     4
        3     6     5
```

❶ 배열의 차원은 반드시 일치해야 하므로 크기가 다른 배열 A와 B1의 덧셈 연산은 실행되지 않는다.

❷ 배열 A와 B2의 덧셈 연산의 실행 결과를 배열 C에서 보여준다.

❸ 배열 A와 B2의 덧셈 위치를 교환해서 연산을 실행해도 동일한 배열 C의 결과를 얻는다.

그림 2-17 배열의 덧셈 실행 결과

배열의 뺄셈

행렬의 뺄셈은 행렬 **A**와 **B**에서 같은 위치에 있는 원소들을 각각 빼면 된다. 덧셈과 마찬가지로 행렬 **A**와 **B**의 행과 열의 크기는 항상 동일해야 한다. $i \times j$ 행렬 **A**와 **B**를 빼서 연산된 행렬 $\mathbf{D} = \mathbf{A} - \mathbf{B}$의 크기도 $i \times j$이며, 다음과 같이 나타낸다.

$$\mathbf{D} = \begin{bmatrix} d_{11} & \cdots & d_{1j} \\ \vdots & \ddots & \vdots \\ d_{i1} & \cdots & d_{ij} \end{bmatrix} = \begin{bmatrix} a_{11} - b_{11} & \cdots & a_{1j} - b_{1j} \\ \vdots & \ddots & \vdots \\ a_{i1} - b_{i1} & \cdots & a_{ij} - b_{ij} \end{bmatrix} \tag{2.5}$$

[그림 2-18]은 배열의 뺄셈을 실행한 결과를 보여준다.

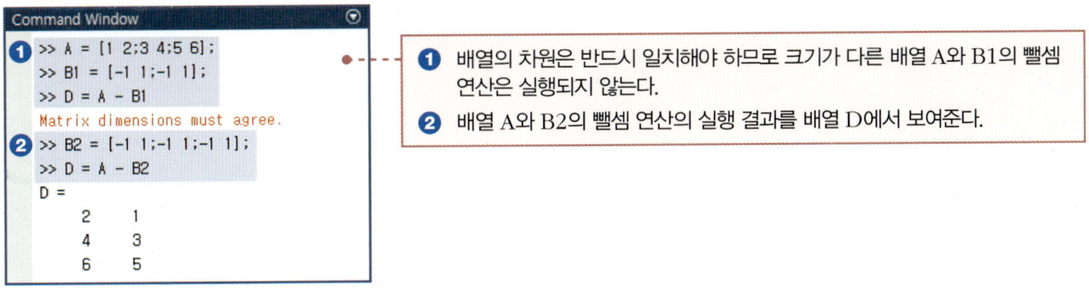

그림 2-18 배열의 뺄셈 실행 결과

배열의 곱셈

행렬의 곱셈은 각각의 원소에 상수 α를 곱하는 것과 같다. 식 (2.1)의 행렬 **A**에 임의의 상수 α를 곱하는 곱셈 연산 $\alpha\mathbf{A}$는 다음과 같이 나타낸다.

$$\alpha \begin{bmatrix} a_{11} & \cdots & a_{1j} \\ \vdots & \ddots & \vdots \\ a_{i1} & \cdots & a_{ij} \end{bmatrix} = \begin{bmatrix} \alpha a_{11} & \cdots & \alpha a_{1j} \\ \vdots & \ddots & \vdots \\ \alpha a_{i1} & \cdots & \alpha a_{ij} \end{bmatrix} \tag{2.6}$$

행렬과 행렬의 곱셈은 식 (2.6)과 다르게 다소 복잡한 형태이다. 행렬 **A**와 **B**의 곱셈 연산은 앞쪽 행렬 **A**의 열의 수와 뒤쪽 행렬 **B**의 행의 수가 같은 경우에만 가능하다. 그러므로 정방행렬이 아닌 $i \times j$ 행렬 **A**와 $i \times j$ 행렬 **B**의 곱셈 연산 **AB**는 불가능하다.

그러나 $i \times j$ 행렬 **A**와 $j \times k$ 행렬 **B**의 곱셈 연산 $\mathbf{M} = \mathbf{AB}$는 가능하다. 곱셈 연산의 결과인 **M**의 크기는 앞쪽 행렬 **A**의 행의 수와 뒤쪽 행렬 **B**의 열의 수로 표시된 $i \times k$이다. 곱셈 연산의 수식 $\mathbf{M}_{ik} = \mathbf{A}_{ij}\mathbf{B}_{jk}$는 다음과 같다.

$$\mathbf{M}_{ik} = \begin{bmatrix} a_{11} & \cdots & a_{1j} \\ \vdots & \ddots & \vdots \\ a_{i1} & \cdots & a_{ij} \end{bmatrix} = \begin{bmatrix} b_{11} & b_{12} & \cdots & b_{1k} \\ \vdots & \vdots & \ddots & \vdots \\ b_{j1} & b_{j2} & \cdots & b_{jk} \end{bmatrix} \tag{2.7a}$$

$$= \begin{bmatrix} a_{11}b_{11} + \cdots + a_{1j}b_{j1} & a_{11}b_{12} + \cdots + a_{1j}b_{j2} & a_{11}b_{1k} + \cdots + a_{1j}b_{jk} \\ \vdots & \vdots & \vdots \\ a_{i1}b_{11} + \cdots + a_{ij}b_{j1} & a_{i1}b_{12} + \cdots + a_{ij}b_{j2} & a_{i1}b_{1k} + \cdots + a_{ij}b_{jk} \end{bmatrix} \tag{2.7b}$$

[그림 2-19]는 배열의 곱셈을 실행한 결과를 보여준다.

```
Command Window
❶ >> A = [1 2 3;-1 1 1];
  >> B1 = [4 5 6;1 -1 1];
  >> M = A*B1
  Error using  *
  Incorrect dimensions for matrix multiplication. Check that the number of
  columns in the first matrix matches the number of rows in the second matrix.
  To perform elementwise multiplication, use '.*'.
❷ >> B2 = [4 5;6 1;-1 1];
  >> M = A*B2
  M =
      13    10
       1    -3
```

❶ 행과 열의 수가 동일하므로 2행3열 배열 A와 B1의 곱셈 연산은 실행되지 않는다.

❷ 2행3열 배열 A의 열의 크기가 3행2열 배열 B2의 행의 크기와 동일하므로 곱셈 연산이 실행되며, 새로운 2행2열 배열 M을 얻는다.

그림 2-19 배열의 곱셈 실행 결과

실습 2-7

다음과 같은 두 배열에 대해 **C** = 2**A** − **I** − 2**B**를 연산하라. 단 각각의 배열을 명령 창에 입력하면 오류가 발생하지 않아야 한다.

$$\mathbf{A} = \begin{bmatrix} -1 & 4 & 1 \\ 2 & -2 & 3 \\ 3 & 1 & 2 \end{bmatrix}, \quad \mathbf{B} = \begin{bmatrix} 1 & 2 & 3 \\ -1 & 0 & 5 \\ 4 & 1 & 0 \end{bmatrix}$$

풀이

```
Command Window
❶ >> A = [-1 4 1;2 -2 3;3 1 2];
  >> B = [1 2 3;-1 0 5;4 1 0];
  >> I = [1 0 0;0 1 0;0 0 1];
❷ >> C = 2A-I-2B
   C = 2A-I-2B
        ↑
  Error: Invalid expression. Check for missing multiplication operator, missing
  or unbalanced delimiters, or other syntax error. To construct matrices, use
  brackets instead of parentheses.

  Did you mean:
❸ >> C = 2*A-I-2*B
  C =
      -5     4    -4
       6    -5    -4
      -2     0     3
```

그림 2-20 배열의 곱셈 실행 결과

❶ 3행3열 단위행렬을 입력한다.

❷ 상수와 배열의 곱셈에서 곱셈 연산자를 사용하지 않으면 오류가 발생한다. 이때 잘못 사용한 입력에 대한 올바른 수식을 제안한다.

❸ 제안된 수식이 원래 예상한 수식이면 Enter 키를 눌러 실행한다.

TIP 오류를 방지하기 위해 단위행렬도 주어진 두 배열과 동일한 3행3열을 사용해야 한다.

Note 교환법칙이 성립되지 않는 배열의 곱셈

[그림 2-21]과 같이 배열 A와 B의 곱셈은 교환법칙이 성립하지 않는다. 즉 $\mathbf{AB} \neq \mathbf{BA}$이다.

```
Command Window
>> A = [-1 3 4;-1 1 2;3 -1 1];
>> B = [1 5 3;2 8 6;1 2 3];
>> M1 = A*B
M1 =
     9    27    27
     3     7     9
     2     9     6
>> M2 = B*A
M2 =
     3     5    17
     8     8    30
     6     2    11
```

그림 2-21 교환법칙이 성립하지 않는 배열의 곱셈 실행 결과

실습 2-8

다음과 같은 세 배열에 대해 **AC**와 **BA**를 계산하고, 그 결과를 확인하라.

$$\mathbf{A} = \begin{bmatrix} 1 & 2 \\ -2 & 1 \end{bmatrix}, \quad \mathbf{B} = \begin{bmatrix} 2 & 0 & -1 \\ 4 & -5 & 2 \end{bmatrix}, \quad \mathbf{C} = \begin{bmatrix} 7 & -5 & 1 \\ 1 & -4 & -3 \end{bmatrix}$$

풀이

```
Command Window
❶ >> A = [1 2;-2 1];
  >> B = [2 0 -1;4 -5 2];
  >> C = [7 -5 1;1 -4 -3];
  >> M1 = A*C
  M1 =
      9   -13    -5
    -13     6    -5
❷ >> M2 = B*A
  Error using  *
  Incorrect dimensions for matrix multiplication. Check that the number of
  columns in the first matrix matches the number of rows in the second matrix.
  To perform elementwise multiplication, use '.*'.
```

그림 2-22 배열의 곱셈 실행 결과

❶ 배열 **A**의 2개 열과 배열 **C**의 2개 행이 일치하므로 곱셈 연산을 실행하면, 새로운 2행3열 배열 **M1**을 얻는다.

❷ 배열 **B**의 3개 열과 배열 **A**의 2개 행의 크기가 다르므로 곱셈 연산은 불가능하다.

4. 배열 연산자를 이용하여 배열 연산하기

행과 열의 수가 같은 두 배열은 배열 연산자를 이용하여 항목별로 연산할 수 있다. 배열 연산자는 곱셈, 나눗셈, 지수승 바로 앞에 마침표(.)를 붙여서 사용한다. [표 2-3]은 MATLAB에서 사용되는 배열 연산을 정리하여 보여준다.

표 2-3 MATLAB의 배열 연산자

연산자	연산 기능
.*	항목별 곱셈
./	항목별 오른쪽 나눗셈
.\	항목별 왼쪽 나눗셈
.^	항목별 지수승

MATLAB에서 자료를 입력하는 기본 형태가 배열이므로, 배열 연산자는 벡터화된 코드를 작성할 때 매우 중요하다. 다른 프로그래밍 언어와 비교했을 때 MATLAB은 평가하려는 자료를 더욱 쉽게 생성하고, 읽고, 문서로 작성할 수 있다. 다만, 숫자와 행렬을 곱하는 경우에는 배열 연산자를 사용할 필요가 없다.

항목별 곱셈 연산

일반적으로 실험에서 측정된 자료를 나타낼 때 행벡터 형태를 많이 사용한다. 예를 들어 전기적 회로를 설계한 후 전력을 계산할 때 측정된 전압과 전류의 두 벡터를 곱한다.

[그림 2-23]은 측정된 전압이 $V = [1 \ \ 1.5 \ \ 3 \ \ 4.5]$, 전류가 $I = [0.5 \ \ 1 \ \ 1.5 \ \ 2]$일 때 전력 $P = VI$의 연산을 보여준다.

Command Window

```
❶ >> V = [1 1.5 3 4.5];
  >> I = [0.5 1 1.5 2];
  >> P = V*I
  Error using  *
  Incorrect dimensions for matrix multiplication. Check that the number of
  columns in the first matrix matches the number of rows in the second matrix.
  To perform elementwise multiplication, use '.*'.
❷ >> P = V.*I
  P =
       0.5000      1.5000      4.5000      9.0000
```

❶ 전압에 대한 행벡터의 열의 수 4와 전류에 대한 행벡터 행의 수 1이 일치하지 않기 때문에 동일한 위치에 있는 4개 전압과 4개 전류를 곱하여 4개 전력값을 구할 수 없다.

❷ 배열 연산자를 이용하면 1열부터 4열까지 전압과 상응하는 1열부터 4열까지 항목별로 전류에 대한 곱셈 연산이 가능하다. 따라서 원하는 4개의 전력값을 얻을 수 있다.

그림 2-23 항목별 곱셈의 실행 결과

항목별 오른쪽 나눗셈 연산

전기적 회로를 설계한 후 전압과 전류의 값을 알고 있을 때, 저항은 옴의 법칙(Ohm's law) $V = IR$을 이용하여 구할 수 있다. 즉 저항은 전압을 전류로 나눈다.

[그림 2-24]는 전압이 $V = [1 \ \ 1.5 \ \ 3 \ \ 4.5]$, 전류가 $I = [0.5 \ \ 1 \ \ 1.5 \ \ 2]$일 때 저항 $R = \dfrac{V}{I}$의 연산을 보여준다.

```
Command Window
>> V = [1 1.5 3 4.5];
>> I = [0.5 1 1.5 2];
>> D1 = V/I
D1 =
    2.0667
>> D2 = V./I
D2 =
    2.0000    1.5000    2.0000    2.2500
```

❶ 오른쪽 나눗셈 연산자를 이용한 $D1$은 연산은 이뤄졌지만, 원래 의도한 항목별 나눗셈의 결과는 아니다.

❷ 배열 연산자를 사용한 $D2$의 연산은 전압 V와 전류 I 벡터의 같은 자리에 있는 원소들이 항목별로 나누어진 각각의 저항 결과를 보여준다.

그림 2-24 항목별 오른쪽 나눗셈 연산의 실행 결과

항목별 왼쪽 나눗셈 연산

행렬방정식은 선형시스템을 전환한 것으로, 이를 일반화하면 다음과 같다.

$$\mathbf{Ax} = \mathbf{c} \tag{2.8}$$

여기서 선형방정식 n개와 변수 n개인 시스템을 일반화하면 다음과 같다.

$$\mathbf{A} = \begin{bmatrix} a_{11} & \cdots & a_{1n} \\ \vdots & \ddots & \vdots \\ a_{n1} & \cdots & a_{nn} \end{bmatrix}, \quad \mathbf{x} = \begin{bmatrix} x_1 \\ \vdots \\ x_n \end{bmatrix}, \quad \mathbf{c} = \begin{bmatrix} c_1 \\ \vdots \\ c_n \end{bmatrix} \tag{2.9}$$

왼쪽 나눗셈을 이용하여 행렬방정식을 풀면 다음과 같다.

$$\mathbf{x} = \mathbf{A} \backslash \mathbf{c} \tag{2.10}$$

항목별 지수승 연산

[그림 2-25]는 서로 다른 지수 $\mathbf{a}^{\mathbf{b}}$을 연산하기 위해 밑수 벡터 $\mathbf{a} = [2\ \ 8\ \ 16]$와 지수승 벡터 $\mathbf{b} = [4\ \ 3\ \ 2]$에 배열 연산자를 이용하여 항목별로 지수승을 연산한 결과를 보여준다.

```
Command Window
❶ >> a = [2 8 16];
   >> b = [4 3 2];
   >> P = a^b
   Error using ^ (line 51)
   Incorrect dimensions for raising a matrix to a power. Check
   that the matrix is square and the power is a scalar. To perform
   elementwise matrix powers, use '.^'.
❷ >> P = a.^b
   P =
       16   512   256
```

❶ 배열 연산자를 사용하지 않고 항목별 지수승을 연산하면 오류가 발생한다.

❷ 지수승을 나타내는 부호 앞에 배열 연산자를 이용하면 항목별로 지수승을 연산할 수 있다.

그림 2-25 항목별 지수승 연산의 실행 결과

실습 2-9

왼쪽 나눗셈을 이용하여 다음 선형연립방정식의 해 x_1, x_2, x_3를 구하라.

$$\begin{aligned} 3x_1 + x_2 + 2x_3 &= -4 \\ -x_1 - 2x_2 + x_3 &= -2 \\ 2x_1 + 3x_2 - 2x_3 &= 5 \end{aligned}$$

풀이

```
Command Window
❶ >> A = [3 1 2;-1 -2 1;2 3 -2];
   >> c =[-4;-2;5];
❷ >> x = A₩c
   x =
       1.0000
      -1.0000
      -3.0000
❸ >> x1 = c/A
   Error using /
   Matrix dimensions must agree.
```

그림 2-26 항목별 왼쪽 나눗셈 연산의 실행 결과

❶ 선형연립방정식의 미지수 x_1, x_2, x_3를 구하기 위해 계수행렬 **A**와 상수 벡터 **c**를 지정한다.

❷ 왼쪽 나눗셈 연산자를 이용하여 선형연립방정식의 미지수를 구한다.

❸ 왼쪽 나눗셈 연산자 대신 오른쪽 나눗셈 연산자를 이용하면 행렬의 차수가 일치하지 않아 오류가 발생한다.

SECTION 2.3

배열의 부호

학습 목표

- 배열에 사용되는 부호의 종류를 이해한다.
- 다양한 부호를 이용하여 맞춤형 배열을 생성한다.

배열을 보다 유용하게 사용하기 위해 콤마, 콜론, 아포스트로피의 기능을 살펴보자.

콤마

콤마(,)는 배열의 색인을 생성할 때와 각각의 차원에 해당하는 행과 열에 대한 색인을 분리할 때 사용한다. 콤마를 중심으로 왼쪽에는 지정하는 행의 번호를, 오른쪽에는 지정하는 열의 번호를 입력한다. 예를 들어 배열 $\mathbf{A}$의 i행 j열 원소 $\mathbf{a}_{ij}$를 나타내는 경우 $\mathbf{A}(i,j)$를 입력한다. 콤마를 사용한 3행3열 배열의 원소의 색인은 다음과 같이 지정된다.

$$\mathbf{A} = \begin{bmatrix} \mathbf{A}(1,1) & \mathbf{A}(1,2) & \mathbf{A}(1,3) \\ \mathbf{A}(2,1) & \mathbf{A}(2,2) & \mathbf{A}(2,3) \\ \mathbf{A}(3,1) & \mathbf{A}(3,2) & \mathbf{A}(3,3) \end{bmatrix} \tag{2.11}$$

[그림 2-27]은 배열 $\mathbf{A}$의 원소 a_{12}와 a_{13}을 콤마를 이용하여 나타낸 것이다.

Command Window

```
>> A = [1 2 3;4 5 6;7 8 9];
>> a12 = A(1,2)
a12 =
     2
>> a31 = A(3,1)
a31 =
     7
```

❶ 배열 $\mathbf{A}$의 1행2열 원소 2를 나타낸다.

❷ 배열 $\mathbf{A}$의 3행1열 원소 7을 나타낸다.

그림 2-27 콤마를 이용한 배열의 원소 찾기

콤마를 사용하지 않고 3행3열 배열의 원소의 색인은 다음과 같이 지정된다. 즉 1열부터 3열까지 차례대로 각 행을 지정한다.

$$\mathbf{A} = \begin{bmatrix} \mathbf{A}(1) & \mathbf{A}(4) & \mathbf{A}(7) \\ \mathbf{A}(2) & \mathbf{A}(5) & \mathbf{A}(8) \\ \mathbf{A}(3) & \mathbf{A}(6) & \mathbf{A}(9) \end{bmatrix} \tag{2.12}$$

[그림 2-28]은 콤마를 사용하지 않고 배열 **A**의 2번째 원소와 7번째 원소를 나타낸다.

```
Command Window
① >> A = [1 2 3;4 5 6;7 8 9];
   >> A2 = A(2)
   A2 =
        4
② >> A7 = A(7)
   A7 =
        3
```

① 배열 **A**의 2번째 원소 4를 나타낸다.

② 배열 **A**의 7번째 원소 3을 나타낸다.

그림 2-28 콤마를 사용하지 않고 배열의 원소 찾기

콜론

콜론(:)은 규칙적으로 증가하거나 감소하는 배열의 원소를 지정할 때 사용한다. 1~10까지 규칙적으로 1만큼 증가하는 배열의 원소 10개를 입력할 때 직접 쓰는 것이 다소 번거로울 수 있지만, 실제 많은 시간이 소요되지는 않는다. 그러나 만약 1에서 1000까지 1씩 규칙적으로 증가하는 자료를 하나씩 입력하는 경우라면 많은 시간을 낭비하게 될 것이다. 이때는 콜론을 이용하면 훨씬 쉽게 배열을 지정할 수 있다.

규칙적으로 증가하는 벡터 **x**를 생성하기 위한 콜론의 기본 형태는 다음과 같다.

```
x = i : j : k
```

- i : 초깃값, j : 규칙적으로 증가하는 값, k : 최종값, k>i

반면에 규칙적으로 감소하는 벡터 **x**를 생성하기 위한 콜론의 기본 형태는 다음과 같다. 규칙적으로 감소하는 원소들을 지정할 때는 반드시 초깃값이 최종값보다 큰 수여야 한다.

```
x = i : -j : k
```

- i : 초깃값, -j : 규칙적으로 감소하는 값, k : 최종값, k<i

[그림 2-29]는 콜론 연산자를 사용한 경우와 사용하지 않은 경우를 보여준다.

```
Command Window
① >> x1 = [1 3 5 7 9]
   x1 =
        1     3     5     7     9
② >> x2 = 1:2:9
   x2 =
        1     3     5     7     9
③ >> x3 = [1:2:9]
   x3 =
        1     3     5     7     9
④ >> x4 = 1:5
   x4 =
        1     2     3     4     5
```

① 1부터 9까지 2씩 규칙적으로 증가하는 배열 x1의 원소를 모두 입력한다.

② 콜론을 사용하여 보다 간략하게 배열 x2를 입력한다. 이는 배열 x1과 동일한 결과를 보여준다.

③ 콜론을 사용하는 경우 일반 배열처럼 대괄호를 사용해도 상관없다.

④ 배열 x4처럼 규칙적으로 증가하는 값이 1이면 생략한다.

그림 2-29 콜론을 이용하여 규칙적인 배열 지정하기

실습 2-10

−3부터 3까지 −1씩 감소하는 변수 x를 이용하여 방정식 $f = x^3 - 3x^2 + 2x + 1$의 그래프를 그리려고 한다. 콜론을 이용하여 변수 벡터 **x**를 실행하라.

풀이

```
Command Window
❶ >> x = -3:-1:3
x =
  1×0 empty double row vector
❷ >> x = 3:-1:-3
x =
     3     2     1     0    -1    -2    -3
❸ >> x = 3:-3
x =
  1×0 empty double row vector
```

그림 2-30 콜론을 이용하여 규칙적으로 감소하는 배열 지정하기

❶ 규칙적으로 감소하는 배열은 초깃값이 최종값보다 작으면 배열을 실행할 수 없다.

❷ 초깃값이 최종값보다 크게 지정되었기 때문에 규칙적으로 감소하는 배열이 실행된다.

❸ 규칙적으로 증가하는 값 1은 생략할 수 있지만 감소하는 값 −1을 생략하면 배열을 실행할 수 없다.

TIP 콜론은 전체 행 혹은 열에 대해 와일드 카드 역할을 한다. 예를 들어 **v**(:)은 **v**의 모든 행 또는 열의 원소를 나타내고, **v**(i : j)는 벡터 **v**의 i 번째부터 j 번째 원소인 **v**(i), **v**(i + 1), ⋯, **v**(j)를 모두 나타낸다.

[그림 2-31]과 [그림 2-32]는 콜론을 이용한 행벡터, 열벡터의 원소 찾기를 보여준다.

```
Command Window
❶ >> v = [1 2 3];
❷ >> x1 = v(:)
x1 =
     1
     2
     3
❸ >> v1 = v(1)
v1 =
     1
❹ >> v3 = v(3)
v3 =
     3
❺ >> x2 = v(2:3)
x2 =
     2     3
```

❶ 원소 3개를 갖는 행벡터 **v**를 입력한다.
❷ **v**(:)을 이용하면 행벡터 **v**의 모든 원소를 열의 형태로 나열한다.

❸ **v**(1)은 행벡터 **v**의 첫 번째 원소 1을 나타낸다.

❹ **v**(3)은 행벡터 **v**의 세 번째 원소 3을 나타낸다.

❺ **v**(2:3)의 입력은 행벡터 **v**의 두 번째 원소부터 세 번째 원소까지 행벡터로 나타낸다.

그림 2-31 콜론을 이용하여 행벡터의 원소 찾기

```
>> u = [1;2;3];
>> x1 = u(:)
x1 =
     1
     2
     3
>> u1 = u(1)
u1 =
     1
>> u3 = u(3)
u3 =
     3
>> x2 = u(2:3)
x2 =
     2
     3
```

❶ 원소 3개를 갖는 열벡터 **u**를 입력한다.
❷ **u**(:)을 이용하면 열벡터 **u**의 모든 원소를 열의 형태로 나열한다.
❸ **u**(1)은 열벡터 **u**의 첫 번째 원소 1을 나타낸다.
❹ **u**(3)은 열벡터 **u**의 세 번째 원소 3을 나타낸다.
❺ **u**(2:3)의 입력은 열벡터 **u**의 두 번째 원소부터 세 번째 원소까지 열벡터로 나타낸다.

그림 2-32 콜론을 이용하여 열벡터의 원소 찾기

[그림 2-33]은 콜론을 이용한 배열의 원소 찾기를 보여준다.

```
>> A = [1 2 3;4 5 6;7 8 9];
>> x1 = A(:,3)
x1 =
     3
     6
     9
>> x2 = A(2,:)
x2 =
     4     5     6
```

❶ 3행3열 배열 **A**를 입력한다.
❷ x1에서 콤마 앞의 콜론은 배열 **A**의 모든 행, 콤마 뒤의 3은 배열 **A**의 3열을 의미한다.
❸ x2에서 콤마 앞의 2는 배열 **A**의 2행, 콤마 뒤의 콜론은 배열 **A**의 모든 열을 의미한다.

그림 2-33 콜론을 이용하여 배열의 원소 찾기

아포스트로피

MATLAB에서 배열을 나타내는 전치 연산자는 배열에 아포스트로피(apostrophe)'를 붙인다. 식 (2.1)에서 행렬 **A**의 행과 열이 서로 바뀐 행렬을 전치행렬(transposed matrix)이라고 하고, $\mathbf{A}^T$으로 표시한다. 전치행렬 $\mathbf{A}^T$의 크기는 $j \times i$이고, 다음과 같이 나타낸다. [그림 2-34]는 아포스트로피를 이용하여 배열 **A**에 대한 전치행렬을 실행한 배열 **B**를 보여준다.

$$\mathbf{A}^T = \begin{bmatrix} a_{11} & \cdots & a_{i1} \\ \vdots & \ddots & \vdots \\ a_{1j} & \cdots & a_{ij} \end{bmatrix} \tag{2.13}$$

```
>> A = [1 2 3;-4 -5 -6;7 8 9]
A =
     1     2     3
    -4    -5    -6
     7     8     9
>> B = A'
B =
     1    -4     7
     2    -5     8
     3    -6     9
```

❶ 3행3열 배열 **A**를 직접 입력하여 지정한다.
❷ 아포스트로피를 이용하여 배열 **A**의 행과 열을 서로 바꾼 배열 **B**를 생성한다.

그림 2-34 아포스트로피를 이용한 전치행렬 실행

[그림 2-35]와 같이 배열 **A**에 아포스트로피를 사용한 후 다시 아포스트로피를 입력하면 원래의 배열 **A**가 된다.

```
Command Window
❶ >> A = [0 1 2;-1 0 -2;-3 3 0];
   >> C = A''
   C =
        0     1     2
       -1     0    -2
       -3     3     0
❷ >> C = (A')'
   C =
        0     1     2
       -1     0    -2
       -3     3     0
```

❶ 아포스트로피를 2번 입력한 배열 **C**는 다시 원래 배열 **A**와 동일하다.

❷ 소괄호를 사용해도 결과는 동일하다.

그림 2-35 아포스트로피를 2번 입력한 결과

TIP 아포스트로피 대신 큰따옴표를 입력하면 오류가 발생하므로 주의해야 한다.

실습 2-11

콜론을 이용하여 배열 **A**의 2행과 3행 사이의 모든 원소와 1열과 3열 사이의 모든 공통 원소를 찾아라. 또한 배열 **A**의 1행과 3행의 원소와 2열과 4열의 공통 원소를 찾아라.

$$\mathbf{A} = \begin{bmatrix} -1 & -2 & -3 & -4 & -5 \\ -6 & -7 & -8 & -9 & 0 \\ 0 & 1 & 2 & 3 & 4 \\ 5 & 6 & 7 & 8 & 9 \end{bmatrix}$$

풀이

```
Command Window
❶ >> A = [-1 -2 -3 -4 -5;-6 -7 -8 -9 0;0 1 2 3 4;5 6 7 8 9];
❷ >> x1 = A(2:3,1:3)
   x1 =
       -6    -7    -8
        0     1     2
❸ >> x2 = A([1 3],[2 4])
   x2 =
       -2    -4
        1     3
```

그림 2-36 콜론을 이용하여 배열의 원소 찾기

❶ 배열 **A**의 2행과 3행 사이의 원소 중 1열과 3열 사이의 원소를 지정한다.

❷ 배열 **A**의 1행과 3행 원소 중 2열과 4열의 원소를 지정한다.

❸ 행이나 열을 연속해서 지정하는 경우가 아니면 대괄호를 이용하여 개별적으로 선택할 수 있다.

SECTION 2.4

배열의 명령어와 원소 재구성

학습 목표

- 배열 생성에 사용되는 eye, zeros, ones, linspace 명령어를 학습한다.
- 배열 특성을 알기 위해 사용되는 size, length, find 명령어를 학습한다.
- 배열 원소를 추가하고, 삭제 및 대체하는 방법을 학습한다.

1. 배열의 명령어

배열을 보다 유용하게 사용하게 해주는 MATLAB의 명령어 기능을 살펴보자.

eye 명령어

eye 명령어는 배열의 주 대각선(main diagonal)에 놓이는 원소는 모두 1이고, 나머지 원소는 모두 0인 단위행렬을 생성한다.

```
eye(i,j)
```

- 행의 수 i와 열의 수 j 중에 작은 값에 상응하는 주 대각선에 원소 1이 생성된다.

정방행렬인 $i \times i$ 배열을 만드는 eye 명령어의 기본 형태는 다음과 같다.

```
eye(i)
```

- 식 (2.3)에 대한 단위행렬 $\mathbf{I}_i$를 나타낸다.

[그림 2-37]은 eye 명령어를 사용한 예를 보여준다.

```
Command Window
① >> A = eye(2,4)
A =
     1     0     0     0
     0     1     0     0
② >> B = eye(4,3)
B =
     1     0     0
     0     1     0
     0     0     1
     0     0     0
③ >> I3 = eye(3)
I3 =
     1     0     0
     0     1     0
     0     0     1
```

① 2행4열 배열 **A**에서 작은 행의 크기 2를 기준으로 $a_{ii}(i=1,2)$의 주 대각선 원소에 1을, 나머지 원소는 모두 0을 생성한다.

② 4행3열 배열 **B**에서 작은 열의 크기 3을 기준으로 $a_{jj}(j=1,2,3)$의 주 대각선 원소에 1을, 나머지 원소는 모두 0을 생성한다.

③ 단위행렬 $\mathbf{I}_3$과 동일한 배열 **I3**를 생성한다.

그림 2-37 eye 명령어의 실행 결과

zeros 명령어

zeros 명령어는 배열의 크기와 상관없이 모든 원소를 0으로 지정한다. $i \times j$ 배열을 만드는 zeros 명령어의 기본 형태는 다음과 같다.

```
zeros(i,j)
```

- 행의 수 i와 열의 수 j가 동일한 경우와 그렇지 않은 경우, 모든 원소를 0으로 지정한다.

[그림 2-38]은 zeros 명령어를 사용한 예를 보여준다.

```
Command Window
① >> Z1 = zeros(2,5)
Z1 =
     0     0     0     0     0
     0     0     0     0     0
② >> Z2 = zeros(3)
Z2 =
     0     0     0
     0     0     0
     0     0     0
```

① 2행5열 배열의 원소는 모두 0을 생성한다.

② 정방행렬의 경우 명령어의 인자값 (3,3) 대신 (3)만 입력하면 된다.

그림 2-38 zeros 명령어의 실행 결과

ones 명령어

ones 명령어는 배열의 크기와 상관없이 모든 원소를 1로 지정한다. $i \times j$ 배열을 만드는 ones 명령어의 기본 형태는 다음과 같다.

```
ones(i,j)
```

▪ 행의 수 i 와 열의 수 j 가 동일한 경우와 그렇지 않은 경우, 모든 원소를 1로 지정한다.

[그림 2-39]는 ones 명령어를 사용한 예를 보여준다.

```
Command Window
❶ >> O1 = ones(3,4)
O1 =
     1     1     1     1
     1     1     1     1
     1     1     1     1
❷ >> O2 = ones(3)
O2 =
     1     1     1
     1     1     1
     1     1     1
```

❶ 3행4열 배열의 원소는 모두 1을 생성한다.

❷ 정방행렬의 경우 명령어의 인자값 (3,3) 대신 (3)만 입력하면 된다.

그림 2-39 ones 명령어의 실행 결과

end 명령어

end 명령어는 배열에서 각각의 원소의 자리를 나타내는 첨자 중 가장 마지막(end) 첨자를 지정한다. [그림 2-40]은 end 명령어를 사용한 예를 보여준다.

```
Command Window
❶ >> v = [1,4,-5,9,-3,5];
❷ >> x1 = v(end-4:end)
x1 =
     4    -5     9    -3     5
❸ >> x2 = v(1:2:end)
x2 =
     1    -5    -3
```

❶ 1행6열 행벡터 **v**를 입력한다.

❷ 행벡터 **v**의 원소 5는 첨자 v_{16}으로 표시하는 가장 마지막 원소이다. 이 원소에서 4자리 앞선 원소 4부터 마지막 원소 5 사이의 모든 원소를 생성한다.

❸ 행벡터 **v**의 첫 번째 자리 원소 1부터 마지막 자리 원소 5까지 2자리씩 이동한 모든 원소를 생성한다.

그림 2-40 end 명령어의 실행 결과

diag 명령어

diag 명령어는 행렬의 주 대각선 원소를 지정한다. [그림 2-41]은 정방행렬에 diag 명령어를 사용한 예를 보여준다.

```
Command Window
❶ >> A = [1 2 3;4 5 6;7 8 9];
❷ >> D1 = diag(A)
D1 =
     1
     5
     9
❸ >> D2 = diag(A,-1)
D2 =
     4
     8
```

❶ 배열 **A**를 입력한다.
❷ 배열 **A**의 주 대각선 원소를 생성한다.

❸ [그림 2-42]처럼 배열 **A**의 첫 번째 주 대각선 원소 1 아래에 위치하는 2행2열 배열의 주 대각선 원소를 생성한다.

그림 2-41 diag 명령어의 실행 결과

$$\mathbf{A} = \begin{bmatrix} \textcircled{1} & 2 & 3 \\ \boxed{4} & \boxed{5} & 6 \\ \boxed{7} & \boxed{8} & 9 \end{bmatrix}$$

그림 2-42 diag(A, −1)의 실행 결과 표기

diag 명령어를 사용하면 주어진 행벡터 또는 열벡터와 상관없이 주어진 원소를 주 대각선에 지정하고, 나머지 모든 원소는 0으로 지정하는 행렬을 생성한다.

[그림 2-43]은 행벡터에 diag 명령어를 실행한 결과를 보여준다.

```
Command Window
❶ >> v = [1 2 3];
❷ >> A = diag(v)
A =
     1     0     0
     0     2     0
     0     0     3
❸ >> u = [-1 -2];
  >> B = diag(u,2)
B =
     0     0    -1     0
     0     0     0    -2
     0     0     0     0
     0     0     0     0
```

❶ 행벡터 **v**를 입력한다.
❷ 행벡터 **v**의 원소 3개를 차례대로 주 대각선 원소로 지정하는 배열 **A**를 생성한다. 행벡터 대신에 열벡터를 입력해도 동일한 행렬을 생성한다.

❸ diag(u,2)를 실행하여 행벡터 **u**의 원소 2개를 주 대각선의 위쪽 대각선 방향으로 2칸 이동한 대각선에 원소로 지정한다.

그림 2-43 행벡터에 diag 명령어를 실행한 결과

TIP 논리적으로 diag(u,1)을 실행하면 주 대각선 방향으로 1칸 이동한 대각선 자리에 원소가 지정되므로 새로운 행렬은 3행3열이 된다. 이와 같은 원리로 diag(u, 0)을 실행하면 새로운 행렬의 크기는 무엇인지 생각해보자.

실습 2-12

열벡터 **v**가 주어질 때 `diag` 명령어를 이용하여 3행3열 단위행렬 **A**를 생성하라. 그리고 행벡터 $\mathbf{u} = [-1 \ \ -2]$가 주어질 때 `diag` 명령어를 이용하여 원소 $a_{31} = -1$, $a_{42} = -2$의 값을 갖고 나머지 모든 원소의 값은 0이 되는 배열 **B**를 생성하라.

풀이

```
Command Window
❶ >> v = [1;1;1];
❷ >> A = diag(v)
A =
      1     0     0
      0     1     0
      0     0     1
❸ >> u = [-1,-2];
  >> B = diag(u,-2)
B =
      0     0     0     0
      0     0     0     0
     -1     0     0     0
      0    -2     0     0
```

그림 2-44 diag 명령어를 이용한 배열 생성

❶ 모든 원소의 값이 1인 열벡터 **v**를 생성한다.

❷ `diag` 명령어를 이용하여 배열 **v**의 3개 원소 1을 주 대각선에 나타내고 나머지 원소는 모두 0으로 나타내는 3행3열 단위행렬이 생성된다.

❸ `diag(u,-2)`를 실행하여 행벡터 **u**의 2개 원소를 주 대각선의 아래쪽 대각선 방향으로 2칸 이동한 대각선에 원소로 지정한다.

linspace 명령어

`linspace` 명령어는 초깃값(하한값), 최종값(상한값), 상황에 일정한 간격의 원소 개수를 입력받아 벡터에 규칙적으로 원소를 지정한다. 그리고 `linspace` 명령어는 콜론 연산자와 상호보완 관계를 보여준다. `linspace` 명령어의 기본 형태는 다음과 같다.

```
linspace(x1,x2,n)
```

- x1은 초깃값, x2는 최종값, n은 초깃값과 최종값 사이의 원소 개수를 나타낸다.

콜론 연산자를 이용한 벡터가 x = x1 : j : x2이면 `linspace` 명령어의 인자들을 이용해 규칙적인 증가값(또는 감소값)을 다음과 같이 나타낼 수 있다.

$$j = \frac{x2 - x1}{n - 1} \tag{2.14}$$

역으로 초깃값과 최종값 사이의 원소의 개수는 다음과 같이 나타낼 수 있다.

$$n = \frac{x2 - x1}{j} + 1 \tag{2.15}$$

[그림 2-45]는 콜론 연산자와 `linspace` 명령어를 비교하여 실행한 결과를 보여준다.

```
Command Window
① >> x = 1:2:9
   x =
        1     3     5     7     9
   >> x = linspace(1,9,5)
   x =
        1     3     5     7     9
② >> y = linspace(17,2,6)
   y =
       17    14    11     8     5     2
   >> y = 17:-3:2
   y =
       17    14    11     8     5     2
```

① 콜론 연산자의 인자들을 이용하여 식 (2.15)를 계산하면 `linspace` 명령어에 필요한 원소의 개수는 5개이다.

② `linspace` 명령어의 인자들을 이용하여 식 (2.14)를 계산하면 콜론 연산자의 규칙적인 감소값은 −3이다.

그림 2-45 linspace 명령어의 실행 결과

size 명령어

`size` 명령어는 $i \times j$ 배열의 행 i 의 값과 열 j 의 값을 나타낸다. 따라서 `size` 명령어는 시뮬레이션 혹은 무작위로 생성된 새로운 배열에 대한 자료의 개수를 확인하는 데 사용할 수 있다. `size` 명령어의 기본 형태는 다음과 같다.

```
size(A)
```

- A : 행과 열의 개수를 구할 행렬

length 명령어

`length` 명령어는 $i \times j$ 배열의 행 i 의 크기와 열 j 의 크기 중 큰 값 하나만 나타낸다. `length` 명령어의 기본 형태는 다음과 같다.

```
length(A)
```

- A : 행과 열의 개수 중 더 큰 하나의 값을 구할 행렬

[그림 2-46]은 size 명령어와 length 명령어의 실행 결과를 보여준다.

```
Command Window
❶ >> A = [-1 -5 3;0 3 8;2 -7 6;4 -2 -3;1 9 -5];
   >> S = size(A)
   S =
        5     3
❷ >> L = length(A)
   L =
        5
❸ >> B = [-1 -2 0 3;6 9 -5 -2;1 4 -4 7];
   >> L = length(B)
   L =
        4
```

❶ size 명령어를 이용하면 입력한 배열 **A**의 크기는 5행3열, 즉 5×3 행렬이다.

❷ length 명령어를 이용하면 5행3열 배열 **A**에서 행의 크기가 열의 크기보다 크기 때문에 행의 크기 5만 나타낸다.

❸ length 명령어를 이용하면 3행4열 배열 **B**에서 열의 크기가 행의 크기보다 크기 때문에 열의 크기 4만 나타낸다.

그림 2-46 size와 length 명령어의 실행 결과

find 명령어

find 명령어는 주어진 배열 중에 0이 아닌(nonzero) 값을 갖는 원소의 자리 번호를 표시한다. 이때 자리 번호는 1부터 시작한다. find 명령어의 기본 형태는 다음과 같다.

```
find(A)
```

- A : 주어진 배열

[그림 2-47]은 배열에 find 명령어를 실행한 결과를 보여준다.

```
Command Window
❶ >> v1 = [0 0 0];
   >> F1 = find(v1)
   F1 =
     1×0 empty double row vector
❷ >> v2 = [-2 0 0 -1 0 1 2];
   >> F2 = find(v2)
   F2 =
        1     4     6     7
❸ >> v3 = [-2;0;0;-1;0;1;2];
   >> F3 = find(v3)
   F3 =
        1
        4
        6
        7
```

❶ 모든 원소가 0인 행벡터에 find 명령어를 실행하면 오류가 발생한다.

❷ 행벡터에 find 명령어를 실행하면 원소가 0이 아닌 해당 자리의 번호를 열의 형태로 나타낸다.

❸ 열벡터에 find 명령어를 실행하면 원소가 0이 아닌 해당 자리의 번호를 행의 형태로 나타낸다.

그림 2-47 find 명령어의 실행 결과

실습 2-13

다음 배열에서 값이 0이 아닌 원소의 자리 번호를 찾아라.

$$\mathbf{A} = \begin{bmatrix} 0 & -2 & 3 \\ 0 & 0 & 5 \\ -3 & 0 & 4 \\ 2 & 0 & 7 \end{bmatrix}$$

풀이

```
Command Window
❶ >> A = [0 -2 3;0 0 5;-3 0 4;2 0 7];
❷ >> F = find(A)
F =
     3
     4
     5
     9
    10
    11
    12
```

그림 2-48 find 명령어를 이용한 배열 실행

❶ 4행3열 배열 **A**를 생성하면 배열 **A**에서 원소의 자리 번호는 1열의 1행부터 4행까지 1~4, 2열의 1행부터 4행까지 5~6, 3열의 1행부터 4행까지 9~12가 배정된다.

❷ 배열에 `find` 명령어를 실행하면 원소가 **0**이 아닌 해당 자리의 번호를 행의 형태로 나타낸다.

2. 배열 원소의 재구성

배열에 원소를 추가하거나 삭제 및 대체하는 것은 배열의 특정 행 또는 열에 원소를 지정하는 것으로, 앞서 배운 것과 동일한 방법을 사용한다. 배열의 연쇄(concatenate)와 덧붙이기(append)는 두 배열을 하나로 묶는 것을 의미한다.

배열 원소 추가하기

배열 원소를 추가(add)하려면 콤마와 콜론을 이용하여 추가하려는 행 또는 열의 색인을 주어진 배열에 지정하고, 추가하려는 새로운 배열을 등호의 오른쪽에 지정하여 실행한다. [그림 2-49]는 배열 원소를 추가한 실행 결과를 보여준다.

```
>> A = [1 0 3;3 2 1];
>> A(3,:) = [0 7 6]
A =
     1     0     3
     3     2     1
     0     7     6
>> A(5,:) = [5 5 5]
A =
     1     0     3
     3     2     1
     0     7     6
     0     0     0
     5     5     5
```

1. 2행3열 배열 **A**를 입력한 새로운 3행의 3개 원소를 추가하여 실행한다.
2. 새로운 5행의 3개 원소를 추가하여 실행한다.
3. 추가로 지정하지 않은 4행은 자동으로 모든 원소의 값이 0으로 지정된다.

그림 2-49 배열 원소를 추가한 실행 결과

TIP 만일 생성된 3행3열 배열 **A**에 A(6,:)를 지정하면 4행과 5행의 모든 원소는 0으로 지정된다.

배열 원소 삭제하기

배열 원소를 삭제(delete)하려면 삭제할 행 또는 열의 색인을 주어진 배열에 지정하고 콤마의 오른쪽에 [ ]를 지정하여 실행한다. [그림 2-50]은 배열 원소를 삭제한 실행 결과를 보여준다.

```
>> A = [1 0 3;3 2 1;0 7 6;0 0 0;5 5 5];
>> A(4,:) = []
A =
     1     0     3
     3     2     1
     0     7     6
     5     5     5
>> A(:,2) = []
A =
     1     3
     3     1
     0     6
     5     5
```

1. 5행3열 배열 **A**를 입력한 후 4행의 3개 원소를 삭제한다.
2. 4행3열 배열 **A**를 입력한 2열의 4개 원소를 삭제한다.

그림 2-50 배열 원소를 삭제한 실행 결과

배열 원소 대체하기

배열 원소를 대체(replace)하려면 배열 원소를 추가하는 방법과 동일하게 실행하며, 주어진 배열의 크기 변화 없이 생성된 원소의 내용만을 수정한다. [그림 2-51]은 배열 원소를 대체한 실행 결과를 보여준다.

```
Command Window
❶ >> A = [1 0 3;3 2 1;0 7 6];
  >> A(:,2) = [-3 -2 -1]
  A =
       1    -3     3
       3    -2     1
       0    -1     6
❷ >> A(3,:) = [0 3 1]
  A =
       1    -3     3
       3    -2     1
       0     3     1
```

❶ 3행3열 배열 **A**를 입력한 후 2열의 원소 3개를 대체한다.

❷ 새롭게 대체된 배열 **A**의 3행의 원소 3개를 다시 대체한다.

그림 2-51 배열 원소를 대체한 실행 결과

실습 2-14

다음과 같은 배열 **A**의 3열에 원소 [−1 −2 −3 −4]를 추가하고, 3행의 모든 원소를 삭제한 후 1행의 원소를 [1 −1 −1]로 대체한 결과를 확인하라.

$$\mathbf{A} = \begin{bmatrix} 0 & 1 \\ 2 & 3 \\ 4 & 5 \\ 6 & 7 \end{bmatrix}$$

풀이

```
Command Window
❶ >> A = [0 1;2 3;4 5;6 7];
❷ >> A(:,3) =[-1 -2 -3 -4]'
  A =
       0     1    -1
       2     3    -2
       4     5    -3
       6     7    -4
❸ >> A(3,:) = []
  A =
       0     1    -1
       2     3    -2
       6     7    -4
❹ >> A(1,:) = [1 -1 -1]
  A =
       1    -1    -1
       2     3    -2
       6     7    -4
```

그림 2-52 배열 원소를 추가, 삭제, 대체한 실행 결과

❶ 4행2열 배열 **A**를 입력한다.

❷ 전치 연산자를 이용하여 3열에 4개 원소를 추가한다.

❸ 생성된 4행3열 배열 **A**에서 3행의 원소 3개를 모두 삭제한다.

❹ 생성된 3행3열 배열 **A**에서 1행의 3개의 원소를 대체한다.

TIP 과정 ❶에서 전치 연산자를 이용하지 않을 경우 오류가 발생한다.

배열 연쇄하기

배열의 연쇄(concatenate)는 크기가 같은 두 배열을 하나로 묶을 때 사용한다. 따라서 반드시 두 배열의 행과 열의 수가 같아야 한다. [그림 2-53]은 두 배열을 연쇄한 실행 결과를 보여준다.

```
Command Window
❶ >> A = [-1 -2;3 4];
   >> B = [5 6;-7 -8];
❷ >> C = [A,B]
   C =
        -1    -2     5     6
         3     4    -7    -8
❸ >> D = [A;B]
   D =
        -1    -2
         3     4
         5     6
        -7    -8
```

❶ 2행2열 배열 **A**와 **B**를 각각 입력한다.

❷ 배열 **A**와 **B**에 콤마를 이용하면 두 배열은 행의 크기는 유지하면서 열의 크기가 연쇄된다.

❸ 배열 **A**와 **B**에 세미콜론을 이용하면 두 배열은 열의 크기는 유지하면서 행의 크기가 연쇄된다.

그림 2-53 배열을 연쇄한 실행 결과

배열 덧붙이기

배열의 덧붙이기(append)는 배열의 크기와 상관없이 배열을 하나로 묶을 때 사용한다. [그림 2-54]는 배열을 덧붙이기한 실행 결과를 보여준다.

```
Command Window
❶ >> A = [-1 -2;3 4;5 6];
   >> b = [8;8;8];
   >> c = [0 0 0]';
❷ >> D = [A,b,c]
   D =
        -1    -2     8     0
         3     4     8     0
         5     6     8     0
   >> E = [b,A,c]
   E =
         8    -1    -2     0
         8     3     4     0
         8     5     6     0
```

❶ 3행2열 배열 **A**, 3행1열 배열 **b**, 1행3열에 전치 연산자를 이용한 3행1열 배열 **c**를 각각 입력한다.

❷ 배열 3개를 콤마를 이용하여 덧붙이기를 실행하면 새로운 배열 **D**와 **E**가 각각 생성된다.

그림 2-54 배열 덧붙이기의 실행 결과

실습 2-15

다음과 같은 배열 **A**에 대해 $\mathbf{A}^2$은 1~2행 3~4열, $\mathbf{A}^3$은 3~4행 1~2열, $\mathbf{A}^4$은 3~4행 3~4열로 연쇄시키는 배열 **B**를 생성하라. 그리고 밑수가 2, 지수승이 배열 **A**인 배열 **C**와 배열 **C**의 역연산 관계인 로그를 연쇄시키는 배열 **D**를 생성하라.

$$\mathbf{A} = \begin{bmatrix} 0 & 1 \\ 2 & 3 \end{bmatrix}$$

풀이

```
Command Window
❶ >> A = [0 1;2 3];
❷ >> B = [A,A.^2;A.^3,A.^4]
   B =
        0     1     0     1
        2     3     4     9
        0     1     0     1
        8    27    16    81
❸ >> C = 2.^A;
❹ >> D = [C, log2(C)]
   D =
        1     2     0     1
        4     8     2     3
```

그림 2-55 다양한 배열을 연쇄한 실행 결과

❶ 배열 **A**를 입력한다.

❷ 배열 연산자를 이용하여 배열의 지수승을 계산하고, 조건에 알맞게 배열의 연쇄를 실행한다.

❸ 배열 연산자를 이용하여 밑수 2에 대한 배열의 지수승을 지정한다.

❹ 배열 **C**와 밑수 2를 갖는 배열 **C**의 역연산 로그를 연쇄시킨다.

CHAPTER

02 연습문제

2.1 주어진 다항식을 인수들의 곱셈 형식으로 나타내는 3차식 인수분해 $a^3 + b^3 = (a - b)(a^2 + ab + b^2)$의 양변을 계산하여 같음을 보여라. 여기서 $a = 3$, $b = 2$이다.

2.2 다음과 같은 배열 **A**와 상수 벡터 **c**를 갖는 선형방정식 $\mathbf{Ax} = \mathbf{c}$에서 3개의 미지수를 표시하는 벡터 **x**를 계산하라.

$$\mathbf{A} = \begin{bmatrix} -1 & 4 & -1 \\ 2 & -2 & 3 \\ 3 & 1 & 2 \end{bmatrix}, \quad \mathbf{c} = \begin{bmatrix} 4 \\ 7 \\ -1 \end{bmatrix}$$

2.3 전위는 시간에 따라 변하지 않는 전기장에서 단위전하의 전기적 위치에너지이다. 임의의 점에서 2개의 점전하 q_1과 q_2에 의해 생성되는 전위는 다음과 같다.

$$V = \frac{1}{4\pi\varepsilon_0}\left(\frac{q_1}{r_1} + \frac{q_2}{r_2}\right)$$

점전하 $q_1 = 2 \times 10^{-10}$과 $q_2 = 4 \times 10^{-10}$이다. 유전율은 $\varepsilon_0 = 8.854 \times 10^{-12}$, 각각의 임의의 점에서 점전하까지의 거리는 $r_1 = 0.6$과 $r_2 = 0.25$이다. 이때 전위 V를 계산하라.

2.4 배열 **A**의 모든 원소에 대한 제곱을 계산하고, 그 결과의 제곱근을 계산하면 다시 배열 **A**를 얻는 과정을 실행하라. 또한 로그와 지수의 역연산의 관계를 이용하여 배열 $\mathbf{B} = \log(3\mathbf{A} + 2)$를 계산한 후 배열 **B**로부터 배열 **A**를 복구하라.

$$\mathbf{A} = \begin{bmatrix} 8 & 1 & 6 & 5 \\ 5 & 4 & 5 & 8 \\ 3 & 7 & 2 & 2 \end{bmatrix}$$

2.5 전력 P는 단위 시간당 이루어진 일의 양으로, 전류 I 와 전압 V를 이용하여 $P = VI$와 같이 나타낸다. 다음과 같이 10개 전압과 10개 전류가 측정된 도표를 이용하여 각각의 전력을 계산하라.

I	5	8	3	10	9	8	12	15	14	6
V	20	25	18	15	22	16	9	33	27	8

2.6 다음과 같은 3개 배열에 대해 $\mathbf{T} = 3\mathbf{PQR} - 2\mathbf{I}_4$를 계산하라.

$$\mathbf{P} = \begin{bmatrix} 1 & 2 \\ -2 & 1 \\ 3 & 4 \\ -1 & 5 \end{bmatrix}, \quad \mathbf{Q} = \begin{bmatrix} 2 & 0 & -1 \\ 4 & -5 & 2 \end{bmatrix}, \quad \mathbf{R} = \begin{bmatrix} 7 & 1 & 2 & -2 \\ -5 & -4 & 3 & -1 \\ 1 & -3 & 4 & 6 \end{bmatrix}$$

2.7 4층 건물 **A**는 각층에 방이 6개씩 있다. 각 방의 난방은 관리실에서 원격으로 스위치를 켜거나(ON) 끄는(OFF) 시스템이다. 제어판은 스위치가 'ON'이면 숫자 1, 'OFF'이면 숫자 0이 표시된다. 모든 방의 난방이 'ON'이 되는 경우를 배열로 실행하라. 그리고 모든 난방이 'OFF'가 되는 경우도 함께 실행하라. 이때 건물 이름과 동일한 **A**를 배열 이름으로 지정한다.

2.8 건물 **A**의 방 배치가 다음과 같다. 편의상 1층이 가장 위에 위치한다.

(1)	(2)	(3)	(4)	(5)	(6)
(7)	(8)	(9)	(10)	(11)	(12)
(13)	(14)	(15)	(16)	(17)	(18)
(19)	(20)	(21)	(22)	(23)	(24)

(a) 1층의 모든 방에 난방이 켜진 경우의 배열을 실행하라.

(b) 건물의 난방이 모두 켜진 상태에서 방 (3), (8), (10)의 난방을 끄는 경우의 배열을 실행하라.

2.9 다음의 질문에 답하라(간편한 계산을 위해 만원 단위는 생략하도록 하자).

(a) 은행에 정기예금 **P**를 가입하는데, 첫 달에 5만원을 납입하고 2개월부터 정기적으로 3만원을 입금하여 20만원을 완납하는 배열 **P**를 실행하라. 그리고 20만원을 만기 해제하는 개월 수를 찾아라.

(b) 은행에 정기예금 **Q**를 가입하는데, 첫 달에 8만원을 납입하고 10개월 후에 62만원을 찾는 배열 **Q**를 실행하여 1개월부터 10개월 사이에 적립된 액수를 확인하라. 그리고 식 (2.14)를 이용하여 규칙적으로 증가하는 예금을 찾아라.

2.10 다음 배열 **A**의 주 대각 원소를 0으로 변환하라.

$$\mathbf{A} = \begin{bmatrix} 8 & 1 & 6 & 5 \\ 5 & 4 & 5 & 8 \\ 3 & 7 & 2 & 2 \end{bmatrix}$$

CHAPTER

03

배열의 유형과 응용

3.1 배열의 유형

3.2 배열 원소의 최소, 최대 및 합

3.3 다차원 배열과 역행렬 연산

3.4 배열의 재구성

연습문제

MATLAB은 배열로 시작해서 배열로 마무리한다고 해도 과언이 아니다. 이 장에서는 먼저 숫자를 배열로 표현하는 기초와 문자열, 구조, 셀형을 배열로 나타내는 방법을 익힌다. 또 배열이 포함하는 다수의 원소들 사이의 크고 작음을 비교하고, 나열된 원소에 대한 합을 구하는 과정을 살펴본다. 그리고 3차원 이상의 다차원 배열을 간략하게 살펴보고, 행렬과 역행렬의 관계를 이용하여 선형연립방정식의 해를 찾아본다. 마지막으로 배열을 변형시키는 유용한 방법을 알아볼 것이다.

SECTION 3.1

배열의 유형

학습 목표

- 문자열에 사용되는 double, char, class 명령어를 학습한다.
- 문자열을 행 배열과 열 배열로 연쇄하는 방법을 익힌다.
- 구조 배열에 입력 및 색인하는 방법을 익힌다.
- 셀형 배열에 입력 및 색인하는 방법을 익힌다.

MATLAB의 자료 클래스는 논리, 수치, 심벌릭, 문자열(혹은 문자), 구조(structure), 셀(cell)로 나뉜다. 이 절에서는 문자열 배열, 구조 배열, 셀형 배열을 다룰 예정이다.

1. 문자열 배열

문자열(string)은 문자(character)의 배열을 말한다. 이때 문자는 아스키 코드(ASCII)[1]로 지정된다. 문자열에서는 주로 `double`, `char`, `class` 명령어를 사용한다. `double` 명령어는 배정밀도(double precision)[2]로 변환된 아스키 코드의 값을 나타내고, `char` 명령어는 문자 배열을 생성한다. 그리고 `class` 명령어는 객체의 클래스 이름을 반환하여 나타낸다.

[그림 3-1]은 문자 A와 a의 명령어 실행 결과를 보여준다.

```
Command Window
❶ >> c1 = 'A';
❷ >> x1 = double(c1)
x1 =
    65
❸ >> char(x1)
ans =
    'A'
❹ >> class(c1)
ans =
    'char'
>> c2 = 'a';
>> x2 = double(c2)
x2 =
    97
```

❶ 작은따옴표를 이용하여 문자 A를 변수 c1에 지정한다. 이때 큰따옴표를 이용하면 오류가 발생한다.

❷ `double` 명령어는 문자 A의 아스키 코드값을 나타낸다.

❸ `char` 명령어는 아스키 코드값에 상응하는 문자 A를 나타낸다. 이때 작은따옴표는 강조를 나타내며 작은따옴표 자체를 표시하는 또 다른 문자열은 아니다.

❹ `class` 명령어는 입력된 변수의 클래스 이름을 반환한다.

그림 3-1 문자에 대한 double, char, class 명령어의 실행 결과

TIP 대문자 A와 소문자 a의 아스키 코드값은 같지 않다. 즉 MATLAB에서 대문자와 소문자를 구별해서(case-sensitive) 사용한다.

1 American Standard Code for Information Interchange의 약어로, 컴퓨터의 표준화된 숫자를 의미한다.

2 단정밀도보다 소수점 오른쪽에 더 많은 자릿수를 포함하여 정밀도가 더 높은 부동소수점 숫자 유형이다. 예를 들어, 단정밀도에서 숫자를 나타내기 위해 32비트가 사용된다면, 배정밀도에서는 이것에 2배에 해당하는 64비트를 사용해서 숫자를 표시할 수 있다.

[그림 3-2]는 여러 문자가 쓰여진 문자열의 명령어 실행 결과를 보여준다.

```
Command Window
❶ >> s = 'AB CDE'
   s =
       'AB CDE'
❷ >> x = double(s)
   x =
       65    66    32    67    68    69
❸ >> char(x)
   ans =
       'AB CDE'
❹ >> class(s)
   ans =
       'char'
❺ >> size(s)
   ans =
        1     6
```

❶ 작은따옴표를 이용하여 문자열 s를 지정한다.

❷ double 명령어는 문자열 s에 나타나는 각 문자에 대한 아스키 코드값을 나타낸다. 이때 여백(Space)도 1개의 문자이고, 아스키 코드표를 확인하면 그 값은 32이다.

❸ char 명령어는 아스키 코드값에 상응하는 6개 문자를 함께 문자열로 나타낸다.

❹ class 명령어는 입력된 변수의 클래스의 이름을 반환한다. 문자와 문자열은 모두 char 클래스이다.

❺ size 함수를 이용하면 문자열 s의 크기는 1행6열의 배열과 동일하다.

그림 3-2 문자열에 대한 double, char, class 명령어의 실행 결과

문자열 배열의 연쇄

문자열 배열도 숫자로 나타내는 배열과 동일하게 행 배열 및 열 배열로 연쇄시킬 수 있다. [그림 3-3]은 문자열 배열을 행 배열로 연쇄시킨 실행 결과를 보여준다.

```
Command Window
❶ >> s1 = 'Good';
   >> s2 = 'Life';
   >> S1 = [s1,s2]
   S1 =
       'GoodLife'
❷ >> s3 = ' Life';
   >> s4 = 'Good ';
❸ >> S2 = [s1,s3]
   S2 =
       'Good Life'
   >> S3 = [s4, s2]
   S3 =
       'Good Life'
```

❶ 문자열 2개를 변수 s1과 s2로 지정하고, 문자열의 연쇄를 실행한다.

❷ 문자열 사이의 띄어쓰기가 필요한 경우, 두 번째 문자열의 첫 자리를 여백 처리 또는 첫 번째 문자열의 마지막 자리를 여백 처리한다.

❸ 여백 처리 후 연쇄를 실행하면 문자열 2개 사이에 여백이 생성된다.

그림 3-3 문자열 배열의 행 배열 연쇄 결과

[그림 3-4]는 문자열 배열을 열 배열로 연쇄시킨 실행 결과를 보여준다. 열 배열로 연쇄시킬 때는 가장 긴 문자열의 크기로 문자열의 크기를 일치시킨 후 사용해야 한다.

```
Command Window
❶ >> s1 = ['MATLAB';'C++';'JAVA']
Error using vertcat
Dimensions of arrays being concatenated are not consistent.
❷ >> s2 = ['MATLAB';'C++   ';'JAVA  ']
s2 =
  3×6 char array
    'MATLAB'
    'C++   '
    'JAVA  '
❸ >> s2 = char('MATLAB','C++','JAVA')
s2 =
  3×6 char array
    'MATLAB'
    'C++   '
    'JAVA  '
```

❶ 문자열 3개에 대한 열 배열 연쇄를 실행하면 오류가 발생한다.

❷ 문자열 3개 중 문자열의 크기가 가장 긴 6에 맞추기 위해 'C++'는 3개, 'JAVA'는 2개 여백 처리를 하여 다시 실행한다.

❸ 열 배열 연쇄를 실행하기 위해 char 명령어를 이용해도 동일한 결과를 얻는다.

그림 3-4 문자열 배열의 열 배열 연쇄 결과

TIP 문자 1개는 열의 크기 1과 동일하다.

2. 구조 배열

구조 배열(structure array)은 구조(structure)로 이루어져 있으며, 구조 배열에는 서로 다른 배열을 함께 저장할 수 있다.

구조 배열의 입력

구조 배열 S에 원소 x, y가 저장되었을 때 S는 배열의 이름이다. 즉 x와 y는 S에 대한 하위 분야(field)이고, S는 x와 y에 대한 상위 분야이다. 배열 이름과 연결된 하위 분야를 지정할 때는 점(dot) 부호를 사용한다. 예를 들어 구조 배열 S를 사용하여 원소 x와 y를 구하는 경우 각각 S.x와 S.y로 쓸 수 있다. 이때 분야는 벡터, 배열, 문자열, 셀형 배열, 기타 구조 배열 등 모든 형태를 저장한다.

[그림 3-5]는 회사에서 일하는 사원의 이름과 사번, 2주간 근무한 시간을 구조 배열로 나타낸다.

```
Command Window
❶ >> Employee.name = 'Alias';
   >> Employee.id = 2021;
   >> Employee.hours = [40, 50];
❷ >> Employee
Employee =
  struct with fields:

     name: 'Alias'
       id: 2021
    hours: [40 50]
❸ >> class(Employee)
ans =
    'struct'
```

❶ 구조 배열 Employee의 3개 하위 분야인 name에는 문자열, id에는 숫자, hours에는 벡터를 저장한다.

❷ 구조 배열의 이름을 실행하면 저장된 3개 하위 분야의 정보를 보여준다.

❸ class 명령어를 실행하면 입력된 구조 배열의 클래스는 'struct'이다.

그림 3-5 구조 배열의 실행 결과

구조 배열의 색인

[그림 3-6]은 구조 배열의 색인을 이용하여 [그림 3-5]에서 실행한 동일한 구조 배열 Employee에 사원 2명을 추가하는 실행 결과를 보여준다.

```
Command Window
  >> Employee.name = 'Alias';
  >> Employee.id = 2021;
  >> Emplyee.hours = [40, 50];
❶ >> Employee(2).id = 2022;
❷ >> Employee(3).hours = [40, 40];
❸ >> Employee(2)
  ans =
    struct with fields:

       name: []
         id: 2022
      hours: []
❹ >> Employee(3)
  ans =
    struct with fields:

       name: []
         id: []
      hours: [40 40]
```

❶ 추가하는 2번째 사원은 구조 배열 이름에 색인 2를 지정하여 사번을 입력한다.
❷ 추가하는 3번째 사원은 구조 배열 이름에 색인 3을 지정하여 2주간 근무 시간을 입력한다.
❸ 2번째 사원에 대한 구조 배열을 실행하면 입력된 사번은 보여주지만, 입력하지 않은 나머지 분야는 빈 칸을 나타낸다.

❹ 3번째 사원에 대한 구조 배열을 실행하면 입력된 2주간 근무 시간은 보여주지만 입력하지 않은 나머지 분야는 빈 칸을 나타낸다.

그림 3-6 구조 배열의 색인 실행 결과

[그림 3-7]은 [그림 3-6]의 3번째 사원의 사번을 추가한 실행 결과를 보여준다.

```
Command Window
  >> Employee.name = 'Alias';
  >> Employee.id = 2021;
  >> Employee.hours = [40, 50];
  >> Employee(3).hours = [40, 40];
❶ >> Employee(3).id = 2023;
❷ >> Employee(3)
  ans =
    struct with fields:

       name: []
         id: 2023
      hours: [40 40]
```

❶ 3번째 사원의 사번을 추가 입력한다.
❷ 사원 3에 대한 구조 배열을 확인한다.

그림 3-7 구조 배열의 분야 정보 추가 실행 결과

TIP 누락된 사원 3의 분야 정보는 나중에 추가로 정의할 수 있으며, 다른 분야와 유형 또는 크기가 같지 않아도 상관없다.

[그림 3-8]은 사원 1에 대한 구조 배열 원소의 접근을 보여준다.

```
Command Window
>> Employee.name = 'Alias';
>> Employee.id = 2021;
>> Employee.hours = [40, 50];
>> Employee(2).id = 2022;
❶ >> Employee(1).name(5)
ans =
    's'
❷ >> Employee(1).id(1)
ans =
        2021
❸ >> Employee(1).hours(2)
ans =
    50
```

❶ 문자열로 지정된 사원 1의 이름 분야의 5번째 원소를 나타낸다.

❷ 숫자로 지정된 사원 1의 사번 분야의 원소를 나타낸다. 숫자 자체가 한자리 원소가 되므로 1 이외의 숫자 접근은 오류가 발생한다.

❸ 1행2열 배열로 지정된 사원 1의 2주간 근무 시간의 2번째 원소는 2열 원소 값을 나타낸다.

그림 3-8 구조 배열 원소에 대한 접근 실행 결과

Note **중첩 구조 배열**

[그림 3-9]는 사원의 하위 분야인 2주간 일한 시간에 대한 분야를 새롭게 지정하는 주(week)의 하위 분야로 중첩시키는 배열을 보여준다. 필요한 부 구조는 연속적인 하위 분야 설정을 통해 지정할 수 있다. [그림 3-10]은 [그림 3-9]의 중첩 구조 배열의 계층도를 보여준다.

```
Command Window
>> Employee.name = 'Alias';
>> Employee.id = 2021;
>> Employee.week.hours = [40,50];
>> Employee
Employee =
  struct with fields:

    name: 'Alias'
      id: 2021
    week: [1×1 struct]
>> Employee.week
ans =
  struct with fields:

    hours: [40 50]
```

그림 3-9 중첩 구조 배열의 실행 결과

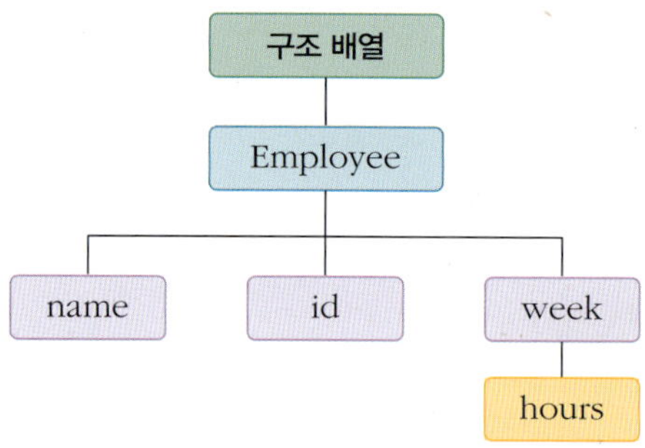

그림 3-10 구조 배열의 계층

TIP 문자열의 각 문자는 하나의 원소 자리가 된다.

3. 셀형 배열

구조 배열과 마찬가지로 셀형 배열은 벡터, 배열, 문자열, 구조 배열, 기타 셀형 배열 등 모든 형태의 자료를 저장할 수 있다.

셀형 배열의 입력

셀은 중괄호 {} 내부에 다른 유형의 원소를 지정하여 생성한다. [그림 3-11]은 다양한 셀형 배열의 실행 결과를 보여준다.

```
Command Window
>> C1 = {1,2,3}
C1 =
  1×3 cell array
    {[1]}    {[2]}    {[3]}
>> C2 = {'Apple';'Banana'}
C2 =
  2×1 cell array
    {'Apple' }
    {'Banana'}
>> C3 = {'A',1;'B',2}
C3 =
  2×2 cell array
    {'A'}    {[1]}
    {'B'}    {[2]}
```

① 숫자 원소를 지정한 1행3열 셀형 배열과 문자열 원소를 지정한 2행1열 셀형 배열을 생성한다.

② 문자와 숫자를 혼합하여 지정한 2행2열 셀형 배열을 생성한다.

그림 3-11 셀형 배열의 실행 결과

셀형 배열의 색인

중괄호 또는 소괄호를 이용하여 지정된 셀형 배열에 대한 색인은 서로 다른 의미이다. 예를 들어 지정되어 있는 셀형 배열이 **C**인 경우 **C**{i, j}는 i행j열 셀의 자료에 접근하여 나타내고, **C**(i, j)는 i행j열 위치에 있는 셀을 나타낸다. [그림 3-12]는 셀형 배열의 색인을 실행한 결과를 보여준다.

```
Command Window
>> C = {'P',1;'Q',2};
>> C1 = C{1,2}
C1 =
     1
>> C2 = C(1,2)
C2 =
  1×1 cell array
    {[1]}
>> C3 = C{2,1}
C3 =
    'Q'
>> C4 = C(2,1)
C4 =
  1×1 cell array
    {'Q'}
>> cellplot(C);
```

① C1은 셀형 배열 **C**의 1행2열의 셀에 지정한 숫자를 나타낸다.

② C2는 셀형 배열 **C**의 1행2열의 셀을 나타낸다.

③ C3는 셀형 배열 **C**의 2행1열의 셀에 지정한 문자를 나타낸다.

④ C4는 셀형 배열 **C**의 2행1열의 셀을 나타낸다.

⑤ `cellplot` 명령어를 이용하면 셀형 배열 **C**를 그릴 수 있다.

그림 3-12 셀형 배열의 색인 실행 결과

[그림 3-13]은 [그림 3-12]의 `cellplot` 명령어를 이용하여 셀형 배열 **C**에 대한 그림을 보여준다.[3]

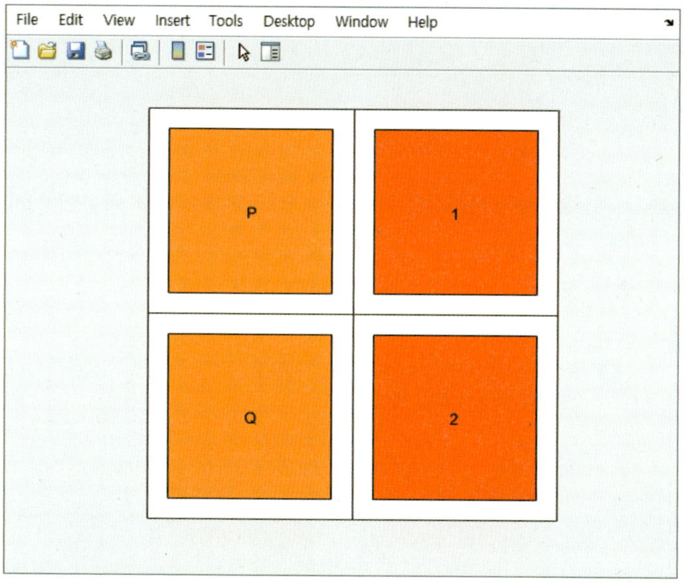

그림 3-13 cellplot 명령어의 실행 결과

Note **문자열과 문자열의 셀을 갖는 셀형 배열의 비교**

[그림 3-14]는 문자열과 문자열을 셀 원소로 지정한 셀형 배열의 차이를 보여준다. 이미 살펴본 문자열 배열의 크기와 다르게, 셀형 배열에서 셀 원소로 지정한 문자열은 크기와 상관없이 셀 원소 3행1열을 나타낸다.

Command Window

```
>> C = {'Banana';'Grapefruit';'Pear'}
C =
  3×1 cell array
    {'Banana'    }
    {'Grapefruit'}
    {'Pear'      }
>> size(C)
ans =
     3     1
>> S = ['Banana    ';'Grapefruit';'Pear      ']
S =
  3×10 char array
    'Banana    '
    'Grapefruit'
    'Pear      '
>> size(S)
ans =
     3    10
```

그림 3-14 문자열과 문자열의 셀을 갖는 셀형 배열의 비교

3 MATLAB의 그리기 기본 명령어인 `plot` 명령어는 5장에서 자세하게 다룬다.

[그림 3-15]는 셀형 배열의 원소에 소괄호 및 중괄호를 사용한 색인 실행과 셀형 배열에 전치 연산자를 실행한 결과를 보여준다.

```
Command Window
>> C = {'Banana';'Grapefruit';'Pear'};
>> C(2), class(C(2))
ans =
  1×1 cell array
    {'Grapefruit'}
ans =
    'cell'
>> C{2}, class(C{2})
ans =
    'Grapefruit'
ans =
    'char'
>> C'
ans =
  1×3 cell array
    {'Banana'}    {'Grapefruit'}    {'Pear'}
```

❶ 소괄호를 이용하여 색인을 지정한 경우 1행1열의 셀형 배열을 나타내므로 클래스는 셀형 배열이 된다.

❷ 중괄호를 이용하여 색인을 지정한 경우 해당 셀형 배열의 원소를 나타내므로 클래스는 문자열 배열이 된다.

❸ 셀형 배열에 전치 연산자를 이용하면 행과 열이 서로 자리를 바꾸는 결과를 얻는다. 이는 벡터 혹은 행렬에 전치 연산자를 실행한 결과와 동일하다.

그림 3-15 소괄호 및 중괄호를 이용한 색인과 전치 연산자의 실행 결과

[그림 3-16]은 3행1열 셀형 배열과 2행3열 배열을 2행1열 셀형 배열로 연쇄시키는 것을 보여준다.

```
Command Window
>> A = {'Apple';'Grape';'Orange'};
>> B = [1 2 3;4 5 6];
>> C = {A;B};
>> C{1,1}{2}
ans =
    'Grape'
>> C{1,1}{2}(1)
ans =
    'G'
>> C{2,1}(2,3)
ans =
     6
>> C{2,1}(:,2)
ans =
     2
     5
```

❶ 셀형 배열 **C**의 1행1열 셀인 셀형 배열 **A**의 2번째 셀을 실행한다.

❷ 배열 **A**의 2번째 셀의 첫 번째 문자를 실행한다.

❸ 셀형 배열 **C**의 2행1열 셀인 배열 **B**의 2행3열 원소를 실행한다.

❹ 배열 **B**의 1행 및 2행에서 2열의 원소를 실행한다.

그림 3-16 셀형 배열의 연쇄 및 색인 응용 실행 결과

SECTION 3.2

배열 원소의 최소, 최대 및 합

학습 목표

- 배열의 최솟값, 최댓값을 찾기 위해 min, max 명령어를 이용한다.
- 원소의 합을 계산하기 위해 sum 명령어를 이용한다.

1. 배열의 최솟값, 최댓값 구하기

배열의 최소 원소, 최대 원소를 찾는 명령어에는 min, max가 있다. 이들 명령어를 적절하게 이용하면 배열 원소를 선택적으로 결정할 수 있다.

min 명령어

min 명령어는 벡터 **x**의 원소 중 가장 작은 값을 선택할 수 있다. min 명령어의 기본 형태는 다음과 같다.

```
min(x)
```

- 벡터 x는 행벡터 또는 열벡터 상관없이 가장 작은 원소만 나타낸다.
- 벡터 x 대신에 배열 A를 지정하면 각 행의 동일한 열의 원소를 상호 비교하여 그중 가장 작은 원소를 나타낸다. 그러므로 열의 수와 동일한 개수의 최솟값을 나타낸다.

```
[m, i] = min(A)
```

- 배열 A의 각각의 열에서 최솟값 m과 이 값에 해당하는 원소의 색인 i를 반환한다.
- 만일 최솟값이 중복되는 경우는 먼저 위치하는 원소의 색인에 해당하는 최솟값을 반환한다.

```
[m, i] = min(A, [ ], dim)
```

- 차원 dim이 1이면 [m, i] = min(A)의 결과와 동일하다.
- 차원 dim이 2이면 행렬 A에서 각 행의 최솟값을 반환한다.

max 명령어

max 명령어는 벡터 **x**의 원소 중 가장 큰 값을 선택할 수 있다. max 명령어의 기본 형태는 다음과 같다.

```
max(x)
```

- 벡터 x는 행벡터 또는 열벡터 상관없이 가장 큰 원소만 나타낸다.
- 벡터 x 대신에 배열 A를 지정하면 각 행의 동일한 열의 원소를 상호 비교하여 그중 가장 큰 원소를 나타낸다. 즉 열의 수와 동일한 개수의 최댓값을 나타낸다.

```
[M, i] = max(A)
```

- 배열 A의 각각의 열에서 최댓값 M과 이 값에 해당하는 원소의 색인 i를 반환한다.
- 만일 최댓값이 중복되는 경우는 먼저 위치하는 원소의 색인에 해당하는 최댓값을 반환한다.

```
[M, i] = max(A, [ ], dim)
```

- 차원 dim이 1이면 [M, i] = max(A)의 결과와 동일하다.
- 차원 dim이 2이면 행렬 A에서 각 행의 최댓값을 반환한다.

[그림 3-17]은 min과 max 명령어를 이용하여 벡터의 최솟값과 최댓값을 찾는 것을 보여준다.

```
Command Window
>> a = [1 5 3];
>> b = [8;4;6];
>> min(a)
ans =
     1
>> max(a)
ans =
     5
>> min(b)
ans =
     4
>> max(b)
ans =
     8
```

행벡터 또는 열벡터 상관없이 3개 원소 중 가장 작은 1개 원소와 가장 큰 1개 원소를 나타낸다.

그림 3-17 벡터의 최솟값과 최댓값 찾기 실행 결과

[그림 3-18]은 min과 max 명령어를 이용하여 배열의 최솟값과 최댓값을 찾는 것을 보여준다.

```
Command Window
>> A = [2 7 5;1 6 8];
>> B = [2 7;5 1;6 8];
❶ >> min(A)
ans =
     1     6     5
>> max(A)
ans =
     2     7     8
❷ >> min(B)
ans =
     2     1
>> max(B)
ans =
     6     8
```

❶ 2행3열 배열 **A**의 각 행의 동일 열의 원소를 비교하여 그중 가장 작은 원소 또는 가장 큰 원소를 모두 나타낸다.

❷ 3행2열 배열 **B**의 각 행의 동일 열의 원소를 비교하여 그중 가장 작은 원소 또는 가장 큰 원소를 모두 나타낸다.

그림 3-18 배열의 최솟값과 최댓값 찾기 실행 결과

2. 배열의 원소 합 구하기

배열 원소의 행 또는 열을 더할 때는 sum 명령어를 사용한다.

sum 명령어

sum 명령어는 벡터 **x**의 원소를 모두 더해준다. sum 명령어의 기본 형태는 다음과 같다.

```
sum(x)
```

- 벡터 x는 행벡터 또는 열벡터 상관없이 모든 원소를 더한다.
- 벡터 x 대신에 배열 A를 지정하면 각 행의 동일한 열의 원소를 모두 더해서 나타낸다. 그러므로 더한 수의 개수는 열의 수와 동일하다.

[그림 3-19]는 sum 명령어를 이용하여 벡터의 원소를 더하는 것을 보여준다.

```
Command Window
>> a = [2 3 5];
>> b = [2;3;5];
>> sum(a)
ans =
    10
>> sum(b)
ans =
    10
```

행벡터 또는 열벡터 상관없이 3개 원소를 더한 결과를 나타낸다.

그림 3-19 벡터의 원소 합 구하기 실행 결과

[그림 3-20]은 sum 명령어를 이용하여 배열의 원소를 더하는 것을 보여준다.

```
Command Window
   >> A = [1 2 3 4;9 8 7 6];
   >> B = [1 2;3 4;9 8;7 6];
❶ >> sum(A)
   ans =
       10    10    10    10
❷ >> sum(B)
   ans =
       20    20
```

❶ 2행4열 배열 **A**의 각 행의 동일 열의 원소를 모두 더한 결과를 나타낸다.

❷ 4행2열 배열 **B**의 각 행의 동일 열의 원소를 모두 더한 결과를 나타낸다.

그림 3-20 배열의 원소 합 구하기 실행 결과

SECTION 3.3

다차원 배열과 역행렬 연산

학습 목표

- 3차원 이상의 다차원 배열을 살펴본다.
- 역행렬을 계산하기 위한 det, inv 명령어를 학습한다.

1. 다차원 배열이란?

다차원(multidimensional) 배열은 3차원 이상의 배열을 의미한다. 3차원 배열은 동일한 크기를 갖는 2차원 행렬을 모은 형태로 3중 색인을 포함하고 3D로 나타내기도 한다. 그리고 4차원 배열[4]은 동일한 크기를 갖는 3차원 배열을 모은 형태이다. 다차원 배열은 비디오 처리 응용에 주로 사용한다.

3차원 배열의 기본 형태는 다음과 같다.

```
A(i,j,k)
```

- k번째 행렬의 (i,j) 행렬 원소를 나타낸다.
- i, j : 행렬의 행 i와 열 j를 나타낸다.
- k : k-페이지(page)라 부른다.

[그림 3-21]은 3차원 배열의 구성을 보여준다.

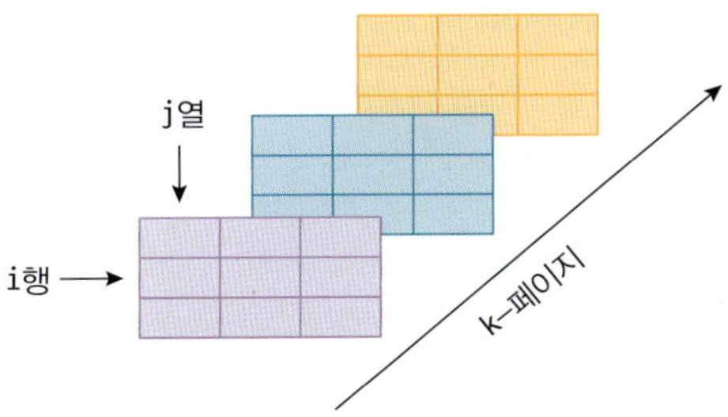

그림 3-21 3차원 배열의 구성

4 4D로 나타내며 3차원보다 고차원이다.

[그림 3-22]는 A(2,2,3)의 3차원 배열을 보여준다.

```
❶ >> D = [1 2;3 4];
❷ >> A(:,:,1) = 2*D;
   >> A(:,:,2) = 4*D;
   >> A(:,:,3) = 8*D;
   >> A
   A(:,:,1) =
        2     4
        6     8
   A(:,:,2) =
        4     8
       12    16
   A(:,:,3) =
        8    16
       24    32
```

❶ 2차원 배열 **D**를 지정한다.
❷ 배열 **D**에 2, 4, 8을 곱하여 3차원 배열의 페이지1, 페이지2, 페이지3을 실행한다.

그림 3-22 3차원 배열의 실행 결과

실습 3-1

[그림 3-22]의 3차원 배열의 각 페이지에 대해 sum 명령어를 이용하여 다음을 구하라.

(a) 다른 행의 동일 열 덧셈과 다른 열의 동일 행 덧셈
(b) 모든 페이지의 원소 덧셈

풀이

(a)

```
   >> D = [1 2;3 4];
   >> A(:,:,1) = 2*D;
   >> A(:,:,2) = 4*D;
   >> A(:,:,3) = 8*D;
❶ >> sum(A,1)
   ans(:,:,1) =
        8    12
   ans(:,:,2) =
       16    24
   ans(:,:,3) =
       32    48
```

(a) 동일 열 덧셈

```
   >> D = [1 2;3 4];
   >> A(:,:,1) = 2*D;
   >> A(:,:,2) = 4*D;
   >> A(:,:,3) = 8*D;
❷ >> sum(A,2)
   ans(:,:,1) =
        6
       14
   ans(:,:,2) =
       12
       28
   ans(:,:,3) =
       24
       56
```

(b) 동일 행 덧셈

그림 3-23 3차원 배열의 각 페이지에 대한 덧셈 실행 결과

❶ sum 명령어는 기본적으로 다른 행의 동일 열의 덧셈을 실행한다. 3차원 배열의 경우 sum(A,1) 명령어를 이용하면 각 페이지마다 기본적인 sum 명령어와 동일한 기능을 한다.

❷ sum(A,2) 명령어를 이용하면 다른 열의 동일 행의 덧셈을 실행한 후 열벡터 형태로 나타낸다.

(b)

```
>> D = [1 2;3 4];
>> A(:,:,1) = 2*D;
>> A(:,:,2) = 4*D;
>> A(:,:,3) = 8*D;
❶ >> sum(A,3)
ans =
    14    28
    42    56
```

그림 3-24 3차원 배열의 모든 페이지 원소의 덧셈 실행 결과

❶ sum(A,3) 명령어를 이용하면 각 페이지의 동일 행 동일 원소를 각각 더한 결과를 보여준다.

TIP sum(A,4) 혹은 sum(A,5)··· 명령어를 실행하면 그 결과는 항상 3차원 배열 A의 페이지를 반복해서 나타낸다.

2. 역행렬 연산하기

2장에서 살펴본 $\mathbf{Ax} = \mathbf{c}$는 선형시스템을 행렬방정식으로 전환한 것으로, $\mathbf{x}$에 대한 해를 구하려면 상수 벡터 $\mathbf{c}$를 행렬 $\mathbf{A}$로 나누어 $\mathbf{x} = \dfrac{\mathbf{c}}{\mathbf{A}}$로 구한다. 이때 분모 위치에 놓여 있는 행렬 $\mathbf{A}$를 $\mathbf{A}^{-1}$로 표시할 수 있는데, 이를 행렬 $\mathbf{A}$의 역행렬(inverse matrix)이라고 한다.

행렬 $\mathbf{A}$의 역행렬 $\mathbf{A}^{-1}$이 존재하려면 행렬 $\mathbf{A}$는 반드시 정방행렬이면서 행과 열의 수가 같은 정방행렬에 수를 대응시키는 함수인 행렬식(determinant)의 값이 0이 아닌 ($|\mathbf{A}| \neq 0$) 정칙행렬(nonsingular matrix)이어야 한다. 따라서 행렬식의 값이 0인($|\mathbf{A}| = 0$) 비정칙행렬(singular matrix)은 역행렬을 가질 수 없다.

행렬과 역행렬의 관계는 다음과 같이 단위행렬을 이용하면 쉽게 이해할 수 있다.

$$\mathbf{A}^{-1}\mathbf{A} = \mathbf{A}\mathbf{A}^{-1} = \mathbf{I} \tag{3.1}$$

행렬방정식을 일반화한 식 $\mathbf{Ax} = \mathbf{c}$의 양변에 역행렬 $\mathbf{A}^{-1}$을 곱하면 다음과 같다.

$$\mathbf{A}^{-1}\mathbf{Ax} = \mathbf{A}^{-1}\mathbf{c} \tag{3.2}$$

여기에 식 (3.1)을 이용하면 행렬방정식의 해 $\mathbf{x}$를 구할 수 있다.

$$\mathbf{x} = \mathbf{A}^{-1}\mathbf{c} \tag{3.3}$$

행렬방정식의 해 $\mathbf{x}$를 계산하기 위해서는 역행렬 방식을 사용한다. 이는 왼쪽 나눗셈 방식 대신 det 명령어와 inv 명령어를 사용하면 된다.

det, inv 명령어

역행렬이 존재하는지 확인하기 위해 배열 **A**의 행렬식 값을 구하는 det 명령어의 기본 형태는 다음과 같다.

```
det(A)
```

- A : 행렬식 값을 구할 행렬

행렬 **A**의 역행렬 $\mathbf{A}^{-1}$을 구하는 inv 명령어의 기본 형태는 다음과 같다.

```
inv(A)
```

- A : 역행렬을 구할 행렬

실습 3-2

역행렬을 이용하여 다음과 같이 주어진 선형연립방정식의 해 x_1, x_2, x_3를 구하라.

$$
\begin{aligned}
3x_1 + x_2 + 2x_3 &= -4 \\
-x_1 - 2x_2 + x_3 &= -2 \\
2x_1 + 3x_2 - 2x_3 &= 5
\end{aligned}
$$

풀이

```
Command Window
❶ >> A = [3 1 2;-1 -2 1;2 3 -2];
   >> c = [-4;-2;5];
❷ >> det(A)
   ans =
       5.0000
❸ >> A_1 = inv(A)
   A_1 =
       0.2000    1.6000    1.0000
      -0.0000   -2.0000   -1.0000
       0.2000   -1.4000   -1.0000
❹ >> x = A_1*c
   x =
       1.0000
      -1.0000
      -3.0000
```

그림 3-25 역행렬을 이용하여 선형연립방정식의 해 구하기

❶ 미지수 x_1, x_2, x_3를 구하기 위해 계수행렬 **A**와 상수 벡터 **c**를 지정한다.

❷ det 명령어를 이용하여 역행렬을 구할 수 있는 정칙행렬인지 확인한다.

❸ inv 명령어를 이용하여 역행렬을 구한다.

이 결과는 [실습 2-9]에서 구한 결과와 동일함을 알 수 있다.

SECTION 3.4

배열의 재구성

학습 목표

- 배열을 재구성하는 blkdiag, repmat 명령어를 학습한다.
- 행과 열을 전치시키는 다양한 명령어를 학습한다.

1. 배열 재구성하기

배열을 재구성하기 위해서는 배열의 원소를 블록 대각선[5] 형태로 연쇄시키고, 배열을 복제하고 이어서 붙이는 blkdiag, repmat 명령어를 이용한다.

blkdiag 명령어

blkdiag 명령어는 필요에 따라서 배열들을 블록 대각선으로 연쇄시켜서 배열의 차원을 확장시킨다. blkdiag 명령어의 기본 형태는 다음과 같다.

```
blkdiag(A, B, C, …)
```

- 배열 A부터 차례대로 배열 B, C, … 를 블록 대각선에 놓는다.
- 블록 대각선 위치에 놓여 있지 않는 원소는 모두 0의 값을 갖는다.

5 블록 대각선(block diagonal) 행렬 혹은 대각선 블록 행렬은 대각선의 원소가 1행1열을 포함하는 모든 크기를 가지며 비대각선 원소는 모두 0을 갖는 정방 대각선 행렬이다. 그러므로 블록 대각선 행렬은 대각선에서 벗어난 블록은 영행렬이고 대각선 행렬은 정방형인 블록 행렬이다.

[그림 3-26]은 blkdiag 명령어를 이용하여 배열을 2개 혹은 3개 연쇄시킨 후 블록 대각선에 자리잡는 것을 보여준다.

```
Command Window
❶ >> A = [1 2;3 4];
   >> B = [5 6 7;8 9 10;11 12 13];
   >> C = [-1 -2;-3 -4];
   >> P1 = blkdiag(A,B)
   P1 =
        1     2     0     0     0
        3     4     0     0     0
        0     0     5     6     7
        0     0     8     9    10
        0     0    11    12    13
❷ >> P2 = blkdiag(A,C,B)
   P2 =
❸       1     2     0     0     0     0     0
        3     4     0     0     0     0     0
        0     0    -1    -2     0     0     0
        0     0    -3    -4     0     0     0
        0     0     0     0     5     6     7
        0     0     0     0     8     9    10
        0     0     0     0    11    12    13
```

❶ blkdiag 명령어로 2행2열 배열과 3행3열 배열을 연쇄시키면 새로운 5행5열 정방행렬이 생성된다. 1행1열의 주 대각선 블록의 원소 위치에 배열 **A**, 2행2열의 주 대각선 블록의 원소 위치에 배열 **B**가 놓이고, 블록 원소가 아닌 곳에는 모두 0의 값을 갖는다.

❷ blkdiag 명령어로 2행2열 배열, 2행2열 배열, 3행3열 배열을 차례로 연쇄시키면 새로운 7행7열 정방행렬이 생성된다.

❸ 1행1열의 주 대각선 블록의 원소 위치에 배열 **A**, 2행2열의 주 대각선 블록의 원소 위치에 배열 **C**, 주 대각선 블록의 원소 위치에 배열 **B**가 놓인다.

그림 3-26 blkdiag 명령어의 실행 결과

[그림 3-27]에서 보듯이 블록 대각선 행렬의 각 블록 행렬이 전부 역행렬의 연산이 가능하면 블록 대각선 행렬도 역행렬 연산이 가능하다.

```
Command Window
❶ >> A = [1 2;3 4];
   >> B = [1 2;-2 -1];
❷ >> P = blkdiag(A,B);
   >> inv(P)
   ans =
      -2.0000    1.0000         0         0
       1.5000   -0.5000         0         0
            0         0   -0.3333   -0.6667
            0         0    0.6667    0.3333
   >> inv(A);
   >> inv(B);
```

❶ 블록 배열 **A**와 **B**는 역행렬 연산이 가능하다.

❷ 2개 배열을 연쇄시켜 확장시킨 새로운 블록 대각선 배열 **P**도 역행렬 연산이 가능하다.

그림 3-27 역행렬 연산이 가능한 블록 대각선 행렬

반면에 [그림 3-28]에서 보듯이 블록 대각선 행렬의 블록 행렬 중 하나라도 역행렬 연산이 불가능한 경우 블록 대각선 행렬은 역행렬 연산이 불가능하다.

```
>> A = [1 2;3 4];
>> B = [2 1;-2 -1];
>> P = blkdiag(A,B);
>> inv(P)
Warning: Matrix is singular to working precision.

ans =
   Inf   Inf   Inf   Inf
   Inf   Inf   Inf   Inf
   Inf   Inf   Inf   Inf
   Inf   Inf   Inf   Inf
>> inv(A);
>> inv(B);
Warning: Matrix is singular to working precision.
```

❶ inv 명령어를 이용하여 배열 **B**가 역행렬 연산이 불가능하다는 것을 확인한다.

❷ 블록 대각선 배열 **P**도 역행렬 연산이 불가능하다.

그림 3-28 역행렬 연산이 불가능한 블록 대각선 배열

repmat 명령어

repmat 명령어는 주어진 행렬을 복제한 후 이어서 붙인다. repmat 명령어의 기본 형태는 다음과 같다.

```
B = repmat(A, i, j)
```

- A : 복제하려는 배열
- i, j : 배열 A를 i행j열 크기로 이어 붙인다.
- B : 새롭게 생성된 크기가 커진 배열

[그림 3-29]는 repmat 명령어를 이용하여 행벡터와 열벡터를 i행j열 만큼 복제한 후 이어 붙인 새로운 배열을 보여준다.

```
>> A1 = [1 2];
>> B1 = repmat(A1,2,1)
B1 =
     1     2
     1     2
>> A2 = [1;2];
>> B2 = repmat(A2,3,2)
B2 =
     1     1
     2     2
     1     1
     2     2
     1     1
     2     2
```

❶ 2열 행벡터 **A1**을 2행1열만큼 복제한 후 이어 붙여서 새로운 배열 **B1**을 생성한다.

❷ 2행 열벡터 **A2**를 3행2열만큼 복제한 후 이어 붙여서 새로운 배열 **B2**를 생성한다.

그림 3-29 행벡터 및 열벡터에 repmat 명령어를 실행한 결과

[그림 3-30]은 repmat 명령어를 이용하여 배열을 i행 j열 만큼 복제한 후 이어 붙인 새로운 배열을 보여준다.

```
Command Window
>> A = [1 2;3 4];
>> B = repmat(A,4,3)
B =
     1     2     1     2     1     2
     3     4     3     4     3     4
     1     2     1     2     1     2
     3     4     3     4     3     4
     1     2     1     2     1     2
     3     4     3     4     3     4
     1     2     1     2     1     2
     3     4     3     4     3     4
```

2행2열 배열 **A**를 4행3열만큼 복제한 후 이어서 새로운 배열 **B**를 생성한다.

그림 3-30 배열에 repmat 명령어를 실행한 결과

2. 배열의 행과 열 바꾸기

배열의 행과 열을 바꾸기 위해 배열의 변수에 아포스트로피를 붙이는 대신 명령어를 사용할 수 있다. 이러한 명령어로는 fliplr, flipud, rot90 등이 있다.

fliplr 명령어

fliplr 명령어는 배열의 왼쪽과 오른쪽의 방향을 뒤집는다. fliplr 명령어의 기본 형태는 다음과 같다.

```
fliplr(A)
```

- A : 지정된 배열

[그림 3-31]은 fliplr 명령어를 이용하여 배열의 열 방향을 서로 뒤집는 것을 보여준다.

```
Command Window
>> A = [1 2 3 4;5 6 7 8]
A =
     1     2     3     4
     5     6     7     8
>> fliplr(A)
ans =
     4     3     2     1
     8     7     6     5
```

2행4열 배열 **A**의 맨 오른쪽의 4열은 맨 왼쪽 1열, 3열은 2열, 2열은 3열, 1열은 4열로 서로 뒤집는다.

그림 3-31 fliplr 명령어의 실행 결과

flipud 명령어

flipud 명령어는 배열의 위쪽과 아래쪽의 방향을 뒤집는다. flipud 명령어의 기본 형태는 다음과 같다.

```
flipud(A)
```

- A : 지정된 배열

[그림 3-32]는 flipud 명령어를 이용하여 배열의 행 방향을 서로 뒤집는 것을 보여준다.

```
Command Window
>> A = [1 2;3 4;5 6;7 8]
A =
     1     2
     3     4
     5     6
     7     8
>> flipud(A)
ans =
     7     8
     5     6
     3     4
     1     2
```

4행2열 배열 **A**의 맨 위쪽의 1행은 맨 아래쪽 4행, 2행은 3행, 3행은 2행, 4행은 1행으로 서로 뒤집는다.

그림 3-32 flipud 명령어의 실행 결과

rot90 명령어

rot90 명령어는 배열을 반시계 방향으로 90° 회전시킨다. rot90 명령어의 기본 형태는 다음과 같다.

```
rot90(A)
```

- A : 지정된 배열

[그림 3-33]은 rot90 명령어를 이용하여 배열을 반시계 방향으로 90° 회전시키는 것을 보여준다.

```
Command Window
>> A = [1 2 3;4 5 6;-1 -2 -3;-4 -5 -6]
A =
     1     2     3
     4     5     6
    -1    -2    -3
    -4    -5    -6
>> rot90(A)
ans =
     3     6    -3    -6
     2     5    -2    -5
     1     4    -1    -4
```

4행3열 배열 **A**의 3열을 1행, 2열을 2행, 1열을 3행으로 회전시킨다.

그림 3-33 rot90 명령어의 실행 결과

실습 3-3

다음 배열 **A**를 반시계 방향으로 90도 회전시킨 후 위쪽과 아래쪽 방향으로 뒤집고, 동일한 배열 **A**를 왼쪽과 오른쪽 방향으로 뒤집은 후 반시계 방향으로 90도 회전시켜라.

$$\mathbf{A} = \begin{bmatrix} 1 & 2 & 3 & 4 \\ -1 & -2 & -3 & -4 \\ 5 & 6 & 7 & 8 \\ -5 & -6 & -7 & -8 \end{bmatrix}$$

풀이

```
Command Window
❶ >> A = [1 2 3 4;-1 -2 -3 -4;5 6 7 8;-5 -6 -7 -7];
❷ >> flipud(rot90(A))
ans =
     1    -1     5    -5
     2    -2     6    -6
     3    -3     7    -7
     4    -4     8    -7
❸ >> rot90(fliplr(A))
ans =
     1    -1     5    -5
     2    -2     6    -6
     3    -3     7    -7
     4    -4     8    -7
```

그림 3-34 fliplr, flipud, rot90 명령어를 사용한 배열의 전치 실행 결과

❶ 4행4열 배열 **A**를 지정한다.

❷ `rot90` 명령어를 이용하여 배열 **A**를 반시계 방향으로 90° 회전시킨 후 `flipud` 명령어로 위쪽 방향과 아래쪽 방향으로 뒤집는다.

❸ `fliplr` 명령어를 이용하여 배열 **A**의 왼쪽 방향과 오른쪽 방향을 뒤집은 후 `rot90` 명령어로 반시계 방향으로 90° 회전시킨다.

CHAPTER

03 연습문제

3.1 다음 배열 **A**의 왼쪽 위 2행2열 부분행렬의 원소를 제외한 배열 **A**의 나머지 원소를 0으로 변환하라.

$$\mathbf{A} = \begin{bmatrix} 8 & 1 & 6 & 5 \\ 5 & 4 & 5 & 8 \\ 3 & 7 & 2 & 2 \end{bmatrix}$$

3.2 다음과 같이 숫자와 문자가 혼합된 배열 **A**에서 원소 $의 행 i와 열 j의 색인 번호를 찾아라.

$$\mathbf{A} = \begin{bmatrix} 1 & \# & 2 \\ 3 & 4 & * \\ \$ & 5 & 6 \end{bmatrix}$$

3.3 다음과 같이 배열 및 상수가 주어질 때 $\mathbf{A}(i\ ,j)$, $[\mathbf{B}\ ;\mathbf{v}']$, $\mathbf{A}(:\ ,1)=0$을 계산하고, 그 결과에 대해 자세히 설명하라.

$$\mathbf{A} = \begin{bmatrix} 1 & 2 \\ -1 & -2 \end{bmatrix}, \quad \mathbf{B} = \begin{bmatrix} 1 & 1 \\ 3 & 4 \end{bmatrix}$$

$$\mathbf{v} = [2\ \ 4], \quad i = 2, \quad j = 1$$

3.4 중괄호로 지정된 셀형 배열의 색인을 이용하여 다음에서 보여주는 각 항목의 원소를 포함하는 2행2열 셀형 배열 **A**를 생성하라.

$\begin{bmatrix} 1 \\ 2 \end{bmatrix}$	{'Cell'], 'Array'}
$[5\ \ 10\ \ 15]$	$\begin{bmatrix} 1 & 0 \\ 0 & -1 \end{bmatrix}$

3.5 소괄호로 지정된 셀형 배열의 색인을 이용하여 [연습문제 3.4]와 동일한 결과를 생성하라.

3.6 다음 배열 **A**에서 열의 최솟값 및 최댓값과 각 해당 위치를 결정하라.

$$\mathbf{A} = \begin{bmatrix} 8 & 1 & 6 \\ 5 & 7 & 4 \\ 6 & 8 & 3 \\ 7 & 4 & 2 \end{bmatrix}$$

3.7 다음 배열 **A**에서 행의 최솟값 및 최댓값과 각 해당 위치를 결정하라.

$$\mathbf{A} = \begin{bmatrix} 8 & 5 & 6 & 7 \\ 1 & 7 & 9 & 4 \\ 6 & 4 & 3 & 2 \end{bmatrix}$$

3.8 다음 배열 **A**를 아래와 위를 거꾸로 뒤집은 다음에 좌우로 다시 뒤집은 배열 **B**를 생성하라. 즉 배열 **B**는 행과 열이 배열 **A**와 반대인 배열이 된다.

$$\mathbf{A} = \begin{bmatrix} 8 & 5 & 6 & 7 \\ 1 & 7 & 9 & 4 \\ 6 & 4 & 3 & 2 \end{bmatrix}$$

3.9 다음의 질문에 답하라.

(a) `repmat` 명령어를 이용하여 배열 **B**를 생성하라.

$$\mathbf{B} = \begin{bmatrix} 1 & 7 & 3 & 1 & 7 & 3 & 1 & 7 & 3 \\ 4 & 2 & 6 & 4 & 2 & 6 & 4 & 2 & 6 \\ 1 & 7 & 3 & 1 & 7 & 3 & 1 & 7 & 3 \\ 4 & 2 & 6 & 4 & 2 & 6 & 4 & 2 & 6 \end{bmatrix}$$

(b) (a)에서 주어진 배열 **B**를 `repmat` 명령어를 사용하지 않고 배열 **B**의 부분배열을 선택하여 적절하게 연결하여 생성하라.

3.10 역행렬을 이용하여 다음과 같은 배열 **A**와 상수 벡터 **c**를 갖는 선형방정식 $\mathbf{Ax} = \mathbf{c}$에서 4개의 미지수를 표시하는 벡터 **x**를 계산하라.

$$\mathbf{A} = \begin{bmatrix} 1 & 2 & -1 & -1 \\ 1 & 2 & 4 & -3 \\ -3 & -3 & 8 & -2 \\ -1 & 1 & 6 & -3 \end{bmatrix}, \quad \mathbf{c} = \begin{bmatrix} -2 \\ 5 \\ 7 \\ 7 \end{bmatrix}$$

CHAPTER 04

MATLAB의 파일 처리

MATLAB에서는 다양한 작업을 위해 수많은 파일 처리 명령어 또는 함수를 이용할 수 있다. 이 장에서는 먼저 MATLAB 환경에서 생성되지 않은 텍스트 파일, 엑셀 파일, 이미지 파일, 오디오 파일을 MATLAB 명령 창으로 불러오는 방법을 알아본다. 그리고 MATLAB 환경에서 생성한 다양한 형태의 파일을 다른 파일 형태로 변환하는 방법을 알아본다.

SECTION 4.1

입력 및 출력 처리

학습 목표

- input, disp 명령어를 이용하여 입출력을 처리한다.
- format 함수를 이용하여 출력 서식을 변경한다.
- fprintf 함수를 이용하여 출력하는 방법을 익힌다.

MATLAB에서는 입력과 출력을 처리하거나 출력 서식을 변경하기 위해 다양한 명령어를 사용한다.

1. 입출력 처리하기

보통 문자 또는 문자열을 입력할 때는 `input` 명령어, 출력할 때는 `disp` 명령어를 사용한다.

input 명령어

`input` 명령어를 이용하면 문자 또는 문자열을 입력받을 수 있다. `input` 명령어의 기본 형태는 다음과 같다.

```
R = input('s')
```

- R : 입력받은 내용을 저장할 변수
- 's' : 출력할 문자열

`input` 명령어를 실행하면 키보드로 내용을 입력할 수 있도록 프롬프트가 명령 창에 나타나고, 입력받은 내용은 R에 지정한다.

[그림 4-1]은 `input` 명령어를 이용하여 키보드로 숫자 10을 입력받아 출력한 결과를 보여준다.

```
Command Window
❶ >> N = input('Enter x: ')
❷ Enter x: 10
   N =
       10
```

❶ 키보드로 내용을 입력하도록 프롬프트를 출력한다.
❷ 명령 창에 'Enter x:'가 나타나면 숫자 10을 키보드로 입력한다. 입력 결과는 즉시 출력된다.

그림 4-1 숫자를 직접 입력하는 input 명령어 실행 결과

[그림 4-2]는 문자열 'abc def'를 직접 입력하는 것을 보여준다.

```
>> S1 = input('Enter string: ', 's')
Enter string: abc def
S1 =
    'abc def'
>> S2 = input('Enter string: ')
Enter string: 'abc def'
S2 =
    'abc def'
```

❶ 출력할 문자열 's'를 미리 지정한 경우, 작은따옴표 없이 문자열을 입력해도 실행 결과를 얻는다.

❷ 출력할 문자열 's'를 미리 지정하지 않는 경우, 작은따옴표로 묶은 문자열을 입력하면 S1과 동일한 실행 결과를 얻는다.

그림 4-2 문자열을 직접 입력하는 input 명령어 실행 결과

[그림 4-3]은 input 명령어를 잘못 사용한 경우로, [그림 4-2]와 비교해보자.

```
>> S1 = input('Enter string: ', 's')
Enter string: 'abc def'
S1 =
    ''abc def''
>> S2 = input('Enter string: ')
Enter string: abc def
Error: Invalid expression. Check for missing multiplication operator, missing
or unbalanced delimiters, or other syntax error. To construct matrices, use
brackets instead of parentheses.
Enter string:
```

❶ 출력할 문자열 's'를 미리 지정한 후 작은따옴표를 써서 입력하면 작은따옴표가 중복되어 나타난다.

❷ 출력할 문자열 's'를 미리 지정하거나 작은따옴표를 쓰지 않으면 오류 메시지가 출력된다.

❸ Enter string:에 작은따옴표를 사용해서 문자열을 입력하면 올바른 결과가 출력된다.

그림 4-3 input 명령어를 잘못 사용한 경우의 실행 결과

Note 작은따옴표를 사용하여 숫자를 입력하는 경우

input 명령어를 이용하여 숫자를 입력할 때는 작은따옴표의 사용에 주의해야 한다. [그림 4-4]는 작은따옴표를 사용하여 숫자 10을 입력한 결과를 보여준다.

```
>> N = input('Enter x: ')
Enter x: '10'
N =
    '10'
```

그림 4-4 숫자 입력 시 작은따옴표를 사용한 실행 결과

작은따옴표와 함께 지정한 숫자 10은 [그림 4-1]과 같이 '10'으로 출력된다. 이때 [그림 4-1]의 결과는 영어로 읽으면 숫자 'ten'이 되고, [그림 4-4]의 결과는 문자열처럼 읽어서 'one zero'가 된다는 점이 다르다.

실습 4-1

문자열 변수 S의 내용이 'Enter a 3x2 matrix A = '일 때, input 명령어를 이용하여 다음의 배열을 입력하라.

$$\mathbf{A} = \begin{bmatrix} 1 & 2 \\ 3 & 4 \\ 5 & 6 \end{bmatrix}$$

풀이

```
Command Window
❶ >> S = 'Enter a 3x2 matrix A = ';
❷ >> A = input(S)
   Enter a 3x2 matrix A = [1 2;3 4;5 6]
   A =
        1     2
        3     4
        5     6
```

그림 4-5 input 명령어로 배열 입력하기

❶ 주어진 문자열을 S에 지정한다.

❷ input 명령어를 입력한 후 주어진 3행2열을 지정한다.

disp 명령어

disp 명령어는 배열 또는 문자열의 내용을 명령 창에 보여준다. 이때 변수명이 지정되어도 변수명은 출력되지 않는다. disp 명령어의 기본 형태는 다음과 같다.

```
disp('s')
```

- 's' : 출력할 배열 또는 문자열

[그림 4-6]은 disp 명령어를 이용하여 숫자 10을 출력한 결과를 보여준다.

```
Command Window
>> x1 = 10;
>> disp('Enter x1: ');
Enter x1:
>> disp(x1);
    10
>> x2 = 10;
>> disp('Enter x2: '); disp(x2)
Enter x2:
    10
>> x3 = 10; disp('Enter x3: '); disp(x3)
Enter x3:
    10
```

변수 x1, x2, x3 중 어느 방법을 사용해도 disp 명령어에 의해 숫자 10이 출력된다.

그림 4-6 disp 명령어를 이용하여 숫자 나타내기

TIP 만일 위의 방법 3가지 중 하나를 선택해야 한다면 x2를 사용하는 것을 권장한다.

2. 출력 서식 변경하기

숫자 또는 숫자가 저장된 배열을 출력할 때는 출력 서식을 변경하여 사용자가 원하는 형태로 숫자를 나타낼 수 있다. 정수 변수에 대한 출력은 기본적으로 정수로 실행한다.

format 명령어

`format` 명령어는 부동 변수의 출력 서식을 전환하는 데 쓰인다. 기본 출력 서식을 적용하면 소수점 아래 4자리까지 나타난다. 전환된 출력 서식을 기본 출력 서식으로 재설정하기 위해서는 `format`을 다시 입력해야 한다.

`format` 명령어의 기본 형태는 다음과 같다.

```
format short
```

- 소수점 아래 4자리까지 출력하는 서식이다.
- 기본 출력 서식을 적용한 서식과 동일한 결과를 얻는다.

```
format shorte
```

- 지수승 e를 이용하여 소수점 아래 4자리까지 출력한다.

```
format long
```

- format short 보다 소수점 아래 자리가 확장되어 15자리까지 출력한다.

```
format longe
```

- 지수승 e를 이용하여 소수점 아래 15자리까지 출력한다.

[그림 4-7]은 format short, format shorte를 이용하여 원주율 π[1]를 출력한 결과를 보여준다.

```
Command Window
❶ >> pi

ans =

    3.1416

❷ >> format short
   >> pi

ans =

    3.1416

❸ >> format shorte
   >> pi

ans =

   3.1416e+00
```

❶ MATLAB에서 원주율 π는 변수명 pi를 사용한다.

❷ 출력 서식을 format short로 전환해도 기본 출력 서식과 동일한 결과를 얻는다.

❸ 출력 서식을 format shorte로 전환하면 소수점 아래 4자리까지 지수승 형태로 나타난다.[2]

그림 4-7 format short, format shorte를 이용한 원주율의 출력 결과

[그림 4-8]은 format long, format longe를 이용하여 원주율 π를 출력한 결과를 보여준다.

```
Command Window
❶ >> format long
   >> pi

ans =

   3.141592653589793

❷ >> format longe
   >> pi

ans =

     3.141592653589793e+00
```

❶ 출력 서식을 format long으로 전환하면 부동 소수점의 정밀도를 높여 소수점 아래 15자리까지 나타나며, 기본 출력 서식과 동일한 결과를 얻는다.

❷ 출력 서식을 format longe로 전환하면 소수점 아래 15자리까지 지수승 형태로 나타난다.

그림 4-8 format long, format longe를 이용한 원주율의 출력 결과

1 원주율은 3.1415926535 … 의 값을 갖는 무한소수이다. 부동 소수점에 대한 최초 출력 서식을 지정하지 않는 경우는 기본 출력 서식인 소수점 아래 4자리까지 출력된다. 이때 소수점 다섯째 자리는 반올림이 적용되어 3.1416이 된다.

2 양의 지수승인 경우는 e+, 음의 지수승인 경우는 e-의 형태를 보여준다.

실습 4-2

배열 **c**를 지정한 후 기본 출력 서식의 결과와 `format shorte`, `format long`을 이용하여 출력 서식을 전환한 결과를 실행하라.

$$\mathbf{c} = \left[\frac{2}{3} \quad 20 \quad 9.87654 \times 10^{-4} \right]$$

풀이

```
Command Window
❶ >> c =[2/3,20,9.87654*10^-4]

c =

    0.6667   20.0000    0.0010

❷ >> format shorte
>> c =[2/3,20,9.87654*10^-4]

c =

   6.6667e-01   2.0000e+01   9.8765e-04

❸ >> format long
>> c =[2/3,20,9.87654*10^-4]

c =

   0.666666666666667  20.000000000000000   0.000987654000000
```

그림 4-9 [예제 4-2]의 실행 결과

❶ 기본 출력 서식은 소수점 아래 4자리까지 결과가 출력된다. 모든 원소가 정수일 때는 소수점 없이도 표현되지만, 만일 원소 중에 하나라도 실수가 있다면 지정된 출력 서식에 따라 소수점 자리가 자동으로 표시된다.

❷ `format shorte`를 적용한 경우 지수승 e를 이용하여 소수점 아래 4자리까지 결과가 출력된다.

❸ `format long`을 적용한 경우 소수점 아래 15자리까지 결과가 출력된다.

3. fprintf 함수를 이용하여 출력하기

fprintf 함수는 텍스트 파일에 서식화된 자료를 쓸 때 사용한다. fprintf 함수의 기본 형태는 다음과 같다.

```
fprintf('F', V)
```

- 'F' : 출력 서식 사양
- V : 출력하는 변수, 배열 또는 행렬 목록

출력 서식 사양 F는 퍼센트 기호 (%)를 비롯해 변환 문자, 선택적 플래그, 필드(field) 너비, 정밀도를 사용하여 출력한다. [표 4-1]은 다양한 변환 문자를 보여준다.

표 4-1 변환 문자와 출력 서식

변환 문자	출력 서식
d, i	정수
f	부동 소수점
e, E, g	지수승
c, s	문자 또는 문자열
o	8진수
x	16진수

TIP 만일 퍼센트 기호와 변환 문자 사이에 별표가 있는 경우는 해당 변환 문자의 기능을 무시하게 된다. 예를 들어, %*s를 지정하면 문자열을 출력하는 % s의 기능이 존재하지 않는다.

자료가 출력되는 필드의 정확한 크기는 필드 너비에 의해 지정된다. 필드 너비는 모든 변환 문자와 함께 사용할 수 있다.

정수의 출력 서식

변환 문자 d 또는 i를 사용하면 정수를 다양하게 출력할 수 있다. [그림 4-10]은 양수 및 음수로 구성된 두 개 그룹을 정수의 변환 문자를 이용하여 출력한 결과를 보여준다. 필드 너비에서 음수 값을 나타내는 마이너스 부호는 한 문자의 필드 너비를 차지한다.

```
Command Window
❶ >> fprintf('%3d₩n',4)
  4
>> fprintf('%3d₩n',45)
 45
>> fprintf('%3d₩n',456)
456
❷ >> fprintf('%3d₩n',4567)
4567
>> fprintf('%3d₩n',-4)
 -4
>> fprintf('%3d₩n',-45)
-45
❸ >> fprintf('%3d₩n',-456)
-456
```

❶ 필드 너비는 %3d처럼 퍼센트 기호와 변환 문자 사이에 지정한다.

❷ 만일 출력되는 자료의 너비보다 지정된 필드의 너비가 작으면(4>3), 자료는 오른쪽으로 정렬된 상태로 출력된다.

❸ 양의 정수처럼 음의 정수도 출력되는 자료의 너비보다 지정된 필드의 너비가 작으면(4>3) 자료는 오른쪽으로 정렬된 상태로 출력된다.

그림 4-10 정수의 변환 문자를 이용한 출력 결과

[그림 4-10]에서 필드 너비가 작은 경우 오른쪽으로 정렬된 상태로 출력되는 것은, 더 큰 출력 자료의 값을 출력하기 위해 자연스럽게 확장된다.

TIP ₩n(또는 \n)은 새줄 바꾸기 기능을 한다.

부동 소수점의 출력 서식

변환 문자 f를 사용하면 고정 소수점 방식의 표기로 부동 소수점을 다양하게 출력할 수 있다.

[그림 4-11]은 부동 소수점의 기본 출력 형식을 보여준다. 이때 출력되는 자료의 너비는 소수점 위의 숫자, 소수점 기호, 소수점 아래 자리 숫자를 모두 합친 수를 나타낸다.

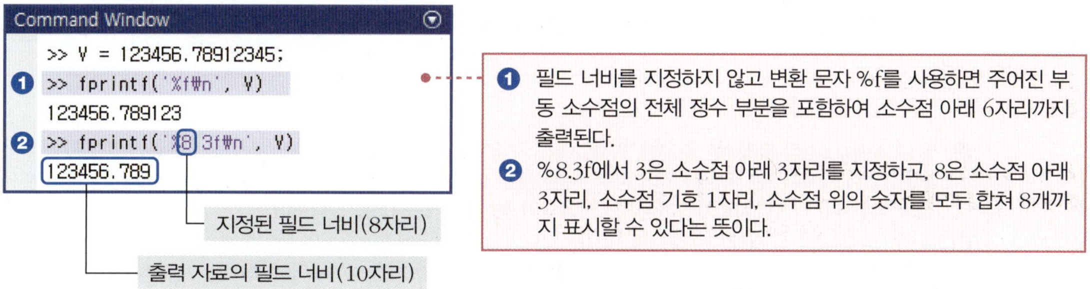

그림 4-11 부동 소수점의 기본 출력 서식

[그림 4-11]의 ❷에서 소수점 위의 정수 자리는 모두 포함된다. 즉 필드 너비는 더 큰 출력 자료의 정수 부분의 값을 출력하기 위해 자연스럽게 확장된다.

TIP 소수점 아래 n자리까지 출력된 경우, 소수점 n+1번째 자리는 반올림(5이상) 혹은 버림(4이하)이 적용된다.

[그림 4-12]는 부동 소수점의 변환 문자를 이용하여 출력한 결과를 보여준다.

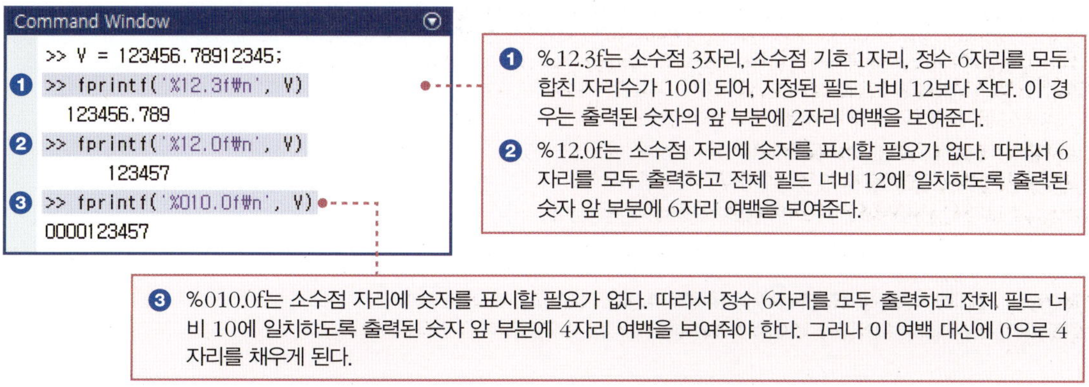

그림 4-12 부동 소수점의 변환 문자를 이용한 출력 결과

지수승의 출력 서식

변환 문자 e를 사용하면 부동 소수점을 다양한 지수승 서식으로 출력할 수 있다. [그림 4-13]은 지수승의 변환 문자 e를 이용하여 출력한 결과를 보여준다.

```
Command Window
>> V = 123456.79812345;
❶ >> fprintf('%e₩n',V)
1.234568e+05
❷ >> fprintf('%8.3e₩n',V)
1.235e+05
❸ >> fprintf('%12.3e₩n',V)
   1.235e+05
❹ >> fprintf('%12.0e₩n',V)
       1e+05
❺ >> fprintf('%010.0e₩n',V)
000001e+05
```

1. 필드 너비를 지정되지 않고 변환 문자 %e를 사용하면 정수 1자리와 소수점 아래 6자리를 나타내고 이어서 지수승을 표시한다.
2. %8.3e에서 3은 소수점 아래 3자리를, 8은 정수 1자리, 소수점 아래 3자리, 소수점 기호 1자리를, 지수승을 나타내는 문자 e에 대한 1자리, + 기호에 대한 1자리와 지수승을 나타내는 2자리를 모두 합쳐서 8개까지 표시할 수 있다.
3. %12.3e는 정수 1자리, 소수점 아래 3자리, 소수점 기호 1자리, 지수승을 나타내는 문자 e에 대한 1자리, 지수승을 나타내는 2자리를 모두 합친 자리수가 8이 되어 지정된 필드 너비보다 작다. 이 경우는 출력된 숫자의 앞 부분에 4자리 여백을 보여준다.
4. %12.0e는 소수점 자리에는 숫자를 표시할 필요가 없다. 정수 자리는 1자리만 사용하기 때문에 주어진 정수 부분 123456에서 2는 버림이 되어 정수 부분은 1만 남고, 지수승 1e+05가 표시된다. 만일 주어진 부동 소수점의 정수 부분의 2의 자리가 5이상이면 반올림이 적용되어 2e+05를 출력한다.
5. %010.0e는 소수점 자리에는 숫자를 표시할 필요가 없기 때문에 %12.0e와 동일하게 1e+05를 출력한다. 전체 필드 너비 10에 일치하도록 출력된 숫자 앞 부분에 5자리 여백을 보여주어야 하지만, 이 여백 대신 0으로 5자리를 채우게 된다.

그림 4-13 지수승의 변환 문자를 이용한 출력 결과

즉 부동 소수점과 동일하게 소수점 아래 n자리까지 출력된 경우 소수점 $n+1$번째 자리는 반올림(5이상) 혹은 버림(4이하)이 적용된다.

변환 문자 e와 비슷하게 변환 문자 g 또는 G를 사용하면 부동 소수점을 지수승 서식으로 출력할 수 있다. 변환 문자 g와 G의 기본적인 출력은 동일하다. 소문자의 변환 문자 g를 지정하면 지수승의 기호도 소문자 e로 표시되고, 대문자의 변환 문자 G를 지정하면 지수승의 기호도 대문자 E로 표시된다.

[그림 4-14]는 지수승의 변환 문자 g와 G를 이용하여 출력한 결과를 보여준다.

```
Command Window
>> V = 123456.79812345;
>> fprintf('%g\n',V)
123457
>> fprintf('%G\n',V)
123457
>> fprintf('%8.3g\n',V)
1.23e+05
>> fprintf('%8.3G\n',V)
1.23E+05
>> fprintf('%12.3g\n',V)
    1.23e+05
>> fprintf('%12.3G\n',V)
    1.23E+05
```

❶ 필드 너비를 지정하지 않고 변환 문자 %g 또는 %G를 사용하면 주어진 부동 소수점에 대한 유효숫자(significant figure)[3]를 표시한다.

❷ 주어진 숫자에서 정수 부분의 숫자가 소수점 아래의 숫자보다 유효하기 때문에 정수 부분의 숫자만 표시하게 된다. 소수점 아래 첫 번째 자리의 숫자 7이 반올림된 유효숫자가 출력된다.

❸ %8.3g 또는 %8.3G에서 3은 정수 자리는 1자리만 지정하고 소수점 아래는 2자리가 지정되어 전체 유효숫자의 자리는 3자리를 갖게 된다. 8은 유효숫자 3자리, 소수점 기호 1자리, 지수승을 나타내는 문자 e(또는 E)에 대한 1자리, + 기호에 대한 1자리와 지수승을 나타내는 2자리를 모두 합쳐서 8개까지 표시할 수 있다.

❹ %12.3g 또는 %12.3G의 12는 유효숫자 3자리, 소수점 기호 1자리, 지수승을 나타내는 문자 e(또는 E)에 대한 1자리, + 기호에 대한 1자리와 지수승을 나타내는 2자리를 모두 합친 자리수가 8이 되어 지정된 필드 너비보다 작다. 이 경우는 오른쪽으로 정렬된 상태로 출력되기 때문에 출력된 숫자의 앞 부분에 4자리 여백을 보여준다.

그림 4-14 변환 문자 g와 G를 이용한 지수승의 출력 결과

8진수 및 16진수의 출력 서식

변환 문자 o를 사용하면 10진수(decimal number)를 8진수(octal number)로, 변환 문자 x를 사용하면 10진수를 16진수(hexadecimal number)로 변환하여 출력한다.

8진수는 10진수의 0부터 7까지는 동일한 숫자를 사용하지만, 8은 8진수 10_8이 된다. 16진수는 10진수의 0부터 9까지는 동일한 숫자를 사용하지만, 10부터 15까지는 영문 a, b, c, d, e, f를 차례대로 지정한다. 그리고 16은 16진수 10_{16}이 된다.

표 4-2 8진수와 16진수

	0	1	2	3	4	5	6	7	8	9	10	11	12	13	14	15
8진수	0	1	2	3	4	5	6	7	10	11	12	13	14	15	16	17
16진수	0	1	2	3	4	5	6	7	8	9	a	b	c	d	e	f

[그림 4-15]는 8진수 및 16진수의 변환 문자 o와 x를 이용하여 출력한 결과를 보여준다.

3 유효숫자는 실제값 추정을 위해 근삿값을 계산하는 과정에서 매우 중요하다. 여기서는 자세한 설명은 생략한다.

```
>> V1 = [7,8,9];
>> fprintf('%o\n',V1)
7
10
11
>> V2 = [9,10,11,12,13,14,15,16];
>> fprintf('%x\n',V2)
9
a
b
c
d
e
f
10
```

❶ 8진수 변환 문자 %o를 사용하면 10진수 7은 8진수 7_8, 8과 9는 8진수 10_8, 11_8로 출력된다.

❷ 16진수 변환 문자 %x를 사용하면 10진수 9는 그대로 16진수 9_{16}으로 표시되고 10진수 16은 16진수 10_{16}으로 출력된다.

그림 4-15 변환 문자 o와 x를 이용한 8진수와 16진수의 출력 결과

TIP 8진수 변환 문자를 사용할 때 대문자 O는 아무런 동작을 하지 않는다.

실습 4-3

fprintf 함수 이용하여 다음과 같은 형태의 값을 출력하라. 단, 출력할 때 각 열의 원소를 포함하는 배열 이름 **A**, **B**, **C**는 생략한다.

A	B	C
−1.000	10.000	100.000
2.000	−20.000	200.000
3.000	30.000	−300.000
−4.000	−40.000	400.000

풀이

```
>> A = [-1;2;3;-4];
>> B = [10;-20;30;-40];
>> C = [100;200;-300;400];
>> fprintf('%9.3f %9.3f %9.3f\n', [A,B,C]');
   -1.000    10.000   100.000
    2.000   -20.000   200.000
    3.000    30.000  -300.000
   -4.000   -40.000   400.000
```

그림 4-16 fprintf 함수를 이용하여 배열 출력하기

❶ 열벡터의 형태로 배열 **A**, **B**, **C**를 각각 지정한다.

❷ `fprintf` 함수를 이용하여 주어진 부동 소수점의 소수점 아래 3자리와 각 열의 여백을 고려하여 변환 문자 %9.3f를 지정한다. 이때 전체 자리수는 최소한 8자리 이상을 유지해야 한다.

TIP 만일 %7.3f를 지정하면 각 열 사이의 여백이 없으므로 원소 간 구별이 어렵다.
각각의 배열 **A**, **B**, **C**를 행벡터로 지정하려면 [**A**; **B**; **C**]로 바꾸어 지정해야 한다.

SECTION 4.2

텍스트 파일

학습 목표

- fopen, fclose 함수를 이용하여 텍스트 파일을 불러오거나 내보낸다.
- fscanf, fgetl, textscan 함수를 이용하여 텍스트 파일을 읽는다.

1. 텍스트 파일 불러오기/내보내기

텍스트 파일을 불러오거나 내보내기 위해서는 다양한 명령어가 사용된다. 이러한 명령어에 대해 살펴보자.

fopen 함수

fopen 함수는 읽기 접근을 위해 파일을 열 때 사용한다. 만일 fopen 함수를 이용하여 파일을 열 수 없는 경우에는 −1을 반환한다. fopen 함수의 기본 형태는 다음과 같다.

```
fid = fopen(F, M)
```

- fid : 파일 식별자(file identifier)라 부르는 double 유형 정숫값으로, 파일을 처리하는 동안 파일을 참고할 때 사용한다.
- F : 명령 창에서 이용하려는 파일 이름이다.
- M : 파일을 열기 위해 허용하는 지정 양식

TIP 파일이 현재 작업 디렉터리에 없는 경우에는 MATLAB 검색 경로에서 파일을 검색하여 연다. 파일 이름에는 문자열 또는 부분 경로 이름(pathname)을 입력한다.

[표 4-3]은 파일을 열 때 허용하는 지정 양식을 보여준다.

표 4-3 파일을 열 때 허용하는 지정 양식

양식	실행 결과
'r'	읽기 위해 파일을 연다.
'w'	쓰기 위해 파일을 열고, 기존 내용은 폐기한다.
'a'	쓰기 위해 파일을 열거나 생성, 파일 끝에 자료를 추가한다.
'r+'	읽기, 쓰기를 위해 파일을 연다.
'w+'	읽기, 쓰기를 위해 파일을 열거나 생성, 기존 내용은 폐기한다.
'a+'	읽기, 쓰기를 위해 파일을 열거나 생성, 파일 끝에 자료를 추가한다.

fclose 함수

`fclose` 함수는 파일을 닫을 때 사용하는 함수로, 파일 식별자와 결합된 파일을 닫는다. 만일 `fclose` 함수를 이용하여 파일을 열 수 있는 경우에는 0을 반환하고, 파일을 열 수 없는 경우에는 −1을 반환한다. `fclose` 함수의 기본 형태는 다음과 같다.

```
FC = fclose(fid)
```

- fid : fopen 함수에서 사용한 동일한 파일 식별자

일반적으로 `fopen` 함수로 연 파일은 `fclose` 함수로 닫는다. 단 fid가 열린 파일을 나타내지 않거나, 0(표준 입력), 1(표준 출력), 2(표준 오류)와 동일한 값인 경우 `fclose` 함수를 사용하면 오류가 발생한다.

[그림 4−17]은 정수값 3개를 배열 a로 지정한 후, 각각의 정수에 대한 제곱과 세제곱을 계산한 결과를 파일 test.dat에 저장하는 과정을 보여준다.

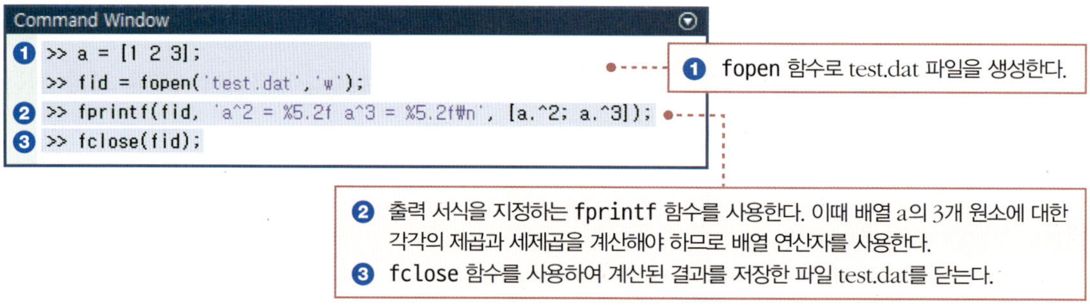

그림 4−17 fopen 함수를 이용하여 test.dat 파일을 생성하기

TIP 작업 중 열려 있는 모든 파일을 닫으려면 `fclose('all')`을 입력하면 된다.

[그림 4−17]에서 저장한 test.dat 파일은 [그림 4−18]에서 보듯이 현재 폴더 창에서 확인할 수 있다. 이때 파일을 더블 클릭하면 계산된 결과를 보여준다.

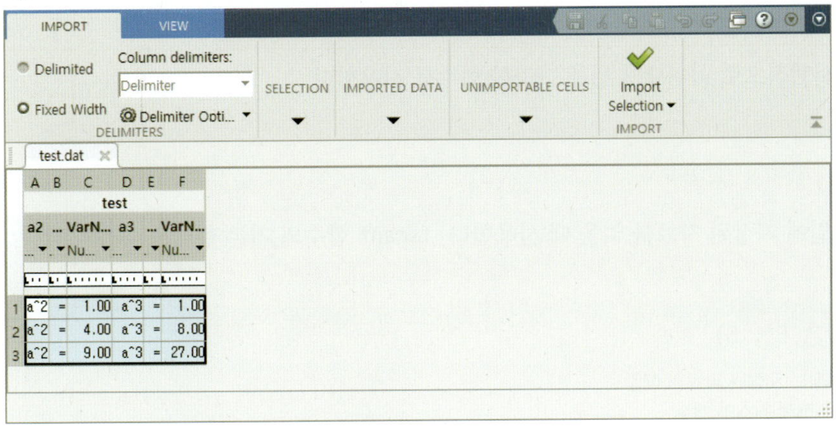

그림 4-18 현재 폴더 창에서 확인한 test.dat 파일

또한 [그림 4-19]와 같이 bin 디렉터리[4]를 찾아가서 메모장 파일 test.dat를 열면 [그림 4-18]과 동일한 결과를 확인할 수 있다.

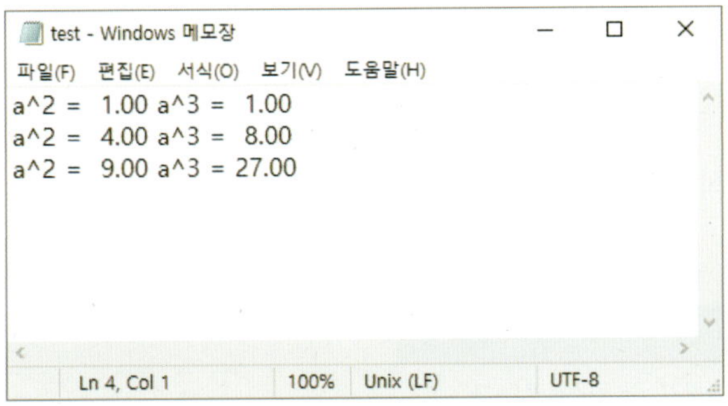

그림 4-19 bin 디렉터리에서 확인한 test.dat 파일

Note **type 명령어**

`type` 명령어는 파일의 내용을 표시하는 명령어이다. [그림 4-20]처럼 `type` 명령어를 사용해도 [그림 4-18]과 동일한 결과를 보여준다.

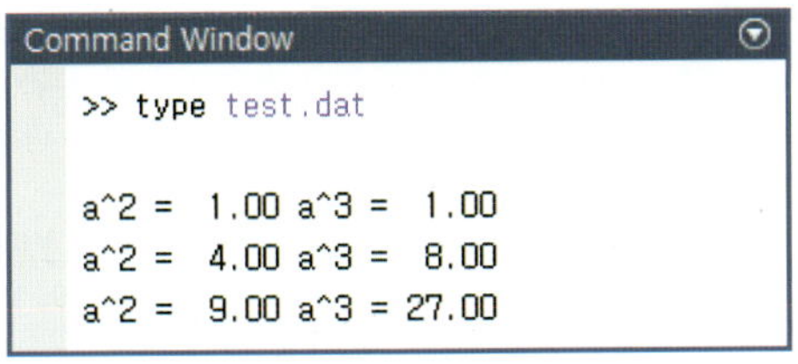

그림 4-20 type 명령어를 이용하여 확인한 test.dat 파일

4 MATLAB 디렉터리(directory)의 하위 디렉터리이다.

2. 텍스트 파일 읽기

텍스트 파일에서 자료를 선택적으로 읽어내기 위해 다양한 함수를 사용한다.

fscanf 함수

fscanf 함수는 텍스트 파일에 저장된 자료를 읽을 때 사용한다. fscanf 함수의 기본 형태는 다음과 같다.

```
[A, C] = fscanf(fid, 'F', S)
```

- A : 열(column) 순서로 표시되는 저장된 파일의 배열
- C : 저장된 파일이 갖고 있는 전체 원소의 개수
- fid : fopen 함수에서 얻은 파일 식별자
- 'F' : 퍼센트(%) 기호와 함께 표시하는 변환 문자를 포함하는 문자 벡터 또는 문자열 스칼라
- S : 배열 A의 크기 지정

fscanf 함수는 전체 파일에 'F'를 다시 적용한다. 만일 fscanf 함수가 'F'를 자료에 일치시킬 수 없는 경우 배열 **A**와 일치하는 부분만 읽고 처리를 중단한다. 변환 문자는 [표 4-1]에 나열된 fprintf 함수와 동일하게 사용한다.

[표 4-4]는 배열 **A**의 크기를 지정하는 유효한 형식을 보여준다.

표 4-4 배열의 크기를 지정하는 형식

형식	실행 결과
[m, n]	최소 m×n 행렬을 열 순서로 채워서 최대 m 곱하기 n개 원소로 읽는다.
n	최대 n개 원소를 열벡터로 읽는다.
[m, inf]	기본 크기 지정 형태로 파일의 끝까지 읽는다. 행 m에서는 지정할 수 없다.

[그림 4-21]은 fscanf 함수를 이용하여 저장된 'test.dat' 파일을 읽는 과정을 보여준다.

```
Command Window
❶ >> fid = fopen('test.dat','r');
❷ >> [A,C] = fscanf(fid, 'a^2 = %f a^3 = %f\n',[2,inf])
   A =
         1     4     9
         1     8    27
❸ C =
         6
❹ >> A'
   ans =
         1     1
         4     8
         9    27
```

❶ 'test.dat'를 명령 창에 불러와서 읽기 위해 fopen 함수에 지정 양식 'r'을 이용하여 파일을 연다.
❷ fscanf 함수를 이용하면 행렬 **A**의 첫 번째 행에 배열 a의 제곱을 읽고, 두 번째 행에 배열 a의 세제곱을 읽은 형태를 보여준다.
❸ 선택적 출력 변수 C를 지정하면 파일 test.dat에 저장되어 있는 전체 원소의 개수 6을 보여준다.
❹ 전치 연산자를 사용하면 1열에 제곱 값, 2열에 세제곱 값을 나타낼 수 있다.

그림 4-21 fscanf 함수를 이용하여 저장된 파일 읽기

[그림 4-22]는 배열의 크기를 지정하는 형식에 따라 결과가 다른 것을 보여준다.

```
Command Window
❶ >> fid = fopen('test.dat','r');
   >> A = fscanf(fid, 'a^2 = %f a^3 = %f₩n')
   A =
        1
        1
        4
        8
        9
       27
❷ >> A = fscanf(fid, 'a^2 = %f a^3 = %f₩n',[3,inf])
   A =
        []
❸ >> fid = fopen('test.dat','r');
❹ >> A = fscanf(fid, 'a^2 = %f a^3 = %f₩n',[3,inf])
   A =
        1     8
        1     9
        4    27
```

❶ 배열 크기를 지정하지 않으면 파일 'test.dat'에 저장된 1행1열, 1행2열, 2행1열, …, 3행2열의 6개 원소를 하나의 열에 열 순서로 나타낸다.

❷ 배열 크기를 3으로 바꾸면 3행2열 형태로 행렬 **A**를 보여준다. 이때 'test.dat'에 저장된 1행1열, 1행2열, 2행1열은 행렬 **A**의 1열, 2행2열, 3행1열, 3행2열의 원소는 행렬 **A**의 2열에 순서대로 읽어온다.

❸ 작업 중인 명령 창에서 다른 배열의 크기를 재설정하려면 반드시 fopen 함수를 다시 실행하여 저장된 파일 'test.dat'를 열어야 한다.

❹ 마치 배열 a의 제곱이 1행, a의 세제곱이 2행의 결과처럼 보이지만, 사실 'test.dat'에 저장된 1행1열, 1행2열은 행렬 **A**의 1열 순서, 2행1열, 2행2열은 행렬 **A**의 2열 순서, 3행1열, 3행2열은 행렬 **A**의 3열 순서대로 나타낸 결과이다.

그림 4-22 배열의 크기 지정에 따른 출력 결과

fgetl 함수

`fgetl` 함수는 텍스트 파일에서 줄을 읽을 때 새 줄 문자를 제외하고 읽기 위해 사용한다. `fgetl` 함수의 기본 형태는 다음과 같다.

```
fgetl(fid)
```
- fid : fopen 함수에서 얻은 파일 식별자

`reshape` 명령어는 원래 배열 **A**를 이용하여 새로운 $m \times n$ 크기의 배열 **B**를 생성한다. `reshape` 명령어의 기본 형태는 다음과 같다.

```
B = reshape(A, m, n)
```
- B : m×n 크기로 변환된 배열
- A : 원래 배열
- m, n : 새롭게 지정할 배열의 크기

[그림 4-23]은 'grade.dat' 파일에 저장된 학생의 이름과 성적을 보여준다.

```
Name        Exam1   Exam2   Average   Grade
-----------------------------------------------
David       85      87      86.00     B+
George      68      45      56.50     C+
Mary        83      64      73.50     B
Nancy       85      100     92.50     A
Robert      55      47      51.00     D
```

그림 4-23 'grade.dat' 파일에 저장된 데이터

[그림 4-24]는 'grade.dat' 파일에서 학생의 점수를 읽어오는 것을 보여준다.

```
Command Window
❶ >> fid = fopen('grade.dat');
❷ >> fgetl(fid); fgetl(fid);
❸ >> A = fscanf(fid, '%*s %f %f %f %*s');
❹ >> B = reshape(A,3,5)'
B =
    85.0000   87.0000   86.0000
    68.0000   45.0000   56.5000
    83.0000   64.0000   73.5000
    85.0000  100.0000   92.5000
    55.0000   47.0000   51.0000
```

❶ fopen 함수로 저장된 파일 'grade.dat'을 연다.
❷ fgetl 함수를 두 번 입력하여 grade.dat 파일의 첫 번째 줄(Name, Exam1, …)과 두 번째 줄(점선)을 건너뛴다.
❸ fscanf 함수로 학생 이름(Name)과 최종 성적(Grade)을 읽는다.
❹ 하나의 열에 표시된 15개의 원소를 5개씩 나누어 1열, 2열, 3열에 표시한다.

그림 4-24 저장된 'grade.dat' 파일에서 점수 읽기

[그림 4-24]의 ❸에서 변환 문자 %s는 모든 문자열의 셀형 배열을 반환하지만, 변환 문자 %*s는 첫 번째와 두 번째 줄의 문자열을 모두 건너뛴다. 그리고 변환 문자 %f는 숫자의 셀형 배열을 반환한다. 즉 학생 5명의 Exam1, Exam2 시험 점수와 평균 시험 점수를 읽어낸다.

TIP 만일 `reshape` 명령어를 사용하지 않고 >>A를 입력하면 [그림 4-23]의 5행3열 점수를 하나의 열에 차례대로 나타낸다. 또한 `reshape` 명령어에 전치 연산자를 사용하지 않는 경우, 즉 `>>A = reshape(A, 3, 5)`는 하나의 열에 표시된 15개의 원소를 3개씩 나누어 1열, 2열, …, 5열에 표시한다.

[그림 4-25]는 `fgetl` 함수를 잘못 사용한 경우 오류가 발생하는 것을 보여준다.

Command Window

❶
```
>> fid = fopen('grade.dat');
>> A = fscanf(fid, '%*s %f %f %f %*s');
>> B = reshape(A,3,5)'
Error using reshape
Number of elements must not change. Use [] as one of the size inputs to
automatically calculate the appropriate size for that dimension.
```

❷
```
>> frewind(fid);
>> fgetl(fid);
>> A = fscanf(fid, '%*s %f %f %f %*s');
>> B = reshape(A,3,5)'
Error using reshape
Number of elements must not change. Use [] as one of the size inputs to
automatically calculate the appropriate size for that dimension.
```

❶ `fgetl` 함수를 입력하지 않으면 첫 번째 줄의 제목이 제외되지 않아 오류가 발생한다.

❷ `fgetl` 함수를 한 번만 입력하면 두 번째 줄의 점선이 제외되지 않는다. 따라서 데이터 배열 **B**의 크기와 일치하지 않아 오류가 발생한다.

그림 4-25 fgetl 명령어를 잘못 사용한 경우

이 밖에도 reshape(A, 3, 7)'을 입력하면 오류가 발생하는데, 이는 점선 부분에 대한 배열의 크기를 결정할 수 없기 때문이다.

TIP `frewind` 명령어를 이용하면 열려 있는 파일을 닫지 않고 처음 상태로 돌려 놓는다. 따라서 `fopen` 함수를 재설정할 필요가 없다.

textscan 함수

`textscan` 함수는 텍스트 파일에서 지정된 문자 벡터 또는 스칼라 문자열의 자료를 읽을 때 사용한다. `textscan` 함수의 기본 형태는 다음과 같다.

```
C = textscan(fid, 'F')
```

- C : 파일 식별자에 의해 식별되는 열린 텍스트 파일의 자료를 셀형 배열 C에 읽는다.
- fid : fopen 함수에서 얻은 파일 식별자
- 'F' : % 기호와 함께 표시하는 변환 문자를 포함하는 문자 벡터 또는 문자열 스칼라

[그림 4-26]는 [그림 4-23]의 'grade.dat' 파일에서 5명의 학생 이름과 각 학생이 받은 최종 성적을 읽은 결과를 보여준다.

```
Command Window
❶ >> fid = fopen('grade.dat');
❷ >> fgetl(fid); fgetl(fid);
❸ >> C = textscan(fid, '%s %*f %*f %*f %s');
>> Name = C{:,1}
Name =
  5×1 cell array
    {'David' }
    {'George'}
    {'Mary'  }
    {'Nancy' }
    {'Robert'}
>> Grade = C{:,2}
Grade =
  5×1 cell array
    {'B+'}
    {'C+'}
    {'B' }
    {'A' }
    {'D' }
```

❶ fopen 함수로 저장된 'grade.dat' 파일을 연다.
❷ fgetl 함수를 두 번 입력하여 첫 번째 줄과 두 번째 줄(점선)을 건너뛴다.
❸ textscan 함수로 이름과 최종 성적을 읽는다.

그림 4-26 저장된 'grade.dat' 파일에서 이름과 최종 성적 읽기

[그림 4-26]에서 변환 문자 %*f를 사용하면 'grade.dat' 파일의 모든 숫자를 건너뛴다. 그리고 변환 문자 %s는 문자열의 셀형 배열을 반환한다. 세 개 열에 있는 모든 숫자를 무시하기 때문에 첫 번째 %s는 문자열의 셀형 배열 **C**의 1열, 마지막 %s는 문자열의 셀형 배열 **C**의 2열이 된다.

SECTION 4.3

엑셀 파일

학습 목표

- xlsread 함수를 이용하여 엑셀 파일을 불러온다.
- sort 명령어를 이용하여 오름차순과 내림차순으로 정렬한다.
- xlswrite 함수를 이용하여 엑셀 파일을 내보낸다.

마이크로소프트 엑셀(Microsoft Excel)은 마이크로소프트 사에서 개발한 스프레드시트(spreadsheet)[5] 응용 프로그램이다. 엑셀은 계산 및 다양한 그래프를 생성하며, 다차원 자료 구조를 정렬하고 재정렬하는 피벗 도표(pivot table)[6]의 기능이 있다.

1. 엑셀 파일 불러오기

MATLAB에서 생성되지 않은 엑셀 파일을 명령 창으로 불러오는 방법에 대해 알아보자.

xlsread 함수

xlsread 함수는 엑셀 파일을 읽어와 MATLAB의 명령 창에서 사용할 수 있는 행렬로 반환한다. xlsread 함수의 기본 형태는 다음과 같다.

```
[A, C] = xlsread('file')
```

- A : 변환한 엑셀 파일이 저장될 MATLAB 행렬의 변수
- C : 변환한 엑셀 파일이 저장될 MATLAB 행렬의 셀형 배열
- 'file' : 변환할 엑셀 파일 이름

[그림 4-27]은 [그림 4-23]의 'grade.dat' 파일을 새로운 엑셀 파일 'grade.xls'로 작성한 것을 보여준다. 앞서 사용한 확장자 .dat는 자료를 의미하는 data를 이용하여 임의로 붙인 이름이지만, 엑셀 파일을 생성하는 경우에는 확장자는 반드시 .xls로 지정해야 한다.

5 스프레드시트는 도표에서 가로와 세로에 숫자 및 문자의 자료를 입력하고 조작하여 자료 처리를 할 수 있는 컴퓨터 응용 프로그램이다. 행과 열로 구성된 엑셀은 스프레드시트를 사용하여 데이터를 나타낸다.

6 피벗 도표는 현재 일반적으로 사용하는 용어이지만, 1994년 마이크로소프트에서 특허 신청을 출원했고, 2020년 특허가 취소되었다.

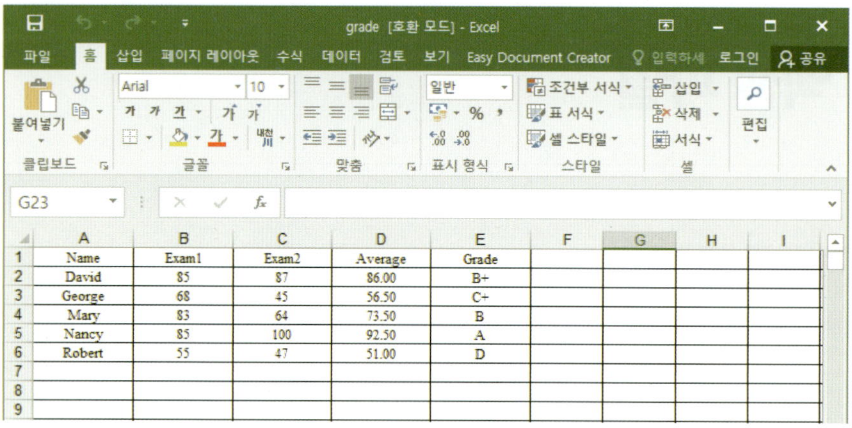

그림 4-27 엑셀 파일 'grade.xls' 생성하기

[그림 4-28]은 현재 폴더 창에서 'grade.xls' 파일을 더블 클릭한 결과를 보여준다.

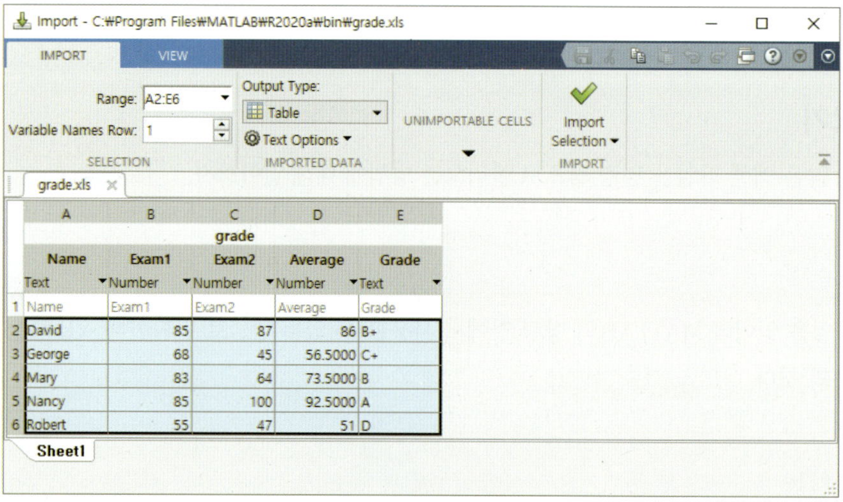

그림 4-28 현재 폴더 창에서 'grade.xls' 파일을 더블 클릭한 결과

[그림 4-29]는 `xlsread` 함수를 이용하여 현재 폴더에 저장된 엑셀 파일을 불러온 결과를 보여준다.

Command Window

```
❶ >> A = xlsread('grade.xls')
   A =
       85.0000   87.0000   86.0000
       68.0000   45.0000   56.5000
       83.0000   64.0000   73.5000
       85.0000  100.0000   92.5000
       55.0000   47.0000   51.0000
❷ >> A = xlsread('grade.dat')
   Error using xlsread (line 257)
   File C:₩Program Files₩MATLAB₩R2020a₩bin₩grade.dat not in Microsoft Excel
   Format.
```

❶ `xlsread` 함수로 저장된 파일 'grade.xls'에서 숫자를 불러온다.

❷ `xlsread` 함수로 엑셀 파일 형식이 아닌 'grade.dat'를 불러오면 오류가 발생한다.

그림 4-29 xlsread 함수로 엑셀 파일 불러오기

[그림 4-30]은 `xlsread` 함수로 숫자와 문자열을 셀형 배열로 불러온 결과를 보여준다.

```
>> [A,C] = xlsread('grade.xls')
A =
   85.0000   87.0000   86.0000
   68.0000   45.0000   56.5000
   83.0000   64.0000   73.5000
   85.0000  100.0000   92.5000
   55.0000   47.0000   51.0000
C =
  6×5 cell array
    {'Name'  }    {'Exam1' }    {'Exam2' }    {'Average'}    {'Grade'}
    {'David' }    {0×0 char}    {0×0 char}    {0×0 char }    {'B+'   }
    {'George'}    {0×0 char}    {0×0 char}    {0×0 char }    {'C+'   }
    {'Mary'  }    {0×0 char}    {0×0 char}    {0×0 char }    {'B'    }
    {'Nancy' }    {0×0 char}    {0×0 char}    {0×0 char }    {'A'    }
    {'Robert'}    {0×0 char}    {0×0 char}    {0×0 char }    {'D'    }
```

xlsread 함수로 숫자와 문자열을 동시에 불러오기 위해 출력에 2개의 변수를 함께 지정한다.

그림 4-30 xlsread 함수로 숫자와 문자열을 셀형 배열로 불러오기

2. 엑셀 파일 정렬하기

엑셀 파일의 각 도표 자료는 정렬 기능을 통해 내림차순(descending) 및 오름차순(ascending)으로 재구성할 수 있다. 숫자에 대한 내림차순은 큰 숫자에서 작은 숫자의 순서로, 알파벳에 대한 내림차순은 Z에서 A 순서로 재구성되는 것을 의미한다. 오름차순은 내림차순과 반대로 재구성된다.

표 4-5 오름차순과 내림차순

	숫자	알파벳
오름차순	0 → 9	A → Z
내림차순	9 → 0	Z → A

`sort` 명령어는 엑셀 파일에서 읽어온 배열 A의 원소를 내림차순 또는 오름차순으로 정렬한다. `sort` 명령어의 기본 형태는 다음과 같다.

```
B = sort(A,'direction')
```

- B : 배열 A를 오름차순으로 정렬하여 얻은 새로운 배열
- 'direction' : 배열 A를 오름차순으로 정렬하려면 'ascend'로 지정하거나 생략하고, 내림차순으로 정렬하려면 'descend'로 지정한다.

TIP 배열 **A**가 벡터이면 배열 **A**의 원소를 오름차순으로 정렬, 배열 **A**가 행렬이면 행렬 **A**의 각 열을 오름차순으로 정렬한다.

```
[B, I] = sort(A,'direction')
```

- I : 배열 B를 얻기 위해 배열 A의 원소를 재배열한 순서를 지정하는 정렬 색인

[그림 4-31]은 sort 명령어로 'grade.xls' 파일의 자료 일부를 오름차순으로 재구성한 결과를 보여준다.

```
Command Window
>> A = xlsread('grade.xls');
>> Average = sort(A(:,3))
Average =
   51.0000
   56.5000
   73.5000
   86.0000
   92.5000
>> Average = sort(A(:,3),'ascend')
Average =
   51.0000
   56.5000
   73.5000
   86.0000
   92.5000
```

각 학생의 평균 성적은 세 번째 열에 있으므로 A(:, 3)으로 지정한다. 그리고 오름차순 정렬은 기본으로 설정되어 있어서 'direction'을 쓰지 않아도 원하는 결과를 얻을 수 있다.

그림 4-31 엑셀 파일 'grade.xls'의 평균 성적을 오름차순으로 정렬한 결과

TIP 만일 첫 번째 열과 두 번째 열에 해당하는 Exam1과 Exam2의 성적을 오름차순으로 나타내는 경우는 A(:, 1)과 A(:, 2)로 지정한다.

[그림 4-32]는 sort 명령어를 이용하여 'grade.xls' 파일의 자료 일부를 내림차순으로 재구성한 것을 보여준다.

```
Command Window
>> A = xlsread('grade.xls');
>> Exam2 = sort(A(:,2),'descend')
Exam2 =
   100
    87
    64
    47
    45
```

학생 5명의 두 번째 시험 성적 Exam2를 내림차순으로 정렬하는 경우는 반드시 'descend'를 지정해야 한다. 각 학생의 두 번째 시험 성적은 두 번째 열에 나타나있기 때문에 A(:, 2)로 지정한다.

그림 4-32 엑셀 파일 'grade.xls'의 Exam1 성적을 내림차순으로 정렬한 결과

[그림 4-33]은 [그림 4-31]과는 반대로 평균 성적을 내림차순으로 정렬한 것이다. 이때 'grade.xls'의 1열에 입력되어 있는 학생 5명을 재배열하여 순서를 지정하는 정렬 색인을 함께 보여준다. 예를 들어 가장 높은 평균 점수인 92.5를 받은 Nancy는 5명 학생 중에 4번 위치이기 때문에 정렬 색인은 4를 표시한다.

```
Command Window
>> A = xlsread('grade.xls');
>> [Average,I] = sort(A(:,3),'descend')
Average =
   92.5000
   86.0000
   73.5000
   56.5000
   51.0000
I =
     4
     1
     3
     2
     5
```

내림차순으로 정렬된 해당 학생의 최초 순서를 표시하기 위해 2개의 출력변수를 함께 지정한다.

그림 4-33 평균 성적을 내림차순으로 정렬한 후 각 학생의 최초 순서 표시하기

3. 엑셀 파일 내보내기

앞서 MATLAB에서 생성되지 않은 엑셀 파일을 명령 창으로 불러오는 방법을 학습했다. 이제 반대로 MATLAB에서 생성된 배열을 엑셀 파일로 변환하는 방법에 대해 알아보자.

xlswrite 함수

`xlswrite` 함수는 MATLAB의 명령 창에서 숫자로 입력된 자료의 배열을 엑셀 파일로 내보낸다. 즉 앞서 배운 `xlsread` 함수의 반대 기능을 보여주는 함수이다. `xlswrite` 명령어의 기본 형태는 다음과 같다.

```
A = file.xls
xlswrite(A, B)
```
또는 `xlswrite('file.xls', B)`

- A : 변환하여 내보낼 엑셀 파일의 이름(file.xls)을 지정하는 변수
- B : MATLAB에서 생성된 행렬의 변수

[그림 4-34]는 'grade.xls'에서 Exam1, Exam2, Average의 점수를 나타내는 열 3개를 각각 오름차순으로 정렬한 결과를 보여준다.

```
Command Window
>> A = xlsread('grade.xls');
>> B = sort(A)
B =
   55.0000   45.0000   51.0000
   68.0000   47.0000   56.5000
   83.0000   64.0000   73.5000
   85.0000   87.0000   86.0000
   85.0000  100.0000   92.5000
```

그림 4-34 'grade.xls'에서 Exam1, Exam2, Average에 대한 오름차순 실행 결과

[그림 4-35]는 [그림 4-34]에서 보여주는 배열 **B**를 엑셀 파일 'grade1.xls'로 생성하는 과정을 보여준다.

```
Command Window
❶ >> A = xlsread('grade.xls');
   >> B = sort(A);
❷ >> xlswrite('grade1.xls',B);
```

❶ 명령 창에 배열이 보이지 않도록 명령줄 끝에 세미콜론을 입력한다.
❷ `xlswrite` 함수로 새로운 엑셀 파일 'grade1.xls'를 생성한다.

그림 4-35 배열 B를 엑셀 파일 'grade1.xls'로 생성하기

[그림 4-36]은 `xlswrite` 함수를 이용하여 생성된 엑셀 파일 'grade1.xls'를 현재 폴더 창에서 보여준다.

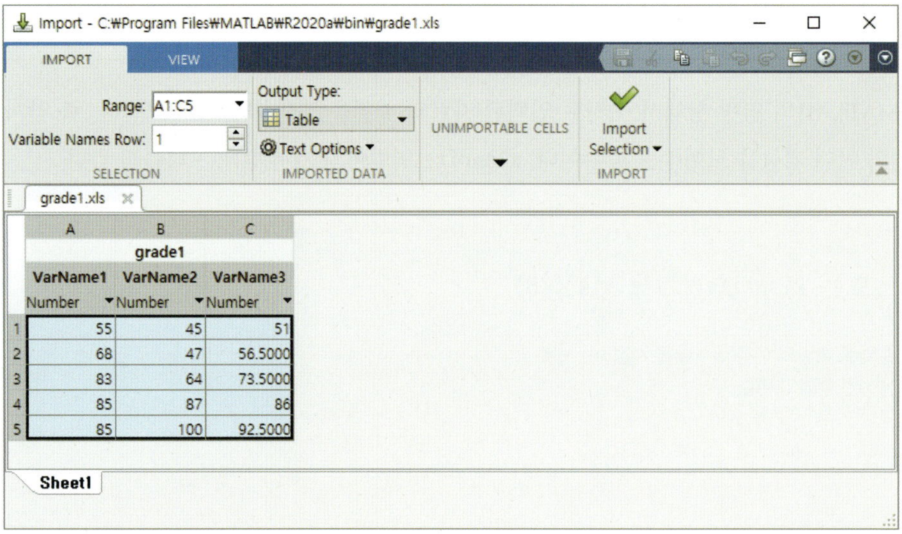

그림 4-36 현재 폴더 창에 새롭게 생성된 엑셀 파일 'grade1.xls'

[그림 4-37]은 bin 디렉터리에서 생성된 엑셀 파일 'grade1.xls'의 내용을 보여준다.

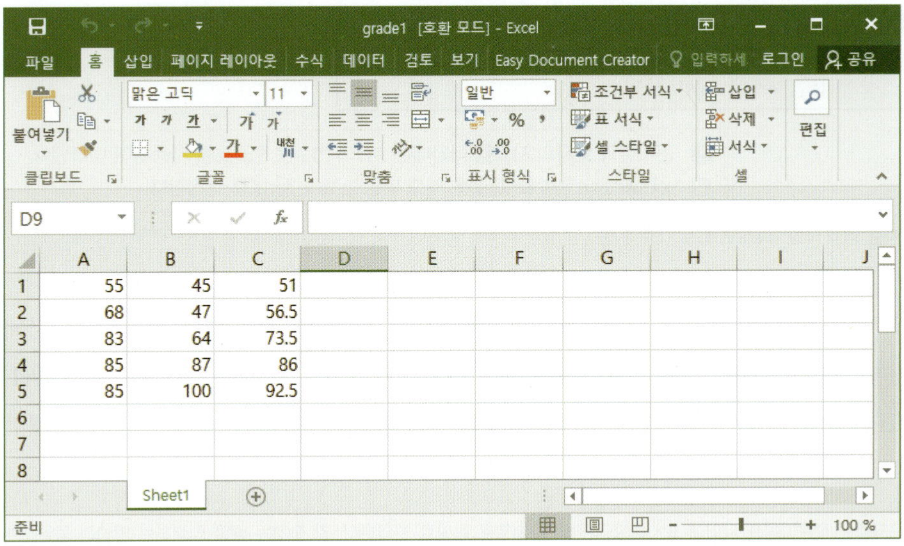

그림 4-37 새롭게 생성된 엑셀 파일 'grade1.xls'

이번에는 문자와 숫자가 혼합되어 입력된 자료의 배열을 엑셀 파일로 내보내는 과정을 알아보자.

```
xlswrite('file.xls', Arr, S, R)
```

- 'file.xls' : 변환하여 내보낼 엑셀 파일의 이름
- Arr : 2차원 숫자형 또는 문자형 배열(각 셀에 단일 원소를 포함하는 경우 셀형 배열이 된다.)
- S : 생성하는 엑셀 파일의 워크시트(worksheet) 이름 또는 워크시트의 각 페이지를 양수로 나타내는 색인 번호를 지정한다.
- R : 생성하는 엑셀 파일의 워크시트의 직사각형 부분에 지정하는 문자 벡터 또는 스칼라 문자열

TIP R은 대소문자 구별 없이 사용한다. 엑셀 파일에서 열의 순서를 지정하는 알파벳에 이어 행의 순서를 지정하는 숫자를 함께 사용한다.

[표 4-6]은 무기명으로 표시된 학생 3명에 대한 세 번의 시험 점수를 나타낸다.

표 4-6 학생 3명의 시험 성적

Exam1	Exam2	Exam3
85	87	86
68	48	82
82	64	95

[그림 4-38]은 [표 4-6]의 문자열과 숫자를 엑셀 파일 'grade2.xls'로 생성하는 과정을 보여준다.

```
Command Window
❶ >> Arr = {'Exam1','Exam2','Exam3';85,87,86;68,48,82;82,64,95};
❷ >> xlswrite('grade2.xls', Arr,1, 'A1');
```

❶ 문자열과 숫자의 자료를 나타내는 Arr의 변수는 중괄호를 사용하여 나타낸다.
❷ `xlswrite` 함수로 새로운 엑셀 파일 'grade2.xls'를 생성한다.

그림 4-38 문자열과 숫자를 엑셀 파일 'grade2.xls'로 내보내기

[그림 4-38]에서 `xlswrite` 함수 내부의 1은 생성하는 엑셀 파일 'grade2.xls'의 워크시트 첫 페이지에 지정하는 것을 의미한다. 만일 다수의 워크시트를 생성하는 경우는 각 페이지 색인에 맞게 설정한다. 'A1'은 [표 4-6]에서 1행1열에 위치한 Exam1에 대한 문자열을 엑셀 파일의 1행1열인 A1의 자리부터 배열하여 구성한다.

TIP 중괄호 내부에 문자열은 작은따옴표 사이에 표시하고 각각의 문자열은 콤마로 분리한다. 각 숫자는 배열 입력하는 방법과 동일하게 행과 열을 구별하여 중괄호 내부에 지정한다.

[그림 4-39]는 bin 디렉터리에서 생성된 엑셀 파일 'grade2.xls'의 내용을 보여준다.

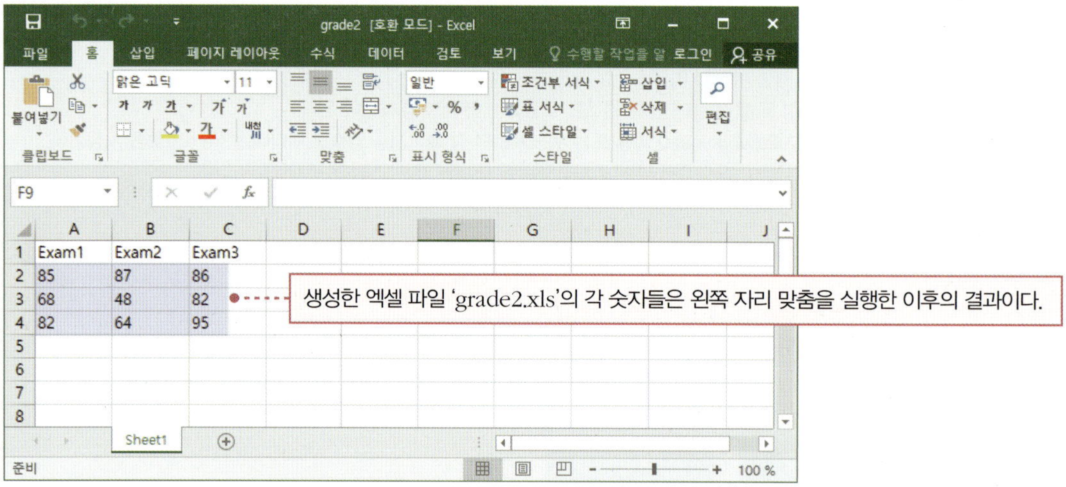

그림 4-39 숫자와 문자열이 새롭게 생성된 엑셀 파일 'grade2.xls'

실습 4-4

배열 data_out = [P1 P2 P3]을 이용하여 엑셀 파일 워크시트 첫 페이지의 C열1행부터 시작하는 'data_out.xls'로 변환하라. 여기서 3개의 열벡터는 다음과 같다.

$$P1 = \begin{bmatrix} 1 \\ 2 \\ 1 \end{bmatrix},\ P2 = \begin{bmatrix} 10 \\ 4 \\ 2 \end{bmatrix},\ P3 = \begin{bmatrix} 20 \\ 6 \\ 3 \end{bmatrix}$$

풀이

```
Command Window
>> Arr = {'P1','P2','P3'; 1,10,20;2,4,6;1,2,3};
>> xlswrite('data_out.xls',Arr,1,'C1');
```

그림 4-40 배열 data_out을 엑셀 파일로 내보내기

❶ 3행3열 배열 data_out을 엑셀 파일로 생성하기 위해 주어진 3개의 열벡터를 재배열하여 입력한다.

❷ xlswrite 함수 내부의 'C1'은 주어진 배열의 1행1열에 위치한 P1에 대한 문자열을 엑셀 파일의 1행3열인 C1의 자리부터 배열하여 구성한다.

bin 디렉터리에서 해당 엑셀 파일 'data_out.xls'를 열면 [그림 4-41]을 확인할 수 있다. [그림 4-40]을 이용하여 새롭게 생성한 엑셀 파일 'data_out.xls'의 각 숫자들은 왼쪽 자리 맞춤이 없는 상태를 보여준다.

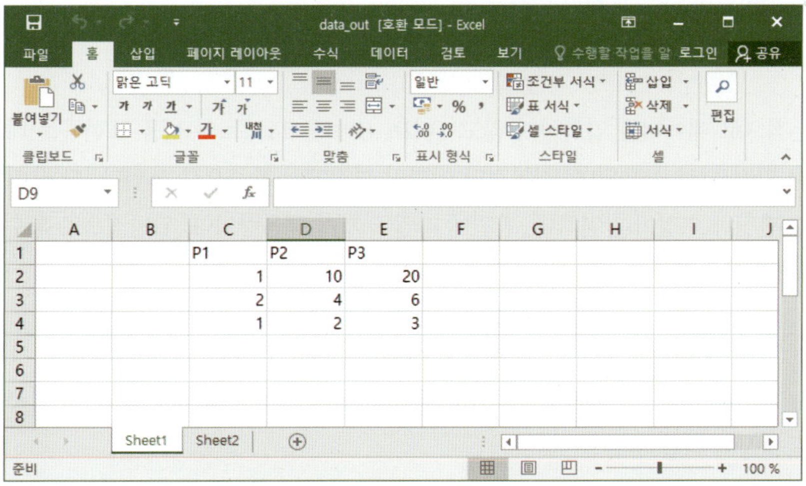

그림 4-41 새롭게 생성된 엑셀 파일 'data_out.xls'

SECTION 4.4

이미지 파일

학습 목표

- 이미지 파일의 확장자 및 형식을 이해한다.
- imread, image 함수를 이용하여 이미지 파일을 불러오거나 내보낸다.
- colormap 함수를 이용하여 그림 파일의 색상 맵을 변경하는 방법을 터득한다.
- imwrite 함수를 이용하여 .mat 그림 파일을 불러온다.

앞서 배운 텍스트 파일과 마찬가지로 이미지 파일도 MATLAB에서 불러오거나 내보낼 수 있다. 먼저 이미지 파일의 다양한 형식에 대해 알아보도록 하자.

1. 이미지 파일 형식

일반적으로 컴퓨터에서 열어볼 수 있는 그림 파일은 다양하다. 파일 이름이 'Figure'라고 해도 확장자에 따라 'Figure.bmp', 'Figure.gif', 'Figure.jpeg', 'Figure.png', 'Figure.tiff' 등 종류가 다양하다. 각각의 유형은 장단점이 있으므로 사용 목적에 맞게 선택하면 된다.

이미지 파일의 다양한 형식을 살펴보면 다음과 같다.

■ BMP 파일

BMP(Bitmap) 파일은 기본적으로 데이터를 압축하지 않고 1비트, 8비트, 24비트의 색을 표현하는 데 사용한다. 윈도우 컴퓨터에서 가장 널리 사용되며, 기본적인 이미지 편집에서 표준으로 쓰인다. 다른 이미지 파일에 비해 고화질이고 편집과 수정이 간편하다. 반면에 파일 크기가 대용량이다. 일반적으로 특수한 경우에만 웹 앱 및 콘텐츠에서 사용된다.

■ GIF 파일

GIF(Graphic Interchange Format) 파일은 최대 256(8비트)개의 색을 저장할 수 있는 비손실 압축 형식이다. 단순한 이미지와 동영상에 적합하다.

■ JPEG 파일

JPEG(Joint Photographic Expert Group) 파일의 최대 저장할 수 있는 이미지 크기는 65,535×65,535 화소(pixel)이다. 비록 손실 압축 형식이지만 실제 파일의 크기는 작은 편이다. JPEG 이미지의 확장자는 .jpg, .jpeg, .jpe 등을 함께 사용하며 현재 가장 많이 사용된다. 보통 정지 상태의 이미지의 손실 압축에 적합하다.

■ PNG 파일

PNG(Portable Network Graphics) 파일은 비손실 그래픽 파일 형식으로 GIF 형식의 문제를 해결 및 개선하기 위해 개발되었다. 원본 이미지를 보다 정확하게 재생하거나 투명도를 필요로 하는 경우에는 JPEG보다 선호된다.

■ TIFF 파일

TIFF(Tagged Image File Format) 파일은 1비트, 8비트, 16비트 및 24비트의 비압축 이미지 형식이다. 단일 파일에서 이미지와 데이터를 처리하기 위해 유연한 것이 특징이다. 그러나 다른 형식의 이미지보다 파일 크기가 크다는 단점이 있다.

2. 이미지 파일 불러오기/내보내기

이미지 파일을 불러오거나 내보내기 위해서는 `imread`, `image` 함수가 사용된다.

imread 함수

`imread` 함수는 MATLAB에서 생성되지 않은 그림 파일에서 이미지를 읽는다. 그림 파일을 불러오기 위해서는 반드시 현재 명령 창이 지정된 현재 폴더(작업 공간)에 그림 파일이 저장되어 있어야 한다. `imread` 함수의 기본 형태는 다음과 같다.

```
A = imread('File', 'FMT')
```

- A : MATLAB 그림 파일 이름, 확장자 .fig가 자동으로 지정된다.
- 'File' : 변환할 일반 그림 파일 이름
- 'FMT' : 표준 그림 파일 확장자(bmp, gif, jpeg, png, tiff 등)로 파일 형식을 지정한다.
  만일 'File'에 그림 파일의 이름과 확장자 이름을 함께 입력한 경우에는 이 부분을 생략할 수 있다.

image 함수

`image` 함수는 MATLAB의 명령 창에서 열어볼 수 있게 변환된 그림 파일의 이미지를 보여준다. `image` 함수의 기본 형태는 다음과 같다.

```
image(A)
```

- A : image 함수를 사용하여 변환할 MATLAB 그림 파일

지금부터 두 함수를 이용하여 [그림 4-42]의 그림 파일 'Figure1.bmp'를 불러오도록 하자. 'Figure1.bmp'는 MATLAB에서 생성하지 않은 그림 파일로 현재 폴더에 저장되어 있다.

그림 4-42 그림 파일(Figure1.bmp)

먼저 그림 파일 'Figure1.bmp'를 불러오기 위해 명령 창에 [그림 4-43]과 같이 입력한다. 확장자는 (a)처럼 그림 파일명에 붙여서 사용하거나 (b)처럼 그림 파일명과 분리해서 사용해도 그 결과는 같다. 그리고 [그림 4-44]와 같이 image 함수를 실행한다.

```
Command Window
>> Figure1 = imread('Figure1.bmp');
```

(a)

```
Command Window
>> Figure1 = imread('Figure1','bmp');
```

(b)

그림 4-43 'Figure1.bmp' 파일 불러오기

```
Command Window
>> Figure1 = imread('Figure1.bmp');
>> image(Figure1)
```

명령줄의 세미콜론은 반드시 지정해야 한다. 이를 지정하지 않으면 그림의 코드를 나타내는 숫자의 배열이 연속적으로 표시된다.

그림 4-44 image 함수의 실행

[그림 4-45]는 변환된 그림 파일(Figure1.fig)을 그림 창에 나타낸 것이다.

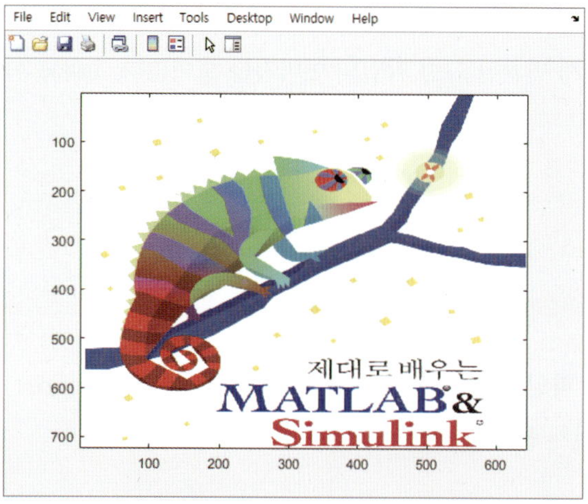

그림 4-45 그림 창에서 보는 변환된 그림 파일(Figure1.fig)

만일 생성된 그림 파일 'Figure1.fig'를 현재 폴더에 저장하려면 그림 창의 메뉴바에서 File〉Save as〉Figure1을 선택한 후 [Save as …](또는 [Save])를 클릭할 때 현재 명령 창이 지정된 경로(C:\Program Files\MTALAB\R2020a\bin)로 이동한 후에 그림 파일을 저장해야 한다. 현재 폴더를 확인하면 'Figure1.fig'가 생성되어 있는 것을 볼 수 있다.

Note **title 명령어**

title 명령어를 사용하면 그림 제목을 추가할 수 있다. [그림 4-46]은 title 명령어 이용하여 [그림 4-45]에 그림 제목 'MATLAB&Simulink'를 추가하는 것을 보여준다.

```
Command Window
>> Figure2 = imread('Figure1.bmp');
>> image(Figure2);
>> title('MATLAB&Simulink');
```

그림 4-46 'Figure1.bmp' 파일에 그림 제목 추가

[그림 4-47]은 그림 제목이 추가된 그림 파일(Figure2.fig)을 그림 창에 나타낸 것이다.

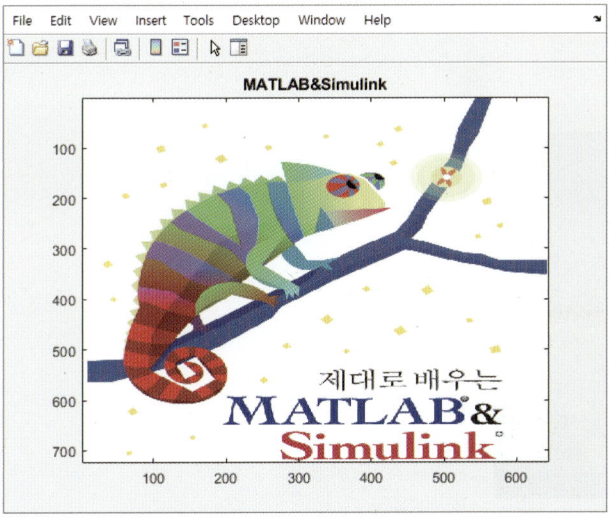

그림 4-47 그림 제목이 추가된 그림 파일(Figure2.fig)

Note 인터넷에서 그림 파일 불러오기

인터넷에서 제공하는 그림 파일을 MATLAB으로 불러오는 방법을 알아보자. 다음 경로에서 서울의 멋진 야경을 찾았다.

http://upload.wikimedia.org/Wikipedia/commons/0/03/Seoul_at_night.jpg

[그림 4-48]과 같이 그림 파일의 경로를 입력한 후 `imread` 함수와 `image` 함수를 이용하여 불러오면 된다. ❶ 인터넷 경로의 문자열이 길기 때문에 3개의 문자열로 나누어 입력한다. ❷ 원래 검색된 경로와 동일하게 처리하기 위해서 3개의 문자열을 연결시킨다. ❸ `imread` 함수와 `image` 함수를 이용하여 그림을 불러온다.

Command Window

```
❶ >> s1 = 'https://upload.wikimedia.org/';
   >> s2 = 'wikipedia/commons/0/03/';
   >> s3 = 'Seoul_at_night.jpg';
❷ >> file = [s1,s2,s3];
❸ >> Seoul = imread(file,'jpg');
   >> image(Seoul);
```

그림 4-48 인터넷에서 찾은 그림 파일 불러오기

[그림 4-49]는 인터넷 경로를 통해 불러온 그림 파일을 명령 창에 나타낸 것이다.

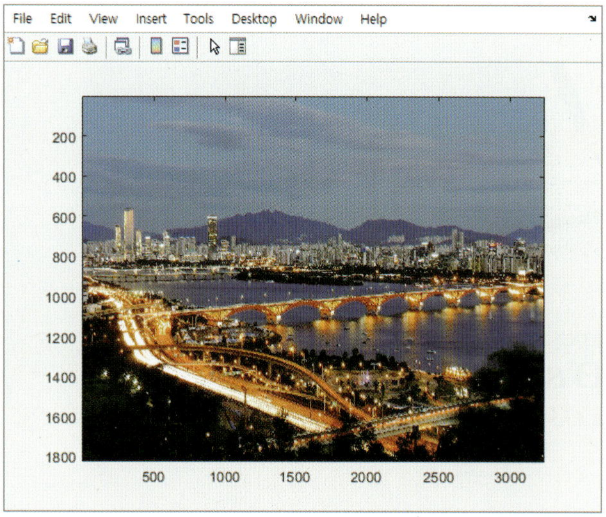

그림 4-49 인터넷 경로를 통해 불러온 그림파일(Seoul.fig)

3. 데이터로 저장된 .mat 그림 파일 불러오기

MATLAB에서 사용하는 확장자 .mat 파일은 2진 데이터 형식의 파일이다. 명령 창에 입력한 데이터를 `save` 명령어로 저장하면 데이터 파일은 .mat 확장자를 자동으로 지정한다. .mat 파일을 명령 창으로 다시 불러오려면 `load` 명령어를 사용한다.[7] 표준 그림 파일 확장자(bmp, gif, jpeg, png, tiff)가 아닌 Figure.mat로 저장되어 있는 그림 파일도 명령 창으로 다시 불러오기 위해 load 명령어를 사용한다.

`imwrite` 함수를 이용하면 .mat 그림 파일을 명령 창으로 불러올 수 있다. 다만, 이 함수를 이용하기 위해서는 색상 맵에 대해 먼저 이해해야 한다. 그러므로 색상 맵과 관련된 함수인 `colormap` 함수에 대해 먼저 알아보도록 하자.

colormap 함수

`colormap` 함수는 현재 그림의 색상 맵을 미리 정의된 색상 맵 중 하나로 설정할 수 있다. 이때 그림에 있는 좌표축과 도표는 동일한 색상 맵을 사용한다. 새로운 색상 맵은 현재 색상 맵과 동일한 색의 수를 갖는다. `colormap` 함수의 기본 형태는 다음과 같다.

```
colormap(map)
```

- map : 저장되어 있는 .mat 파일의 일부로 map이라는 이름의 색상 맵이 들어 있다.

[그림 4-50]은 독일의 화가이자 판화가인 알브레히트 뒤러(Albreccht Durer)가 1514년 제작한 판화 '우울(Melencolia1)'의 데모 파일인 'durer.mat'를 명령 창으로 불러오는 과정을 보여준다.

Command Window
```
❶ >> load durer;
❷ >> image(X);
```

❶ load 명령어로 durer.mat 파일을 명령 창으로 불러오면 그림 파일의 데이터를 담고 있는 배열 X가 만들어진다. 즉 배열 X는 저장된 durer.mat 파일의 일부이다.

❷ image(X)를 실행하면 화면에 X에 대응하는 이미지가 나타난다. 현재 설정되어 있는 색상 맵과 배열 X에 저장된 데이터의 값에 따라 이미지의 색상이 정해진다.

그림 4-50 데모 파일 durer.mat 불러오기 실행

[그림 4-51]은 데모 파일로 불러온 판화 '우울'의 이미지이다.

7 load 명령어는 1.5절에서 학습했다.

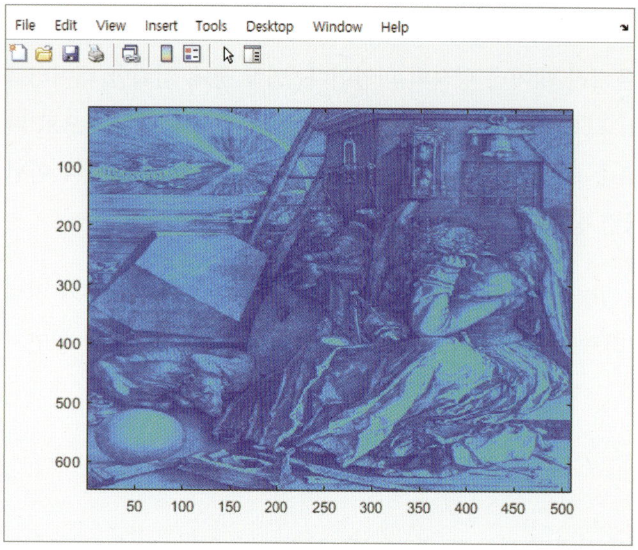

그림 4-51 데모 파일(durer.mat)로 불러온 판화의 이미지

[그림 4-52]는 colormap 함수를 이용하여 [그림 4-51]의 색상 맵이 담겨있는 map으로 설정하는 것을 보여준다.

Command Window

```
>> load durer;
>> image(X);
>> colormap(map);
```

그림 4-52 colormap 함수로 색상 맵 변환하기

[그림 4-53]은 [그림 4-51]의 색상 맵이 적용된 이미지를 보여준다.

원래 저장할 때 durer.mat 파일의 색상 맵은 색상이 없는 회색 색표(greyscale)임을 알 수 있다.

그림 4-53 색상 맵이 변환된 [그림 4-51]의 이미지

Note 빨강, 초록, 파랑이 포함된 색상 맵으로 변경하기

[그림 4-53]을 빨강, 초록, 파랑이 포함된 색상 맵으로 바꾸기 위해서는 앞서 배운 명령어와 함수를 응용해야 한다. [그림 4-54]는 색상 맵을 변환한 결과를 보여준다.

```
Command Window
>> load durer;
>> image(X);
>> colormap(map);
>> colormap summer;
```

그림 4-54 빨강, 초록, 파랑이 포함된 색상 맵으로 변환하기

TIP [그림 4-54]의 색상 맵을 winter로 지정하면 좀 더 초록과 파랑의 혼합된 이미지가 나타낸다.

[그림 4-55]는 변환된 색상 맵이 적용된 이미지를 보여준다.

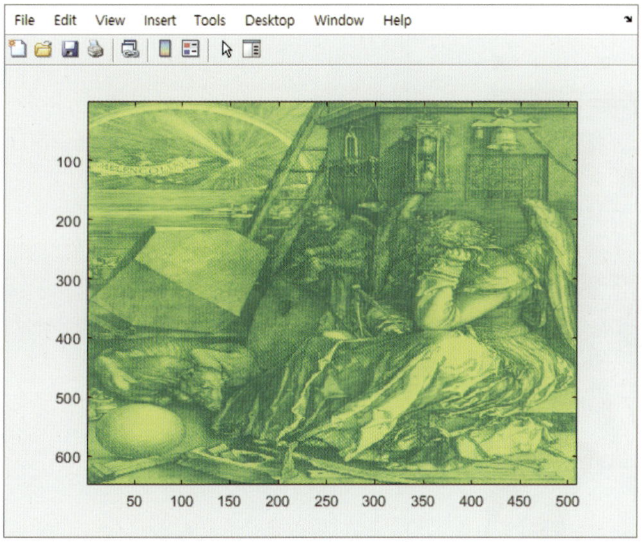

그림 4-55 색상 맵이 변환된 [그림 4-53]의 이미지

imwrite 함수

`imwrite` 함수는 .mat 확장자로 저장된 그림 파일을 명령 창으로 불러와서 현재 폴더에 새로운 그림 파일을 생성한다. `imwrite` 함수의 기본 형태는 다음과 같다.

```
imwrite(X, map, 'File')
```

- X : 저장되어 있는 .mat 파일의 2진 데이터를 담고 있는 배열
- map : 저장되어 있는 .mat 파일의 색상 맵
- 'File' : 변환할 일반 그림 파일 이름(확장자가 다양함)

[그림 4-56]은 durer.mat 파일을 명령 창으로 불러온 후 **imwrite** 함수를 이용하여 확장자가 .png인 그림 파일을 생성하는 것을 보여준다.

```
Command Window
>> load durer;
>> imwrite(X,map,'Melencolia.png');
```

그림 4-56 imwrite 함수로 현재 폴더에 그림 파일 생성하기

현재 폴더를 확인하면 새롭게 생성된 'Melencolia.png' 파일이 있다. 그러나 .fig 확장자가 아닌 그림 파일은 더블 클릭해도 그림을 볼 수 없다. 따라서 현재 지정된 디렉터리(C:\Program Files\MTALAB\R2020a\bin)에 가서 새롭게 생성된 'Melencolia.png' 파일을 열면 [그림 4-57]의 이미지를 볼 수 있다.

그림 4-57 imwrite 함수로 불러온 그림 파일(Melencolia.png)

실습 4-5

[그림 4-49]에서 생성한 파일 'Seoul.fig'를 이용하여 MATLAB의 명령 창이 아닌 컴퓨터의 다른 환경에서도 열어볼 수 있는 그림 파일 'Seoul.jpg'로 변환하라.

풀이

1 'Seoul.fig' 파일을 열고 [File]-[Save as …]를 클릭하면 [그림 4-58]과 같은 창이 열린다. 현재 [파일 형식(T):]가 MATLAB 그림의 기본 형식에서 사용하는 확장자 .fig로 지정되어 있다. 그러므로 bin 디렉터리에는 생성되어 있는 모든 .fig 파일을 보여준다.

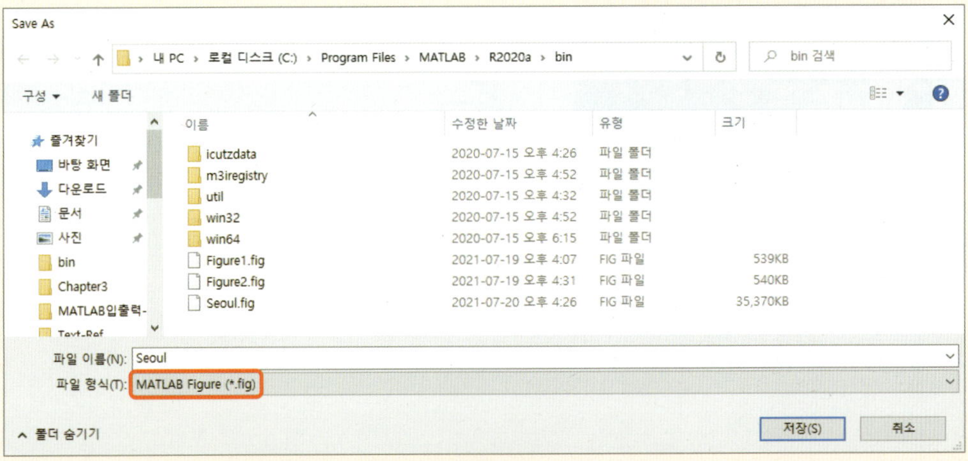

그림 4-58 MATLAB의 그림 파일을 일반 그림 파일로 변환하는 과정 1

2 [파일 형식(T):]의 스크롤 바를 아래로 움직이면 다양한 그림 파일의 확장자가 나온다. 그중 'JPEG Image (*.jpg)'를 선택하면 현재 폴더에 자동으로 'Seoul.jpg'가 생성된다.

3 [그림 4-59]에서 [저장(S)] 버튼을 클릭하면 현재 폴더에 일반 그림 파일 'Seoul.jpg'가 생성된다.

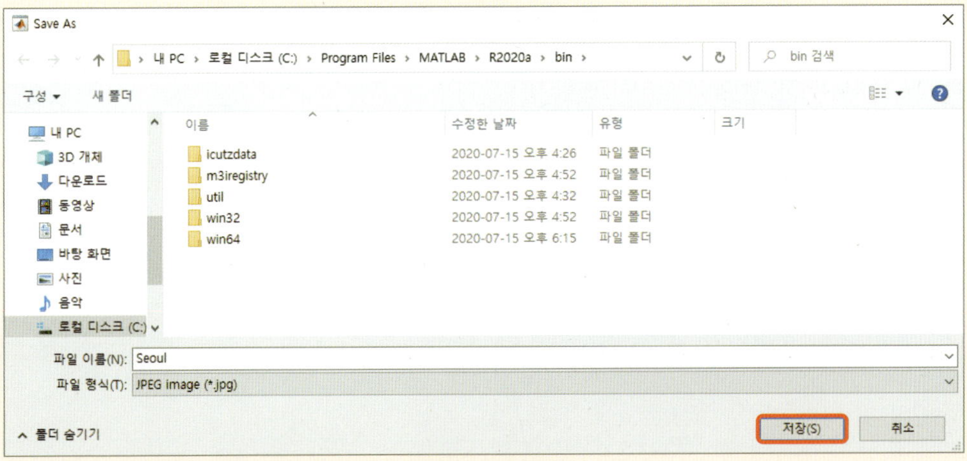

그림 4-59 MATLAB의 그림 파일을 일반 그림 파일로 변환하는 과정 2

TIP bin 디렉터리에는 어떤 JPEG 파일도 생성되어 있지 않기 때문에 [그림 4-58]과 다르게 비어 있다.

4 현재 지정된 디렉터리(C:\Program Files\MTALAB\R2020a\bin)로 가서 새롭게 생성된 그림 파일 'Seoul.jpg'를 열면 [그림 4-60]의 이미지를 볼 수 있다.

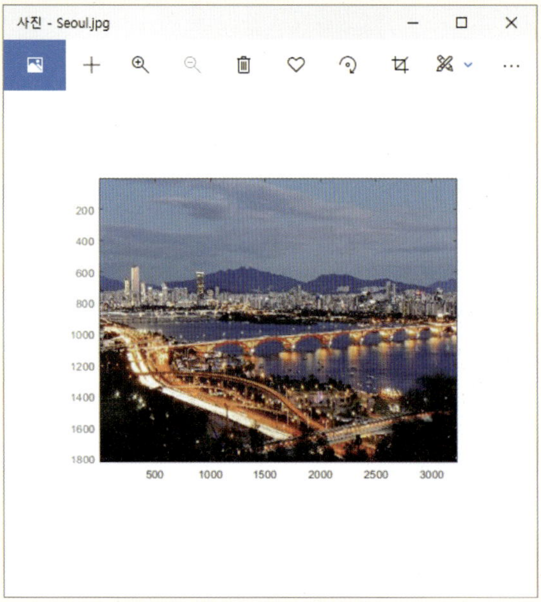

그림 4-60 변환된 일반 그림 파일(Seoul.jpg)

SECTION 4.5

오디오 파일

학습 목표

- 오디오 파일의 확장자 및 형식을 이해한다.
- audioread, sound, audioplayer 함수를 이용하여 오디오 파일을 불러오거나 내보낸다.
- audiowrite 함수를 이용하여 .mat 오디오 파일을 불러온다.

MATLAB 환경에서 생성되지 않은 다양한 형식을 가진 오디오 파일과 2진 데이터 형식의 .mat 파일로 저장된 오디오 파일로 만들어 MATLAB 명령 창으로 불러오는 방법을 살펴보자. 일반적으로 비디오 파일 형식은 오디오 파일 형식과 동일하므로 설명은 생략한다.

1. 오디오 파일 형식

컴퓨터에서 열어볼 수 있는 오디오 파일은 다양하다. 파일 이름이 모두 'Audio'라고 해도 확장자에 따라 'Audio.flac', 'Audio.mp3', 'Audio.mp4', 'Audio.wav' 등으로 나뉜다. 특별한 소프트웨어를 설치하지 않아도 모든 컴퓨터에서 다양한 확장자의 오디오 파일을 청취할 수 있다.

오디오 파일의 다양한 형식을 살펴보면 다음과 같다.

■ FLAC 파일

FLAC(Free Lossless Audio Codec) 파일은 손실이 없는 압축 오디오 코딩 형식이다. 일반적으로 이 형식의 알고리즘을 사용하면 디지털 오디오의 용량은 50~60%로 압축된다. FLAC 파일 형식의 확장자는 .flac이다.

■ MP3 파일

MP3 파일은 레이어 3(layer 3) 오디오 압축을 사용하는 MPEG(moving picture experts group) 사에서 개발했다. 이 형식에서는 WAVE 파일 크기의 1/10로 압축할 수 있다. 이전에는 오디오 파일의 용량이 커서 인터넷을 통해 온라인으로 오디오 파일을 듣는 것이 불가능했다. 하지만 이 형식이 개발되고 난 후 쉽게 스트리밍할 수 있게 되었다. MP3 파일 형식의 확장자는 .mp3이다.

■ AAC 파일

AAC(Advanced Audio Coding) 파일은 손실 오디오 압축을 기반으로 디지털 오디오 코딩 표준을 나타내는 오디오 파일 형식이다. 이 형식은 MP3 파일 형식을 일부 개선시킨 향상된 버전이다. 그러므로 동일한 비트 전송률에서 MP3보다 더 향상된 음질을 제공한다. AAC 파일 형식의 확장자는 .mp4이다.

WAVE 파일

WAVE (Waveform Audio File Format) 파일은 RIFF (resource interchange file format) 사양[8]에 포함되어 있는 오디오 파일 형식이다. 이 형식은 비트열(bitstream)에 압축을 적용하지 않고 다른 샘플링률과 비트 전송률로 오디오 녹음을 저장한다. WAVE 파일의 저장 용량은 MP3 형식과 비교하면 더 크다. WAVE 파일 형식의 확장자는 .wav이다.

2. 오디오 파일 불러오기/내보내기

오디오 파일을 불러오거나 내보내기 위해서는 `audioread`, `sound`, `audioplayer` 함수가 사용된다.

audioread 함수

`audioread` 함수는 MATLAB을 사용하지 않고 생성된 오디오 파일에서 녹음된 내용을 명령 창으로 불러온다. `audioread` 함수의 기본 형태는 다음과 같다.

```
[y, Fs] = audioread('File')
```

- y : 샘플링 데이터를 반환하는 다수 행과 2개 열을 갖는 벡터
- Fs : 샘플 전송률 [Hz]
- `'File'` : 변환할 오디오 파일 이름

sound 함수

`sound` 함수는 명령 창에서 오디오 파일을 재생한다. 기본 샘플 전송률은 8,192 [Hz]이다. `sound` 함수의 기본 형태는 다음과 같다.

```
sound(y, Fs)
```

- y : audioread 함수를 실행한 후 생성된 동일한 벡터
- Fs : audioread 함수를 실행한 후 얻은 동일한 샘플 전송률 [Hz]

audioplayer 함수

`audioplayer` 함수는 오디오 플레이어의 객체를 만들어 녹음된 데이터를 재생한다. 객체는 재생 중에 추가적인 유연성을 가능하게 하는 속성이 포함되어 있다. 이 함수를 사용하면 재생(play), 일시 멈춤(pause), 다시 시작(resume), 완전 멈춤(stop) 등의 작동을 할 수 있다. `audioplayer` 함수의 기본 형태는 다음과 같다.

---

8 마이크로소프트 사가 디지털 오디오 파일을 저장하기 위해 만들었다.

```
audioplayer(y, Fs)
```

- y : audioread 함수를 실행한 후 생성된 동일한 벡터
- Fs : audioread 함수를 실행한 후 얻은 동일한 샘플 전송률[Hz]

[그림 4-61]은 현재 폴더에 저장되어 있는 베토벤(Beethoven)의 월광 소나타(Moonlight sonata)가 녹음된 오디오 파일 'Moonlight.mp3'를 명령 창으로 불러오는 것을 보여준다.

Command Window

```
① >> [y, Fs] = audioread('Moonlight.mp3');
② >> sound(y, Fs);
③ >> clear sound;
```

① audioread 함수로 오디오 파일을 명령 창으로 불러온다.
② sound 함수로 녹음된 파일을 명령 창에서 재생한다.
③ 녹음된 오디오 파일을 끝까지 청취하지 않을 때는 clear 명령어를 지정하여 sound 함수를 해제하면 소리가 중단된다.

그림 4-61 오디오 파일(Moonlight.mp3) 불러오기

[그림 4-62]는 오디오 플레이어의 여러 작동 방식을 보여준다.

Command Window

```
  >> [y, Fs] = audioread('Moonlight.mp3');
  >> P = audioplayer(y,Fs);
① >> play(P);
② >> pause(P);
③ >> resume(P);
④ >> stop(P);
```

① 녹음된 오디오 파일을 처음부터 끝까지 재생시킨다.
② 재생 중인 오디오 파일을 일시 정지시킨다.
③ 재생이 일시 정지된 오디오 파일을 다시 시작한다.
④ 재생중인 오디오 파일을 완전히 멈춘다.

그림 4-62 오디오 파일(Moonlight.mp3) 재생하기

[그림 4-63]은 오디오 파일 'Cinderella.mp3'[9]에서 도입부를 10초만 듣기 위한 과정을 보여준다.

Command Window

```
  >> [y,Fs] = audioread('Cinderella.mp3');
① >> samples = [1,10*Fs];
② >> [y,Fs] = audioread('Cinderella.mp3',samples);
③ >> sound(y,Fs)
```

① audioread 함수로 불러온 오디오 파일을 처음부터 10초 동안 들을 수 있도록 samples 변수를 지정한다.

② 다시 audioread 함수를 이용하여 청취 시간 samples를 재설정하여 파일을 불러온다.
③ sound 함수로 10초간 오디오 파일을 재생한다.

그림 4-63 오디오 파일(Cinderella.mp3)에서 도입부 10초만 불러오기

TIP 10*Fs는 1초당 기본 샘플 전송률을 나타내는 Fs에 10을 곱한 것으로 10초 동안만 오디오 파일을 들을 수 있다. 오디오 파일의 일부 듣기를 10초와 20초 사이로 지정하여 재생하려면 >>samples = [10*Fs, 20*Fs]로 설정한다.

9 서양의 전래 동화 '신데렐라'의 오디오 파일로 전체 4분58초 분량이다.

3. 데이터로 저장된 .mat 오디오 파일 불러오기

표준 오디오 파일 확장자(cda, flac, mp3, mp4, wav 등)가 아닌 Audio.mat로 저장되어 있는 파일도 명령 창으로 불러오기 위해 `load` 명령어를 사용한다.

audiowrite 함수

`audiowrite` 함수는 오디오 데이터의 배열을 쓸 수 있다. 출력 데이터 유형은 출력 파일의 형식과 오디오 데이터의 데이터 유형에 따라 다르다. `audiowrite` 함수의 기본 형태는 다음과 같다.

```
[y, Fs] = audiowrite('File', y, Fs)
```

- 'File' : 변환할 오디오 파일 이름
- y : 샘플링 데이터를 반환하는 배열
- Fs : 샘플 전송률 [Hz]

[그림 4-64]는 오디오 파일 'handel.mat'[10]를 명령 창으로 불러오는 것을 보여준다.

Command Window

```
❶ >> load handel;
❷ >> audiowrite('handel.wav',y,Fs);
❸ >> [y,Fs] = audioread('handel.wav');
❹ >> sound(y,Fs);
```

❶ load 명령어로 handel.mat 파일을 명령 창으로 불러온다.
❷ audiowrite 함수로 오디오 데이터 파일 handel.mat에서 원본 WAVE 형식의 오디오 파일 handel.wav를 다시 읽어 들인다. 이때 현재 폴더를 확인하면 handel.wav가 생성되어 있다.
❸ audioread 함수로 오디오 파일을 명령 창으로 불러온다.
❹ sound 함수로 오디오 파일을 재생한다.

그림 4-64 데모 오디오 파일 handel.mat 불러오기

10 독일의 작곡가 헨델(Handel)이 작곡한 곡으로 메시아(Messiah)의 제2부 마지막 합창곡인 '할렐루야(Hallelujah)'의 데모용 파일이다.

CHAPTER 04

연습문제

4.1 문자열 변수 P의 내용이 'Input a 2×3 matrix A = '일 때 `input` 명령어를 이용하여 다음의 행렬을 나타내라. 숫자(또는 배열)를 문자로 변환시켜서 나타내는 `num2str` 명령어를 이용하여 2행과 3열을 나타내는 숫자 2와 3은 문자 R과 C로 지정하라.

$$\mathbf{A} = \begin{bmatrix} 1 & 2 & 3 \\ 4 & 5 & 6 \end{bmatrix}$$

4.2 $a = 19.432$, $b = 234.156$, $c = 9.83$, $d = -11$의 4개 값이 주어질 때 적절한 출력 서식을 이용하여 다음을 계산하라. 이때 x의 결과는 소수점 15자리까지 나타내고 y의 결과는 지수승을 포함하는 소수점 4자리까지 나타내라.

$$x = \frac{1}{-\frac{1}{a} + \frac{1}{b} + \frac{1}{cd}}, \quad y = \frac{b^2 c}{a}$$

4.3 적절한 출력 서식을 이용하여 원주율 π를 소수점 15자리까지 나타낸 후 다시 소수점 두 자리까지 나타내라. 그리고 소수점 두 자리로 표시된 원주율을 분수 형태로 나타내라.

4.4 다음과 같이 3개의 행벡터가 있다.

$$x = [-11.085 \;\; 16.203 \;\; 8.489 \;\; 7.165 \;\; -2.075]$$
$$y = [47.71429 \;\; -63.05493 \;\; 54.04272 \;\; 134.98896 \;\; 409.33235]$$
$$z = [80431 \;\; 0.30025 \;\; -4975 \;\; 37100 \;\; -0.00071]$$

`fprintf` 함수를 이용하여 다음과 같은 형태를 출력하라.

```
      x           y            z
    -----       -----        -----
  -11.085     47.71429    +8.0431E+04
   16.203    -63.05493    +3.0025E-01
    8.489     54.04272    -4.9750E+03
    7.165    134.98896    +3.7100E+04
   -2.075    409.33235    -7.1000E-04
```

4.5 `fprintf` 함수를 이용하여 다음과 같은 형태를 출력하라.

```
+--------+--------+
|   2.54 |   6.67 |
+--------+--------+
|  12.90 |   4.56 |
+--------+--------+
|   3.41 | 100.01 |
+--------+--------+
```

4.6 `fprintf` 함수를 이용하여 다음과 같은 형태를 출력하라.

```
+---+---+---+
| 1 | 2 | 3 |
+---+---+---+
| 4 | 5 | 6 |
+---+---+---+
| 7 | 8 | 9 |
+---+---+---+
```

4.7 다음과 같은 출력 결과를 텍스트 파일 'P4_7.txt'에 저장하라.

```
+---+---+---+
| 1 | 2 | 3 |
+---+---+---+
| 4 | 5 | 6 |
+---+---+---+
| 7 | 8 | 9 |
+---+---+---+
```

4.8 A = π, B = MAT, C = LAB일 때 텍스트 파일 P4_8.txt에 저장된 출력 결과는 다음과 같다. 파일 'P4_8.txt'를 MATLAB의 현재 폴더 창에 생성하라.

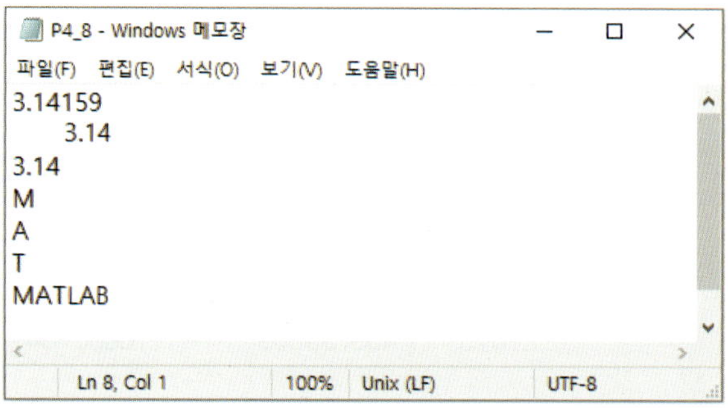

4.9 파일 'P4_9.txt'에는 다음과 같이 15개 원소를 5행3열로 저장하고 있다. 주어진 'P4_9.txt'를 복사하여 동일한 새로운 파일 'P4_9.dat'를 생성한 후 행과 열을 전치시켜 3행5열 형태로 출력을 나타내라.

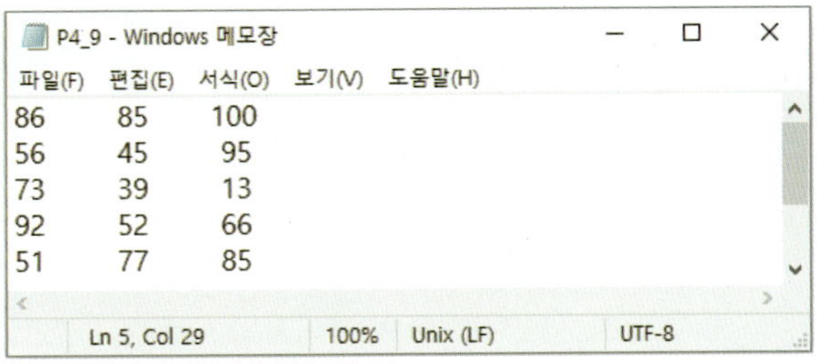

```
86	85	100
56	45	95
73	39	13
92	52	66
51	77	85
```

TIP copyfile 명령어는 한 파일의 전체 내용을 다른 파일로 복사할 때 사용한다.

4.10 다음과 같은 2개 배열을 이용하여 엑셀 파일 'P4_10.xls'를 생성하라.

$$D1 = \begin{bmatrix} 3 & 12 & 54 & 43 \\ 1 & -6 & 35 & 8 \\ -9 & 67 & 25 & 4 \end{bmatrix}, \quad D2 = \begin{bmatrix} 56 & 99 & -8 & 5 \\ 18 & 6 & 22 & 10 \\ 83 & -7 & -5 & 49 \end{bmatrix}$$

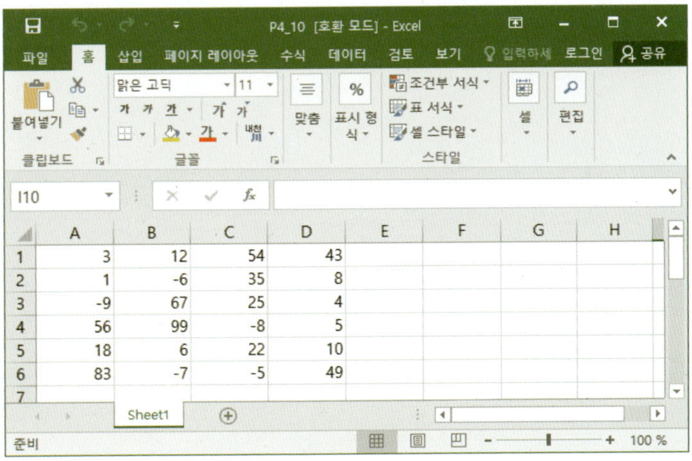

	A	B	C	D
1	3	12	54	43
2	1	-6	35	8
3	-9	67	25	4
4	56	99	-8	5
5	18	6	22	10
6	83	-7	-5	49

4.11 [연습문제 4.10]에서 생성된 엑셀 파일 'P4_10.xls'를 이용하여 다음 파일의 빨강 테두리 부분을 배열 **P**로 나타내라.

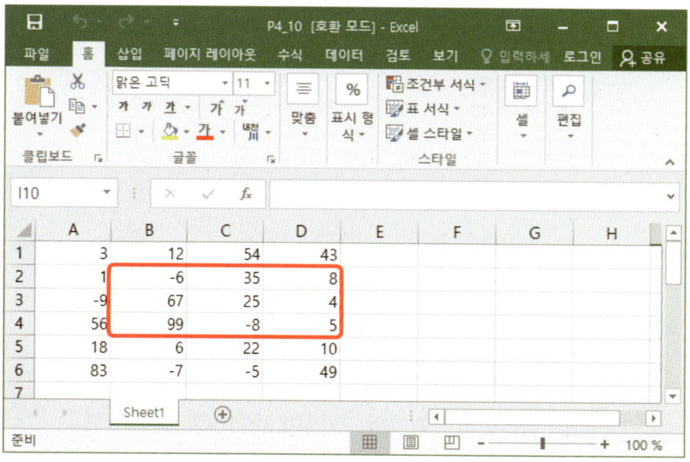

CHAPTER 05

MATLAB의 그래프

MATLAB은 직선, 곡선, 표면 등의 그리기와 시각화를 위한 광범위한 기능을 제공한다. 이 장에서는 xy 그리기라고 부르는 2차원(2D) 그리기, 즉 2차원 그래프와 xyz 그리기라 부르는 다양한 3차원(3D) 그래프를 살펴보자.

SECTION 5.1

2차원 그래프

학습 목표

- 입출력 자료와 xy 그래프 간의 관계를 이해한다.
- plot, fplot 명령어를 이용하여 2차원 그래프를 그린다.
- 그래프의 속성 지정 명령어와 그래프 저장 및 불러오기에 대해 학습한다.

그래프를 이용하여 결과를 시각적으로 표현하면, 실험이나 수식으로 얻은 복잡한 수치와 자료를 훨씬 명쾌하게 해석할 수 있다. MATLAB에서 선형 xy 그래프(2차원 그래프)를 그리기 위해 사용하는 기초 명령어를 알아보자.

1. xy 그래프

x축(가로축)에 지정되는 입력 자료 $x_1, x_2, \cdots$ 에 대응하여 y축(세로축)에 지정되는 출력 자료 $y_1, y_2, \cdots$ 를 동일 평면에 나타내는 것을 xy 그래프라 한다. 즉, 그래프를 통해 입출력을 한눈에 볼 수 있다. 평면상에 입력 자료와 출력 자료가 위치하는 지점은 좌표(coordinate)라고 한다. 일반적으로 평면의 가로축에 입력 좌표를 나타낸 것을 x-좌표라 부르며, 평면의 세로축에 출력 좌표를 나타낸 것을 y-좌표라 부른다. 평면에 x, y 좌표가 동시에 그려지기 때문에 xy 그래프를 2차원 그래프라고도 한다.

2차원 그래프는 보통 [그림 5-1]과 같이 반시계 방향으로 사분면(quadrant)을 설정하여 그린다.

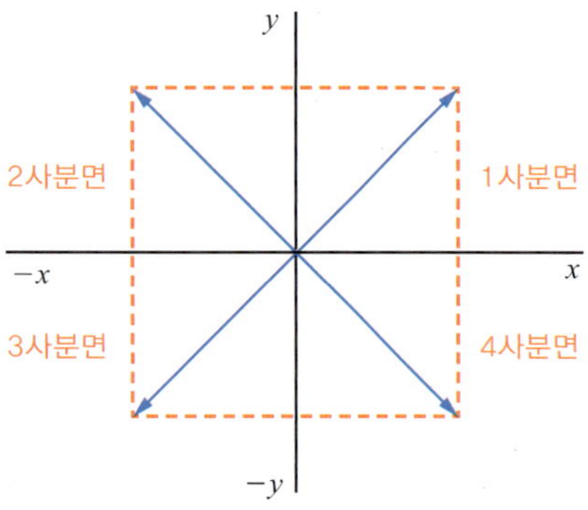

그림 5-1 xy 그래프의 사분면

표 5-1 xy 그래프의 사분면

구분	설명
1사분면	양의 입력 좌표 x에 대응하는 양의 출력 좌표 y
2사분면	음의 입력 좌표 −x에 대응하는 양의 출력 좌표 y
3사분면	음의 입력 좌표 −x에 대응하는 음의 출력 좌표 −y
4사분면	양의 입력 좌표 x에 대응하는 음의 출력 좌표 −y

[표 5-2]는 지난 30년간(1981년~2010년) 서울의 월별 평균 기온을 보여준다.

표 5-2 서울의 월별 평균 기온(1981년~2010년)

월별	평균 기온(°C)	월별	평균 기온(°C)
1	-2.4	7	24.9
2	0.4	8	25.7
3	5.7	9	21.2
4	12.5	10	14.8
5	17.8	11	7.2
6	22.2	12	0.4

[그림 5-2]는 [표 5-2]에서 월을 입력 자료로, 평균 기온을 출력 자료로 하여 나타낸 xy 그래프이다. 월은 가로축(x축)에 나타내고 월에 대응하는 각각의 평균 기온은 세로축(y축)에 나타낸다. 이처럼 그래프를 사용하면 함수의 입출력 관계를 한눈에 볼 수 있다.

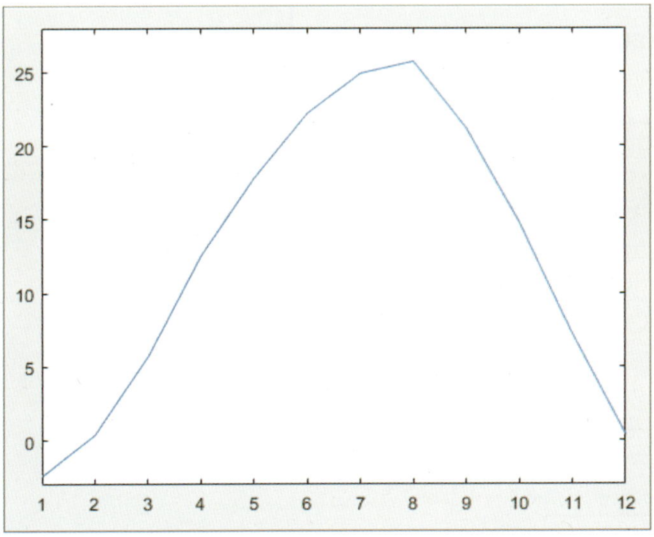

그림 5-2 [표 5-2]를 이용한 xy 그래프

꼭 MATLAB이 아니라도 xy 그래프를 그릴 방법은 있다. 비록 컴퓨터의 특정 소프트웨어를 사용한 것처럼 정교하지는 않겠지만, 자를 이용하여 xy의 좌표점을 서로 연결해도 어느 정도 그래프를 나타낼 수 있다. 일반적으로 많이 사용하는 엑셀을 사용해도 그래프를 나타내는 데 큰 어려움이 없다.

이제 MATLAB에서 xy 그래프(2차원 그래프)를 그리기 위해 사용하는 기본적 명령어들을 알아보자.

2. plot 명령어

plot 명령어는 x축(가로축)에 지정되는 입력 자료 벡터 **x**에 대응하여 y축(세로축)에 지정되는 출력 자료 벡터 **y**의 그래프를 생성한다.

plot 명령어의 기본 형태는 다음과 같다.

```
plot(x, y)
```

- x : 입력 값이 지정된 벡터
- y : 입력 값에 상응하는 출력 값이 지정된 벡터

실습 5-1

plot 명령어를 이용하여 [표 5-2]를 그래프로 나타내라.

풀이

```
Command Window
❶ >> x = [1,2,3,4,5,6,7,8,9,10,11,12];
   >> y = [-2.4,0.4,5.7,12.5,17.8,22.2,24.9,25.7,21.2,14.8,7.2,0.4];
❷ >> plot(x,y);
❸ >> axis([1 12 -3 28]);
```

그림 5-3 2차원 그래프 그리기

❶ 월별을 나타내는 입력 벡터를 x, 월별의 평균 기온을 나타내는 출력 벡터를 y로 지정한다.

❷ plot 명령어를 이용하여 2차원 그래프를 그린다.

❸ axis 명령어는 5.1절의 '4. 그래프의 속성 지정 명령어'에서 자세히 설명한다.

[그림 5-4]는 [그림 5-3]의 실행 결과를 나타낸 2차원 그래프이다.

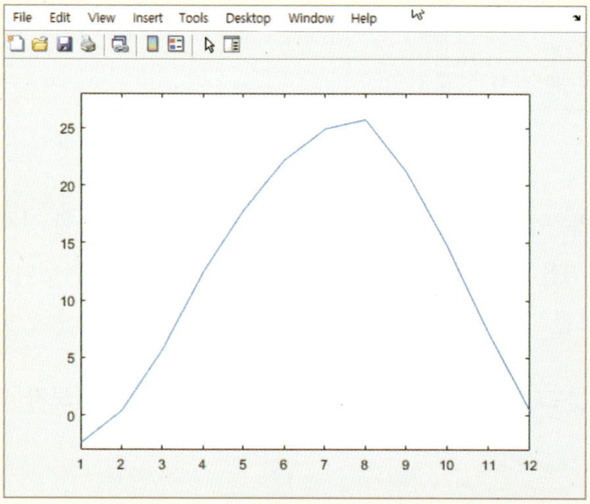

그림 5-4 2차원 그래프 그리기 실행 결과

plot 명령어는 확장해서 여러 개의 입력 값(x1, x2, …)에 대한 출력 값(y1, y2, …)의 그래프를 함께 그릴 수 있다.

```
plot(x1, y1, 's', x2, y2, 's', …)
```

- x1, x2, … : 다른 입력 값이 지정된 벡터
- y1, y2, … : 다른 입력 값에 상응하는 다른 출력 값이 지정된 벡터
- 's' : 표식 모양, 색상, 선 형태(생략 가능하며 순서는 상관없음)

's'에서 지정할 수 있는 지정자는 다양한데, 대표적인 지정자를 [표 5-3]~[표 5-5]에 정리했다.

표 5-3 표식 모양 지정자

표식 모양	지정자
동그란 점	.
별표	*
x 표	x
원형	o
플러스 기호	+
정사각형(□)	s
다이아몬드(◇)	d
별(★)	p

표 5-4 색상 지정자

색상	지정자
검은색	k
파란색	b
청록색	c
초록색	g
자홍색	m
빨간색	r
흰색	w
노란색	y

표 5-5 선 지정자

선 형태	지정자
실선	-
일점쇄선	--
쇄선 · 점선 혼합	-.
점선	:

실습 5-2

1부터 7까지 증가하는 입력 자료에 대한 2개의 출력 자료 **y1**, **y2**가 있다. 이때 입력 변수 **x**에 대한 출력 변수 **y1**과 **y2**를 그래프로 나타내라. **y1**의 그래프는 점선, 별표, 자홍색으로 나타내고 **y2**는 쇄선·점선 혼합, 원형, 초록색으로 나타내라.

$$y1 = [0\ \ 0.48\ \ 0.84\ \ 1\ \ 0.91\ \ 0.6\ \ 0.14]$$
$$y2 = [0.5\ \ 0.24\ \ 0.31\ \ 0.7\ \ 1\ \ 0.8\ \ 0.44]$$

풀이

```
Command Window
>> x = [1 2 3 4 5 6 7];
>> y1 = [0 0.48 0.84 1 0.91 0.6 0.14];
>> y2 = [.5 .24 .31 .7 1 .8 .44];
>> plot(x,y1,':*m',x,y2,'-.og');
```

그림 5-5 그래프 2개 그리기

하나의 입력 자료에 대한 서로 다른 출력 자료 그래프 2개를 그려 비교할 수 있다. 이때 출력 자료 **y1**과 **y2**의 입력 자료는 **x**로 동일하기 때문에 **y1**과 **y2**의 입력 순서가 바뀌어도 된다.

TIP 1. 출력 자료 y2의 입력처럼 부동 소수점 수의 정수 부분이 0이면 0을 사용하지 않아도 된다.
2. 두 선을 구분하는 기호, 선, 색상은 순서를 바꾸어 사용해도 그 실행 결과는 동일하다.

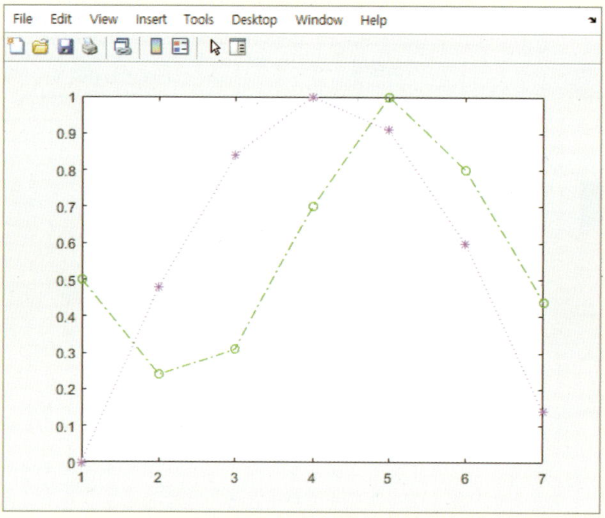

그림 5-6 그래프 2개 그리기의 실행 결과

Note hold 명령어

2개 이상의 선을 그림 창 하나에 나타내는 경우, 그래프 하나를 먼저 그리고 hold 명령어를 사용하면 현재 그려진 그림을 유지한 채 그 다음에 그릴 그래프를 추가할 수 있다. hold 명령어를 번갈아 입력하면 hold 명령어 기능의 켜기/끄기를 반복할 수 있다.

[그림 5-7]은 [실습 5-2]의 데이터를 이용하여 **y**1의 그래프를 먼저 그린 후, hold 명령어를 이용하여 **y**2의 그래프를 추가해서 그리는 방법을 보여준다.

Command Window

```
   >> x = [1 2 3 4 5 6 7];
   >> y1 = [0 0.48 0.84 1 0.91 0.6 0.14];
❶ >> plot(x,y1,'*m:');
❷ >> hold;
   Current plot held
❸ >> y2 = [.5 .24 .31 .7 1 .8 .44];
   >> plot(x,y2,'o-.g');
❹ >> hold;
   Current plot released
```

❶ plot 명령어로 **x**에 대한 **y**1의 그래프를 그린다.

❷ hold 명령어가 활성화되어 현재 그림 창의 그래프를 계속 나타낸다. 따라서 현재 그림 창에 다른 그래프를 추가하여 나타낼 수 있다.

❸ **x**에 대한 **y**2의 그래프를 그린다.

❹ hold 명령어를 다시 입력하면 비활성화되어 현재 그림 창에 다른 그래프를 추가할 수 없도록 재설정된다.

그림 5-7 hold 명령어를 이용하여 그래프 2개 그리기

TIP hold on 명령어[1]는 hold 명령어와 동일한 기능을 가지며, 현재 그래프의 상태를 유지한다. [그림 5-7]에서 hold 대신 hold on을 입력하면 'Current plot held' 문구만 보이지 않고 동일한 기능을 한다.

[그림 5-8]은 [그림 5-7]을 실행한 결과를 보여준다. 그림 창에 [그림 5-8(a)]의 그래프가 그려진 상태에서 hold 명령어를 입력하고 두 번째 plot 명령어를 이어서 실행하면 [그림 5-8(b)]와 같은 형태가 되며, 이는 [그림 5-6]과 동일한 그래프이다.

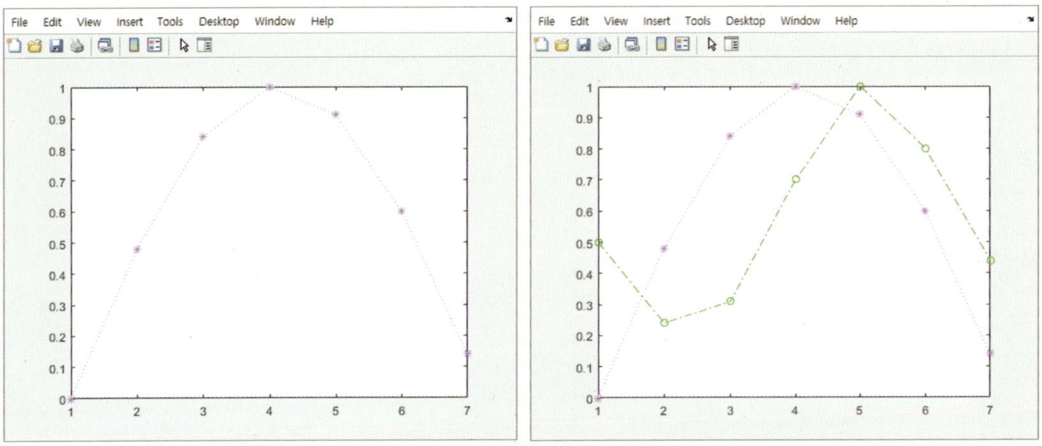

(a) (b)

그림 5-8 hold 명령어를 이용하여 그래프 2개 그리기의 실행 결과

1 hold off 명령어는 hold on 명령어로 그림 창에 있는 현재 그래프를 지우고 재설정한다.

plot 명령어의 속성 변환

`plot` 명령어로 그리는 그래프의 속성 중 선폭(linewidth), 표시 크기(markersize), 글꼴 크기(fontsize)의 기본값은 각각 0.5, 6, 10이다. 그래프의 기본값은 필요에 의해 임의로 쉽게 바꿀 수 있다.

`plot` 명령어의 속성 형태는 다음과 같다.

```
plot(x, y, 's', 'property', property_value);
```

- `x, y` : 입력 값과 출력 값이 지정된 벡터
- `'s'` : 다양한 지정 기호
- `'property'` : 기본값으로 주어진 선폭, 표시 테두리 색상, 표시 면 색상, 표시 크기 등 다양한 속성을 지정할 수 있다.
- `property_value` : 다양한 기본값 속성을 임의의 값으로 변환할 수 있다.

[그림 5-9]는 입력 자료 **x** = [1 2 3 4 5 6 7 8 9]에 대한 출력 자료 **y** = [2 3 8 3 5 2 6 4 1]의 그래프를 그리기 위한 코딩이다.

```
Command Window
>> x = 1:9;
>> y = [2 3 8 3 5 2 6 4 1];
>> plot(x,y,'g-');
>> axis([0 10 0 10]);
```

그림 5-9 plot 명령어로 그래프 그리기

[그림 5-10]은 [그림 5-9]를 실행한 그래프를 보여준다.

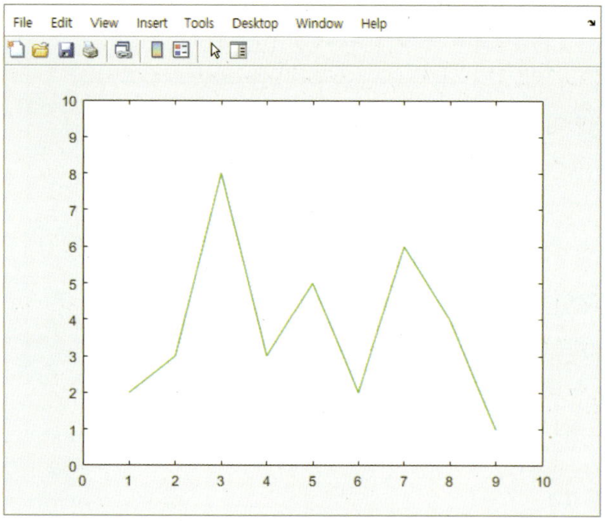

그림 5-10 plot 명령어로 그래프 그리기 실행 결과

[그림 5-11]은 [그림 5-10]의 그래프에서 선폭을 기본값 0.5 포인트에서 2 포인트로, 입력 자료와 출력 자료가 만나는 좌표축의 표시 크기를 기본값 6에서 12로, 표시 크기의 색상을 빨강으로 변환하는 코딩이다.

```
Command Window
>> x = 1:9;
>> y = [2 3 8 3 5 2 6 4 1];
>> plot(x,y,'g-');
>> axis([0 10 0 10]);
❶ >> hold on;
❷ >> plot(x,y,'g-','linewidth',2);
❸ >> plot(x,y,'sb','markersize',12,'markerfacecolor','r');
```

❶ hold 명령어로 [그림 5-9]에서 그린 그래프의 그림 창을 유지한다.
❷ plot 명령어를 이용하여 선폭을 2로 지정한다.

❸ plot 명령어를 이용하여 좌표축이 만나는 표시를 파란색 정사각형으로 지정하고 표시의 크기를 12, 표시의 색상을 빨간색으로 변환한다.

그림 5-11 그래프의 속성 변환하기

[그림 5-12]는 [그림 5-11]을 실행한 그래프를 보여준다.

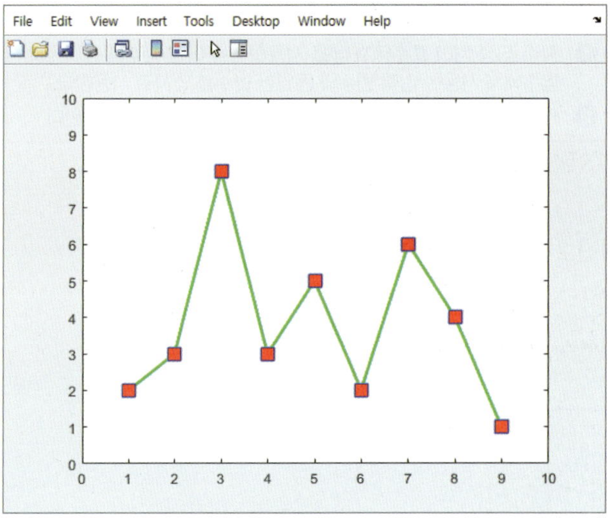

그림 5-12 그래프의 속성을 변환한 실행 결과

3. fplot 명령어

fplot 명령어를 이용하면 기본값 [−5 5] 사이에 있는 현재 좌표축에서 제한된 2차원 함수를 그릴 수 있다. 함수가 이미 함수 익명 처리 기능을 가진 @(at)[2]으로 정의된 경우 fplot 명령어를 사용하면 빠르게 그릴 수 있다. fplot 명령어의 기본 형태는 다음과 같다.

```
fplot(f, [xmin xmax])
```

- f : 그래프로 나타낼 함수
- xmin : 사용하는 변수의 최소 범위
- xmax : 사용하는 변수의 최대 범위

만일 입력 변수의 최솟값과 최댓값의 범위를 지정하지 않으면 기본값 범위 [−5 5]로 자동 설정되어서 그래프가 그려진다.

[그림 5−13]은 fplot 명령어를 사용하여 함수 $f(x) = \exp^{-0.5x}\sin(5x)$를 $x = [0\ 5]$ 범위에서 그리는 코딩이다.

```
Command Window
❶ >> f = @(x)exp(-0.5*x).*sin(5*x);
❷ >> fplot(f,[0 5]);
```

❶ 함수 생성 처리 특수문자 @을 사용하여 주어진 함수를 불러온다. 함수에서 사용한 입력 변수와 동일한 변수를 인자로 사용한다.
❷ fplot 명령어를 이용하여 입력 변수 [0 5]의 범위를 지정한다.

그림 5−13 fplot 명령어를 이용하여 함수 그리기

[그림 5−14]는 [그림 5−13]을 실행하여 그려진 2차원 그래프이다.

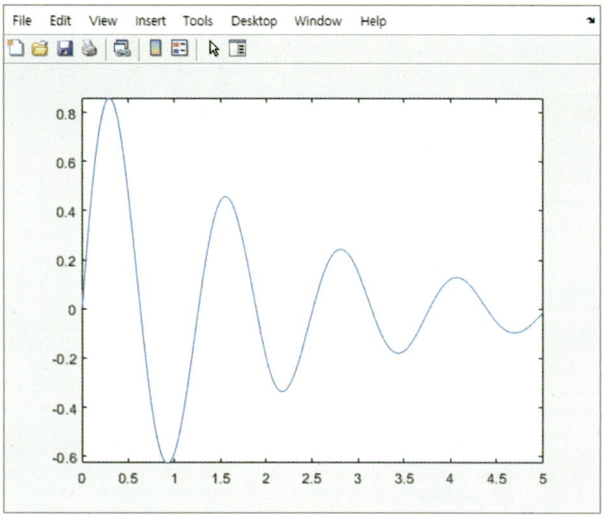

그림 5−14 fplot 명령어를 이용하여 함수 그리기 실행 결과

2 @는 MATLAB 객체 기법(object method) 및 객체 생성자를 포함하는 디렉터리 이름의 시작 부분에도 사용된다.

4. 그래프의 속성 지정 명령어

그래프의 속성 지정 명령어를 이용하면 2차원 그래프를 시각적으로 보다 분명하게 나타낼 수 있어 그래프의 정보를 명확히 전달하는 데 도움이 된다.

xlabel, ylabel 명령어

`xlabel` 명령어는 x축(가로축)에 꼬리표(label)를 붙여서 축의 이름을 지정한다. `ylabel` 명령어는 y축(세로축)에 꼬리표를 붙여서 축의 이름을 지정한다. `xlabel`, `ylabel` 명령어의 기본 형태는 다음과 같다.

```
xlabel('text') 또는 ylabel('text')
```

- 'text' : x축 및 y축에 지정할 축의 이름

title 명령어

`title` 명령어로 그래프 제목을 지정할 수 있다. `title` 명령어의 기본 형태는 다음과 같다.

```
title('text')
```

- 'text' : 그래프 제목

axis 명령어

`axis` 명령어를 이용하면 현재 그림 창에서 각 축의 크기를 조절할 수 있다. `axis` 명령어의 기본 형태는 다음과 같다.

```
axis([xmin xmax ymin ymax])
```

- xmin, xmax : x축의 시작점에 해당하는 최소 크기와 끝점에 해당하는 최대 크기
- ymin, ymax : y축의 시작점에 해당하는 최소 크기와 끝점에 해당하는 최대 크기
- axis tight : 주어진 자료의 제한 범위 사이에서 좌표축을 조절한다.

다음과 같은 `axis` 명령어를 지정하여 좌표축을 조절할 수도 있다.

- `axis equal` : x축과 y축의 구성 단위를 동일하게 지정한다.
- `axis square` : 가로축과 세로축의 길이를 동일하게 지정한다.

grid 명령어

grid 명령어를 이용하면 그리려는 그래프에 모눈을 생성할 수 있다. hold 명령어처럼 grid 명령어를 번갈아 입력하여 켜기/끄기를 반복할 수 있다. grid 명령어의 기본 형태는 다음과 같다.

```
grid on (off)
```

- on : 현재 그래프에 모눈을 생성하고, grid와 동일한 기능을 한다.
- off : grid on 명령어로 생성된 모눈을 지울 수 있다.

[그림 5-15]는 [표 5-2]를 기반으로 그린 [그림 5-4]의 그래프에 모눈을 생성한 후, 추가로 가로축 이름, 세로축 이름, 그래프 제목, 그래프 모눈을 지정하는 코딩이다.

Command Window

```
  >> x = 1:12;
  >> y = [-2.4,0.4,5.7,12.5,17.8,22.2,24.9,25.7,21.2,14.8,7.2,0.4];
❶ >> plot(x,y);
  >> grid on;
❷ >> axis([1 12 -3 28]);
❸ >> xlabel('월별');
  >> ylabel('기온(^{\circ}C)');
❹ >> title('서울의 1년 평균 기온(1981~2010)');
```

❶ grid on 명령어를 이용하여 그래프에 모눈을 생성한다. plot 명령어를 실행한 이후 아무 곳에나 입력하면 된다.
❷ axis 명령어를 이용하여 x축의 범위를 1부터 12까지, y축의 범위를 −3부터 28까지 지정한다.
❸ xlabel, ylabel 명령어를 이용하여 x축과 y축의 이름을 지정한다. 이때 레이텍[3] 프로그램으로 단위 도(°)를 나타내기 위해 ^{\circ}를 입력한다.
❹ title 명령어를 이용하여 그래프의 제목을 지정한다.

그림 5-15 그래프의 속성 지정하기

TIP axis 명령어는 반드시 plot 명령어를 실행한 후에 입력해야 한다.

[그림 5-16]은 [그림 5-15]의 코딩을 실행하여 그려진 그래프를 보여준다.

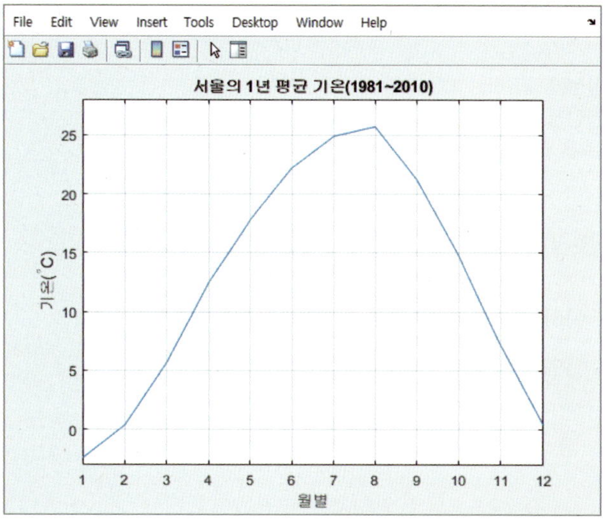

그림 5-16 그래프의 속성 지정하기 실행 결과

3 레이텍(LaTeX)은 MATLAB에서 그리기 명령어인 xlabel, ylabel 및 title에 문서 작성을 위한 조판용 소프트웨어이다.

실습 5-3

$-2\pi \le x \le 2\pi$에서 코사인 함수 $y = \cos(x)$에 대한 그래프를 그리려 한다. 주기는 $\pi/180$라디안이며, x축 이름은 'Radian', y축 이름은 'Amplitude', 그래프 제목은 'Cosine Function'으로 지정한다. 그리고 그래프에 모눈을 추가한다.

풀이

Command Window

```
>> x = -2*pi:pi/180:2*pi;
>> y = cos(x);
>> plot(x,y);
>> axis([-2*pi 2*pi -1.1 1.1]);      ①
>> xlabel('Radian');                 ②
>> ylabel('Amplitude');
>> title('Cosine Function');         ③
>> grid;                             ④
```

그림 5-17 코사인 함수 그리기

❶ axis 명령어를 이용하여 x축의 범위를 -2π 라디안부터 2π 라디안까지, y축의 범위는 -1.1부터 1.1까지로 지정한다.

❷ xlabel, ylabel 명령어를 이용하여 x축과 y축의 이름을 지정한다.

❸ title 명령어를 이용하여 그래프 제목을 지정한다.

❹ grid 명령어를 이용하여 그래프에 모눈을 생성한다.

[그림 5-18]은 [그림 5-17]의 코딩을 실행한 코사인 함수의 그래프를 보여준다.

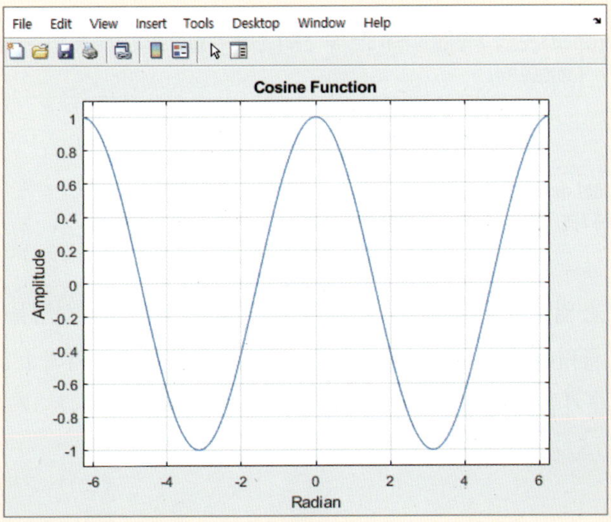

그림 5-18 코사인 함수 그리기 실행 결과

gtext 명령어

gtext 명령어는 마우스를 이용하여 원하는 위치에 문자열을 삽입할 수 있다. 그림 창에 십자선의 커서(위치를 나타내는 기호)가 표시되면 마우스 버튼이나 키보드를 클릭하여 문자열의 위치를 지정한다.

```
gtext('s')
```

- 's' : 삽입할 문자열

[그림 5-19]는 $-2\pi \le x \le 2\pi$에서 코사인 함수 $y_1 = \cos(x)$와 사인 함수 $y_2 = \sin(x)$의 그래프를 그리고, 각각의 그래프에 대해 gtext 명령어를 이용하여 문자열 'cos(x)'와 'sin(x)'를 표시하는 것을 보여준다.

이때 각 함수의 주기는 $\pi/360$라디안이며, x축 이름은 'Radian', y축 이름은 'Amplitude', 그래프 제목은 'cos(x) & sin(x)'로 지정했다. axis 명령어를 이용하여 x축의 범위는 -2π라디안부터 2π라디안까지, y축의 범위는 -1부터 1까지로 지정한다.

```
Command Window
>> x = -2*pi:pi/360:2*pi;
>> y1 = cos(x);
>> y2 = sin(x);
>> plot(x,y1,x,y2,'-.g');
>> axis([-2*pi 2*pi -1 1]);
>> xlabel('Radian');
>> ylabel('Amplitude');
>> title('cos(x) & sin(x)');
>> grid;
>> gtext('cos(x)');
>> gtext('sin(x)');
```

코사인과 사인을 나타내는 두 선이 쉽게 구별되도록 gtext 명령어를 사용한다.

그림 5-19 gtext 명령어를 이용하여 문자열 입력하기

TIP 1. 각 좌표축의 최솟값과 최댓값을 직접 지정하는 대신 axis tight 명령어를 이용해도 동일한 결과를 얻을 수 있다.
2. 한 번 클릭한 문자열은 삭제가 불가능하기 때문에 해당 그래프에 문자열을 올바르게 클릭해야 한다.

필요한 2개 그래프의 수만큼 gtext 명령어를 입력하면 [그림 5-20]과 같이 문자열의 위치 선정을 위한 십자선이 나타난다. 문자가 위치할 곳을 클릭하면 gtext 명령어로 입력한 문자열 순서에 의해 [그림 5-21]과 같이 **cos(x)** 에 이어서 **sin(x)** 의 문자열이 차례대로 입력된다.

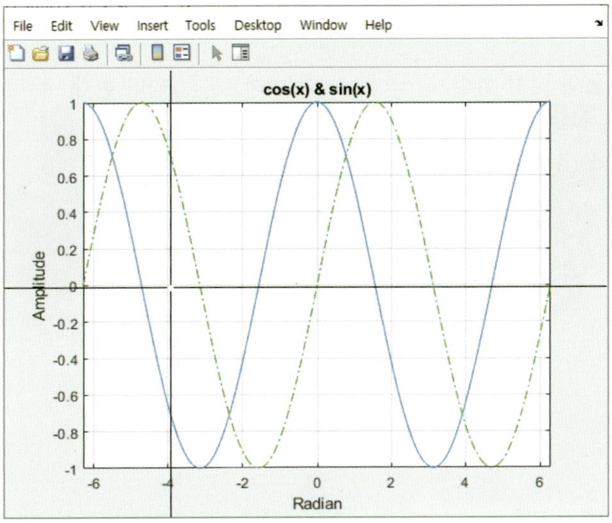

그림 5-20 문자열의 위치 선정을 위한 십자선

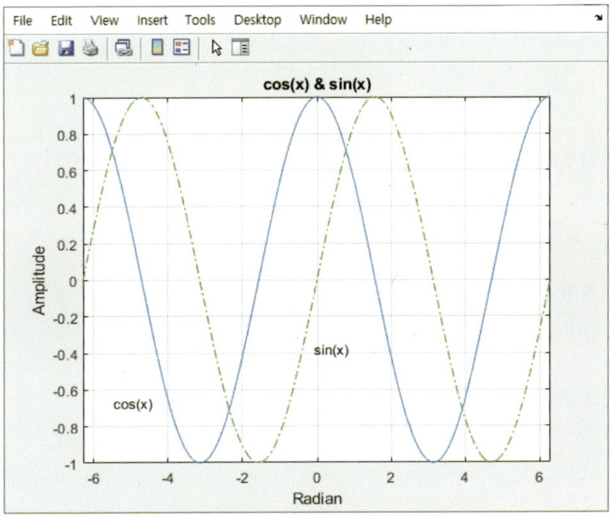

그림 5-21 gtext 명령어를 이용하여 문자열 입력하기 실행 결과

text 명령어

text 명령어를 이용하면 그래프를 그리기 전에 미리 삽입할 문자열의 가로와 세로의 좌표 위치를 설정할 수 있다. 그래프의 내용이 해당 위치에 문자열로 표시된다. gtext 명령어는 유동 문자열의 후 지정이고 text 명령어는 고정 문자열의 선 지정이다. text 명령어의 기본 형태는 다음과 같다.

```
text(x, y, 's')
```

- x : 문자열이 위치할 x 좌표
- y : 문자열이 위치할 y 좌표
- 's' : 삽입할 문자열

실습 5-4

$-2\pi \le x \le 2\pi$에서 코사인 함수 $y_1 = \cos(x)$와 사인 함수 $y_2 = \sin(x)$의 그래프를 그리려 한다. 주기는 $\pi/360$ 라디안이며, x축 이름은 'Radian', y축 이름은 'Amplitude', 그래프 제목은 'cos(x) & sin(x)'로 지정한다. text 명령어를 이용하여 좌표 위치 (0.0, − 0.4)에 'sin(x)'를 표시하고, 좌표 위치 (−5.0, −0.8)에 'cos(x)'를 표시하라.

풀이

```
Command Window
  >> x = -2*pi:pi/360:2*pi;
  >> y1 = cos(x);
  >> y2 = sin(x);
  >> plot(x,y1,x,y2,':m');
① >> axis([-2*pi 2*pi -1 1]);
② >> title('cos(x) & sin(x)');
③ >> xlabel('Radian');
  >> ylabel('Amplitude');
④ >> text(0.0,-0.4,'sin(x)');
⑤ >> text(-5.0,-0.8,'cos(x)');
```

그림 5-22 text 명령어를 이용하여 문자열 입력하기

❶ axis 명령어를 이용하여 x축의 범위는 -2π라디안부터 2π라디안까지, y축의 범위는 −1부터 1까지로 지정한다.

❷ title 명령어를 이용하여 그래프 제목을 지정한다.

❸ xlabel, ylabel 명령어를 이용하여 x축과 y축의 이름을 지정한다.

❹ text 명령어로 x 좌표 0.0과 y 좌표 −0.4를 지정하여 (0.0, −0.4)에 문자열 'sin(x)'를 표시한다.

❺ text 명령어로 x 좌표 −5.0과 y 좌표 −0.8을 지정하여 (−5.0, −0.8)에 문자열 'cos(x)'를 표시한다.

TIP 1. xlabel, ylabel, title 명령어는 상호 순서를 고려할 필요가 없다.
2. text 명령어는 순서를 고려하지 않고 지정할 수 있지만, 그래프에 문자열이 삽입되는 최적화 위치를 예상해야 하는 번거로움이 있다.

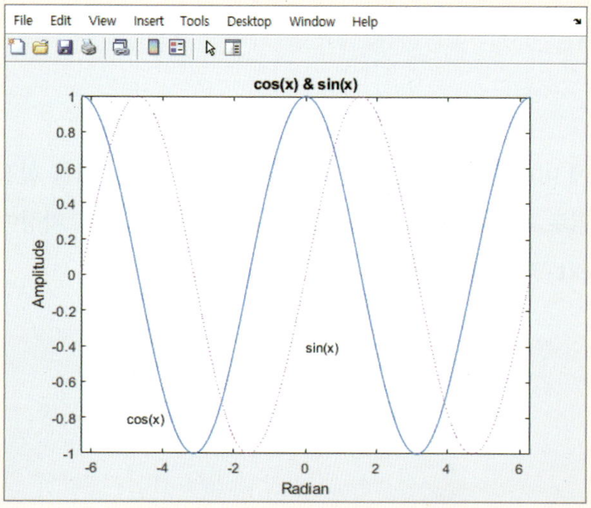

그림 5-23 text 명령어를 이용하여 문자열 입력하기 실행 결과

legend 명령어

legend 명령어는 그림 창에서 여러 그래프를 구분하기 위해 범례(legend)를 표시할 때 자주 사용한다. plot 명령어에 사용한 순서대로 문자열을 지정하며, 반드시 plot 명령어를 사용한 후에 사용해야 한다.

text 명령어처럼 고정 문자열의 선 지정이지만 그래프를 그린 후에 표시된 범례는 마우스 왼쪽 버튼을 누른 채 드래그하면 언제든지 원하는 위치로 이동할 수 있다.

legend 명령어의 기본 형태는 다음과 같다.

```
legend('s1','s2',…, 'Location', 'Legend location')
```

- 's1', 's2' : 범례로 표시할 그래프 제목
- 'Location' : 기본 정의 설정
- 'Legend location' : 그림 창 안에서 범례의 동서남북 표시의 위치를 자동으로 지정한다. 좌측 하단(남서쪽)은 'SW', 좌측 상단(북서쪽)은 'NW', 우측 하단(남동쪽)은 'SE', 우측 상단(북동쪽)은 'NE'로 지정한다.

TIP 범례 위치를 지정할 때는 대문자나 소문자 어느 것을 사용해도 무방하며, 전체 이름('NorthEast') 혹은 머리글자('ne' 또는 'NE')를 사용해도 된다.

[그림 5-24]는 [그림 5-22]에서 사용한 text 명령어 대신 legend 명령어를 이용하여 우측 상단에 cos(x)와 sin(x)의 범례를 표시한다.

Command Window

```
>> x = -2*pi:pi/360:2*pi;
>> y1 = cos(x);
>> y2 = sin(x);
>> plot(x,y1,x,y2,':m');
>> axis([-2*pi 2*pi -1 1]);
>> xlabel('Radian');
>> ylabel('Amplitude');
>> title('cos(x) & sin(x)');
>> legend('cos(x)','sin(x)','Location','NE');
```

plot 명령어의 괄호 안과 동일한 순서로 legend 명령어의 괄호 안을 입력한다. 단, legend 명령어는 반드시 plot 명령어 이후에 실행시킨다.

그림 5-24 legend 명령어를 이용하여 범례 표기하기

[그림 5-25(a)]를 보면 [그림 5-24]의 코딩을 실행한 후 생성된 범례가 코사인 함수의 그래프를 조금 가리고 있다. 이때 마우스 왼쪽 버튼을 누른 채 드래그하면 [그림 5-25(b)]와 같이 범례를 이동할 수 있다.

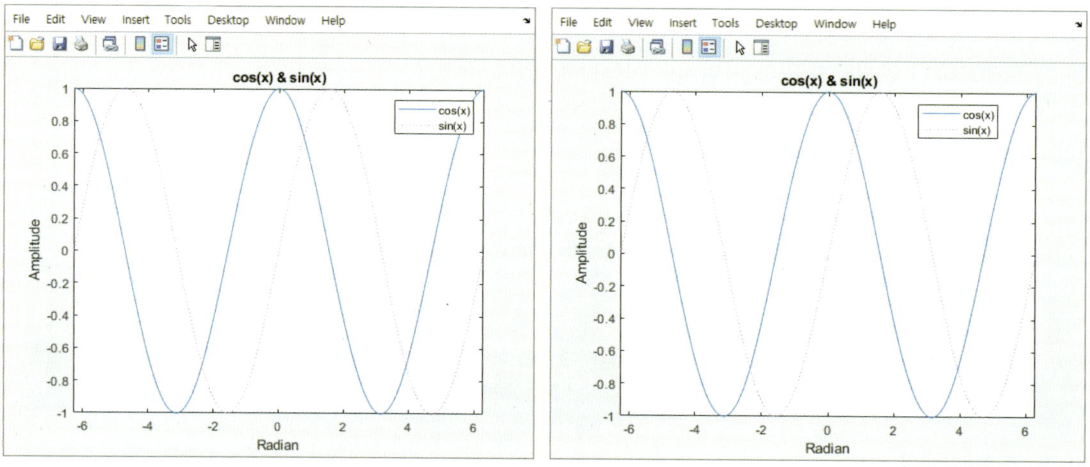

(a) (b)

그림 5-25 legend 명령어를 이용한 실행 결과

이후에 범례 상자를 원하는 위치로 옮긴 후 마우스로 더블 클릭하면 [그림 5-26]과 같이 지정된 기본 문자열을 삭제하고 대신 cos(x)를 다시 지정할 수 있다.

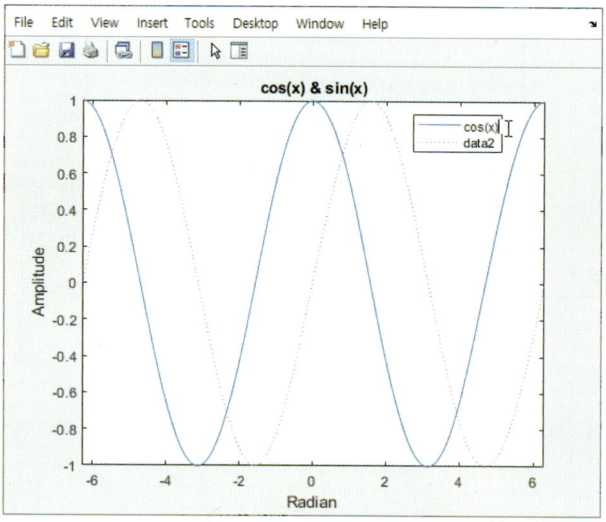

그림 5-26 범례 삽입 버튼을 이용하여 범례 직접 실행 결과

Note 범례 삽입 버튼으로 범례 표시하는 방법

[그림 5-24]에서 legend 명령어를 입력하지 않은 채 그래프를 실행하면 범례는 표시되지 않는다. 이때 [범례 삽입] 버튼을 클릭하면 범례 상자가 열린다. 이후에 범례 상자를 원하는 위치로 옮긴 후 마우스로 더블 클릭하면 [그림 5-27]과 같이 지정된 기본 문자열을 삭제하고 대신 cos(x)를 다시 지정할 수 있다.

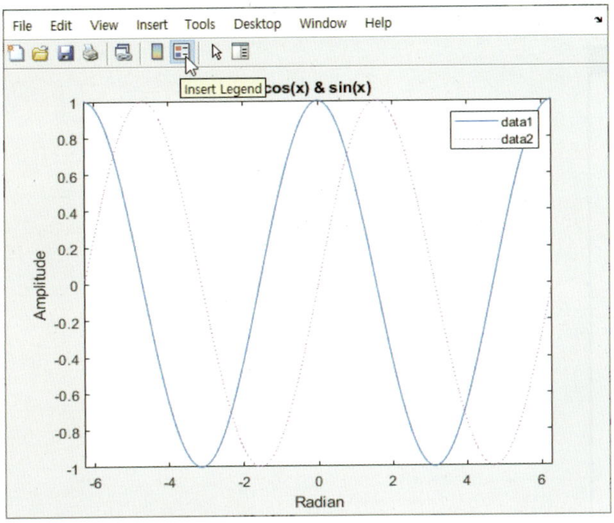

그림 5-27 범례 삽입 버튼의 클릭 결과

TIP 각 그래프의 내용이 지정되어 있지 않으므로 [그림 5-27]의 범례는 기본 문자열 'data1'과 'data2'로 표시된다. 즉 그려진 그래프의 동일한 개수만큼 'data' 문자열을 자동으로 지정한다.

subplot 명령어

subplot 명령어는 여러 개의 그래프를 그림 창 안에 분할하여 나타낼 때 사용한다. 반드시 plot 명령어 이전에 실행되어야 한다.

subplot 명령어의 기본 형태는 다음과 같다.

```
subplot(mnp)
```

- m : 그림 창 안에 분할하려는 행의 최대 개수
- n : 그림 창 안에 분할하려는 열의 최대 개수
- p : 그래프가 나타날 분할된 칸들의 위치를 나타내며, 행(m)과 열(n)을 곱한 값보다 작은 수로 지정해야 한다.

실습 5-5

$-2\pi \le x \le 2\pi$에서 코사인 함수 $y_1 = \cos(x)$와 사인 함수 $y_2 = \sin(x)$의 그래프를 `subplot` 명령어를 이용하여 그림 창 안에 상하로 나타내려고 한다. 주기는 $\pi/360$라디안이며, x축 이름은 'Radian', y축 이름은 'Amplitude', 각 그래프 제목은 'cos(x)'와 'sin(x)'로 지정한다.

풀이

Command Window

```
   >> x = -2*pi:pi/360:2*pi;
   >> y1 = cos(x);
   >> y2 = sin(x);
❶ >> subplot(211);
   >> plot(x,y1);
   >> axis([-2*pi 2*pi -1 1]);
   >> xlabel('Radian');
   >> ylabel('Amplitude');
   >> title('cos(x)');
❷ >> subplot(212);
   >> plot(x,y2,'m');
   >> axis([-2*pi 2*pi -1 1]);
   >> xlabel('Radian');
   >> ylabel('Amplitude');
   >> title('sin(x)');
```

그림 5-28 subplot 명령어로 그래프를 상하로 나타내기

❶ `subplot (211)` 명령어를 이용하여 함수 y_1을 나타내는 cos(x)의 그래프를 행 2개와 열 1개로 지정된 총 2개의 칸 중 위쪽 그림 창에 그린다.

❷ `subplot (212)` 명령어를 이용하여 함수 y_2를 나타내는 sin(x)의 그래프를 행 2개와 열 1개로 지정된 총 2개의 칸 중 아래쪽 그림 창에 그린다.

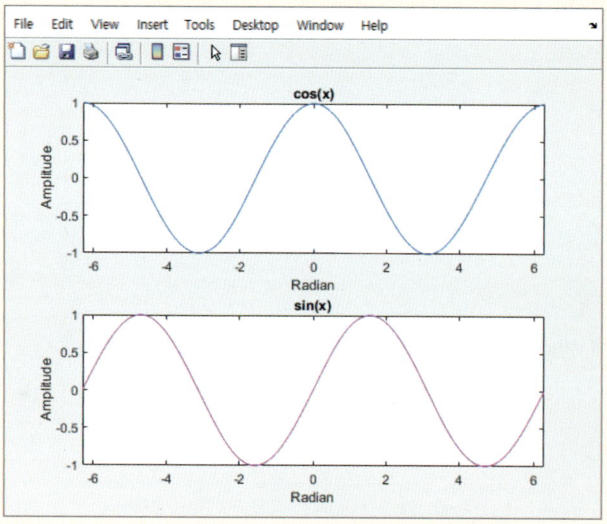

그림 5-29 subplot 명령어로 그래프를 상하로 나타내기 실행 결과

[그림 5-30]은 `subplot` 명령어를 이용하여 [실습 5-5]의 두 함수를 좌우로 나타낸 그림이다.

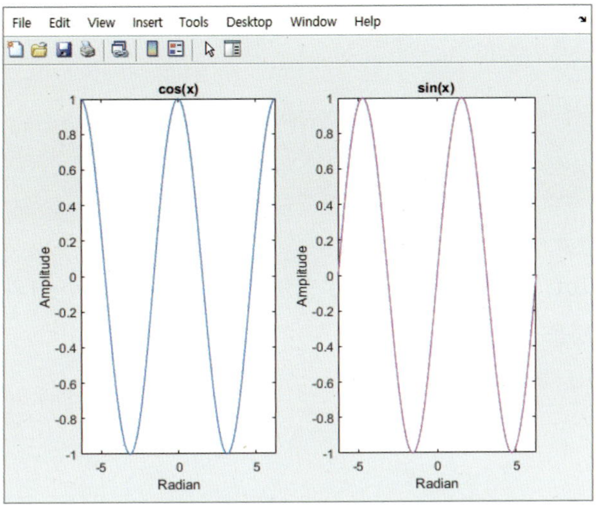

그림 5-30 subplot 명령어로 그래프를 좌우로 나타내기 실행 결과

[그림 5-28]의 코딩에서 `subplot(211)`을 `subplot(121)`로 대체하면 함수 y_1을 나타내는 cos(x)의 그래프를 행 1개와 열 2개로 지정된 총 2개의 칸 중 왼쪽 그림 창에 그린다. 또한 `subplot(212)`를 `subplot(122)`로 대체하면 함수 y_2를 나타내는 sin(x)의 그래프를 행 1개와 열 2개로 지정된 총 2개의 칸 중 오른쪽 그림 창에 그린다.

[그림 5-31]은 행 2개와 열 2개로 분할된 총 4개의 칸을 보여준다. `subplot(221)` 명령어는 좌측 상단, `subplot(222)` 명령어는 우측 상단, `subplot(223)` 명령어는 좌측 하단, `subplot(224)` 명령어는 우측 하단의 그래프를 그린다.

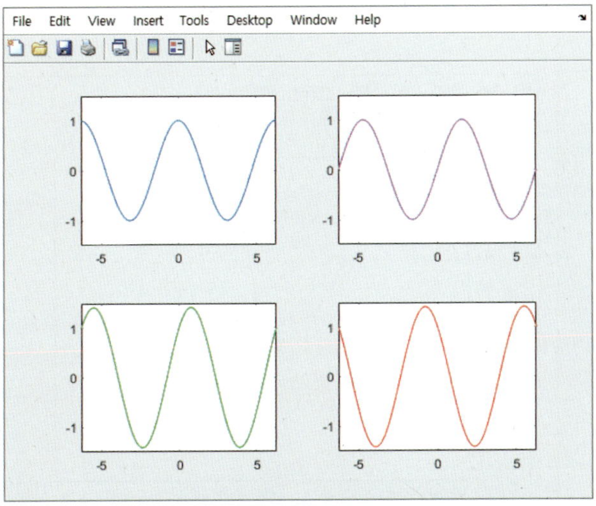

그림 5-31 subplot 명령어로 그래프를 상하좌우로 나타내기 실행 결과

TIP [그림 5-31]에서 `subplot(225)` 명령어는 해당하는 위치에 그래프가 존재할 수 없기 때문에 사용할 수 없다.

figure 명령어

figure 명령어는 여러 그래프를 각각 다른 그림 창에 그릴 때 사용한다. figure 명령어의 기본 형태는 다음과 같다.

```
figure(n)
```

- n : 그림 창의 번호(지정하지 않으면 자동으로 지정됨)

[그림 5-32]는 [실습 5-5]에서 사용한 subplot 명령어 대신 figure 명령어를 이용하여 cos(x)와 sin(x)의 그래프를 두 개의 그림 창에 그리는 코딩을 보여준다.

Command Window

```
>> x = -2*pi:pi/360:2*pi;
>> y1 = cos(x);
>> y2 = sin(x);
>> figure(1)
>> plot(x,y1);
>> axis([-2*pi 2*pi -1 1]);
>> xlabel('Radian');
>> ylabel('Amplitude');
>> title('cos(x)');
>> figure(2)
>> plot(x,y2,'m');
>> axis([-2*pi 2*pi -1 1]);
>> xlabel('Radian');
>> ylabel('Amplitude');
>> title('sin(x)');
```

❶ figure(1) 명령어를 이용하여 cos(x)를 그리는 첫 번째 그림 창을 생성한다. 명령줄 끝에 세미콜론의 여부는 상관없다.

❷ figure(2) 명령어를 이용하여 sin(x)를 그리는 두 번째 그림 창을 생성한다. 첫 번째 그림 창 위에 위치시킨 상태로 명령어를 이어서 입력한다.

그림 5-32 figure 명령어를 이용하여 각각의 그림 창에 그래프 그리기

TIP 두 번째 그림 창이 첫 번째 그림 창의 위에 위치하면, 그리는 두 번째 **sin(x)** 함수는 첫 번째 그림 창에 이미 그려진 **cos(x)** 함수의 그래프를 무효화(override)시키므로 **cos(x)** 함수는 사라지고 **sin(x)** 함수의 그래프가 덮인 그림을 생성한다.

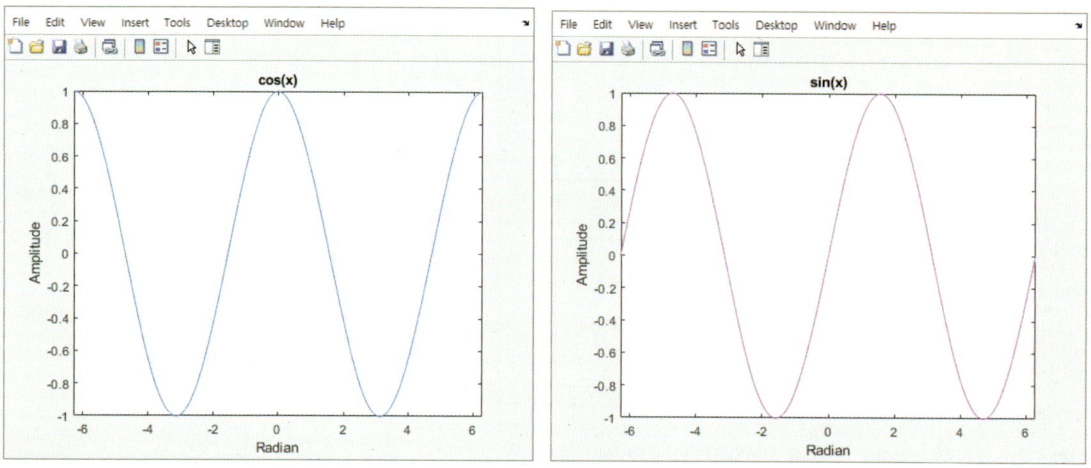

(a) (b)

그림 5-33 figure 명령어를 이용하여 각각의 그림 창에 그래프 그리기 실행 결과

5. 그래프 저장하기/불러오기

MATLAB에서 그래프를 저장하거나 불러오는 방법은 다양하다. 여러 방법을 살펴보자.

그래프 저장하기

그림 창에 나타낸 그래프를 저장할 수 있다. 만약 MATLAB의 파일 이름이 'Figure'이면 파일을 저장한 후 현재 폴더에 'Figure.fig'로 저장된다.

■ 메뉴 표시줄을 이용하는 방법

그림 창의 메뉴 표시줄에서 [File] – [Save As...] 메뉴를 클릭하면 bin 디렉터리가 열린다. 이때 [파일 이름(N):]에 저장할 파일 이름 'Figure'를 입력하고, [저장(S)] 버튼을 클릭하여 저장한다.

TIP [파일 형식(T):]에는 MATLAB 그림 파일의 확장자 [MATLAB Figure(*.fig)]가 기본 설정되어 있다.

■ saveas 명령어를 사용하는 방법

명령 창에서 saveas 명령어를 사용하여 그래프를 저장한다. saveas 명령어의 기본 형태는 다음과 같다.

```
saveas(gcf, 'Figure', 'fig')
```

- gcf : 저장할 파일이 그래프임을 지정하는 파일 형식
- 'Figure' : 저장할 파일 이름
- 'fig' : MATLAB의 그림 파일의 확장자 형식

그래프 불러오기

현재 폴더에 저장되어 있는 'Figure.fig'를 불러올 수 있다.

■ 마우스로 클릭하는 방법

현재 폴더에서 불러오려는 그림 파일을 두 번 클릭한다.

■ 메뉴 표시줄을 이용하는 방법

그림 창이 이미 열려 있는 경우에는 그림 창의 메뉴 표시줄에서 [File]–[Open...] 메뉴를 클릭하여 불러오려는 그림 파일을 두 번 클릭한다.

■ openfig 명령어를 사용하는 방법

명령 창에서 openfig 명령어를 사용한다. openfig 명령어의 기본 형태는 다음과 같다.

```
openfig('Figure');
```

- 'Figure' : 저장할 파일 이름

SECTION 5.2

2차원 그래프의 응용

학습 목표

- 로그 축 그래프와 관련된 명령어를 이해한다.
- bar 명령어를 이용하여 막대 그래프를 그린다.
- hist 명령어를 이용하여 히스토그램을 그린다.
- polar 명령어를 이용하여 극 형식 그래프를 그린다.
- stairs, stem 명령어를 이용하여 특수한 형태의 그래프를 그린다.

5.1절에서는 직선 및 곡선으로 나타내는 2차원 그래프를 이해하는 데 중점을 두었다. 여기에서는 로그 축 그래프에 대해 살펴보고, 평면 및 곡면으로 나타내는 2차원 그래프에 대해 간단하게 설명한다.

1. 로그 축 그래프

동일한 숫자 한 개를 연속해서 n번 곱하여 다른 숫자를 얻는다고 하자. 이때 로그(logarithm)는 n번에 해당하는 수이다. 따라서 로그는 지수의 역연산이고, 서로 공존 관계이다. 로그는 다음과 같이 정의한다.

$$\log_a \alpha = n \tag{5.1}$$

여기서 밑(base)은 $a>0$ 및 $a \neq 1$이다. 로그의 밑은 고정된 값이 아닌 임의의 상수를 모두 사용할 수 있다. 특히 밑으로 10을 갖는 로그를 상용로그(common logarithms)라고 한다. 상용로그에서는 종종 밑을 생략하여 사용한다.

semilogx, semilogy 명령어

semilogx 명령어는 x축에 밑수 10인 로그 눈금을 사용하는 점을 제외하고는 plot 명령어와 기능이 동일하다. semilogy 명령어는 y축에 밑수 10인 로그 눈금을 사용하는 점을 제외하고는 plot 명령어와 기능이 동일하다. semilogx와 semilogy 명령어의 기본 형태는 다음과 같다.

```
semilogx(x, y) 또는 semilogy(x, y)
```

- x : 입력 값이 지정된 벡터
- y : 출력 값이 지정된 벡터

loglog 명령어

loglog 명령어는 x축과 y축의 양쪽에 모두 로그 눈금을 사용한다. loglog 명령어의 기본 형태는 다음과 같다.

```
loglog(x, y)
```

- x : 입력 값이 지정된 벡터
- y : 출력 값이 지정된 벡터

TIP 회로에서 주파수 응답을 좀 더 쉽게 구하는 데 사용하는 보드선도(bode plot)는 대표적인 세미로그 도면으로, 전달함수의 위상과 크기를 주파수 변화에 따라 그릴 수 있다.

[그림 5-34]는 입력 자료 x = [0.01 0.1 10 100 1000]과 출력 자료 y = [1.5 2.5 5 6 9.5]에 대한 2차원 그래프를 보여준다.

Command Window

```
>> x = [0.01 0.1 10 100 1000];
>> y = [1.5 2.5 5 6 9.5];
>> plot(x,y);
```

그림 5-34 입력 자료가 큰 경우 plot 명령어로 그래프 그리기

[그림 5-35]는 [그림 5-34]를 실행하여 그려진 2차원 그래프이다. 각각의 입력 자료값 사이의 간격이 크기 때문에 입력 값 1000에 비해 상대적으로 아주 작은 입력 값인 0.01과 0.1은 나타낼 수 없다.

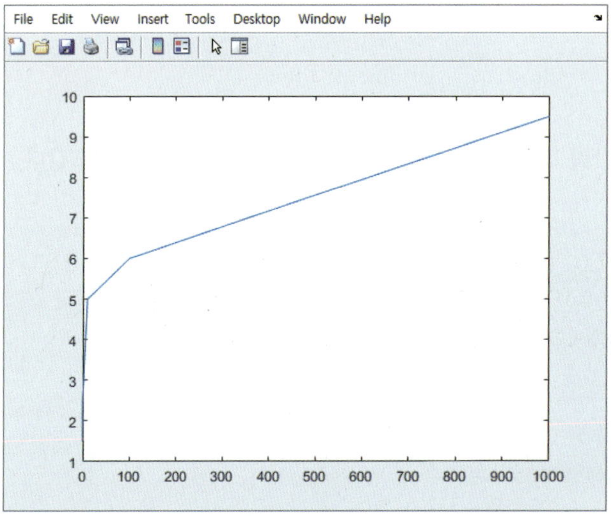

그림 5-35 입력 자료가 큰 경우 plot 명령어로 그래프 그리기 실행 결과

[그림 5-35]의 그래프를 좀 더 최적화시키기 위해 [그림 5-36]과 같이 `semilogx` 명령어를 이용한다.

```
Command Window
>> x = [0.01 0.1 10 100 1000];
>> y = [1.5 2.5 5 6 9.5];
>> semilogx(x,y)
```

그림 5-36 입력 자료가 큰 경우 semilogx 명령어로 그래프 그리기

[그림 5-37]은 [그림 5-36]을 실행하여 그려진 2차원 그래프이다. [그림 5-35]와 비교해보면 입력 값의 크기와 상관없이 x축에 주어진 모든 입력 자료가 표시되는 것을 알 수 있다.

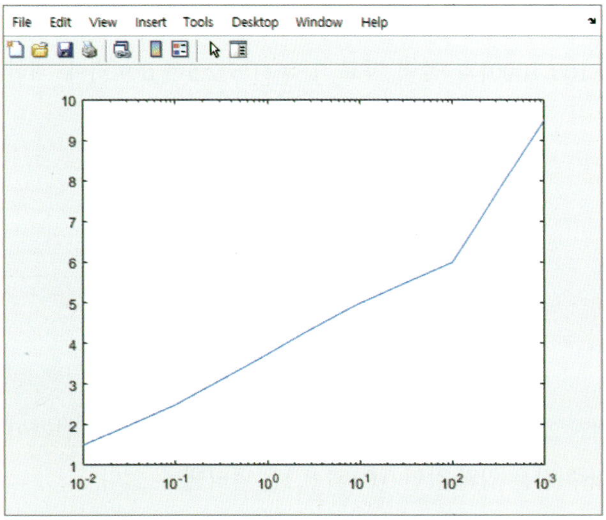

그림 5-37 입력 자료가 큰 경우 semilogx 명령어로 그래프 그리기 실행 결과

2. 막대 그래프

`bar` 명령어를 이용하면 막대 그래프(bar graph)를 그릴 수 있다. `bar` 명령어의 기본 형태는 다음과 같다.

```
bar(x,y)
```

- x : m개 입력 자료로 중복 값은 사용하지 못한다.
- y : $m \times n$ 행렬 y의 열을 n개의 수직 막대로 구성된 m개의 그룹으로 그린다.

```
bar(y)
```

- 입력 자료 x에 대해서 $m \times n$ 행렬 y의 각 열을 수직 막대 그래프로 그린다.

```
barh(y)
```

- 입력 자료 x에 대해서 $m \times n$ 행렬 y의 각 열을 수평 막대 그래프로 그린다.

[그림 5-38]은 [표 5-2]에서 월은 가로축, 평균 기온은 세로축에 그리는 막대 그래프의 코딩이다. 이때 출력 자료 y는 열벡터(또는 행벡터)로 지정한다.

Command Window

```
>> x = 1:12;
>> y = [-2.4 0.4 5.7 12.5 17.8 22.2 24.9 25.7 21.2 14.8 7.2 0.4];
>> bar(x,y);
```

막대 그래프를 그리기 위해 bar(x,y) 명령어를 이용한다.

그림 5-38 bar 명령어를 이용하여 막대 그래프 그리기

TIP bar(x, y) 대신 bar(y) 명령어를 이용해도 동일한 결과를 얻는다.

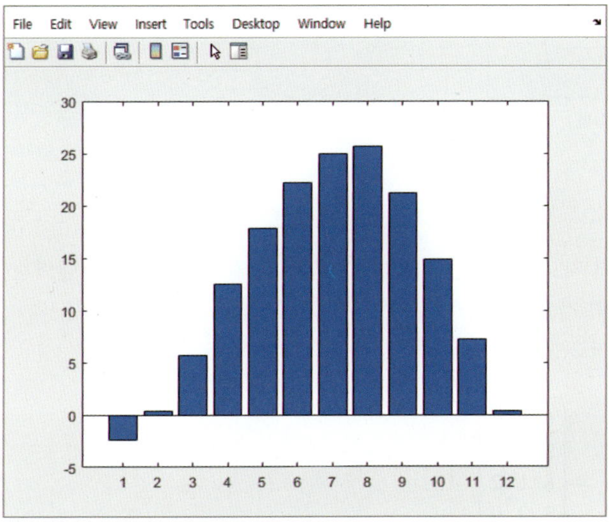

그림 5-39 bar 명령어를 이용하여 막대 그래프 그리기 실행 결과

[그림 5-40]은 [그림 5-38]의 코딩과는 반대로 월은 세로축, 평균 기온은 가로축에 그리는 막대 그래프의 코딩이다.

Command Window

```
>> x = 1:12;
>> y = [-2.4;0.4;5.7;12.5;17.8;22.2;24.9;25.7;21.2;14.8;7.2;0.4];
>> barh(x,y);
```

수평 막대 그래프를 그리기 위해 barh(x,y) 명령어를 이용한다.

그림 5-40 barh 명령어를 이용하여 막대 그래프 그리기

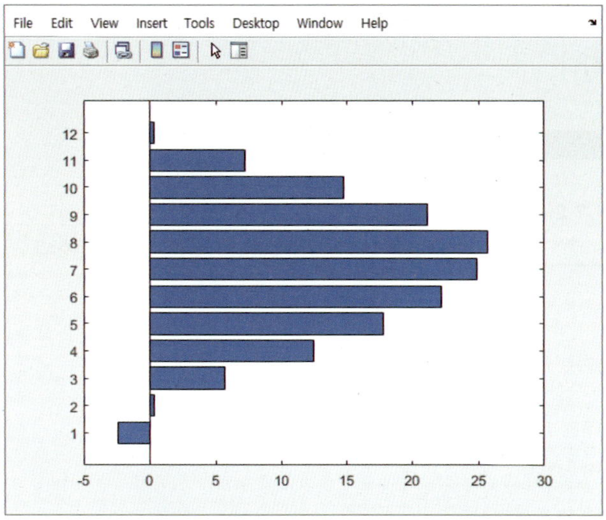

그림 5-41 barh 명령어를 이용하여 막대 그래프 그리기 실행 결과

실습 5-6

입력 자료 x의 좌표점은 5, 6, 7, 8, 9이고 출력 자료 행렬 y는 다음과 같다. 입력 자료에 상응하는 출력 자료에 대한 막대 그래프를 그려라. 그리고 입력 자료에 상응하는 출력 자료의 두 번째 열벡터에 대한 막대 그래프를 그려라. subplot 명령어를 이용하여 2개의 막대 그래프를 좌우로 나타내라.

$$y = \begin{bmatrix} 6 & 9 & 8 \\ 9 & 7 & 5 \\ 8 & 1 & 2 \\ 5 & 2 & 9 \\ 9 & 3 & 4 \end{bmatrix}$$

풀이

```
Command Window
  >> x = 5:9;
  >> y = [6 9 8;9 7 5;8 1 2;5 2 9;9 3 4];
❶ >> subplot(1,2,1);
  >> bar(x,y);
❷ >> subplot(1,2,2);
  >> bar(x,y(:,2));
```

그림 5-42 막대 그래프 그리기

❶ subplot (1,2,1)[4] 명령어를 지정한 후에 bar 명령어를 이용하여 5행 3열의 출력 행렬 y에 대한 막대 그래프를 2칸으로 분할된 좌측에 그린다.

❷ subplot (1,2,2) 명령어를 지정한 후에 bar 명령어를 이용하여 5행 3열의 출력 행렬 y에서 2열 부분에 대한 막대 그래프를 2칸으로 분할된 우측에 그린다.

4 콤마 대신 여백으로 처리해도 결과는 동일하다.

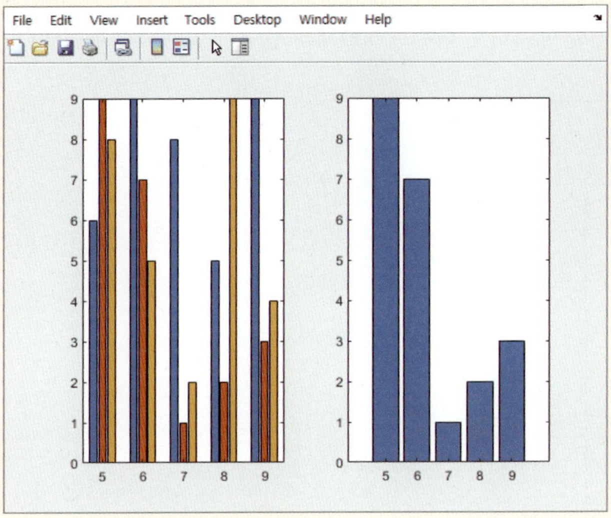

그림 5-43 막대 그래프 그리기 실행 결과

좌측 그래프는 각 입력 자료에 상응하는 출력 자료의 세 열에 대한 막대 그래프 3개씩을 보여준다. 우측 그래프는 각 입력 자료에 상응하는 출력 자료의 두 번째 열에 대한 막대 그래프 1개를 보여준다.

3. 히스토그램

hist 명령어를 이용하면 히스토그램(histogram)을 나타낼 수 있다. 히스토그램은 주어진 x의 원소 범위에서 선택된 균일한 너비의 통(bin) 모양으로 출력 분포(distribution)를 나타낸다. 막대 그래프는 막대와 막대 사이가 서로 분리되어 있지만, 히스토그램은 막대 사이에 공백이 없는 상태이다. hist 명령어의 기본 형태는 다음과 같다.

```
hist(x, n)
```

- x : 지정하는 통의 개수
- n : 히스토그램으로 나타내는 출력의 개수

[그림 5-44]는 주사위를 500번 던졌을 때 주사위 눈의 빈도수를 히스토그램으로 나타내는 코딩이다.

Command Window

```
❶ >> n = 500;
❷ >> x = ceil(6*rand(1,n));
❸ >> hist(x,1:6);
```

❶ 히스토그램의 통의 개수를 500으로 지정한다.
❷ rand 함수의 결과에 6을 곱하여 1과 6 사이의 실수를 생성한 후 ceil 함수를 이용하여 가까운 정숫값으로 올림한다.
❸ hist 명령어를 이용하여 무작위로 얻은 값을 히스토그램으로 나타낸다.

그림 5-44 hist 명령어를 이용하여 히스토그램 그리기

TIP 1. rand 함수는 0과 1 사이의 실수를 무작위로 골라 생성할 행렬의 행수 m과 생성할 행렬의 열수 n의 행렬 $m \times n$을 생성한다.
2. ceil 함수는 벡터 **x**의 원소를 양의 무한대에 가장 가까운 정수로 반올림한다.

[그림 5-45]는 주사위 눈의 빈도수를 나타낸 히스토그램으로, [그림 5-44]의 코딩을 실행할 때마다 다르게 나타난다. 그 이유는 rand 함수를 실행할 때마다 무작위로 500개의 실수가 발생하기 때문이다.

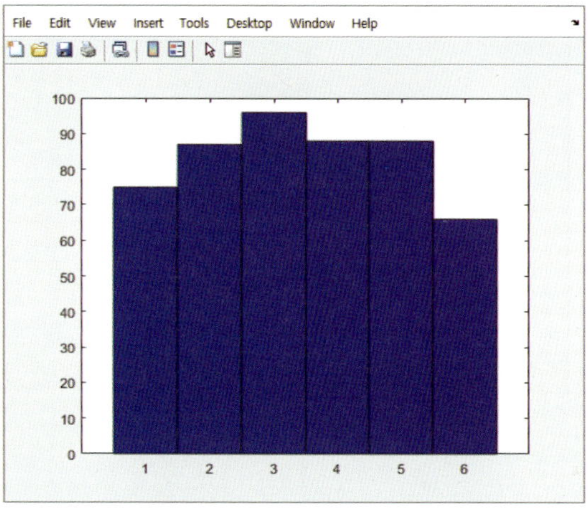

그림 5-45 hist 명령어를 이용하여 히스토그램을 실행한 결과

4. 원형 도표

pie 명령어는 **x**의 자료를 이용하여 원형 도표(pie chart)를 그린다. 원형 도표의 각 원호 조각은 **x**의 원소의 분포를 나타낸다. 이때 각 조각에 대한 문자 꼬리표(label)를 지정한다.

```
pie(x, {'Labels'})
```

- x : 원형 도표에 사용하는 숫자 자료
- {'Labels'} : 배열로 지정하는 꼬리표의 수는 x의 원소 개수와 동일하다.
  원형의 각 조각에 대한 백분율의 값에 적용할 수 있도록 유효한 형식의 문자열로 지정한다.

[그림 5-46]은 무작위로 생성된 학생 100명의 점수를 각각 기준 범위가 정해진 알파벳 성적으로 분류한 후 pie 명령어를 사용하여 원형 도표를 나타내는 코딩이다.

Command Window

```
❶ >> grade = ceil(70 + 12*randn(1,100));
❷ >> C_ap = length(find(grade>=95));
   >> C_a = length(find(grade<95 & grade>=90));
   >> C_bp = length(find(grade<90 & grade>=85));
   >> C_b = length(find(grade<85 & grade>=80));
   >> C_cp = length(find(grade<80 & grade>=75));
   >> C_c = length(find(grade<75 & grade>=70));
   >> C_dp = length(find(grade<70 & grade>=65));
   >> C_d = length(find(grade<65 & grade>=60));
   >> C_f = length(find(grade<60));
❸ >> C = [C_f,C_d,C_dp,C_c,C_cp,C_b,C_bp,C_a,C_ap];
❹ >> pie(C, {'F','D','D+','C','C+','B','B+','A','A+'});
```

❶ 학생 100명의 점수를 무작위로 생성하기 위해 ceil 함수와 randn 함수를 이용한다.
❷ length와 find 명령어를 이용하여 무작위로 생성된 100개의 점수를 각 알파벳 성적으로 분류하기 위한 범위를 지정한다.
❸ 배열 C는 각각의 알파벳 성적을 원소로 갖는다.
❹ pie 명령어를 이용하여 원형 도표를 그린다.

그림 5-46 pie 명령어를 이용하여 원형 도표 그리기

TIP randn 함수 앞에 지정한 12는 무작위로 생성되는 점수들 중에 최고 점수가 100을 넘기지 않도록 임의로 설정한 비례 곱셈이다.

ceil 함수 내부의 70은 평균 성적 C학점을 지정하는 최솟값과 동일한 값을 사용하고 있다. 또한 randn 함수는 평균값이 0이고 표준편차가 1인 정규분포된 무작위 실수로 구성된 $m \times n$ 행렬을 생성한다. [그림 5-47]은 [그림 5-46]을 실행한 결과를 보여준다.

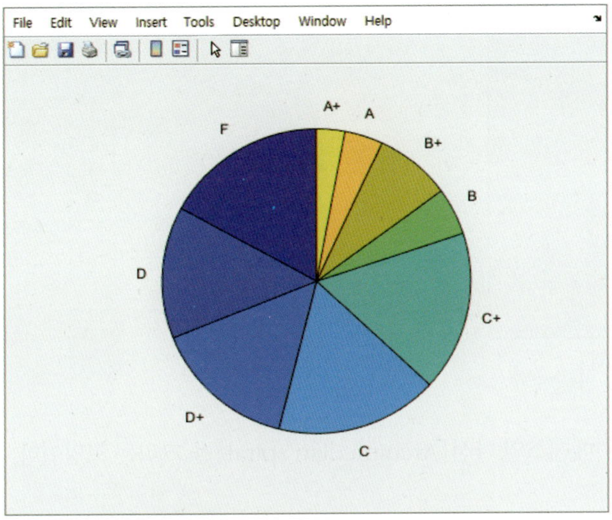

그림 5-47 pie 명령어를 이용하여 원형 도표 그리기 실행 결과

5. 극 형식 그래프

복소수의 직교 형식(rectangular form)은 경우에 따라 극 형식(polar form)으로 변환해서 사용한다(8.1절 참조). polar 명령어를 이용하면 극 좌표를 그릴 수 있다.

polar 명령어의 기본 형태는 다음과 같다.

```
polar(theta, R)
```

- theta : 극 좌표에 사용하는 라디안 각도
- R : 극 좌표의 반지름

[그림 5-48]은 polar 명령어를 이용하여 로그 나선(logarithmic spiral)을 그리는 코딩이다.

Command Window

```
❶ >> theta = linspace(0,10*pi,1000);
   >> R = exp(-0.15*theta);
❷ >> polar(theta,R);
```

❶ linspace 함수를 이용하여 초깃값 0, 최종값 10π, 원소 개수 1000개를 갖는 각도를 지정한다.

❷ polar 명령어로 극 좌표의 각도와 반지름을 지정하여 그래프를 그린다.

그림 5-48 polar 명령어를 이용하여 로그 나선 그리기

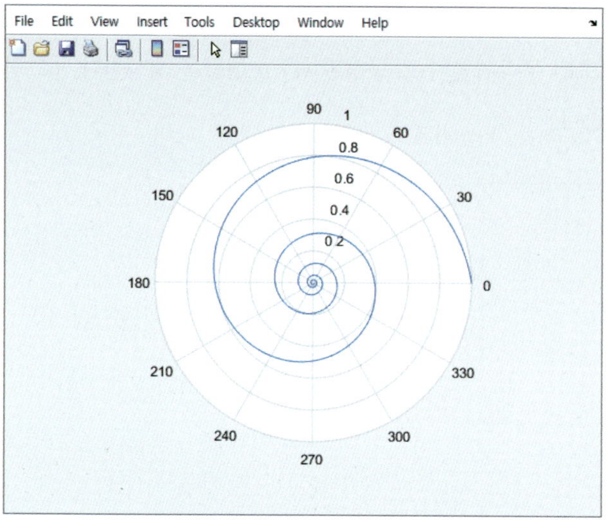

그림 5-49 polar 명령어를 이용하여 로그 나선 그리기 실행 결과

[그림 5-50]은 polar 명령어를 이용하여 아르키메데스의 나선(Archimedian spiral)을 그리는 코딩이다.

```
>> theta = linspace(0,10*pi,1000);
>> R = theta;
>> polar(theta,R);
```

polar 명령어로 극 좌표의 각도와 반지름을 지정하여 아르키메데스의 나선을 그린다.

그림 5-50 polar 명령어를 이용하여 아르키메데스의 나선 그리기

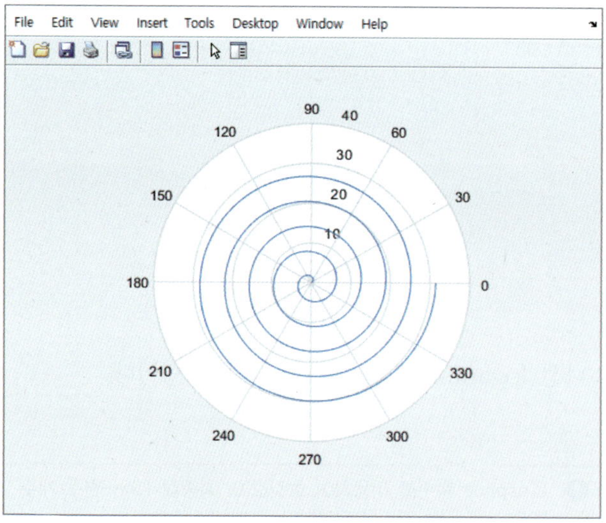

그림 5-51 polar 명령어를 이용하여 아르키메데스의 나선 그리기 실행 결과

6. 특수한 형태의 그래프

2차원 그래프에는 앞서 언급한 것 외에도 다양한 형태의 그래프가 있다. 여기서는 계단식, 줄기 형태 그래프를 다루도록 하겠다.

계단식 그래프

stairs 명령어를 이용하면 지정된 입력 값에 대응하여 생성되는 출력의 위치를 계단식(stair−step)으로 그릴 수 있다. stairs 명령어의 기본 형태는 다음과 같다.

```
stairs(x, y)
```

- x : 입력으로 지정된 배열
- y : 입력에 대응하여 생성된 배열

[그림 5−52]는 코사인 함수를 stairs 명령어를 이용하여 계단식으로 그리는 코딩이다.

Command Window

```
❶ >> x = -2*pi:pi/10:2*pi;
❷ >> y = cos(x);
   >> plot(x,y,'m-');
   >> axis([-2*pi 2*pi -1.1 1.1]);
   >> hold on;
❸ >> stairs(x,y,'g');
```

❶ -2π부터 2π까지 $\pi/10$씩 증가하는 코사인 함수를 지정한다.
❷ 코사인 함수의 실제 파형과 비교하기 위해 plot 함수도 함께 지정한다.
❸ stairs 명령어를 이용하여 계단식 그래프를 나타낸다.

그림 5−52 stairs 명령어를 이용하여 계단식 그래프 그리기

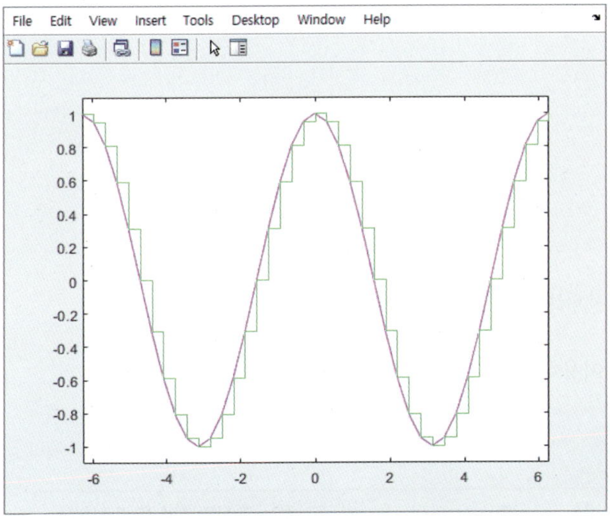

그림 5−53 stairs 명령어를 이용하여 계단식 그래프 그리기 실행 결과

[그림 5-52]의 코딩에서 x축의 간격을 줄일수록 계단식 그래프는 더 촘촘해진다. 따라서 plot 명령어를 이용하여 그린 코사인 함수의 형태로 복원할 수 있다.

[그림 5-54]는 -2π부터 2π까지 $\frac{\pi}{40}$씩 증가시킨 그래프이다.

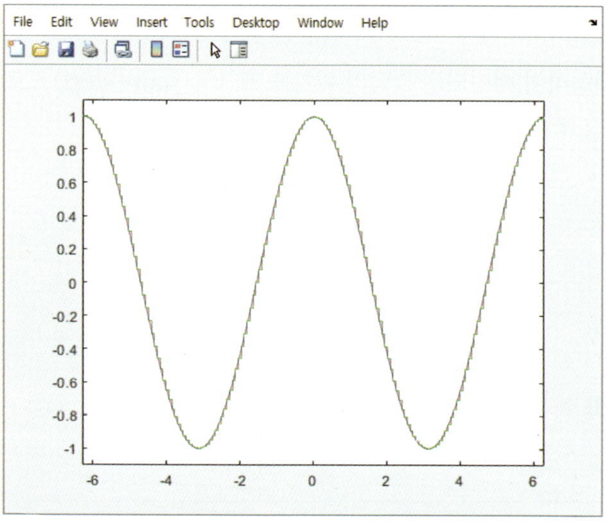

그림 5-54 x축의 간격을 줄인 후 그린 계단식 그래프의 실행 결과

줄기 형태 그래프

stem 명령어를 이용하면 지정된 입력 값에 대응하여 생성되는 출력의 자료값을 줄기(stem) 형태의 그래프로 나타낼 수 있다.

stem 명령어의 기본 형태는 다음과 같다.

```
stem(x, y)
```

- x : 입력으로 지정된 배열
- y : 입력에 대응하여 생성된 배열

TIP stem 명령어는 디지털 신호 처리(DSP)의 응용 분야에서 이산 시간 신호를 표시하는 데 유용하다.

[그림 5-55]는 코사인 함수를 stem 명령어를 이용하여 줄기 형태의 그래프를 그리는 코딩이다.

Command Window

```
❶ >> x = -2*pi:pi/10:2*pi;
   >> y = cos(x);
❷ >> plot(x,y,'m-');
   >> axis([-2*pi 2*pi -1.1 1.1]);
   >> hold on;
❸ >> stem(x,y,'g');
```

❶ -2π부터 2π까지 $\pi/10$씩 증가하는 코사인 함수를 지정한다.
❷ 코사인 함수의 실제 파형과 비교하기 위해 plot 함수도 함께 지정한다.
❸ stem 명령어를 이용하여 줄기 형태의 그래프를 나타낸다.

그림 5-55 stem 명령어를 이용하여 줄기 형태의 그래프 그리기

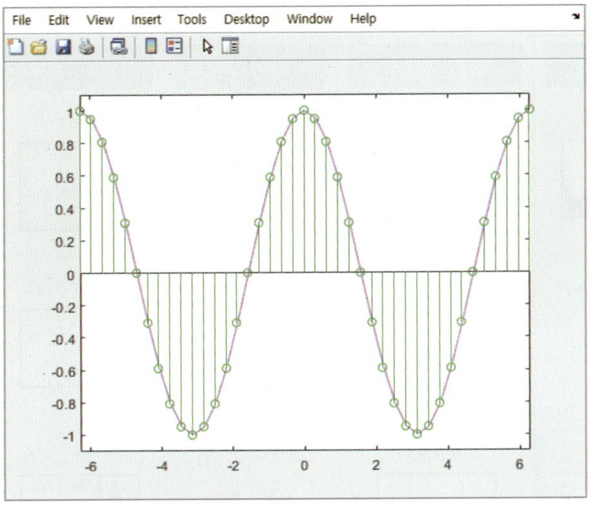

그림 5-56 stem 명령어를 이용하여 줄기 형태의 그래프 그리기 실행 결과

[그림 5-57]은 [그림 5-55]의 코딩에서 x축의 간격을 $\pi/40$로 줄여서 줄기 그래프를 그리는 코딩이다.

```
Command Window
❶ >> x = -2*pi:pi/40:2*pi;
   >> y = cos(x);
   >> plot(x,y,'m-');
   >> axis([-2*pi 2*pi -1.1 1.1]);
   >> hold on;
❷ >> stem(x,y,'g','marker','none');
```

❶ -2π부터 2π까지 $\pi/40$씩 증가하는 코사인 함수를 지정한다.
❷ stem 명령어를 이용하여 동그라미 표시를 제거한 줄기 그래프를 나타낸다.

그림 5-57 x축의 간격을 줄인 후 줄기 형태의 그래프 그리기

[그림 5-58]에서 보듯이 [그림 5-57]의 코딩에서 x축의 간격을 줄일수록 줄기 사이의 간격이 더 줄어 들고 줄기의 각 좌표점의 동그라미 표시도 삭제된다.

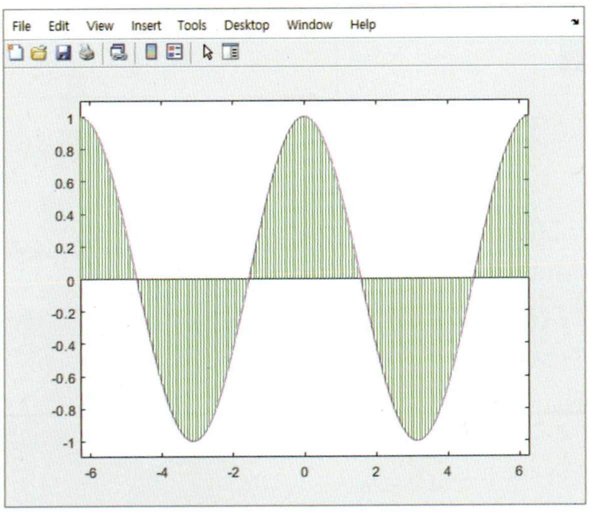

그림 5-58 x축의 간격을 줄인 후 그린 줄기 형태의 그래프의 실행 결과

표 5-6 2차원 그래프들의 출력 형태

선 그래프	막대 그래프	면 그래프	방향 그래프	극 형식 그래프	선점도 그래프
plot(X,Y) 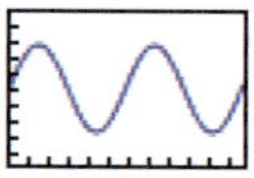	bar(x,Y,'grouped') 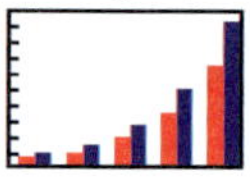	area(X,Y) 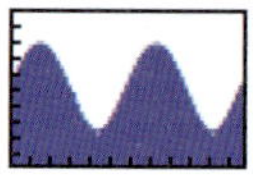	feather(U,V) 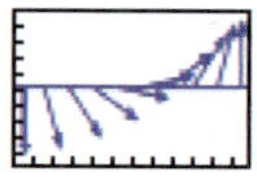	polar(theta,rho) 	scatter(X,Y) 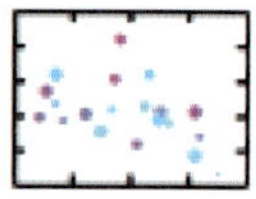
plotyy(x1,y1,x1,y2) 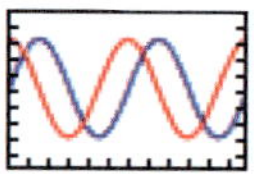	barh(x,Y,'grouped') 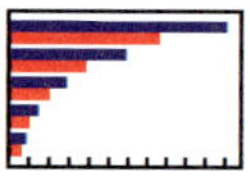	pie(x,explode) 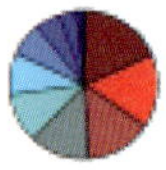	quiver(x,y,u,v) 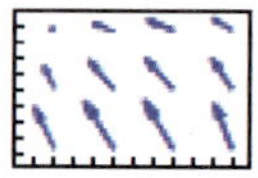	rose(theta,x) 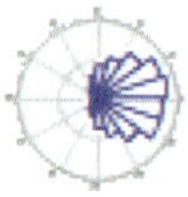	spy(S) 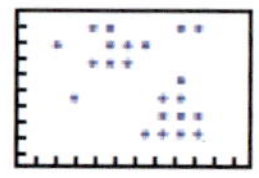
loglog(x,y) 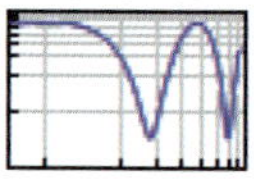	bar(x,Y,'stacked') 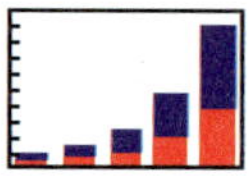	fill(X,Y,C) 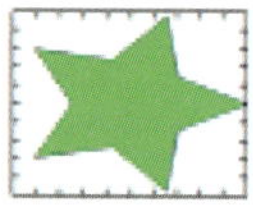	comet(x,y) 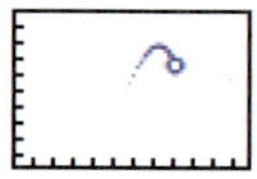	compass(U,V) 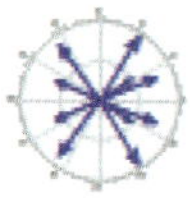	plotmatrix(X,Y) 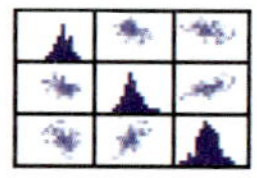
semilogx(x,y) 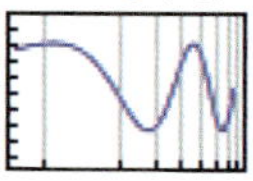	barh(x,Y,'stackcd') 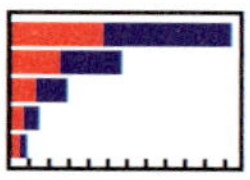	contourf(X,Y,Z) 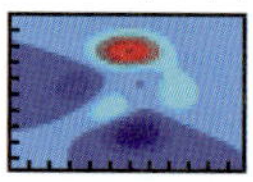		ezpolar(fun) 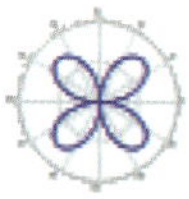	
semilogy(x,y) 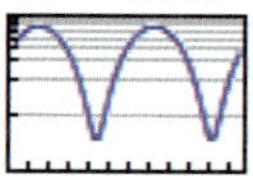	hist(Y,x) 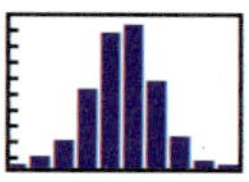	image(x,y,C) 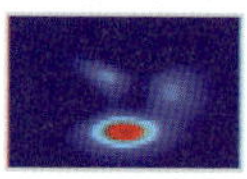			
stairs(x,y) 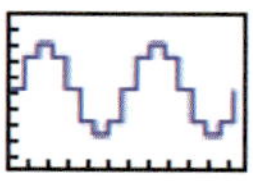	pareto(Y,x) 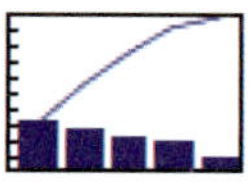	pcolor(X,Y,C) 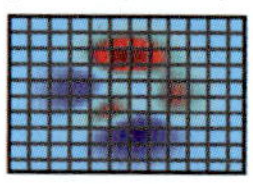			
contour(x,y,z) 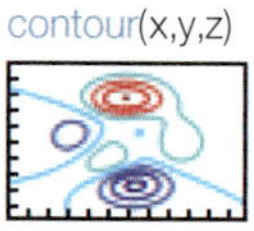	errorbar(X,Y,E) 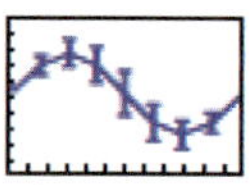	ezcontourf(fun) 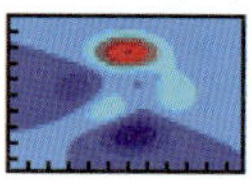			
ezplot(fun) 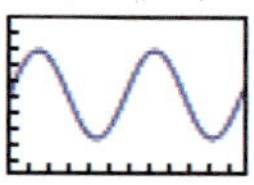	stem(X,Y) 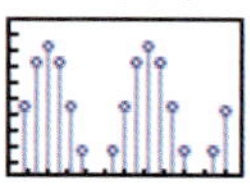				
ezcontour(fun) 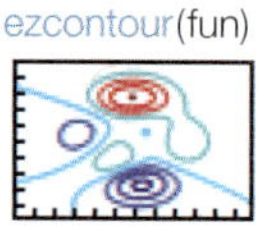					

SECTION 5.3

3차원 그래프

학습 목표

- plot3 명령어를 이용하여 3차원 그래프를 그린다.
- meshgrid 명령어를 이용하여 x, y 벡터를 표현한다.
- mesh, surf, contour 명령어를 이용하여 3차원에서 그물망, 파도, 등고선, 포물선을 그린다.

2차원 그래프는 입력 자료를 표시하는 x축과 출력 결과를 표시하는 y축을 평면적으로 나타낸다. 여기에서는 그래프를 입체적으로 생성하는 3차원 그래프에 대해 알아보자.

[그림 5-59]는 2차원 평면의 x축과 y축에 z축을 포함하는 3차원 공간을 보여준다.

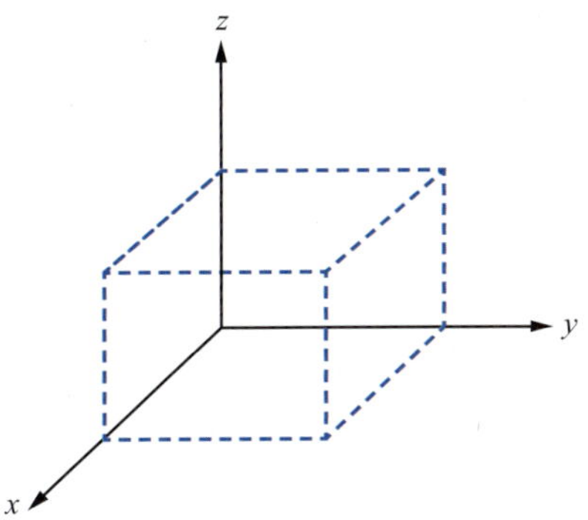

그림 5-59 3개 축을 포함하는 3차원 공간

1. plot3 명령어

plot 명령어가 **x** 벡터에 상응하는 **y** 벡터의 관계를 직선적으로 나타냈다면, plot3 명령어는 x축, y축, z축의 직선을 서로 연결하여 [그림 5-59]와 같은 3차원 공간에 차례로 그린다.

plot3 명령어의 기본 형태는 다음과 같다.

```
plot3(x, y, z)
```

- x, y, z : 세 방향으로 동일한 원소의 수를 가진 벡터

[그림 5-60]은 t가 0부터 10π까지 $\pi/20$씩 증가할 때 `plot3` 명령어를 이용하여 3차원 그래프를 그리는 코딩이다. 여기서 각 축 이름은 각각 'x-axis', 'y-axis', 'z-axis'로 지정한다.

Command Window

```
>> t = 0:pi/20:10*pi;
>> x = sin(t);
>> y = cos(t);
>> z = t;
❶ >> plot3(x,y,z);
>> grid on;
❷ >> xlabel('x-axis');
>> ylabel('y-axis');
>> zlabel('z-axis');
```

❶ `plot3` 명령어를 이용하여 3차원 그래프를 그린다.
❷ `xlabel`과 `ylabel` 명령어와 동일하게 `zlabel` 명령어를 이용하면 z축에 꼬리표를 붙여서 3차원 그래프의 세 번째 축의 이름을 지정할 수 있다.

그림 5-60 plot3 명령어를 이용하여 3차원 그래프 그리기

[그림 5-60]의 코딩을 실행하면 [그림 5-61]과 같은 나선형 모양을 3차원 공간에 생성한다.

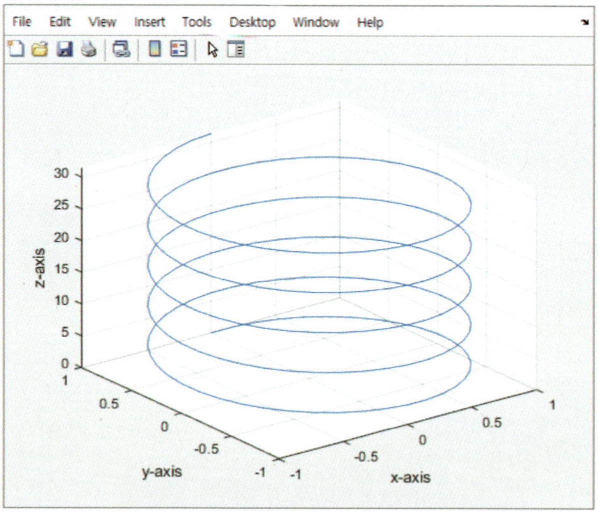

그림 5-61 plot3 명령어를 이용하여 3차원 그래프 그리기 실행 결과

2. meshgrid 명령어

벡터 **x**와 **y**로 지정된 영역을 3차원 그래프로 나타내려면 두 변수 x, y를 행렬 **X**, **Y** 형태로 변환해야 한다. 이때 행렬 **X**와 **Y**는 **y**의 원소 개수와 동일한 행 크기와 **x**의 원소 개수와 동일한 열 크기를 갖는다.

`meshgrid` 명령어의 기본 형태는 다음과 같다.

```
[X, Y] = meshgrid(x, y)
```

- X : 각 행이 x의 복사인 행렬로 나타난 결과
- Y : 각 열이 y의 복사인 행렬로 나타난 결과
- x, y : 배열로 나타낼 벡터 또는 변수

벡터 **x**와 **y**에 포함된 좌표를 기반으로 2차원 격자무늬 좌표를 반환한다. 좌표 X로 나타내는 격자무늬는 벡터 **y**의 행의 크기, 좌표 Y로 나타내는 격자무늬는 벡터 **x**의 열의 크기를 갖는다.

만일 **x**와 **y**가 동일한 경우는 `[X, Y] = meshgrid(x)` 혹은 `[X, Y] = meshgrid(y)`로 지정할 수 있다.

```
[X, Y, Z] = meshgrid(x, y, z)
```

- Z : 각 행이 z의 복사인 행렬로 나타난 결과
- z : 배열로 나타낼 벡터 또는 변수

벡터 **x**, **y**, **z**에 포함된 좌표를 기반으로 3차원 격자무늬 좌표를 반환한다. 좌표 X로 나타내는 격자무늬는 벡터 **y**의 크기, 좌표 Y로 나타내는 격자무늬는 벡터 **x**의 크기, 좌표 Z로 나타내는 격자무늬는 벡터 **z**의 크기를 갖는다.

[그림 5-62]는 `meshgrid` 명령어를 이용하여 5개 원소를 갖는 행벡터 **x**와 4개의 원소를 갖는 행벡터 **y**의 복사본인 행렬을 보여준다.

```
Command Window
❶ >> x = -2:1:2;
   >> y = 0:1:3;
   >> [X,Y] = meshgrid(x,y)
   X =
❷   -2   -1    0    1    2
    -2   -1    0    1    2
    -2   -1    0    1    2
    -2   -1    0    1    2
   Y =
❸    0    0    0    0    0
     1    1    1    1    1
     2    2    2    2    2
     3    3    3    3    3
```

❶ 벡터 **x**의 원소 개수가 5, 벡터 y의 원소 개수가 4이므로 행렬 X와 Y는 4행 5열이 된다.

❷ 행렬 **X**는 −2부터 2까지 1씩 증가하는 각 원소를 각 열에 지정하고 4회 복사한 형태의 행렬을 나타낸다.

❸ 행렬 **Y**는 0부터 3까지 1씩 증가하는 각 원소를 각 행에 지정하고 5회 복사한 형태의 행렬을 나타낸다.

그림 5-62 meshgrid 명령어를 이용하여 상이한 벡터를 출력한 결과

[그림 5-63]은 meshgrid 명령어를 이용하여 동일한 원소의 개수를 갖는 2개 벡터 **x**와 **y**의 복사본인 행렬을 보여준다.

```
Command Window
>> x = -1:1:1;
>> y = -1:1:1;
>> [X,Y] = meshgrid(x,y)
X =
    -1     0     1
    -1     0     1
    -1     0     1
Y =
    -1    -1    -1
     0     0     0
     1     1     1
>> [X,Y] = meshgrid(-1:1:1)
X =
    -1     0     1
    -1     0     1
    -1     0     1
Y =
    -1    -1    -1
     0     0     0
     1     1     1
```

벡터 **x**와 **y**가 동일한 원소를 갖는 경우는 meshgrid 명령어 내부에 하나의 벡터만 지정해도 실행 결과는 동일하다.

그림 5-63 meshgrid 명령어를 이용하여 동일한 벡터를 출력한 결과

3. 그물망 그리기

mesh 명령어를 이용하면 벡터 **x**, **y**의 함수로 구성된 **z**의 그래프($z = f(x, y)$)를 그물망(mesh) 형태로 그릴 수 있다. mesh 명령어를 이용하면 3차원 격자무늬를 그릴 수 있다. 이때 z에 비례하여 표면의 높이와 그래프의 색상이 결정된다.

mesh 명령어의 기본 형태는 다음과 같다.

```
mesh(x, y, z)
```

- x, y : 축에 대한 정보가 저장된 벡터
- z : 벡터 x, y의 값으로 이루어진 벡터

실습 5-7

mesh 명령어를 이용하여 $-4 \le x \le 4$와 $-3 \le y \le 3$에 0.2 간격으로 놓여 있는 함수 $Z = X^2 - Y^2$에 대한 3차원 표면을 그려라. 3개의 축 이름은 각각 'X-axis', 'Y-axis', 'Z-axis'로 지정하라.

풀이

```
Command Window
   >> x = -4:0.2:4;
   >> y = -3:0.2:3;
❶  >> [X,Y] = meshgrid(x,y);
❷  >> Z = X.^2 - Y.^2;
❸  >> mesh(X,Y,Z);
   >> xlabel('X-axis');
   >> ylabel('Y-axis');
   >> zlabel('Z-axis');
```

그림 5-64 mesh 명령어를 이용하여 그물망 그리기

❶ `meshgrid` 명령어를 이용하여 x, y의 벡터를 표현한다.

❷ 배열 연산자를 이용하여 함수 Z를 입력한다.

❸ `mesh` 명령어를 이용하여 3차원 격자무늬를 그리고, 3개의 축 이름을 `xlabel`, `ylabel`, `zlabel` 명령어를 이용하여 지정한다.

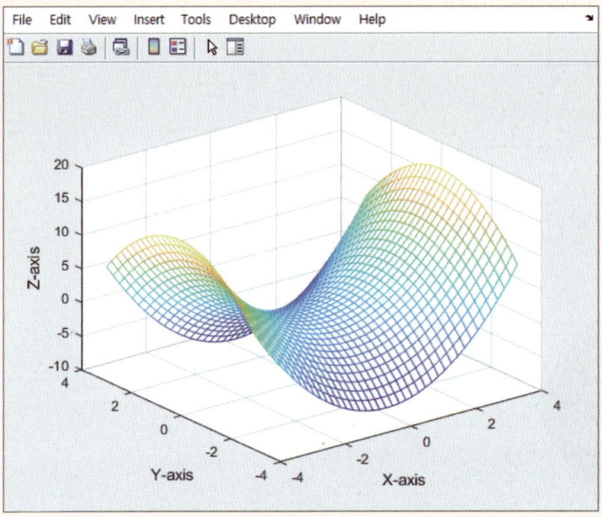

그림 5-65 mesh 명령어를 이용하여 그물망 그리기 실행 결과

4. 파도 형태 그리기

3차원 표면을 그릴 때는 mesh와 함께 surf 명령어를 사용한다. surf 명령어는 mesh 명령어와 기능이 같지만, 3차원 격자무늬에 색을 채워 파도 형태로 그릴 때 사용한다. surf 명령어는 함수의 모든 곡면에 색을 채워 그려주므로 mesh 명령어를 사용했을 때보다 색이 더 뚜렷하다. 표면의 높이와 그래프의 색상은 z에 비례하여 결정된다.

surf 명령어의 기본 형태는 다음과 같다.

```
surf(x, y, z)
```

- x, y : 표면의 구성 요소를 정의하는 벡터
- z : x, y로 표현된 식 또는 벡터

[그림 5-66]은 [실습 5-7]에서 사용한 mesh 명령어 대신 surf 명령어를 이용한 코딩이다.

Command Window

```
❶ >> [X,Y] = meshgrid(-4:0.2:4,-3:0.2:3);
   >> Z = X.^2 - Y.^2;
❷ >> surf(X,Y,Z);
   >> xlabel('X-axis');
   >> ylabel('Y-axis');
   >> zlabel('Z-axis');
```

❶ 벡터 **x**와 **y**를 미리 지정하지 않은 채 meshgrid 명령어 안에 직접 각각의 범위를 입력한다.

❷ surf 명령어를 지정하여 3차원 격자무늬에 색을 채워 파도 형태로 그린다.

그림 5-66 surf 명령어를 이용하여 그물망 그리기

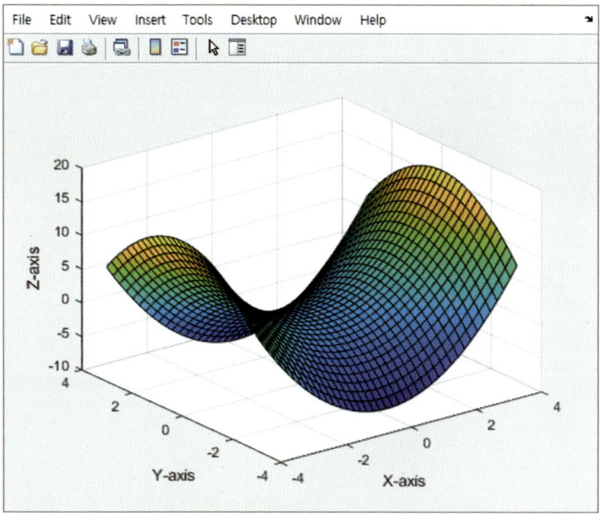

그림 5-67 surf 명령어를 이용하여 그물망 그리기 실행 결과

[그림 5-68]은 [그림 5-67]에 추가적인 색상 막대를 그리는 코딩이다. colorbar 명령어를 이용하면 3차원 격자무늬에 사용하고 있는 각 색상을 막대로 나타낸다.

Command Window

```
>> [X,Y] = meshgrid(-4:0.2:4,-3:0.2:3);
>> Z = X.^2 - Y.^2;
>> surf(X,Y,Z);
>> colorbar;
>> xlabel('X-axis');
>> ylabel('Y-axis');
>> zlabel('Z-axis');
```

surf 명령어 다음에 colorbar 명령어를 입력한다.

그림 5-68 colorbar 명령어를 이용하여 색상 막대 그리기

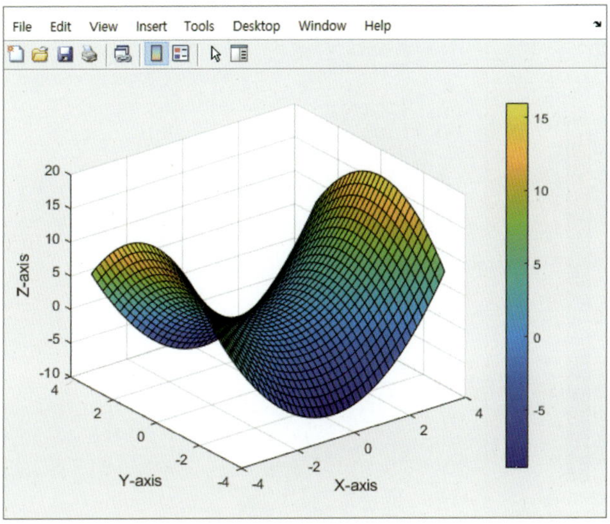

그림 5-69 colorbar 명령어를 이용하여 색상 막대 그리기 실행 결과

5. 등고선 그리기

contour 명령어를 이용하면 **x**와 **y**를 이용하여 **z**의 값을 2차원 등고선(contour) 그래프로 나타낸다. contourf 명령어를 이용하면 등고선 그래프에 색상을 채워서 나타낸다.

contour와 contourf 명령어의 기본 형태는 다음과 같다.

```
contour(x, y, z, n) 또는 contourf(x, y, z, n)
```

- x, y : x 축과 y축의 한계를 결정하는 벡터
- z : **x**, **y**로 표현된 식 또는 벡터
- n : 등고선의 개수를 지정

[그림 5-70]은 [실습 5-7]에서 사용한 mesh 명령어 대신 contour 명령어를 이용한 코딩이다.

```
>> [X,Y] = meshgrid(-4:0.2:4,-3:0.2:3);
>> Z = X.^2 - Y.^2;
>> contour(X,Y,Z,15);
>> colorbar;
>> xlabel('X-axis');
>> ylabel('Y-axis');
```

contour 명령어를 이용하여 3차원 표면을 2차원 등고선으로 그린다.

그림 5-70 contour 명령어를 이용하여 등고선 그리기

TIP contour는 3차원 그래프를 그리는 명령어이지만, 2차원 등고선 그래프를 묘사하기 때문에 3차원 공간의 제3의 축의 이름을 나타내는 zlabel 명령어를 쓸 필요가 없다.

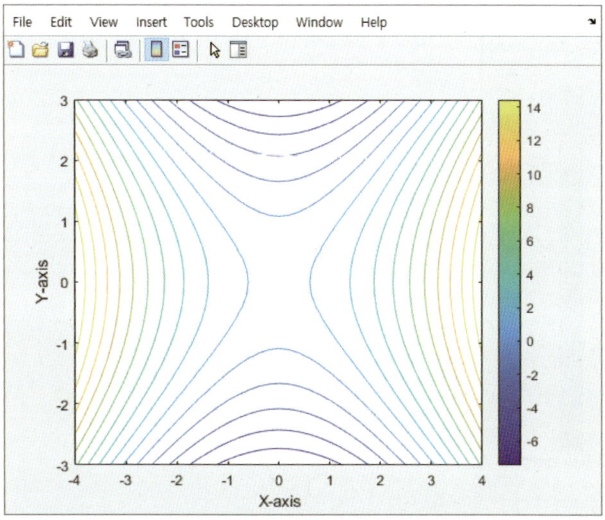

그림 5-71 contour 명령어를 이용하여 등고선 그리기 실행 결과

[그림 5-72]는 [그림 5-70]에서 사용한 contour 명령어 대신 contourf 명령어를 이용한 코딩이다.

```
>> [X,Y] = meshgrid(-4:0.2:4,-3:0.2:3);
>> Z = X.^2 - Y.^2;
>> contourf(X,Y,Z,15);
>> colorbar;
>> xlabel('X-axis');
>> ylabel('Y-axis');
```

contourf 명령어를 이용하여 2차원 등고선을 색으로 채운다.

그림 5-72 contourf 명령어를 이용하여 등고선 그리기

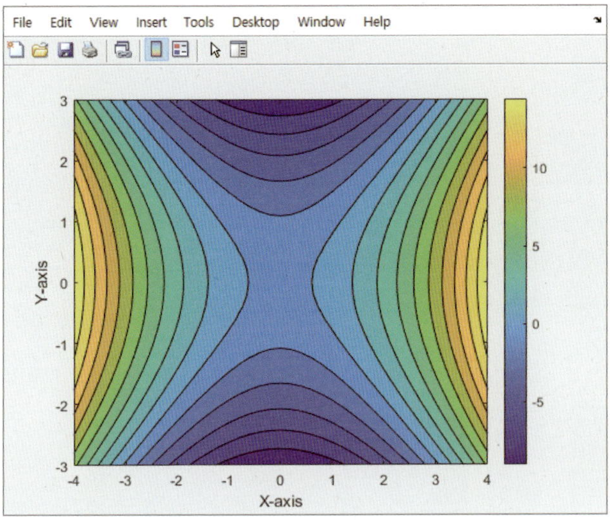

그림 5-73 contourf 명령어를 이용하여 등고선 그리기 실행 결과

6. 포물선의 변형 그리기

mesh 명령어는 meshc, meshz, waterfall 명령어로 변형하여 자주 이용된다. meshc 명령어[5]는 3차원 격자무늬 그래프 바로 밑에 등고선을 동시에 나타낸다.

meshz 명령어는 3차원 격자무늬 그래프와 함께 z축을 제외한 x축과 y축 양방향을 따라 연속적으로 수직선의 장막을 그린다. 또한 waterfall 명령어는 3차원 격자무늬 그래프 바로 밑에 y축 방향을 따라서 수직선의 장막을 그린 폭포(waterfall) 형태를 생성한다.

meshc, meshz, waterfall 명령어의 기본 형태는 다음과 같다.

```
meshc(x, y, z) 또는 meshz(x, y, z) 또는 waterfall(x, y, z)
```

- x, y : 축에 대한 정보가 저장된 벡터
- z : 벡터 **x**, **y**의 값으로 이루어진 벡터

[그림 5-74]는 [실습 5-7]에서 사용한 mesh 명령어 대신 meshc 명령어를 이용한 코딩이다.

Command Window

```
>> [X,Y] = meshgrid(-4:0.2:4,-3:0.2:3);
>> Z = X.^2 - Y.^2;
>> meshc(X,Y,Z);
>> xlabel('X-axis');
>> ylabel('Y-axis');
>> zlabel('Z-axis');
```

meshc 명령어를 지정하여 3차원 격자무늬 그래프 밑에 등고선을 그린다.

그림 5-74 meshc 명령어를 이용하여 등고선 그리기

5 mesh와 contour를 합친 말이다.

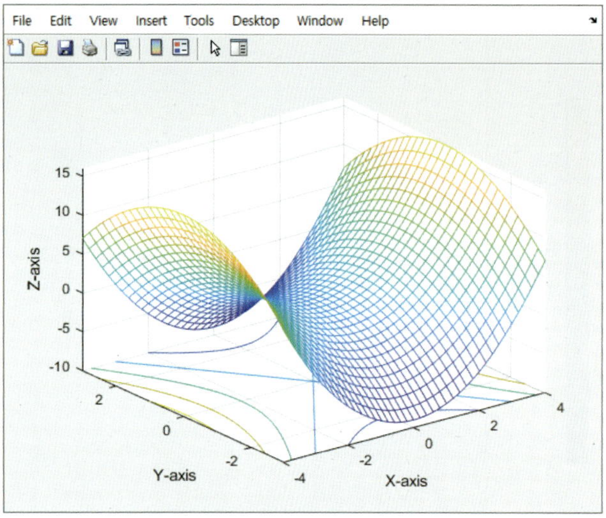

그림 5-75 meshc 명령어를 이용하여 등고선 그리기 실행 결과

[그림 5-76] ~ [그림 5-77]은 [그림 5-74]의 코딩에서 `meshc` 명령어 대신 `meshz`와 `waterfall`을 지정하여 실행한 결과를 보여준다.

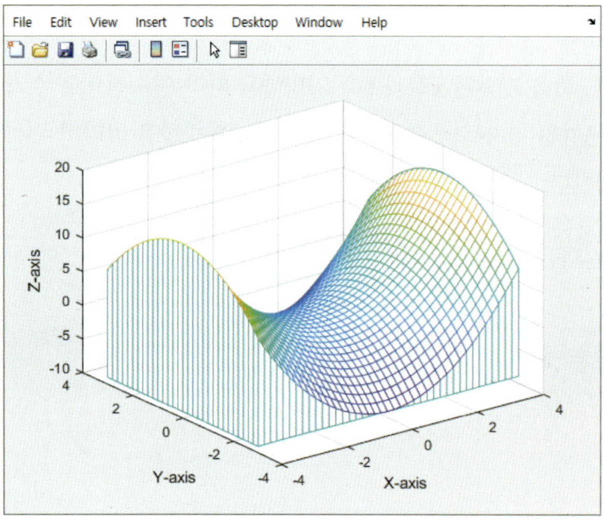

그림 5-76 meshz 명령어를 이용하여 등고선 그리기 실행 결과

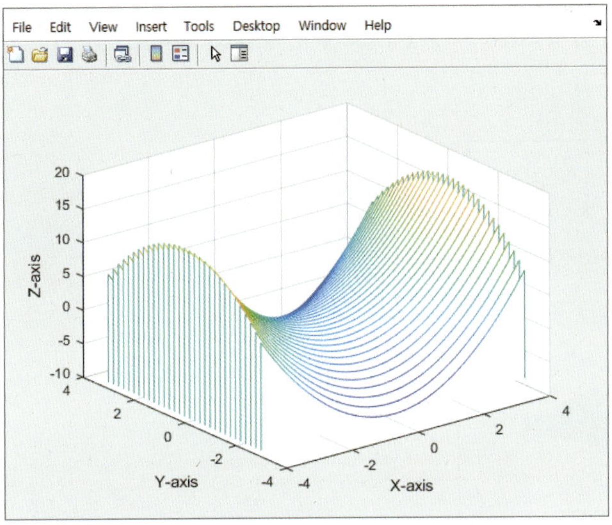

그림 5-77 waterfall 명령어를 이용하여 등고선 그리기 실행 결과

실습 5-8

$-5 \le x \le 5$에 51개 좌표점과 $-5 \le y \le 5$에 51개 좌표점을 갖는 함수 $z = f(x, y) = y\exp(-(x^2 + y^2)/2)$에 대한 3차원 격자무늬 그래프와 등고선을 함께 그려라. 그리고 생성된 그래프를 다음에 설명하는 view 명령어를 이용하여 수평 회전 $-30°$와 수직 고도 $10°$가 되도록 다시 그려라.

배경 지식

```
view(HR, VE)
```

- HR : 3차원 그림을 z축을 중심으로 수평 회전시키는 각도이다. 양수값을 갖는 각도는 반시계 방향으로 회전한다.
- VE : 3차원 그림을 수직 고도로 이동시키는 각도이다. 양수값은 위의 고도로 이동하고 음수값은 아래 고도로 이동한다.

풀이

```
Command Window
❶ >> [X,Y] = meshgrid(linspace(-5,5,51));
❷ >> Z = Y.*exp(-(X.^2 + Y.^2)/2);
❸ >> meshc(X,Y,Z);
   >> xlabel('X-axis');
   >> ylabel('Y-axis');
   >> zlabel('Z-axis');
❹ >> view(-30,10);
```

그림 5-78 3차원 격자무늬 그래프와 등고선 그리기

❶ linspace 명령어를 이용하여 동일한 x, y의 벡터를 표현한다.

❷ 배열 연산자를 이용하여 함수 Z를 입력한다.

❸ 3차원 격자무늬 그래프와 등고선을 함께 그리기 위해서 meshc 명령어를 이용하고 3개의 축 이름을 지정한다.

❹ `view` 명령어를 이용하여 음수값을 갖는 각도 $-30°$에 의해서 시계 방향으로 수평 회전하고 양수값을 갖는 $10°$에 의해서 위의 고도로 이동한다.

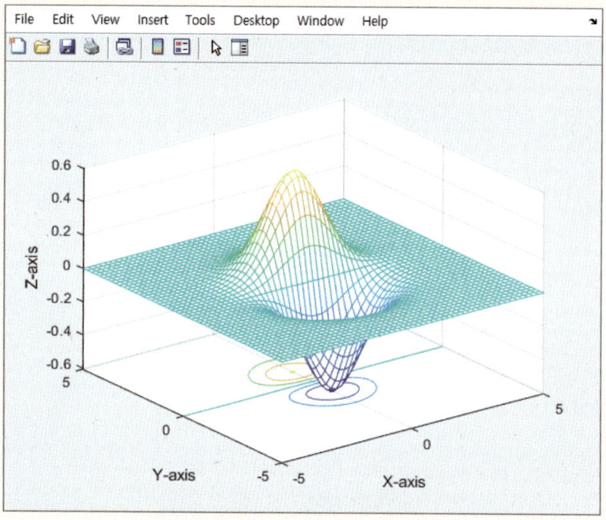

그림 5-79 view 명령어를 지정하지 않고 실행한 결과

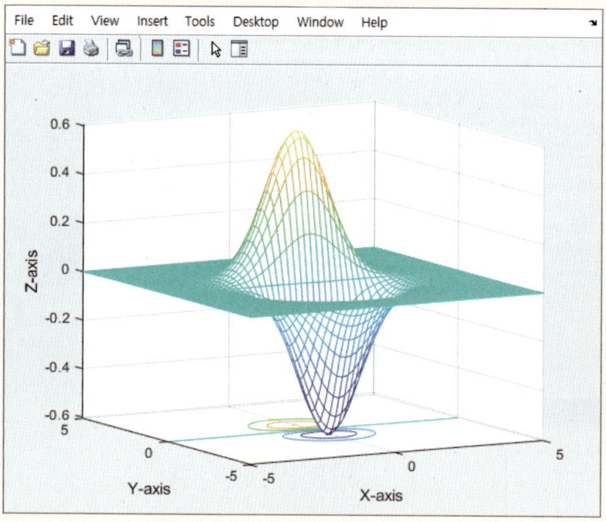

그림 5-80 view 명령어를 지정하고 실행한 결과

[그림 5-78]의 코딩에서 `view(0,90)` 명령어로 바꾸면 [그림 5-81]처럼 2차원 그래프의 기본 형태를 보여준다.

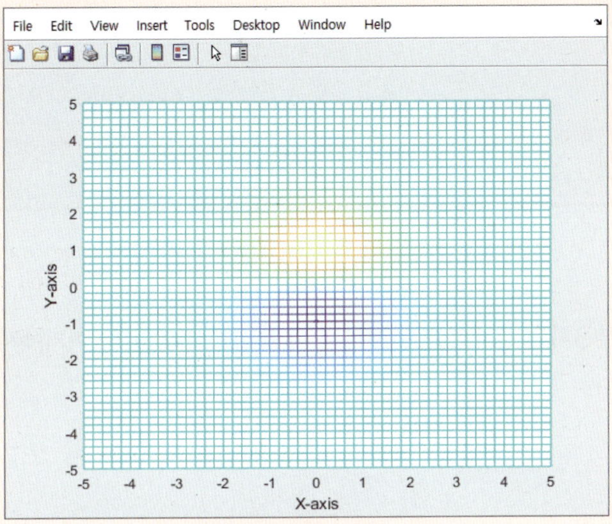

그림 5-81 view(0, 90) 명령어를 지정하고 실행한 결과

SECTION 5.4

3차원 그래프의 응용

학습 목표

- surf 명령어를 이용하여 가브리엘 나팔을 그린다.
- mesh 명령어를 이용하여 가브리엘 케이크를 그린다.

5.3절에서는 일반적으로 많이 사용하는 기본 3차원 그래프를 이해하는 데 초점을 두었다면, 여기에서는 3차원 그래프를 확장 응용한 부분을 설명한다.

1. 가브리엘 나팔

가브리엘 나팔(Gabriel's horn)[6]은 곡선 $f(x) = 1/x$을 구간 $1 \leq x < \infty$에서 x축을 중심으로 회전하여 그려지는 나팔이다. 이는 표면적은 무한하고 부피는 유한한 특정 기하학적 도형을 나타낸다. 이때 $y = f\cos(\theta)$와 $z = f\sin(\theta)$의 함수를 함께 사용한다.

[그림 5-82]는 3차원 격자무늬에 색을 채워 그릴 때 사용하는 surf 명령어를 이용하여 가브리엘 나팔을 그리는 코딩이다.

Command Window

```
❶ >> x = linspace(1,20,80);
   >> theta = linspace(0,2*pi,36);
❷ >> [X,Th] = meshgrid(x,theta);
   >> F = 1./X;
   >> Y = F.*cos(Th);
   >> Z = F.*sin(Th);
❸ >> surf(X,Y,Z);
❹ >> view(-30,10);
❺ >> colormap hsv;
❻ >> xlabel('X');
   >> ylabel('Y');
   >> zlabel('Z');
```

❶ linspace 함수를 이용하여 초깃값 1, 최종값 20, 원소 개수 80개를 갖는 x를 임의로 지정한다. 또한 linspace 함수를 이용하여 초깃값 0부터 최종값 2π까지 임의로 36개의 각도를 지정한다.

❷ meshgrid 명령어를 이용한다. 그리고 각각의 3개 함수를 배열 연산자를 이용하여 지정한다.

❸ surf 명령어를 이용하여 3차원 격자무늬 그래프에 색을 채운 형태로 가브리엘 나팔을 그린다.

❹ view 명령어를 이용하여 −30°를 지정하여 시계 방향으로 수평 회전 이동하고 10°를 지정하여 위의 고도로 이동한다.

❺ colormap 명령어를 이용하여 색상 맵(colormap)[7]과 함께 지정한 hsv(hue−saturation−value)는 색조−채도−값 색상 모델의 색조를 변경시킨다.

❻ xlabel, ylabel, zlabel 명령어를 이용하여 x, y, z축 이름을 지정한다.

그림 5-82 가브리엘 나팔 그리기

6 토리첼리의 트럼펫(Torricelli's trumpet)으로도 불린다.

7 이 맵은 주기적 함수를 나타내는 데 특히 유용하다. 색상은 빨강으로 시작하여 노랑, 초록, 시안, 파랑, 자홍을 차례대로 지나서 빨강으로 돌아간다.

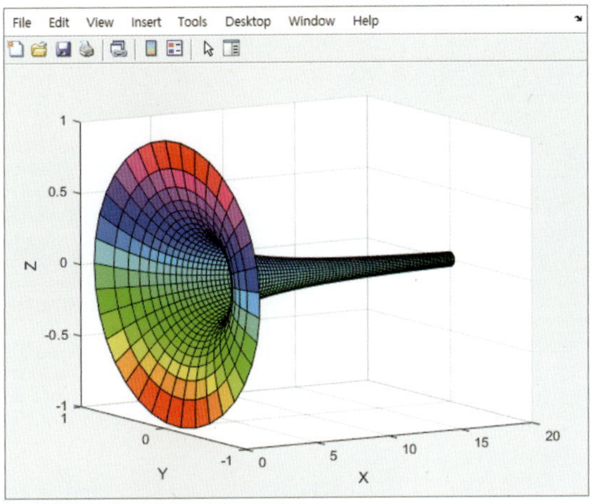

그림 5-83 가브리엘 나팔 그리기 실행 결과

2. 가브리엘 케이크

가브리엘 케이크(Gabriel's cake)라 부르는 단계별(step-wise) 버전은 함수 $f(x) = 1/x$을 식 (5.2)와 같이 단계적으로 대체하여 그릴 수 있다. 이때 $y = f\cos(\theta)$와 $z = f\sin(\theta)$의 함수를 함께 사용한다.

$$f(x) = \begin{cases} \frac{1}{1}, & 1 \le x < 2 \\ \frac{1}{2}, & 2 \le x < 3 \\ \frac{1}{3}, & 3 \le x < 4 \\ \cdots & \\ \frac{1}{n}, & n \le x < n+1 \\ \cdots & \end{cases} \tag{5.2}$$

[그림 5-84]는 3차원 격자무늬를 그리는 mesh 명령어를 이용하여 가브리엘 케이크를 그리는 코딩이다.

Command Window

```
❶ >> x = linspace(1,6,101);
   >> theta = linspace(0,2*pi,73);
❷ >> [X,Th] = meshgrid(x,theta);
   >> F = 1./floor(X);
   >> Y = F.*cos(Th);
   >> Z = F.*sin(Th);
❸ >> mesh(X,Y,Z);
❹ >> view(-25,15);
❺ >> colormap hsv;
❻ >> xlabel('X');
   >> ylabel('Y');
   >> zlabel('Z');
```

❶ linspace 함수를 이용하여 초깃값 1, 최종값 6, 원소 개수 101개를 갖는 x를 임의로 지정한다. 그리고 linspace 함수를 이용하여 초깃값 0부터 최종값 2π까지 임의로 73개의 각도를 지정한다.

❷ meshgrid 명령어를 이용한다. 그리고 각각의 3개 함수를 배열 연산자를 이용하여 지정한다.

❸ mesh 명령어를 이용하여 3차원 격자무늬 그래프의 형태로 가브리엘 케이크를 그린다.

❹ view 명령어를 이용하여 −25°를 지정하여 시계 방향으로 수평 회전 이동하고 15°를 지정하여 위의 고도로 이동한다.

❺ 색상 맵(colormap)을 hsv로 지정한다.

❻ xlabel, ylabel, zlabel 명령어를 이용하여 x, y, z축 이름을 지정한다.

그림 5-84 가브리엘 케이크 그리기

TIP floor 명령어는 X의 각 원소를 해당 원소보다 작거나 동일한 가장 가까운 정수로 반올림한다.

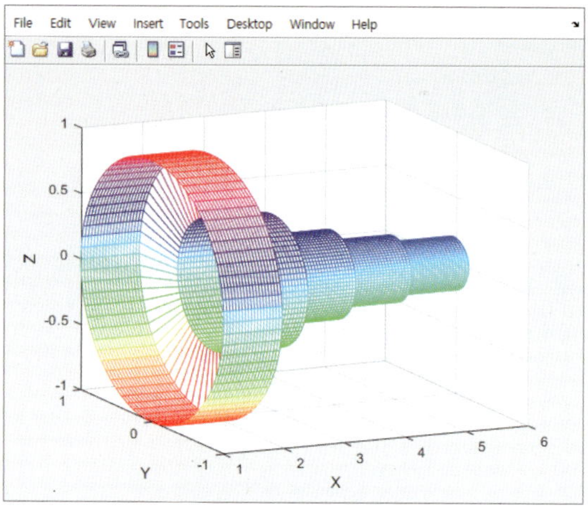

그림 5-85 가브리엘 케이크 그리기 실행 결과

[그림 5-85]의 가브리엘 케이크는 엎어져 있는 형태이므로 바로 세운 형태의 케이크 형태를 유지하기 위해 [그림 5-86]과 같이 코딩을 수정한다.

Command Window

```
❶ >> z = linspace(1,6,101);
   >> theta = linspace(0,2*pi,73);
❷ >> [Z,Th] = meshgrid(z,theta);
❸ >> F = 1./floor(Z);
   >> Y = F.*cos(Th);
   >> X = F.*sin(Th);
   >> mesh(X,Y,Z);
   >> view(-25,15);
   >> colormap hsv;
   >> xlabel('X');
   >> ylabel('Y');
   >> zlabel('Z');
```

❶ linspace 함수를 이용하여 x 대신 z에 초깃값 1, 최종값 6, 원소 개수 101개를 지정한다. 이때 각도 θ의 지정은 이전과 동일하다.

❷ meshgrid 명령어를 이용한다.

❸ [그림 5-84]의 코딩 결과와 비교하여 X는 Z로 Z는 X로 바꾼 2개 함수를 배열 연산자를 이용하여 지정한다. 이때 함수 Y의 지정은 이전과 동일하다.

그림 5-86 가브리엘 케이크 바로 세우기

독립 변수 x를 z로 대체하고 z축을 중심으로 회전하면 [그림 5-87]과 같은 수정된 5단계 가브리엘 케이크를 얻는다. 단순하게 z의 최종값의 정수를 증가시키면 케이크의 단의 개수 및 높이가 증가한다.

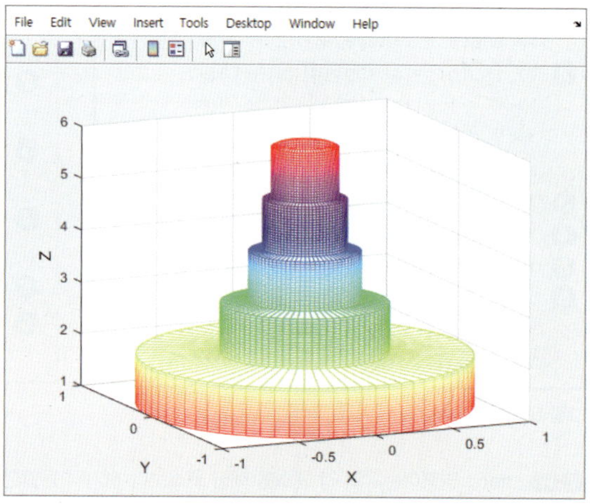

그림 5-87 완성된 가브리엘 케이크

Note comet3 명령어

comet3 명령어를 이용하면 x, y, z축의 각 점 [x(i), y(i), z(i)]를 통해 곡선의 혜성과 같은 그래프의 궤적을 그린다. comet3(x, y, z)로 나타낼 수 있으며 x, y, z는 세 방향으로 동일한 원소의 수를 가진 벡터를 의미한다.

[그림 5-88]은 [그림 5-60]의 plot3 명령어를 comet3 명령어로 대체한 코딩이다.

Command Window

```
>> t = 0:pi/20:10*pi;
>> x = sin(t);
>> y = cos(t);
>> z = t;
>> comet3(x,y,z);
>> grid on;
>> xlabel('X-axis');
>> ylabel('Y-axis');
>> zlabel('Z-axis');
```

그림 5-88 comet3 명령어를 이용하여 3차원 그래프 그리기

comet3 명령어를 입력하면 xy-평면 바닥에서 z축 위 방향으로 3차원 그래프가 궤적을 그리면서 이동하는 것을 확인할 수 있다. [그림 5-89]에서 보여주는 동그라미가 궤적이 끝나는 위치가 된다.

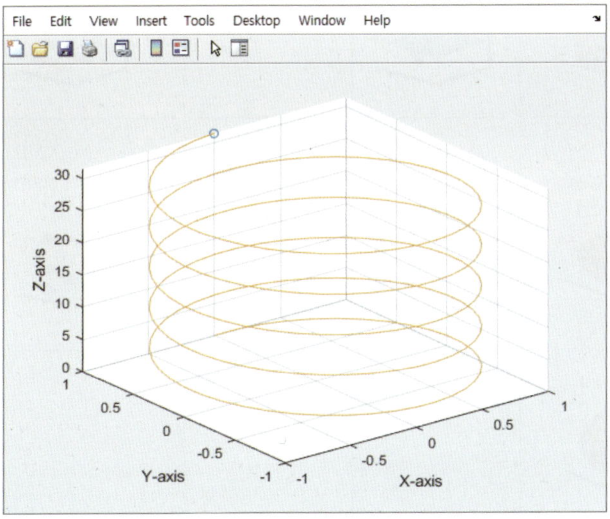

그림 5-89 comet3 명령어를 이용하여 3차원 그래프 그리기 실행 결과

표 5-7 3차원 그래프들의 출력 형태

선 그래프	격자무늬 그래프와 막대 그래프	공간 그래프	면 그래프	방향 그래프	체적 그래프
plot3(X,Y,Z) 	mesh(X,Y,Z) 	pie3(X,explode) 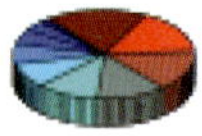	surf(X,Y,Z) 	quiver3(x,y,z,u,v,w) 	scatter3(X,Y,Z,S,C) 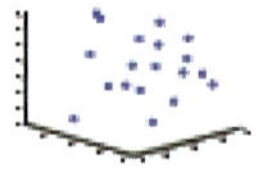
contour3(X,Y,Z) 	meshc(X,Y,Z) 	fill3(X,Y,Z,C) 	surfl(X,Y,Z) 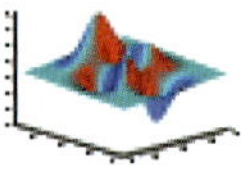	comet3(x,y,z) 	coneplot(X,Y,Z,U,V,W,Cx,Cy,Cz) 
contourslice(X,Y,Z,V,Sx,Sy,Sz) 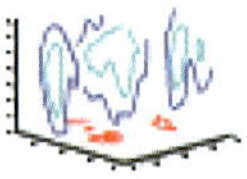	meshz(X,Y,Z) 	patch(X,Y,C) 	surfc(X,Y,Z) 	streamslice(X,Y,U,V) 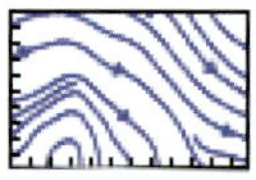	streamline(X,Y,Z,U,V,W,startx,starty,startz) 
ezplot3(funx,funy,funz) 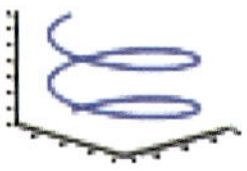	ezmesh(fun) 	cylinder [X,Y,Z] = cylinder(r) 	ezsurf(fun) 		streamribbon(X,Y,Z,U,V,W,startx,starty,startz) 
waterfall(X,Y,Z) 	stem3(X,Y,Z) 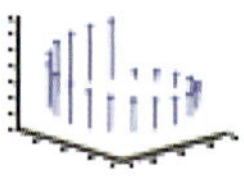	ellipsoid [x,y,z] = ellipsoid(xc,yc,zc,xr,yr,zr) 	ezsurfc(fun) 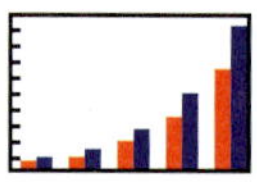		streamtube(X,Y,Z,U,V,W,startx,starty,startz) 
	bar3(Y) 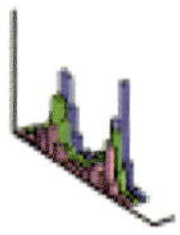	sphere(n) 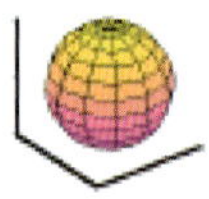			
	bar3h(Y) 				

CHAPTER

05 연습문제

5.1 0부터 10까지 2씩 증가하는 입력 자료에 대한 세 개의 출력 자료 **y1**, **y2**, **y3**가 있다. 이때 입력 변수 **x**에 대한 출력 변수 **y1**, **y2**, **y3**를 `hold` 명령어를 이용하지 않고 그래프로 나타내라.

$$\mathbf{y1} = [1.2 \quad 2 \quad 2.5 \quad 2.8 \quad 3 \quad 1.7]$$
$$\mathbf{y2} = [0.2 \quad 2.3 \quad 3.2 \quad 1.8 \quad 2 \quad 1.5]$$
$$\mathbf{y3} = [0.5 \quad 0.8 \quad 1.6 \quad 2.9 \quad 3 \quad 1.4]$$

5.2 [연습문제 5.1]과 동일한 입력 변수 **x**와 출력 변수 **y1**, **y2**, **y3**를 이용하여 **x**에 대한 출력 변수 **y1**의 그래프를 그린 후 `hold` 명령어를 추가로 이용하여 **y2**와 **y3**의 그래프를 나타내라.

5.3 다음 회로는 최대 전력 해석에 사용하는 테브난 등가 회로이다.

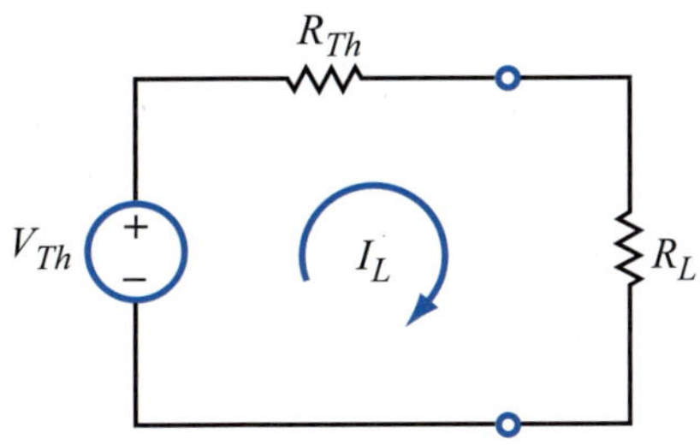

옴(Ohm)의 법칙과 키르히호프(Kirchhoff)의 법칙을 이용하면 부하(load)에서 소모되는 부하 전력은 다음과 같이 구할 수 있다.

$$P_L = \frac{V_{Th}^2}{(R_L + R_{Th})^2} R_L$$

여기서 R_L은 부하 저항, V_{Th}는 테브난 전압원, R_{Th}는 테브난 저항을 나타낸다. 부하에 최대 전력을 전달하기 위해서는 테브난 등가 저항과 부하 저항의 값이 서로 일치하는, 즉 $R_L = R_{Th}$일 때 다음과 같은 최대 전력을 구할 수 있다.

$$P_{L,\max} = \frac{V_{Th}^2}{4R_{Th}}$$

부하 저항은 $0 \le R_L \le 400$[Ω]의 범위에서 2[Ω]씩 증가할때 부하 저항 R_L에 대한 부하 전력 P_L을 그리고, 최대 전력 $P_{L,\max}$를 함께 나타내라. 이때 $V_{Th} = 100$[V]와 $R_{Th} = 50$[Ω]이다.

5.4 버터워스(Butterworth) 저역통과 필터(low pass filter)는 낮은 주파수는 통과시키고 높은 주파수는 저지시키는 통과대역에서 가능한한 평평한 주파수 응답을 갖도록 설계된 신호 처리 필터이다. 이 필터의 전달함수(transfer function)는 다음과 같이 나타낼 수 있다.

$$|H(f)|^2 = \frac{1}{1+\left(\frac{f}{f_c}\right)^{2N}}$$

주파수 f는 20[Hz]와 2[kHz] 사이에 200개 원소를 갖는 벡터이고 차단 주파수(cutoff frequency) f_c는 400[Hz]이다. 이때 편의상 $N=2$로 지정한다. 전달함수 그래프에 대한 가로축과 세로축의 양쪽을 로그 눈금으로 나타내라.

5.5 범위 $0 \le u \le 8$에서 0.01씩 증가하는 함수 $y_1 = e^{-0.5u}\cos(20u-6)$과 범위 $-8 \le v \le 8$에서 0.01씩 증가하는 함수 $y_2 = 6\log_{10}(v^2+20)$가 있다. 그림 창 1개를 2개로 분할하여 함수 y_1는 상단에 함수 y_2는 하단에 함께 나타내는 그래프를 그려라.

5.6 x가 상수 2에 근접하는 $x=2$인 점에서 함수 $f(x)=\sqrt{x}$에 대한 선형 및 2차 테일러 다항식(Taylor polynomial)의 근삿값은 다음과 같다.

$$p_1(x) = \sqrt{2} + \frac{\sqrt{2}}{4}(x-2)$$

$$p_2(x) = \sqrt{2} + \frac{\sqrt{2}}{4}(x-2) - \frac{\sqrt{2}}{32}(x-2)^2$$

x의 범위가 1.0, 1.1, 1.2, ⋯, 2.8, 2.9, 3.0 사이에 있다고 가정한다. 범례를 이용하여 함수 $f(x)$, 선형 및 2차 테일러 다항식의 그래프를 각각 나타내라.

5.7 푸리에 정리(Fourier theorem)는 어떠한 주기 함수도 각기 다른 주파수를 갖는 정현파의 합으로 나타낼 수 있다는 정리이다. 푸리에 정리에 의하면 주기 함수인 비정현파 신호도 사인 함수 혹은 코사인 함수에 주파수의 정수배가 곱해진 정현파 함수의 무한한 합으로 표현할 수 있다. 그러므로 주기 함수인

$$f(x) = \begin{cases} 1 & (0 < x < \pi) \\ -1 & (-\pi < x < 0) \end{cases}$$

는 다음과 같이 삼각함수의 가중치로 분해한 푸리에 급수(Fourier series) 형태로 나타낼 수 있다.

$$f(x) = \frac{4}{\pi}\left(\frac{\sin x}{1} + \frac{\sin 3x}{3} + \frac{\sin 5x}{5} + \frac{\sin 7x}{7} + \cdots\right)$$

함수 $f(x)$와 푸리에 급수를 하나의 그림 창에 함께 그려라. 이때 0.01씩 증가하는 변수 x는 3개의 다른 간격 $0<x<\pi$, $-\pi<x<0$, $-\pi<x<\pi$를 각각 사용한다.

5.8 오일러 공식(Euler's formula) $e^{j\theta} = \cos\theta + i\sin\theta$을 이용하여 원점에서 반지름 1을 갖는 원을 그려라. 이 원은 가로 및 세로의 길이 2를 갖는 정사각형 내부에 위치한다. 여기서 각도 θ는 1°씩 회전한다.

5.9 누적분포함수(Cumulative Distribution Function, CDF)는 임의의 확률분포에 대해 확률변수가 특정 값보다 작거나 같을 확률을 나타낸다. 확률변수 X는 계산한 확률을 서로 연결한 것이다. 누적분포함수에서 확률변수는 다음과 같이 집합 $(-\infty, x]$에서 사건 $\{X \le x\}$의 확률 $F_X(x) = P[X \le x]$로 정의된다. 주사위 2개를 동시에 40번 던질 때 나오는 주사위 눈의 합에 대한 누적분포함수를 계단 형태로 나타내라.

5.10 이산 신호(Discrete-Time Signal, DTS)는 시간과 크기가 모두 이산적인 값인 디지털 신호(digital signal)와 혼용하기도 한다. 이산 신호 정현파 함수는 다음과 같이 나타낸다.

$$x[n] = A\cos(\omega n + \theta)$$

31개의 지속적인 표본을 가진 이산 정현파 함수 $x[n]$의 파형을 줄기 형태의 그래프로 나타내라. 이때 진폭 $A = 1$, 각주파수 $\omega = 0.3$, 위상 $\theta = \frac{\pi}{3}$이다.

5.11 전위는 시간에 따라 변하지 않는 전기장에서 단위 전하의 전기적 위치 에너지이다. 임의의 점에서 2개의 점전하 q_1과 q_2에 의해 생성되는 전위는 다음과 같다.

$$V = \frac{1}{4\pi\varepsilon_0}\left(\frac{q_1}{r_1} + \frac{q_2}{r_2}\right)$$

xy 평면 상에서 점전하 $q_1 = 0.1\,[\text{nC}]$은 $(0.4, 0)$에 놓여 있고, $q_2 = 0.3\,[\text{nC}]$은 $(-0.4, 0)$에 놓여 있다. $-0.5 \le x \le 0.5$와 $-0.5 \le y \le 0.5$에 놓여 있는 전위를 격자 표면과 등고선으로 동시에 나타내는 3차원 그래프를 생성하라. 여기서 임의의 점에서 점전하 q_1과 q_2까지의 거리는 $r_1 = \sqrt{(x-0.4)^2 + y^2}$과 $r_2 = \sqrt{(x+0.4)^2 + y^2}$이고 유전율은 $\varepsilon_0 = 8.854 \times 10^{-12}\,[\text{F/m}]$이다.

5.12 위글리(Wigley) 선체(hull)는 배의 선체에 대한 간단한 수학적 모델이며 방수에 대한 전산 유체역학 시뮬레이션 연구에 사용되어 왔다. 위글리 선체 수식은 다음과 같이 나타낼 수 있다.

$$y = \pm\frac{B}{2}\left[1 - \left(\frac{2x}{L}\right)^2\right]\left[1 - \left(\frac{z}{D}\right)^2\right]$$

여기서 L은 배의 길이, B는 배의 너비, D는 배 양측의 흘수선(water line) 아래의 깊이이다. `surfc` 명령어를 이용하여 $-2 \le x \le 2$에 0.2 간격, $-0.5 \le z \le 0$에 0.02 간격으로 놓여 있는 위글리 선체 수식에 대한 파도 밑에 등고선을 나타내는 그래프를 그려라. 이때 $L = 4$, $B = 0.5$, $D = 0.5$를 지정한다.

5.13 `ribbon` 명령어를 이용하여 $-4 \leq x \leq 4$와 $-3 \leq y \leq 3$에 0.2 간격으로 놓여 있는 함수 $Z = X^2 - Y^2$를 2차원 선을 3차원에서 띠(ribbon)로 그려라.

5.14 `slice` 명령어는 X, Y, Z로 지정된 좌표로 체적 V에 대한 절편을 그린다. `slice` 명령어의 기본 형태는 다음과 같다.

```
slice(X, Y, Z, V, xslice, yslice, zslice)
```

여기서 xslice, yslice, zslice는 각 좌표의 축에 직교하는 절편 위치를 숫자 또는 벡터로 지정한다. $-3 \leq x, y, z \leq 3$의 범위에서 체적은 $V = xe^{-x^2-y^2-z^2}$이다. 값 −0.5, 1.5에서 x축에 직교, 값 −1.5, 0, 1.0에서 y축에 직교하는 절편 평면을 그려라. 이때 z축에 직교하는 절편 평면은 생성되지 않고 각 축의 0.25의 일정한 간격을 갖는다.

5.15 `patch` 명령어는 X, Y, Z을 사용하여 3차원 좌표로 다각형(polygon)을 그린다. `patch` 명령어의 기본 형태는 다음과 같다.

```
patch(X, Y, Z, C)
```

3차원 공간에서 다각형을 나타내기 위해서 `view(3)` 명령어를 함께 사용한다. 여기서 C는 다각형 색상을 다양하게 지정한다. 다음과 같은 3개 좌표점 배열을 사용하여 파랑 다각형을 육면체 내부에 그려라.

$$x = \begin{bmatrix} 1 & 1 & 4 & 3 \\ 4 & 4 & 3 & 1 \\ 3 & 3 & 3 & 3 \end{bmatrix}, \quad y = \begin{bmatrix} 1 & 1 & 1 & 4 \\ 1 & 1 & 4 & 1 \\ 4 & 3 & 3 & 3 \end{bmatrix}, \quad z = \begin{bmatrix} 1 & 1 & 1 & 1 \\ 1 & 1 & 1 & 1 \\ 1 & 4 & 4 & 4 \end{bmatrix}$$

CHAPTER 06

조건문과 순환문

MATLAB 프로그래밍을 구성(구현)할 때 관계 연산자와 논리 연산자는 논리적인 수식을 표현하고, 조건문 및 순환문은 순차적 알고리즘을 제어한다. 그리고 보다 복잡한 문장은 조건문과 순환문이 어우러져 있는 혼합문으로 나타낼 수 있다.

SECTION
6.1 프로그래밍의 이해

학습 목표

- MATLAB 프로그램의 설계를 이해하기 위해 알고리즘, 제어 구조, 모듈의 개념을 학습한다.
- MATLAB의 대표적인 오류인 구문상 오류와 실행 시간 오류에 대해 학습한다.

MATLAB을 이용하여 일정 시간 내에 프로그램을 순조롭게 개발하려면 다음과 같은 과정이 필요하다.

1. 수행하려는 프로그램에 대한 구조화된 알고리즘을 작성한다.
2. 프로그램을 하나의 종합된 동작을 하도록 모듈(module) 혹은 함수로 나눈다.

MATLAB 프로그래밍 개발을 향상시키는 데 도움이 되는 기초 개념을 살펴보자.

1. 프로그램 설계

MATLAB 프로그래밍을 이용하여 해결할 수 있는 모든 문제는 특정 순서에 입각하여 일련의 작업을 실행하게 된다. 이때 가장 기본이 되는 알고리즘, 제어 구조, 모듈에 대해 알아보자.

알고리즘

알고리즘(algorithm)은 문제를 해결하기 위해 유한한 시간 길이를 갖는 각각의 단계를 일련의 순서로 실행하는 작업을 말한다. 즉 프로그램이 원래 의도한 목적대로 실행될 수 있도록 하는 절차 및 동작이 실행되는 순서를 말한다. 그러므로 잘 구성된 알고리즘을 기반으로 MATLAB 프로그래밍의 작업 순서를 올바르게 지정하는 것이 중요하다.

제어 구조

MATLAB에서 선언문(statement)이 실행되는 순서를 지정하는 것을 프로그램 제어라고 한다. 알고리즘 명령어들을 순서에 맞춰 설정하거나 수행 도중 일부 명령어를 변경시키려면 제어 구조를 이용해야 한다. 제어 구조에는 조건 작동 또는 반복 작동이 있다.

대개 프로그램의 선언문은 작성된 순서, 즉 위에서 아래로(top-down) 실행되는데, 이를 순차적 실행(sequential execution)이라 부른다. 그런데 프로그래머가 의도적으로 순차적 실행을 따르지 않고 원하는 순서로 이동시켜 다음 선언문을 실행하는 경우가 있다. 이를 제어의 이전이라 부른다. 프로그래머는 제어의 이전을 이용하여 선언문들을 가능한 하나의 대상으로 이동시켜 프로그램의 흐름을 제어하게 된다.

모듈

모듈은 프로그램 설계를 위한 주요 기술 중 하나이다. 모듈은 입력 하나에 출력 하나를 얻을 수 있도록 구성되며, 차례대로 쓰인 알고리즘 구조에 의해 위에서 아래로 실행된다.

MATLAB에서는 내장함수(built-in function) 혹은 사용자정의 함수(user-defined function)가 이 모듈 역할을 한다.

프로그래머는 모듈 단위로 비교적 쉽게 쓰인 알고리즘을 점차 자세한 구조로 다듬는다. 프로그램의 한 부분을 작동시키기 위해서 만들어진 모듈은 프로그램의 다른 부분 응용에도 쉽게 재사용할 수 있다. 그렇다고 해도 규모가 큰 프로그램을 프로그래머 한 명이 작업하는 것은 거의 불가능하다. 프로그래머들이 여러 부분으로 나뉜 프로그램을 할당받으면, 작은 프로그램을 혼자 설계한다는 느낌으로 모듈을 구현하고 검사를 수행한다. 이후에 분할되었던 여러 개의 작은 프로그램을 하나의 프로그램으로 만들기 위해 필요한 모듈을 다시 설계한다.

2. 프로그램 오류

전체 프로그램이 하나로 완성되면 제작에 참여한 모든 프로그래머와 내부 전문가들은 제작된 프로그램이 오류 없이 실행되는가를 검사한다. 부분 프로그램의 호환성 문제로 새로운 오류가 발생하는 경우가 종종 있기에, 디버깅 과정은 반드시 수행해야 한다. 제작사 내부 검사가 완벽하게 끝나더라도, 마지막으로 프로그램 개발에 참여하지 않은 외부 전문가들의 검사까지 통과한 후에 출시하는 것이 좋다.

MATLAB에서 프로그램의 오류나 버그(bug)를 찾아내서 제거하는 과정을 **디버깅**(debugging)이라고 한다. MATLAB에서 발견되는 오류는 크게 두 가지로 나눌 수 있다.

- **구문상 오류** : 괄호나 쉼표를 생략하거나 혹은 명령어 철자를 틀릴 때 발생한다.
- **실행 시간 오류** : 프로그램 실행 중에 발생하며 부정확한 수학적 표기 방법 때문에 일어난다. 매번 발생하는 것이 아니라 특정한 경우를 입력했을 때만 발생한다.

명령창을 이용하여 프로그램을 작성할 때 실행 시간 오류를 사전에 방지하기 위해서는 명령줄 끝에 세미콜론을 생략하고 연산 결과들을 즉시 확인하여 오류를 수정하는 것이 좋다. 전체 프로그램의 작은 부분으로 구성된 모듈의 가장 큰 장점은 오류를 쉽게 검출하고 제거할 수 있다는 것이다. 작업 중에도 프로그램이 원하는 방향으로 진행하고 있는지 간편하게 테스트할 수 있다.

SECTION 6.2

관계 연산자

학습 목표

- 관계 연산자의 종류와 각각의 의미를 파악한다.
- 숫자 및 배열 간에 관계 연산자를 적용하는 방법을 터득한다.

관계 연산자는 MATLAB의 조건문 또는 순환문의 '조건'에 주로 사용된다. 이는 논리적인 수식을 표현하는 데 적합하다. 논리는 그 결과를 '참', '거짓'으로 출력하며 이를 활용하면 논리적인 수식을 표현하는 데 도움이 된다.

관계 연산자는 두 벡터의 같은 위치에 놓인 원소들을 각각 비교하는 연산자이다. 관계 연산자의 결과는 '참'이면 '1', '거짓'이면 '0'으로 표시한다. 수식에서는 등호와 부등호를 합쳐서 표현하지만, MATLAB에서는 부등호를 먼저 쓰고, 이어서 등호를 써야 한다. 변수와 관계 연산자 사이에는 공백을 넣어도 상관없다.

관계 연산자는 모두 동일한 우선 순위를 가지므로 함께 쓰인 경우에는 왼쪽에서 오른쪽 순으로 실행한다. 부등호를 포함하지 않는 관계 연산자는 부등호를 포함하는 관계 연산자보다 우선순위가 아래이다.

[표 6-1]은 관계 연산자와 그 의미를 보여준다.

표 6-1 관계 연산자

관계 연산자	의미
A>B	A가 B보다 크다.
A<B	A가 B보다 작다.
A>=B	A가 B보다 크거나 같다.
A<=B	A가 B보다 작거나 같다.
A==B	A가 B와 동일하다.[1]
A~=B	A가 B와 동일하지 않다.

1 등호를 하나만 사용하는 것은 지정 연산자이다. 등호 지정 연산자에 대해서는 7.1절에서 살펴볼 것이다.

[그림 6-1]은 각각 다른 두 숫자에 관계 연산자를 사용한 실행 결과를 보여준다. 사용된 관계 연산자가 논리적으로 참인 경우는 숫자 1, 거짓인 경우는 0을 나타낸다.

```
Command Window
>> 3 < 4
ans =
  logical
   1
>> -2 > -1
ans =
  logical
   0
>> 3 == 3
ans =
  logical
   1
>> 3 ~= 3
ans =
  logical
   0
```

그림 6-1 두 숫자에 대한 관계 연산자 실행 결과

[그림 6-2]는 원소 5개를 포함하는 서로 다른 두 배열에 관계 연산자를 사용한 실행 결과를 보여준다.

```
Command Window
>> a = [3 2 4 -1 7];
>> b = [0 2 1 -2 7];
>> a <= b
ans =
  1×5 logical array
   0   1   0   0   1
>> a == b
ans =
  1×5 logical array
   0   1   0   0   1
>> a ~= b
ans =
  1×5 logical array
   1   0   1   1   0
```

그림 6-2 두 배열에 대한 관계 연산자 실행 결과

같은 위치에 놓여 있는 원소를 비교하여 하나의 숫자처럼 논리적으로 참인 경우는 숫자 1, 거짓인 경우는 0을 나타낸다.

실습 6-1

벡터 **a** = [7, −3, 0, 3, −2]와 **b** = [8, 0, 4, 3, −1]을 지정하고, 관계 연산자를 이용하여 다음 연산 결과를 확인하라.

(a) 벡터 **a**에서 1보다 큰 값인 원소를 찾아라.
(b) 벡터 **a**가 벡터 **b**보다 크거나 같은 값인 원소를 찾아라.
(c) 벡터 **a**가 벡터 **b**와 같은 값을 찾아라.
(d) 벡터 **a**가 벡터 **b**와 같은 값이 아닌 원소를 찾아라.

풀이

```
Command Window
  >> a = [7,-3,0,3,-2];
  >> b = [8,0,4,3,-1];
ⓐ >> a > 1
  ans =
    1×5 logical array
     1   0   0   1   0
ⓑ >> a >= b
  ans =
    1×5 logical array
     0   0   0   1   0
ⓒ >> a == b
  ans =
    1×5 logical array
     0   0   0   1   0
ⓓ >> a ~= b
  ans =
    1×5 logical array
     1   1   1   0   1
```

그림 6-3 [실습 6-1]의 실행 결과

(a) 벡터 **a**의 원소가 1보다 크면 그 자리에 1이 출력되고, 1보다 크거나 같으면 0이 출력된다.
(b) 벡터 **a**의 원소가 **b**의 원소보다 크거나 같으면 그 자리에 1이 출력되고, **b**의 원소보다 작으면 0이 출력된다.
(c) 벡터 **a**의 원소가 **b**의 원소와 값이 같으면 그 자리에 1이 출력되고, **b**의 원소와 다르면 0이 출력된다.
(d) 벡터 **a**의 원소가 **b**의 원소와 값이 다르면 그 자리에 1이 출력되고, **b**의 원소와 같으면 0이 출력된다.

Note 관계 연산자의 실행 오류

관계 연산자를 사용할 때는 등호를 제대로 지정해야 한다. 부등호와 등호를 함께 사용할 때는 부등호를 등호보다 앞에 지정해야 한다. 또한 부등호와 등호 또는 등호와 등호 사이에는 공백이 없어야 한다. 등호를 하나만 사용하면 지정 연산자이기 때문에 오류가 발생한다.

```
Command Window
>> -1 => -2
 -1 => -2
    ↑
Error: Incorrect use of '=' operator. To assign a value to a variable, use '='.
To compare values for equality, use '=='.

>> 3 < = 4
 3 < = 4
     ↑
Error: Incorrect use of '=' operator. To assign a value to a variable, use '='.
To compare values for equality, use '=='.

>> -1 = = -1
 -1 = = -1
    ↑
Error: Incorrect use of '=' operator. To assign a value to a variable, use '='.
To compare values for equality, use '=='.

>> -1 = -1
 -1 = -1
    ↑
Error: Incorrect use of '=' operator. To assign a value to a variable, use '='.
To compare values for equality, use '=='.
```

그림 6-4 관계 연산자의 실행 오류

SECTION 6.3

논리 연산자

학습 목표

- 논리 연산자의 종류와 각각의 의미를 파악한다.
- `find` 함수를 이용하여 0이 아닌(nonzero) 값을 가진 원소의 자리 번호를 표시한다.

논리 연산자는 관계 연산자와 함께 논리적인 수식을 표현할 때 사용한다. 특히 조건문 또는 순환문의 '조건'에 자주 사용되므로 유의하여 알아보자.

1. 논리 연산자의 부호

논리 연산자는 벡터의 원소가 0이 아닌(nonzero) 음수와 양수인 경우는 '참'인 값 '1'로, 0인(zero)인 경우는 '거짓'인 값 '0'으로 지정한다. 대표적으로 사용하는 논리 연산자는 다음과 같다.

■ AND 논리 연산자(&)

두 벡터의 같은 위치에 놓인 원소들이 모두 0이 아닌, 즉 nonzero인 경우에만 1의 값을 표시한다. 마치 두 수를 곱하는 연산과 동일하다. 즉 0인 zero 값에 zero 또는 nonzero를 곱하면 zero인 값 0이 되고, 0이 아닌 nonzero 값에 nonzero를 곱하면 그 결과는 nonzero인 값 1이 된다.

■ OR 논리 연산자(|)

두 벡터의 같은 위치에 놓인 원소들이 모두 0인, 즉 zero인 경우를 제외하고는 nonzero 값 '1'로 표시한다. 마치 두 수를 더하는 연산과 동일하다. 즉 0인 zero 값에 zero 또는 nonzero를 더하면 nonzero 값 1이 되고, 0인 zero 값에 zero를 더하면 zero 값 0이 된다. 이 연산자는 Shift + ₩ 키를 눌러 입력할 수 있다.

■ NOT 논리 연산자(~)

벡터 원소의 '참', '거짓'을 반전한 결과를 표시한다. 마치 두 수의 +와 − 부호를 바꾸는 연산과 동일하다. 즉 zero 값의 보수는 nonzero 값인 1이고 nonzero 값의 보수는 zero 값인 0이 된다.

■ XOR 논리 연산자

MATLAB에서 XOR 논리 연산자는 OR 논리 연산자의 실행 결과에서 AND 논리 연산자의 실행 결과를 빼는 역할을 한다. 즉 (A|B)−(A&B)와 같은 결과를 지정한다.

[표 6-2]는 관계 연산자와 함께 논리적인 수식에 사용되는 논리 연산자를 보여준다.

표 6-2 논리 연산자

입력		출력			
A	B	AND 연산자 (A & B)	OR 연산자 (A ∣ B)	NOT 연산자 (~ A)	XOR 연산자 (A xor B)
zero	zero	0	0	1	0
zero	nonzero	0	1	1	1
nonzero	zero	0	1	0	1
nonzero	nonzero	1	1	0	0

[그림 6-5]는 각각 다른 두 숫자에 논리 연산자를 사용한 실행 결과를 보여준다.

```
Command Window
❶ >> 2 & 4
ans =
  logical
   1
❷ >> 0 & -2
ans =
  logical
   0
❸ >> 0 | 0
ans =
  logical
   0
❹ >> 0 | -2
ans =
  logical
   1
❺ >> ~-1
ans =
  logical
   0
```

❶ 두 nonzero 값 2와 4에 AND 논리 연산자를 실행하면 논리적으로 nonzero 값 1이 나온다.

❷ zero 값 0과 nonzero 값 −2에 AND 논리 연산자를 실행하면 논리적으로 zero 값 0이 나온다.

❸ 두 zero 값 0에 OR 논리 연산자를 실행하면 논리적으로 zero 값 0이 나온다.

❹ zero 값 0과 nonzero 값 −2에 OR 논리 연산자를 실행하면 논리적으로 nonzero 값 1이 나온다.

❺ nonzero 값 −1에 NOT 논리 연산자를 실행하면 보수값인 zero 값 0이 나온다.

그림 6-5 두 숫자에 대한 논리 연산자 실행 결과

Note XOR 논리 연산자의 실행 오류

XOR 논리 연산자를 실행하려면 소문자 xor를 사용하여 소괄호 내부에 두 숫자 혹은 두 벡터를 지정해야 한다. 그 외 입력은 모두 오류가 발생한다. 두 nonzero 값 3과 4에 XOR 논리 연산자를 실행하면 논리적으로 zero를 나타내는 0이 된다.

```
Command Window
>> 3 XOR 4
 3 XOR 4
   ↑
Error: Invalid expression. Check for missing multiplication operator, missing or
unbalanced delimiters, or other syntax error. To construct matrices, use
brackets instead of parentheses.

>> 3 xor 4
 3 xor 4
   ↑
Error: Invalid expression. Check for missing multiplication operator, missing or
unbalanced delimiters, or other syntax error. To construct matrices, use
brackets instead of parentheses.

>> XOR(3,4)
Unrecognized function or variable 'XOR'.
Did you mean:
>> xor(3,4)
ans =
  logical
   0
```

그림 6-6 XOR 연산자의 실행 오류 및 결과

[그림 6-7]은 논리 연산자와 관계 연산자를 조합해서 실행한 결과를 보여준다.

```
Command Window
>> a = [7,-3,0,3,-2];
>> b = [8,0,4,3,-1];
>> (a >= 1) & (b <= 1)
ans =
  1×5 logical array
   0   0   0   0   0
>> (a >= 1) | (b <= 1)
ans =
  1×5 logical array
   1   1   0   1   1
```

그림 6-7 논리 연산자와 함께 사용한 관계 연산자 실행 결과

[그림 6-7]에서 **a** >= 1은 [1, 0, 0, 1, 0]이고 **b** <= 1은 [0, 1, 0, 0, 1]이다. 각 원소를 비교하면 동시에 nonzero가 되는 조합이 없다. 따라서 AND 논리 연산자를 실행하면 그 결과는 모두 zero를 나타내는 값 0이다. 반면에 OR 논리 연산자를 실행하면 세 번째 원소만 모두 zero이므로 결과는 zero 값을 나타내는 0이며, 그 외 원소들은 nonzero와 zero의 조합이므로 결과는 nonzero 값을 나타내는 1이다.

실습 6-2

벡터 **a** = [−3, 0, 1, 3, 4, 0]와 **b** = [−3, 0, −1, 2, 4, 7]이 있다. 이때 각각의 질문에 답하라.

(a) 벡터 **a**와 벡터 **b**에 AND 논리 연산자를 실행하라.
(b) 벡터 **a**와 벡터 **b**에 OR 논리 연산자를 실행하라.
(c) 벡터 **b**에 NOT 논리 연산자를 실행하라.
(d) 벡터 **a**와 벡터 **b**에 XOR 논리 연산자를 실행하라.

풀이

```
Command Window
  >> a = [-3,0,1,3,4,0];
  >> b = [-3,0,-1,2,4,7];
a >> a&b
  ans =
    1×6 logical array
     1   0   1   1   1   0
b >> a|b
  ans =
    1×6 logical array
     1   0   1   1   1   1
c >> ~b
  ans =
    1×6 logical array
     0   1   0   0   0   0
d >> xor(a,b)
  ans =
    1×6 logical array
     0   0   0   0   0   1
```

그림 6-8 [실습 6-2]의 실행 결과

(a) 벡터 **a**와 벡터 **b**의 각 원소를 비교하면, 두 번째와 여섯 번째 원소는 최소한 하나의 zero 원소를 포함하므로 AND 연산한 값은 1이고 그 외 원소들은 모두 nonzero이므로 AND 연산한 결과는 모두 1이다.

(b) 벡터 **a**와 벡터 **b**의 각 원소를 비교하면 두 번째 원소는 모두 zero이므로 OR 연산한 값은 0이고 나머지 원소에 OR 연산한 결과는 모두 1이다.

(c) 벡터 **b**에서 두 번째 원소만 zero이므로 NOT 연산한 값은 보수인 nonzero 값을 나타내는 1이고 그 외 원소들은 모두 nonzero이므로 NOT 연산한 결과는 모두 0이다.

(d) 벡터 **a**와 벡터 **b**의 각 원소를 비교하면 여섯 번째 원소는 zero와 nonzero 조합이므로 XOR 연산한 값은 1이고 그 외 원소들은 nonzero와 nonzero 또는 zero와 zero 조합이므로 XOR 연산한 값은 1이다. 참고로 (b)의 결과 [1, 0, 1, 1, 1, 1]에서 (a)의 결과 [1, 0, 1, 1, 1, 0]을 빼면 동일한 결과 [0, 0, 0, 0, 0, 1]을 얻는다. 그러므로 xor(a,b) = (a|b) − (a&b)를 확인할 수 있다.

2. find 함수

`find` 함수는 주어진 배열 중에 nonzero 값을 가진 원소의 자리 번호를 표시한다. [그림 6-9]는 벡터 **a**에 `find` 함수를 실행하면 nonzero 값 1을 갖는 원소의 자리 번호인 1, 3, 4, 6, 8을 보여준다. 이때 자리 번호는 1부터 시작한다.

```
Command Window
>> a = [-1 0 2 3 0 -4 0 5];
>> find(a)
ans =
     1     3     4     6     8
```

그림 6-9 find 함수의 실행 결과

실습 6-3

벡터 $\mathbf{a} = [-3, 0, 1, 3, 4, 0]$과 $\mathbf{b} = [-3, 0, -1, 2, 4, 7]$이 있다. 이때 각각의 질문에 답하라.

(a) 두 벡터에 AND 논리 연산자를 실행한 후 nonzero 값을 갖는 원소의 자리 번호를 찾아라.
(b) $\mathbf{a} > \mathbf{b}$를 실행 후 nonzero 값을 갖는 원소의 자리 번호를 찾아라.
(c) 결과 (b)에 상응하는 배열 **a**의 실제값을 찾아라.

풀이

```
Command Window
   >> a = [-3,0,1,3,4,0];
   >> b = [-3,0,-1,2,4,7];
ⓐ >> find(a&b)
   ans =
        1     3     4     5
ⓑ >> find(a>b)
   ans =
        3     4
ⓒ >> a(a>b)
   ans =
        1     3
```

그림 6-10 [실습 6-3]의 실행 결과

(a) `find` 함수를 이용하여 **a**&**b**에서 모든 nonzero인 값 1을 갖는 자리 번호인 1, 3, 4, 5를 출력한다.
(b) `find` 함수를 이용하여 $\mathbf{a} > \mathbf{b}$에서 모든 nonzero인 값 1을 갖는 자리 번호인 3, 4를 출력한다.
(c) 배열 **a**의 자리 번호 3과 4에 대한 실제값 1과 3의 결과를 보여준다. 원소의 자리번호와 그 자리 번호의 원소값을 찾아내는 예이다.

SECTION 6.4

조건문

학습 목표

- if문의 기본 형태와 기능을 이해한다.
- if/else문을 이용하여 코드를 작성한다.
- elseif문을 이용하여 코드를 작성한다.

MATLAB에서 조건의 참과 거짓 중에서 필요한 조건을 선택하여 흐름을 변경하는 if, if/else, elseif 조건문에 대해 살펴보자. 조건은 실제로 0(거짓) 혹은 0이 아닌 1(참) 값으로 표현할 수 있다.

1. if문

순차적 알고리즘의 흐름을 제어할 때 사용하는 조건문이 if문[2]이다. 제시된 조건이 '참'이면 알고리즘의 변경 없이 차례대로 순차적 알고리즘이 진행되지만, '거짓'이면 더 이상 순차적 알고리즘을 진행할 수 없다.

if문의 기본 형태는 다음과 같다. if 명령어 다음에는 관계 연산자 또는 논리 연산자 등을 이용한 논리적인 수식을 사용한다.

```
if logical expression
    statement
end
```

기본 형태에서 'logical expression' 조건을 만족하는 '참'인 경우는 'statement'를 실행하고 if문을 종료한다. 반면에, 조건을 만족하지 않는 '거짓'인 경우는 'statement'를 실행하지 않고 if문을 종료한다.

TIP 1. 'statement' 앞의 들여쓰기는 시각적으로 읽기 쉽게 해줄 뿐, 프로그램의 실행에는 아무런 지장을 주지 않는다.
2. 함수를 표현할 때 여는 괄호로 시작하고 닫는 괄호로 끝내는 것처럼 if 명령어로 시작하면 반드시 end 명령어로 if문을 종료한다.

if문의 논리 조건은 스칼라 혹은 벡터로 지정할 수 있다.

2 영어에서 if가 들어있는 문장은 '만일 … 한다면 …할 것이다.'로 해석되는데, MATLAB의 if문도 이와 같은 의미로 사용한다.

스칼라의 논리 조건

[그림 6-11]에서 10이 30보다 작다는 조건은 '참'이므로 알고리즘 순서에 따라 disp 출력문에 지정한 내용을 표시할 것이다.

cond1.m

```
if 10 < 30
    disp('Print this line or not')
end
```

그림 6-11 스칼라의 논리 조건을 만족하는 if문

[그림 6-12]에서 50이 30보다 작다는 조건은 '거짓'이므로 disp 출력문에 지정한 내용을 표시하지 않고 end 명령어를 빠져나와 if문을 종료할 것이다.

cond2.m

```
if 50 < 30
    disp('Print this line or not')
end
```

그림 6-12 스칼라의 논리 조건을 만족하지 않는 if문

벡터의 논리 조건

[그림 6-13]은 5개 원소를 갖는 벡터를 이용하는데, 주어진 입력값 전부가 '참'인 조건을 만족하므로 정상적으로 if문을 실행하여 disp 출력문에 지정한 내용을 표시할 것이다.

cond3.m

```
A = [5,10,15,20,25];
B = 30;
if A < 30
    disp("Print this line or not")
end
```

그림 6-13 벡터의 논리 조건을 만족하는 if문

[그림 6-14]는 6개 원소를 갖는 벡터를 이용한다. 5, 10, 15, 20, 25의 5개 원소값은 조건을 만족하는 '참'이지만, 30의 값은 조건을 만족하지 않는 '거짓'이다. 이같은 경우는 모든 입력값들이 '참'인 조건이 되어야만 disp 출력문 내용을 표시하고, 하나의 값이라도 '거짓'인 경우는 if문을 종료한다.

cond4.m

```
A = [5,10,15,20,25,30];
B = 30;
if A < B
    disp("Print this line or not")
end
```

그림 6-14 벡터의 논리 조건을 만족하지 않는 if문

[그림 6-15]는 [그림 6-11] ~ [그림 6-14]의 if문을 명령창에 동시 실행한 결과를 보여준다.

```
Command Window
>> cond1
Print this line or not
>> cond2
>> cond3
Print this line or not
>> cond4
>>
```

그림 6-15 스칼라와 벡터를 사용한 if문 실행 결과

실습 6-4

M-File | cond5.m

단일 선택을 하는 if문을 사용하여 시험 점수가 50점 이상인 경우 과목의 통과를 축하하는 의미인 "Congratulations! Pass"를 출력하는 프로그래밍을 작성하라.

풀이

```
cond5.m
❶ grade = input('Enter the score:');
❷ if(grade >= 50)
      disp("Congratulations! Pass")
   end
```

그림 6-16 [실습 6-4]의 스크립트 파일

❶ input 명령어를 이용하여 원하는 문자열을 명령창에 나타낸 후 값을 입력받아 grade에 지정한다.

❷ if문을 이용하여 점수 50 이상을 입력하면 disp에 지정한 내용을 표시하고 점수 49 이하를 입력하면 아무런 내용도 출력하지 않는다.

[그림 6-17]은 참인 조건을 만족하는 60을 입력하면 "Congratulations! Pass"를 출력하고, 참인 조건을 만족하지 않는 49를 입력하면 아무 내용도 출력되지 않는다.

```
Command Window
>> cond5
Enter the score:60
Congratulations! Pass
>> cond5
Enter the score:49
>>
```

그림 6-17 [실습 6-4]의 실행 결과

2. if/else문

if/else문은 제시된 조건의 '참' 또는 '거짓'을 구별한 후 그 결과에 따라 프로그램을 수행한다. 조건이 '참'이면 if문을 순차적으로 수행하고, 조건이 '거짓'이면 else문을 순차적으로 수행한다. 영어 문장과 같은 논리로 해석하면 if/else문은 if 명령어, else 명령어, end 명령어의 순서로 진행된다.

if/else문의 기본 형태는 다음과 같다.

```
if logical expression
    statement1
else
    statement2
end
```

'logical expression' 조건을 만족하는 '참'인 경우는 'statement1'을 실행한 후 end 명령어 밖으로 빠져나와 종료한다. 반면에, 조건을 만족하지 않는 '거짓'인 경우는 'statement1'을 건너뛰고 else 명령어에 이어지는 'statement2'를 실행한 다음 if/else문을 종료한다.

[그림 6-18]에서는 입력하는 벡터 x의 모든 원소가 '참'인 조건을 만족하므로 'y = sqrt(x)' 부분을 실행한다.

```
cond6.m
x = [-4,4,16];
if x >= -4
    y = sqrt(x)
else
    y = abs(x)
end
```

그림 6-18 if문의 '참'인 조건을 만족하는 if/else문

[그림 6-19]에서는 입력하는 벡터 **x**의 모든 원소가 '참'인 조건을 만족하지 않으므로 else 명령어에 이어지는 'y = abs(x)' 부분을 실행한다.

```
cond7.m
x = [-4,4,16];
if x < -4
    y = sqrt(x)
else
    y = abs(x)
end
```

그림 6-19 if문의 '참'인 조건을 만족하지 않는 if/else문

[그림 6-20]은 [그림 6-18]~[그림 6-19]의 if/else문을 명령창에 동시 실행한 결과를 보여준다.

```
Command Window
>> cond6
y =
   0.0000 + 2.0000i   2.0000 + 0.0000i   4.0000 + 0.0000i
>> cond7
y =
     4     4    16
```

그림 6-20 벡터를 사용한 if/else문 실행 결과

con6에서는 `if`문의 '참'인 조건을 만족하므로 원소들의 제곱근값을 표시한다. 여기서 −4의 제곱근값은 $\sqrt{-4} = 2i$이다. 반면에 con7에서는 `if`문의 '참'인 조건을 만족하지 않으므로 `else` 명령어에 이어지는 선언문을 실행하기 때문에 원소들의 절댓값이 표시된다.

실습 6-5

M-File | cond8.m

이중 선택을 하는 `if/else`문을 사용하여 시험 점수가 50점 이상인 경우 "Passed"를 출력하고, 49점 이하인 경우는 "Failed"를 출력하는 프로그래밍을 작성하라.

풀이

```
cond8.m
❶ grade = input('Enter the score:');
❷ if(grade >= 50)
       disp("Passed")
   else
       disp("Failed")
   end
```

그림 6-21 [실습 6-5]의 스크립트 파일

❶ `input` 명령어를 이용하여 원하는 문자열을 명령창에 나타낸 후 값을 입력받아 grade에 지정한다.

❷ `if`문의 조건을 만족하는 점수 50 이상을 입력하면 `disp`에 지정한 내용을 표시하고, 조건을 만족하지 않는 점수 49 이하를 입력하면 `else` 명령문에 이어져 나오는 내용을 표시한다.

[그림 6-22]는 참인 조건을 만족하는 70을 입력하면 "Passed"를 출력하고, 참인 조건을 만족하지 않는 30을 입력하면 "Failed"를 출력한 결과를 보여준다.

```
Command Window
>> cond8
Enter the score:70
Passed
>> cond8
Enter the score:30
Failed
```

그림 6-22 [실습 6-5]의 실행 결과

실습 6-6

M-File | cond9.m

if/else문을 사용하여 조건을 만족하면 "Passed"를 출력하고 조건을 만족하지 않으면 "Failed"와 "Sorry, take course again"을 함께 출력하는 [그림 6-23]과 같은 프로그래밍을 작성했다.

```
cond9.m
grade = input('Enter your score:');
if(grade >= 40)
    disp("Passed")
else
    disp("Failed")
end
    disp("Sorry, take course again")
```

그림 6-23 [실습 6-6]의 스크립트 파일

프로그래밍을 실행하여 [그림 6-24]와 같은 결과를 얻었다. 그 이유를 설명하라.

```
Command Window
>> cond9
Enter your score:45
Passed
Sorry, take course again
>> cond9
Enter your score:30
Failed
Sorry, take course again
```

그림 6-24 [실습 6-6]의 프로그래밍 실행 결과

풀이

- if문의 조건을 만족하는 점수 45를 입력하면 이어져 나오는 disp에 지정한 "Passed"를 출력한다. 그러나 end 명령어를 빠져나와서 나타낼 필요가 없는 disp 출력문의 내용 "Sorry, take course again"도 함께 표시한다.
- if문의 조건을 만족하지 않는 점수 30을 입력하면 else문에 이어져 나오는 disp 출력문에 지정한 "Failed"를 출력한다. 그리고 end 명령어를 빠져나와서 나타낼 필요가 있는 disp 출력문의 내용 "Sorry, take course again"도 함께 표시한다.

"Sorry, take course again"은 if문의 참과 거짓인 조건과는 전혀 상관없이 end 명령어 다음에 쓰여진 선언문이기 때문에 양쪽 모든 경우에 함께 출력된다.

실습 6-7

M-File | cond10.m

[실습 6-6]에서 if문을 만족하는 경우는 "Passed"만을 출력하고 만족하지 않는 경우는 "Failed"와 "Sorry, take course again."을 동시에 출력하는 프로그램으로 수정하라.

풀이

```
cond10.m
grade = input('Enter your score:');
if(grade >= 40)
    disp("Passed")
else
    disp("Failed")
    disp("Sorry, take course again")
end
```

그림 6-25 [실습 6-7]의 스크립트 파일

end 명령어 다음에 쓰여진 출력문 "Sorry, take course again"를 지우고 else문에 이어져 나오는 "Failed" 다음에 출력문을 지정한다.

```
Command Window
>> cond10
Enter your score:45
Passed
>> cond10
Enter your score:30
Failed
Sorry, take course again
```

그림 6-26 [실습 6-7]의 실행 결과

참인 조건을 만족하는 45를 입력하면 "Passed"만을 출력하고, 참인 조건을 만족하지 않는 30을 입력하면 "Failed"와 "Sorry, take course again"을 함께 출력한다.

3. elseif문

if/else문은 조건 두 개를 비교하여 '참'과 '거짓'의 내용을 구별한 후에 프로그램을 수행한다. 논리적인 조건이 두 개 이상인 경우에는 알고리즘의 흐름을 다양하게 제어하기 위해 if/else문에 elseif문을 계속 덧붙여 사용할 수 있다. elseif문은 if문처럼 새로운 논리 조건을 통해 조건을 비교하는 데 쓰인다.

if문과 else문 사이에는 여러 개의 elseif문을 사용할 수 있고, else문은 반드시 맨 마지막에 사용하는 elseif문 다음에 작성해야 한다.

elseif문의 기본 형태는 다음과 같다.

```
if logical expression1
    statement1
elseif logical expression2
    statement2
else
    statement3
end
```

'logical expression1' 조건을 만족하는 '참'인 경우는 'statement1'을 실행한다. logical expression1' 조건을 만족하지 않는 '거짓'인 경우는 elseif문의 'logical expression2' 조건을 살펴본다. 이때 'logical expression2' 조건을 만족하는 '참'인 경우는 'statement2'를 실행한다. 'logical expression2' 조건마저 만족하지 않는 '거짓'인 경우는 else문 다음에 나오는 'statement3'를 실행한 후 if문을 종료한다.

실습 6-8

M-File | cond11.m

if/else문을 이용하여 시험 성적이 90점 이상이면 A, 80점 이상이면 B, 70점 이상이면 C, 60점 이상이면 D, 그리고 60점 미만이면 F를 출력하는 [그림 6-27]과 같은 프로그래밍을 작성했다.

```
cond11.m
grade = input('Enter your score:');
if(grade >= 90)
    disp("A")
else
end
if(grade >= 80)
    disp("B")
else
end
if(grade >= 70)
    disp("C")
else
end
if(grade >= 60)
    disp("D")
else
    disp("F")
end
```

그림 6-27 [실습 6-8]의 스크립트 파일

프로그래밍을 실행하여 [그림 6-28]과 같은 결과를 얻었다. 그 이유를 설명하라.

```
Command Window
>> cond11
Enter your score:95
A
B
C
D
>> cond11
Enter your score:70
C
D
>> cond11
Enter your score:40
F
```

그림 6-28 [실습 6-8]의 프로그래밍 실행 결과

풀이

- 95점이 입력되면 모든 if문의 조건을 '참'으로 만족하기 때문에 각각의 선언문에 해당하는 모든 성적 A, B, C, D를 출력한다.
- 70점이 입력되면 첫 번째와 두 번째 if문의 조건은 '거짓'이므로 건너뛰고, 세 번째와 네 번째 if문의 조건은 참이기 때문에 성적 C, D를 출력한다.
- 40점이 입력되면 모든 if문의 조건은 전부 '거짓'이므로 else문 다음에 나오는 성적 F만 출력한다.

실습 6-9

M-File | cond12.m

elseif문을 이용하여 시험 성적이 90점 이상이면 A, 80점 이상이면 B, 70점 이상이면 C, 60점 이상이면 D, 그리고 60점 미만이면 성적 F를 출력하는 프로그래밍을 작성하라.

풀이

[그림 6-29]와 같이 if문을 사용하여 점수의 구분에 따라 문자열을 grade에 지정한다.

```
cond12.m
grade = input('Enter your score:');
if(grade >= 90)
    disp("A")
elseif(grade >= 80)
    disp("B")
elseif(grade >= 70)
    disp("C")
elseif(grade >= 60)
    disp("D")
else
    disp("F")
end
```

그림 6-29 [실습 6-9]의 스크립트 파일

[그림 6-30]은 점수로 95, 70, 40점이 입력되었을 때의 실행 결과를 보여준다.

```
>> cond12
Enter your score:95
A
>> cond12
Enter your score:70
C
>> cond12
Enter your score:40
F
```

그림 6-30 [실습 6-9]의 실행 결과

❶ 95점이 입력되면 if문의 조건이 '참'이기 때문에 첫 번째 선언문에 해당하는 성적 A를 출력한다.

❷ 70점이 입력되면 if문의 조건과 첫 번째 elseif문의 조건이 '거짓'이기 때문에 두 개의 선언문을 건너뛴다. 두 번째 elseif문의 조건은 '참'이기 때문에 세 번째 선언문에 해당하는 성적 C를 출력한다.

❸ 40점이 입력되면 if문과 모든 elseif문의 조건이 '거짓'이기 때문에 네 개의 선언문을 건너뛰고 else문 다음에 나오는 선언문에 해당하는 성적 F를 출력한다.

[그림 6-31]은 [그림 6-29]의 스크립트 파일과 동일한 결과를 얻는 프로그래밍이다. 그러나 if문과 elseif문의 논리적 수식을 나타낼 때 소괄호를 사용하지 않았고 disp 출력문도 사용하지 않았다.

```
cond13.m
grade = input('Enter your score:');
if grade >= 90
    grade = 'A' ;
elseif grade >= 80
    grade = 'B' ;
elseif grade >= 70
    grade = 'C' ;
elseif grade >= 60
    grade = 'D' ;
else
    grade = 'F' ;
end
```

그림 6-31 [실습 6-9]와 동일한 스크립트 파일

[그림 6-32]는 점수로 95, 70, 40점이 입력되었을 때의 [그림 6-31]의 실행 결과를 보여준다. [그림 6-30]과 비교하여 살펴보면 영문자 성적만 표시되는 것이 아니고 선언문 전체를 나타내는 점이 다르다.

```
Command Window
>> cond13
Enter your score:95
grade =
    'A'
>> cond13
Enter your score:70
grade =
    'C'
>> cond13
Enter your score:40
grade =
    'F'
```

그림 6-32 [그림 6-31]의 실행 결과

TIP 일반적으로 스크립트 파일을 생성한 후 빨간색 밑줄 물결 부호는 오류에 대한 알림을 나타내므로 매트랩에서 제시하는 올바른 문장으로 반드시 수정해야 한다. 그러나 주황색 밑줄 물결 부호는 경고에 대한 알림을 나타내므로 실제 코딩을 실행하여 정확한 결과를 얻는 데 거의 영향을 미치지 않기 때문에 무시해도 좋다.

SECTION 6.5

순환문

학습 목표

- for문의 기본 형태와 기능을 이해한다.
- 중첩 for문의 실행 동작을 이해한다.
- while문의 기본 형태와 기능을 이해한다.

순환문도 순차적 알고리즘의 흐름을 제어하는 데 유용하게 이용된다. 차례대로 입력되는 자료를 같은 명령어로 실행시킬 때, 각각의 자료에 같은 명령어를 여러 번 작성하는 대신 명령어를 하나로 고정시키고 입력 자료마다 명령어를 반복해서 실행시키는 제어문이다. 매트랩에서는 순환문으로 for문과 while문을 사용한다. 다만, for문은 반복되는 입력 자료의 처음값과 최종값을 일정하게 지정한 후에 제한해서 반복시키는 반면, while문은 제시된 조건의 기준을 만족할 때까지 반복하여 순환한다.

1. for문

for문은 차례대로 입력되는 자료에 같은 명령어를 적용할 때, 각각의 자료마다 명령어를 사용하는 대신 명령어를 하나로 고정하여 입력 자료를 반복 실행하는 제어문이다. for문의 기본 형태는 다음과 같다. for 명령어 다음에 놓이는 변수는 반복에 필요한 변수라는 의미에서 순환변수(loop variable)[3]라고 한다.

```
for loop variable = b : i : f
    statements
end
```

- b : 순환을 시작하는 초깃값
- i : 일정하게 증가하는 값
- f : 마지막 반복에 사용하는 최종값

초깃값 b를 지정하여 'statements'를 실행한 후 end 명령어로 벗어나서 결과를 출력한다. 그리고 다시 for 명령어로 돌아가서 초깃값보다 i만큼 증가한 b + i를 순환변수에 지정하여 동일한 'statements'를 실행한 후 end 명령어를 벗어나서 결과를 출력한다. 순환변수의 값이 최종값 f가 될 때까지 이 과정을 반복하여 계속 실행한다. end 명령어를 사용하여 순환문을 종료한다.

TIP 일정하게 증가하는 값 i 대신 일정하게 감소하는 순환을 나타내려면 음수 -i를 지정하고 초깃값은 최종값보다 큰 값을 지정한다.

3 순환변수는 콜론 연산자를 이용하여 벡터를 표시하는 방법과 같은 형식이다. 이때 초깃값은 최종값보다 작은 값을 지정한다.

for문의 간단한 예로 [그림 6-33]을 살펴보자. 순환변수 l은 초깃값 2로 지정되어 최종값 11이 될 때까지 3씩 증가하면서 for문 다음에 나오는 '$y = 2 \times l + 1$' 계산을 연속적으로 수행한다.

```
loop1.m
for l = 2:3:11
    y = 2*l+1
end
```

그림 6-33 간단한 for문

[그림 6-34]는 순환되는 l값 2, 5, 8, 11을 '$y = 2 \times l + 1$'에 계산한 결과인 5, 11, 17, 23이 출력된 결과를 보여준다.

```
Command Window
>> loop1
y =
    5
y =
   11
y =
   17
y =
   23
```

그림 6-34 간단한 for문의 실행 결과

만일 [그림 6-33]에서 최종값 $l = 11$을 대입한 결과 $y = 23$만 나타내려면 [그림 6-35]처럼 '$y = 2 \times l + 1$' 다음에 세미콜론을 쓰고 end 다음에 y를 지정한다.

```
loop2.m
y = 0;
for l = 2:3:11
    y = 2*l+1;
end
y
```

그림 6-35 [그림 6-33]을 수정한 스크립트 파일

[그림 6-36]은 [그림 6-35]의 실행 결과를 보여준다.

```
Command Window
>> loop2
y =
   23
```

그림 6-36 [그림 6-35]의 실행 결과

실습 6-10

M-File | loop3.m

for문을 사용하여 0~360° 범위의 코사인 함수의 그래프를 그려라.

풀이

```
i=0;
for t=0:pi/180:2*pi
    i=i+1;
    y(i)=cos(t);
end
plot(y);
axis([0 360 -1 1]);
hold;
xlabel('Angle(\angle\circ)');
ylabel('Amplitude');
title('Cosine Function');
grid;
```

그림 6-37 [실습 6-10]의 스크립트 파일

❶ for문의 순차적 흐름을 실행하는 색인으로 i를 지정한다.

❷ for문을 처음 실행할 때 $i = 1$, $t = 0$이다. $i = 1$은 삼각함수 그래프들의 첫 번째 위치를 나타내고, $t = 0$은 삼각함수의 인자 값으로 사용되어 t축의 첫 번째 각도인 0을 표시한다. for문이 다시 실행되면 $i = 2$가 되어 두 번째 위치를 나타내고, 두 번째 각도는 $t = \text{pi}/180$이다. 이러한 방법으로 t가 for문의 최종값 2π가 될 때까지 순환문을 반복하여 실행한다.

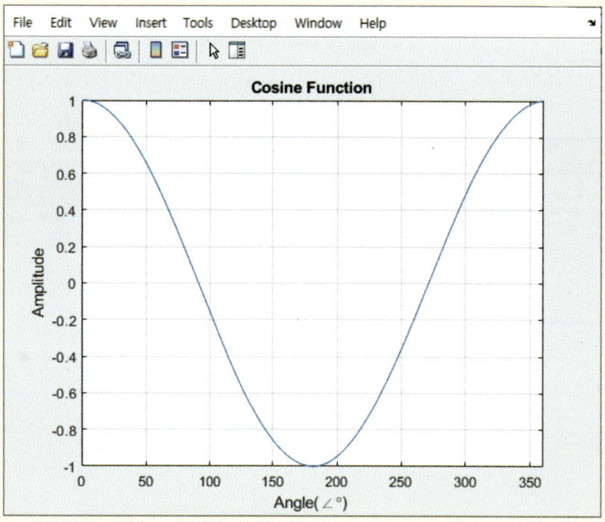

그림 6-38 [실습 6-10]의 실행 결과

실습 6-11

M-File | loop4.m

$N = 100$일 때 for문을 사용하여 $S = \sum_{k=1}^{N} \frac{1}{k^3}$을 계산하라.

풀이

```
N = 100;
S = 0;
for k = 1:N
    S = S + 1/k^3;
end
```

그림 6-39 [실습 6-11]의 스크립트 파일

❶ 총합의 상한값을 $N = 100$으로 지정한다.

❷ for문의 순차적 흐름을 실행하는 색인으로 S를 지정한다.

❸ k값을 지정하여 계산한다.

TIP for문을 처음 실행할 때 $k = 1$, $S = 0$이다. 따라서 $k = 1$일 때 총합은 $0 + 1/1^3 = 1$이다.

[그림 6-40]은 연속적으로 k값을 최종값 $N = 100$까지 1씩 증가시켜서 계산한 총합을 나타낸다.

```
Command Window
>> loop4
>> format long
>> S
S =
   1.202007400659678
```

그림 6-40 [실습 6-11]의 실행 결과

2. 중첩 for문

순환되는 for문 내에 다시 순환되는 for문을 중첩하여 나타낼 수 있다. 이러한 순환의 중첩을 중첩 순환이라 부른다. 외부(outer) 순환이 한 번 반복할 때마다 내부(inner) 순환은 새롭게 다시 반복된다.

중첩 for문의 간단한 예로 [그림 6-41]을 살펴보자. 총합 sum의 초깃값을 0으로 지정한 후 총합 $1 \times 3 + 1 \times 4 + 1 \times 5 + 2 \times 3 + 2 \times 4 + 2 \times 5$를 for문 2개로 중첩해서 계산한다. for문이 중첩된 경우는 가장 내부의 for문의 조건이 만족할 때까지 계속 반복을 실행하고 바깥쪽 for문으로 다시 돌아와서 실행을 반복하게 된다.

```
sum = 0;
for l = 1:2
    for m = 3:5
        sum = sum + l*m;
    end
end
sum
```

그림 6-41 간단한 중첩 for문

외부 for문에 작성된 순환변수의 초깃값 $l = 1$을 실행하고 내부 for문으로 이동한다. 내부 for문에 작성된 순환변수의 초깃값 $m = 3$을 실행하고, 이어져 나오는 총합을 계산하면 $0 + 1 \times 3 = 3$이다. 내부 for문의 두 번째 $m = 4$를 실행하고 총합을 계산하면 $3 + 1 \times 4 = 7$이고, 최종값 $m = 5$를 실행하고 총합을 계산하면 $7 + 1 \times 5 = 12$이다. 그러면 내부 for문을 종료한다.

외부 for문에 작성된 순환변수의 최종값 $l = 2$을 실행하고 내부 for문으로 다시 이동한다. 내부 for문에 작성된 순환변수의 초깃값 $m = 3$을 실행하고 이어져 나오는 총합을 계산하면 $12 + 2 \times 3 = 18$이다. 내부 for문의 두 번째 $m = 4$를 실행하고 총합을 계산하면 $18 + 2 \times 4 = 26$이고 최종값 $m = 5$를 실행하고 최종으로 총합을 계산하면 $26 + 2 \times 5 = 36$이다. 그리고 프로그램을 종료한다.

[그림 6-42]는 [그림 6-41]의 실행 결과를 보여준다.

```
>> loop5
sum =
    36
```

그림 6-42 간단한 중첩 for문의 실행 결과

실습 6-12

M-File | loop6.m

중첩 for문을 사용하여 구구단의 4단, 5단을 출력하는 프로그램을 작성하라.

풀이

```
for i=4:5
    for j=1:9
        fprintf('i=%2u, j=%2u, i*j=%3u\r',i,j,i*j);
    end
end
```

그림 6-43 [실습 6-12]의 스크립트 파일

❶ 4단, 5단을 출력하기 위해 외부 for문에 i = 4:5를 작성한다.

❷ 내부 for문에 작성된 순환변수의 초깃값 j = 1부터 j = 9까지 i*j를 실행한다.

❸ i = 4일 때 내부 for문을 실행하고, 다시 i = 5일 때 내부 for문을 실행한 후 전체 for문을 종료한다.

TIP 만일 구구단을 2단부터 9단까지 전체 출력하려면 외부 for문의 순환변수의 초깃값을 2, 최종값을 9로 바꿔야 한다.

[그림 6-44]는 4단과 5단의 실행 결과를 나타낸다.

```
Command Window
>> loop6
i= 4, j= 1, i*j=  4
i= 4, j= 2, i*j=  8
i= 4, j= 3, i*j= 12
i= 4, j= 4, i*j= 16
i= 4, j= 5, i*j= 20
i= 4, j= 6, i*j= 24
i= 4, j= 7, i*j= 28
i= 4, j= 8, i*j= 32
i= 4, j= 9, i*j= 36
i= 5, j= 1, i*j=  5
i= 5, j= 2, i*j= 10
i= 5, j= 3, i*j= 15
i= 5, j= 4, i*j= 20
i= 5, j= 5, i*j= 25
i= 5, j= 6, i*j= 30
i= 5, j= 7, i*j= 35
i= 5, j= 8, i*j= 40
i= 5, j= 9, i*j= 45
```

그림 6-44 [실습 6-12]의 실행 결과

3. while문

while문은 논리적 수식에서 제시한 조건이 참인 조건을 만족될 때까지 해당 구문을 반복한다. while문은 if문처럼 논리적인 수식이 나오고, for문처럼 반복 실행한다. 그러나 for문처럼 정해진 실행을 반복하는 것이 아니라, 논리적 수식에서 제시한 조건이 만족될 때까지 반복한다. for문이 지정된 횟수를 반복하는 유한 순환에 적합하다면, while문은 계속 반복하는 무한 순환에 적합하다.

while문의 기본 형태는 다음과 같다.

```
initialize variables
while logical expression
    statements
end
```

- initialize variables : while문이 선언되기 직전에 지정하며 반복해서 계산되는 총합(total)과 반복하는 횟수를 세는 카운터(counter) 변수만을 초기화시킨다.
- 초기화 총합과 초기화 계수기의 값은 주어진 조건에 따라 적절한 값을 지정한다(일반적으로 0을 가장 많이 사용한다).

'logical expression'의 조건이 참인 경우에는 계속해서 'statement'를 출력한다. 반면에, 조건이 거짓인 경우에는 `while`문 실행을 즉시 중지한다. `while`문도 `end` 명령어를 사용하여 순환문을 종료한다.

TIP 1. 무한 순환 오류가 발생하면 `while`문은 절대로 실행을 중지하지 않고 계속 반복 실행한다. 기술적으로 무한 실행을 즉시 중지하려면 Ctrl + c 또는 Ctrl + z를 동시에 누른다.

2. MATLAB 프로그램을 구현할 때는 가능하면 순환문은 사용하지 않는 것이 바람직하다. 순환문을 사용하는 프로그램은 순환문을 사용하지 않은 프로그램보다 실행 속도가 현저히 느리다. 또한 간혹 컴퓨터 용량에 문제가 생겨 시스템 작동이 중지될 수도 있다. 장시간 매트랩을 사용한 경우 컴퓨터의 검색 기록 및 쿠키 삭제 기능을 실행하면 쓸데없이 시스템이 공회전하는 것을 방지할 수 있다.

`while`문의 간단한 예로 [그림 6-45]를 살펴보자. 순환변수 k의 초깃값을 2로 지정한 후 논리 조건 $k < 20$을 만족할 때까지 '$k = 2 \times k - 1$' 연산을 실행한다.

```
loop7.m
k = 2;
while k < 20
    disp(k)
    k = 2*k-1;
end
```

그림 6-45 간단한 while문

초깃값 2는 논리 조건을 만족하므로 `disp(k)` 명령어에 의해서 2를 출력한 후 '$k = 2 \times 2 - 1 = 3$'을 처음 실행한다. 이제 k값은 2가 아닌 3으로 바뀐다. 동일한 과정을 반복하여 k 값이 제시하는 조건 '$k < 20$'에 만족할 때까지 연속적으로 '$k = 2 \times k - 1$' 연산을 실행한다.

[그림 6-46]은 [그림 6-45]의 실행 결과를 보여준다.

```
Command Window
>> loop7
     2
     3
     5
     9
    17
```

그림 6-46 간단한 while문의 실행 결과

TIP [그림 6-45]에서 `disp(k)` 출력문을 '$k = 2 \times k - 1$' 연산 이후로 바꾸면 3, 5, 9, 17, 33이 출력된다. 초깃값 2는 3으로 바뀐 후 출력되고, 이후 연속적 연산의 실행으로 5, 9, 17이 출력된다. 그러나 [그림 6-46]과 다르게 33까지 표시하는 이유는 최종값 $k = 17$까지 '$k = 2 \times k - 1$' 연산을 실행하기 때문이다.

[그림 6-47]은 4개 원소를 갖는 벡터를 이용하는데, 주어진 입력값 전부가 `while`문의 논리 조건을 만족하므로 정상적으로 `while`문을 실행하여 $k/5$ 내용을 표시할 것이다.

```
k = [20 50 100 200];
while k > 15
    k = k/5;
    disp(k)
end
```

그림 6-47 벡터의 논리 조건을 만족하는 while문

[그림 6-48]은 4개 원소를 갖는 벡터 10, 50, 100, 200을 이용한다. 10을 제외한 나머지 3개 원소는 논리 조건을 만족한다. 그러나 모든 입력값들이 논리 조건을 만족하는 경우에만 정상적으로 while문을 실행하기 때문에 내용 표시 없이 while문을 종료한다.

```
k = [10 50 100 200];
while k > 15
    k = k/5;
    disp(k)
end
```

그림 6-48 벡터의 논리 조건을 만족하지 않는 while문

[그림 6-49]는 [그림 6-47]~[그림 6-48]의 while문을 명령창에 동시에 실행한 결과를 보여준다.

```
>> loop8
     4    10    20    40
>> loop9
```

그림 6-49 벡터를 사용한 while문

실습 6-13

M-File | loop10.m

$N = 100$일 때 while문을 사용하여 $S = \sum_{k=1}^{N} \frac{1}{k^3}$을 계산하라.

풀이

```
❶ N = 100;
❷ S = 0;
k = 1;
while k <= N
    S = S + 1/k^3;
    k = k + 1;
end
```

그림 6-50 [실습 6-13]의 스크립트 파일

❶ 총합의 상한값을 $N = 100$으로 지정한다.

❷ 총합을 나타내는 초기화 값 $S = 0$과 총합의 하한값에 대한 초기화 값 $k = 1$을 지정한다.

[그림 6-51]은 연속적으로 k 값을 최종값 $N = 100$까지 1씩 증가시켜서 계산한 총합을 나타낸다. 이 결과는 [실습 6-11]의 `for`문을 사용한 실행 결과와 동일하다.

```
Command Window
>> loop10
>> format long
>> S
S =
   1.202007400659678
```

그림 6-51 [실습 6-13]의 실행 결과

실습 6-14

M-File | loop11.m

`while`문을 사용하여 처음 값 2에 계속해서 2의 지수승을 50보다 작거나 같을 때까지 곱하여 가장 마지막에 나오는 지수승의 값을 출력하는 프로그램을 작성하라. 이때 지수승의 변수명은 `power`이다.

풀이

```
loop11.m
❶ power = 2;
❷ while power <= 50
       power = 2*power;
   end
   power
```

그림 6-52 [실습 6-14]의 스크립트 파일

❶ 초기화 변수 power는 2로 지정한다.

❷ 변수 power의 지수승은 반복적으로 2를 곱하고, 반복해서 계산되는 지수승의 값이 64가 되면 `while`문에서 power <= 50의 조건을 더 이상 만족하지 않는다. 그러므로 `while`문의 반복을 중단하고 power의 최종값을 출력한다.

[그림 6-53]은 [그림 6-52]의 실행 결과로 최종값은 64가 된다.

```
Command Window
>> loop11
power =
    64
```

그림 6-53 [실습 6-13]의 실행 결과

SECTION 6.6

혼합문

학습 목표

- while문과 if문을 혼합하여 프로그램을 작성한다.
- for문과 if문을 혼합하여 프로그램을 작성한다.
- 명령어 break와 continue에 대해 학습한다.
- switch문에 대해 학습한다.

조건문이나 순환문을 단독으로 프로그래밍을 하기도 하지만, 보통 프로그래밍을 할 때는 조건문과 순환문을 적절하게 혼합하여 사용한다. 여기에서는 while문과 if문, for문과 if문의 혼합된 형태를 살펴본다. 그리고 if문의 단점을 보완하기 위해 사용하는 switch문에 대해서도 알아보자. switch문은 복잡하게 혼합되어 구성된 모든 조건을 한 번에 비교하여 수행할 수 있는 장점을 가진다.

1. while문과 if문의 혼합

[그림 6-54]는 while문과 if문을 혼합하여 $S = \sum_{k=1}^{5} k^2$을 계산하는 스크립트 파일이다.

comb1.m

```
S = 0;
k = 1;
while k <= 5
    S = S + k^2;
    k = k + 1;
    if k == 3
    end
disp(k)
end
disp(S)
```

그림 6-54 while문과 if문의 혼합

먼저 while문에 $k = 1$과 $k = 2$에 대한 각 총합(S) $0 + 1^2 = 1$과 $1 + 2^2 = 5$를 계산한다. 그리고 $k = 3$이면 총합 $5 + 3^2 = 14$를 계산한 후 if문 조건을 만족하므로 잠시 while문을 마치고 곧바로 다시 while문으로 돌아와 $k = 4$와 $k = 5$에 대한 총합을 계산하고 프로그램을 종료한다. [그림 6-55]는 [그림 6-54]의 실행 결과를 보여준다.

```
Command Window
>> comb1
     2
     3
     4
     5
     6
    55
```

그림 6-55 while문과 if문의 혼합 실행 결과

실습 6-15

M-File | comb2.m

학생 10명의 중간고사 점수 분포가 다음과 같을 때, while문과 if문을 사용하여 평균보다 낮은 점수를 받은 학생 수를 구하라.

$$pts = [84\ \ 46\ \ 90\ \ 92\ \ 56\ \ 65\ \ 73\ \ 74\ \ 50\ \ 40]$$

풀이

```
comb2.m
pts = [84,46,90,92,56,65,73,74,50,40];
b_avg = 0;
n = 0;
while n < length(pts)        ❶
    n = n + 1;
    if pts(n) < mean(pts)    ❷
        b_avg = b_avg + 1;
    end
end
avergae = mean(pts)
display(b_avg)
```

그림 6-56 [실습 6-15]의 스크립트 파일

❶ 배열 pts에 length 명령어를 이용하면 학생 최대 수인 10이 출력된다. 그러므로 while문은 $n < 10$의 조건을 만족하는 동안 반복하여 실행한다.

❷ 배열 pts의 각 원소가 mean 함수를 사용하여 구한 평균보다 작은 변수 b_avg 경우에는 b_avg 값을 1씩 증가시키지만, 배열 pts의 각 원소가 평균보다 큰 경우에는 if문을 종료하고 다시 while문을 반복하여 실행한다.

[그림 6-57]은 [그림 6-56]의 실행 결과이다.

```
Command Window
>> comb2
avergae =
    67
b_avg =
     5
```

그림 6-57 [실습 6-15]의 실행 결과

함수 mean(pts)를 이용하여 배열 pts의 평균을 구하면 67이고, if문에서 pts 값이 평균보다 작은 경우에만 조건을 만족하는 '참'이므로 b_avg 값은 0에서 시작하여 5를 더한 5가 최종값으로 출력된다.

2. for문과 if문의 혼합

[그림 6-58]은 for문과 if문을 혼합하여 $S = \sum_{k=1}^{5} k^2$을 계산하는 스크립트 파일이다.

```
S = 0;
for k = 1:5
    S = S + k^2;
    if k == 3
    end
disp(k)
end
disp(S)
```

그림 6-58 for문과 if문의 혼합

$k = 1$과 $k = 2$에 대한 각 총합 $0 + 1^2 = 1$과 $1 + 2^2 = 5$를 계산하고 $k = 3$이면 총합 $5 + 3^2 = 14$를 계산한 후 if문 조건을 만족하므로 잠시 for문을 마치고 곧바로 다시 for문으로 돌아와 $k = 4$와 $k = 5$에 대한 총합을 계산하고 프로그램을 종료한다.

[그림 6-59]는 [그림 6-58]의 실행 결과를 보여준다.

```
Command Window
>> comb3
     1
     2
     3
     4
     5
    55
```

그림 6-59 for문과 if문의 혼합 실행 결과

실습 6-16

M-File | comb4.m

다음과 같이 for문과 if문이 혼합된 프로그램의 결과를 예측하고, 실제 실행 결과를 확인하라.

```
A = [1 3 -4;-5 -2 4];
[r,c] = size(A);
B = ones(r,c);
for i = 1:r
    for j = 1:c
        if A(i,j) < 0
            B(i,j) = B(i,j);
        else
            B(i,j) = A(i,j);
        end
    end
end
disp(B)
```

그림 6-60 [실습 6-16]의 스크립트 파일

배경 지식

X = ones

- ones는 행렬의 모든 원소값들을 1로 지정하는 명령어이다.

풀이

1 주어진 행렬 **A**는 크기가 2 × 3이므로 명령어 **size(A)**를 실행하면 [2,3]이 된다. 따라서 $r = 2$, $c = 3$의 값을 갖게 된다.

2 **B**는 2행 3열의 6개 원소값 모두를 1로 지정하고 있는 행렬을 표시한다.

3 첫 번째 for 순환문의 i값은 1부터 2까지 실행하고, 두 번째 for 순환문의 j값은 1부터 3까지 실행한다.

4 i = 1과 j = 1의 값이 if문에 적용되면 **A**(1,1) < 0의 조건을 검사한다. **A**(1,1)은 배열 **A**의 1행 1열 값 1을 말한다. 1은 0보다 큰 값이므로 거짓 조건이 되어 else 순환문을 실행한다. 즉 **B**(1,1) = **A**(1,1)을 실행하면 **A**(1,1)의 값 1을 배열 **B**의 1행 1열 자리에 지정한다.

5 다시 두 번째 for 순환문으로 가서 j값을 2로 증가시킨다. 여전히 첫 번째 for 순환문의 i값은 1로 유지된다. i = 1과 j = 2의 값이 if문에 적용되면 **A**(1,2) < 0의 조건을 검사한다. **A**(1,2)의 값 3은 0보다 큰 값이므로 거짓 조건이 되어 else 순환문을 실행한다. 즉 **B**(1,2) = **A**(1,2)을 실행하면 **A**(1,2)의 값 3을 배열 **B**의 1행 2열 자리에 지정한다.

6 다시 두 번째 for 순환문으로 가서 j값을 3으로 증가시킨다. i = 1과 j = 3의 값이 if문에 적용되면 **A**(1,3) < 0의 조건을 검사한다. **A**(1,3)의 값 −4는 0보다 작은 값이므로 참인 조건이 되어 if문을 실행한다. 즉 **B**(1,3) = **B**(1,3)을 실행하면 1을 배열 **B**의 1행 3열 자리에 지정한다.

7 end 명령어로 실행이 종료되면, 이제 첫 번째 for 순환문으로 가서 i값을 2로 증가시킨다. $i = 2$와 $j = 1$의 값이 if문에 적용되면 **A**(2,1) < 0의 조건을 검사한다. **A**(2,1)의 값 −5는 0보다 작은 값이므로 조건을 만족하여 if문을 실행한다. 즉 **B**(2,1) = **B**(2,1)을 실행하면 1을 배열 **B**의 2행 1열 자리에 지정한다.

8 다시 두 번째 for 순환으로 가서 j값을 2로 증가시킨다. i = 2와 j = 2의 값이 if 문에 적용되면 **A**(2,2) < 0의 조건을 검사한다. **A**(2,2)의 값 −2는 0보다 작은 값이므로 참인 조건이 되어 if문을 실행한다. 즉 **B**(2,2) = **B**(2,3)을 실행하면 1을 배열 **B**의 2행 2열 자리에 지정한다.

9 다시 두 번째 for 순환으로 가서 j값을 3으로 증가시킨다. i = 2와 j = 3의 값이 if문에 적용되면 **A**(2,3) < 0의 조건을 검사한다. **A**(2,3)의 값 4는 0보다 큰 값이므로 거짓 조건이 되어 else 순환문을 실행한다. 즉 **B**(2,3) = **B**(2,3)을 실행하면 **A**(2,3)의 값 4를 배열 **B**의 2행 3열 자리에 지정한다.

10 순환문과 조건문의 모든 실행을 중단한다.

TIP 들여쓰기는 가독성을 향상시키기 위한 것으로 제일 안쪽 내용부터 바깥쪽으로 실행시킨다.

[그림 6-61]은 [그림 6-60]의 실행 결과로, 행렬 **B**의 값을 출력한다.

```
Command Window
>> comb4
     1     3     1
     1     1     4
```

그림 6-61 [실습 6-16]의 실행 결과

3. break와 continue 명령어

break 명령어는 연속적으로 반복되는 순환문 전체를 조기에 종료시킬 때 사용한다. 순환문에서 사용되는 continue 명령어는 바로 이어서 나오는 과정만 중간에서 건너뛰고 순환문의 시작 부분으로 돌아가서 다시 순환문을 실행한다.

[그림 6-62]는 [그림 6-54]에서 if문 다음에 break 명령어가 지정된 것을 보여준다.

```
comb5.m
S = 0;
k = 1;
while k <= 5
    S = S + k^2;
    k = k + 1;
    if k == 3
        break
    end
disp(k)
end
disp(S)
```

그림 6-62 while문과 if문의 혼합문에 break 명령어 지정

$k = 1$과 $k = 2$에 대한 각 총합 $0 + 1^2 = 1$과 $1 + 2^2 = 5$를 계산하고 break 명령어에 의해서 모든 실행을 종료한다.

[그림 6-63]은 [그림 6-62]의 실행 결과를 보여준다.

```
Command Window
>> comb5
     2
     5
```

그림 6-63 [그림 6-62]의 실행 결과

[그림 6-64]는 [그림 6-54]에서 if문 다음에 continue 명령어가 지정된 것을 보여준다.

```
comb6.m
S = 0;
k = 1;
while k <= 5
    S = S + k^2;
    k = k + 1;
    if k == 3
        continue
    end
disp(k)
end
disp(S)
```

그림 6-64 while문과 if문의 혼합문에 continue 명령어 지정

$k = 1$과 $k = 2$에 대한 각 총합 $0 + 1^2 = 1$과 $1 + 2^2 = 5$를 계산하고 continue 명령어에 의해서 $k = 3$은 출력하지 않고 건너뛴다. 하지만 총합 $5 + 3^2 = 14$의 계산은 건너뛰지 않는다. 다시 while문으로 돌아와서 $k = 4$와 $k = 5$에 대한 총합을 계산하고 프로그램을 종료한다.

[그림 6-65]는 [그림 6-64]의 실행 결과를 보여준다. k값 3은 출력하지 않지만 총합은 계산한다. 그리고 k값 5까지 while문의 조건을 만족하므로 $k = 5 + 1 = 6$도 출력한다.

```
Command Window
>> comb6
     2
     4
     5
     6
    55
```

그림 6-65 [그림 6-64]의 실행 결과

[그림 6-66]은 [그림 6-58]에서 if문 다음에 break 명령어가 지정된 것을 보여준다.

```
comb7.m
S = 0;
for k = 1:5
    S = S + k^2;
    if k == 3
        break
    end
disp(k)
end
disp(S)
```

그림 6-66 for문과 if문의 혼합문에 break 명령어 지정

$k = 1$, $k = 2$, $k = 3$에 대한 각 총합 $0 + 1^2 = 1$, $1 + 2^2 = 5$, $5 + 3^2 = 14$를 계산하고 break 명령어에 의해서 모든 실행을 종료한다.

[그림 6-67]은 [그림 6-66]의 실행 결과를 보여준다. $k = 3$일 때 총합은 출력하지만 k값 3은 출력하지 않는다.

```
Command Window
>> comb7
     1
     2
    14
```

그림 6-67 [그림 6-66]의 실행 결과

[그림 6-68]은 [그림 6-58]에서 `if`문 다음에 `continue` 명령어가 지정된 것을 보여준다.

```
comb8.m
S = 0;
for k = 1:5
    S = S + k^2;
    if k == 3
        continue
    end
disp(k)
end
disp(S)
```

그림 6-68 for문과 if문의 혼합문에 continue 명령어 지정

$k = 1$과 $k = 2$에 대한 각 총합 $0 + 1^2 = 1$과 $1 + 2^2 = 5$를 계산하고 `continue` 명령어에 의해서 $k = 3$은 출력하지 않고 건너뛰지만, 총합 $5 + 3^2 = 14$의 계산은 건너뛰지 않는다. 다시 `for`문으로 돌아와서 $k = 4$와 $k = 5$에 대한 총합을 계산하고 프로그램을 종료한다.

[그림 6-69]는 [그림 6-68]의 실행 결과를 명령창에 함께 보여준다. k값 3은 출력하지 않지만 총합은 계산한다.

```
Command Window
>> comb8
     1
     2
     4
     5
    55
```

그림 6-69 [그림 6-68]의 실행 결과

4. switch문

논리적인 수식 조건이 여러 개일 때 if 문은 알고리즘의 흐름을 다양하게 제어할 수 있지만, 프로그래밍을 복잡하게 보여주게 된다. 이러한 if 문의 단점을 보완하기 위해 다중 선택 (multiple selection)[4] 방식을 이용한다. MATLAB 은 이러한 선택 결정을 하기 위해서 `switch` 다중 선택문[5]을 제공한다.

4 변수 또는 수식에 사용하는 각각의 정수를 개별적으로 테스트하는 일련의 여러 가지 실행을 가능하게 하는 선택을 말한다.

5 `switch`문은 일련의 `case`문 레이블, 선택적 `otherwise` 경우 및 각각의 경우에 대하여 실행할 선언문으로 구성되어 있다.

switch문의 기본 형태는 다음과 같다.

```
switch expression1
    case expression2
      statement1
    case expression3
      statement2
    otherwise
      statement3
end.
```

switch문에 사용된 expression1을 먼저 평가한다. 만일 expression1의 값이 case문에 사용된 expression2와 expression3 중 일치하는 값이 있으면 case문에 이어져 나오는 statement1 또는 statement2를 실행한다. 만일 일치하는 값이 없으면 otherwise 명령어에 이어져 나오는 문에 이어져 나오는 statement3을 실행한다.

TIP switch문의 내부에는 프로그래머가 원하는 만큼의 case문을 사용할 수 있다.

[그림 6-70]은 4개 원소를 포함하는 벡터 **x**를 입력하여 switch문과 case문, otherwise 명령어의 역할을 알아보는 프로그램이다. switch문에서 숫자 1 혹은 2를 지정하는 경우는 이에 상응하는 동일한 숫자를 갖는 case문 1과 case문 2를 각각 실행한다. 만일 switch문에서 숫자 1과 숫자 2가 아닌 숫자를 지정하면 otherwise에 이어져 나오는 선언문을 실행한다.

comb9.m

```
x = [1, -2, 5, -4];
switch 1
    case 1
        y = sum(abs(x));
    case 2
        y = max(abs(x));
    otherwise
        y = sqrt(sum(x));
end
y
```

그림 6-70 swtich문

[그림 6-71]은 [그림 6-70]의 case문 1에 이어져 나오는 'y = sum(abs(x))', 즉 4개 원소의 절댓값을 전부 더한 $1 + |-2| + 5 + |-4| = 12$에 대한 실행 결과를 보여준다.

```
Command Window
>> comb9
y =
    12
```

그림 6-71 [그림 6-70]의 case 1의 실행 결과

[그림 6-72]는 [그림 6-70]의 switch문에 1 이외의 숫자인 2와 5를 실행한 결과를 함께 보여준다.

```
Command Window
>> comb9
y =
     5
>> comb9
y =
     0
```

그림 6-72 [그림 6-70]의 case 2와 ohterwise의 실행 결과

switch문에 2를 지정하면 case 2에 이어져 나오는 'y =max(abs(x))', 즉 4개의 원소의 절댓값 중 가장 큰 값 5를 보여준다. 반면에 switch문에 5(1과 2를 제외한 임의의 다른 숫자)를 지정하면 otherwise 명령어에 이어져 나오는 'y =sqrt(sum(x))', 즉 4개의 원소를 더하고 제곱근을 계산한 $\sqrt{1-2+5-4}=0$을 보여준다.

언뜻 보기에 switch문과 case문은 매번 필요한 색인 번호 혹은 수식을 지정해야 하기 때문에 불편해 보일 수 있다. 그러나 실제 함수에서 사용하는 switch문과 case문은 매우 편리하다.

[그림 6-73]은 반복법을 이용하는 근 찾기 방법인 이분법(bisection method)에 대한 MATLAB의 사용자정의 함수 bisect 프로그램의 끝부분이다.

```
bisect.m
%%%%%%%%%%%%%%%%%%%%%%%%%%%%
function value = f(x,index)

% function to define equation for rootfinding problem.

switch index
case 1
    value = x.^3 + 2*x.^2 - 1;
case 2
    value = x.^3 + x - 7;
    otherwise
        value = x.^3 - 4*x + 1;
end
```

그림 6-73 사용자정의 함수 bisect에 사용하는 switch문과 case문

이분법을 이용하여 세 함수 $x^3 + 2x^2 - 1$, $x^3 + x - 7$, $x^3 - 4x + 1$에 대한 근을 차례대로 구하기 위해서는 switch문에 색인 처리를 함으로써 해당 색인에 상응하는 case문과 otherwise 명령어에 이어져 나오는 수식을 편리하게 사용할 수 있다. 만일 세 함수 중 $x^3 + 2x^2 - 1$에 대한 근을 찾기 위해서는 [그림 6-74]처럼 입력하면 된다. bisect 함수 내에 입력한 인자 중 맨 끝 숫자 1은 이미 작성된 [그림 6-73]의 색인 1에 해당하는 함수 $x^3 + 2x^2 - 1$에 대한 근 찾기 결과를 보여준다.

TIP 나머지 두 함수에 대한 근을 찾기 위해 bisect 함수를 이용하려면 색인을 2, 3을 바꾸어 입력한다.

Command Window

```
>> bisect(0,1,1.0E-6,4,1)
iteration =
    1.0000         0    1.0000    0.5000   -0.3750    0.5000
iteration =
    2.0000    0.5000    1.0000    0.7500    0.5469    0.2500
iteration =
    3.0000    0.5000    0.7500    0.6250    0.0254    0.1250
iteration =
    4.0000    0.5000    0.6250    0.5625   -0.1892    0.0625
root =
    0.5938
```

그림 6-74 [그림 6-73]의 실행 결과

CHAPTER

06 연습문제

6.1 다음과 같은 두 행렬이 있다. 관계 연산자를 이용하여 행렬 **B**의 원소가 행렬 **A**의 원소보다 작은 원소를 찾고, 행렬 **B**의 원소가 4와 동일한 원소를 찾은 후 실행 결과를 설명하라.

$$\mathbf{A} = \begin{bmatrix} 2 & 2 & 9 \\ 8 & 9 & 8 \\ 3 & 4 & 7 \end{bmatrix}, \quad \mathbf{B} = \begin{bmatrix} 1 & 7 & 7 \\ 8 & 4 & 3 \\ 9 & 2 & 4 \end{bmatrix}$$

6.2 다음과 같은 행렬 **C**가 있다. 행렬 **C**의 원소 중에 5와 동일한 모든 원소를 −5로 대체시켜라.

$$\mathbf{C} = \begin{bmatrix} 7 & 7 & 0 & 3 \\ 1 & -4 & 5 & -6 \\ 5 & 5 & 1 & 2 \\ 3 & 4 & 2 & 5 \end{bmatrix}$$

6.3 다음과 같은 행렬 **A**가 있다. 행렬 **A**의 원소 중 0보다 큰 값에 대한 제곱근을 계산하여 대체하고, 그 외 원소는 주어진 원소를 그대로 나타내라.

$$\mathbf{A} = \begin{bmatrix} 16 & -81 & 25 \\ -9 & 4 & 36 \end{bmatrix}$$

6.4 다음과 같은 두 행렬이 있다. 행렬 **A**와 행렬 **B**에 논리 연산자 AND를 실행하라. 또한 각각의 행렬에 논리 연산자 NOT을 실행한 후 논리 연산자 OR를 실행하라.

$$\mathbf{A} = \begin{bmatrix} 2 & 3 & -1 & -3 \\ 0 & 0 & 5 & 9 \\ -4 & 0 & 1 & 7 \\ 6 & 7 & 0 & 8 \end{bmatrix}, \quad \mathbf{B} = \begin{bmatrix} -2 & 3 & 1 & 0 \\ 9 & 0 & 0 & -4 \\ 5 & 8 & 0 & 2 \\ -7 & 0 & 6 & -1 \end{bmatrix}$$

6.5 다음과 같은 두 행렬이 있다. 행렬 **C**가 3 이상이고 행렬 **D**가 3 이하인 경우에 대하여 논리 연산자 XOR를 실행하라.

$$\mathbf{C} = \begin{bmatrix} -2 & 3 & 1 & 0 \\ 9 & 0 & 0 & -4 \\ 5 & 8 & 0 & 2 \\ -7 & 0 & 6 & -1 \end{bmatrix}, \quad \mathbf{D} = \begin{bmatrix} 2 & 3 & -1 & -3 \\ 0 & 0 & 5 & 9 \\ -4 & 0 & 1 & 7 \\ 6 & 7 & 0 & 8 \end{bmatrix}$$

6.6 다음과 같은 두 행렬이 있다. 행렬 **A**의 원소 중 행렬 **B**의 원소보다 작은 값을 갖는 원소의 자리 번호를 찾은 후 해당 원소에 대한 행렬의 색인을 나타내라. 이때 행의 색인은 i, 열의 색인은 j를 이용한다.

$$\mathbf{A} = \begin{bmatrix} 2 & 2 & 9 \\ 8 & 9 & 8 \\ 3 & 4 & 7 \end{bmatrix}, \quad \mathbf{B} = \begin{bmatrix} 1 & 7 & 7 \\ 8 & 4 & 3 \\ 9 & 2 & 4 \end{bmatrix}$$

6.7 다음과 같은 행렬 **A**가 있다. 행렬 **A**의 원소 중에 0보다 크면서 8보다 작은 원소 중 원소 자리 번호 중 순서대로 나오는 처음 3개에 대한 색인을 나타내라.

$$\mathbf{A} = \begin{bmatrix} 2 & 3 & -1 & -3 \\ 0 & 0 & 5 & 9 \\ -4 & 0 & 1 & 7 \\ 6 & 7 & 0 & 8 \end{bmatrix}$$

6.8 행벡터 $\mathbf{x} = [-4 \quad 9 \quad 16 \quad -25]$가 있다. `if/else`문을 사용하여 원소값이 양수이면 양수에 대한 제곱근을 출력하고 음수이면 양수 및 음수의 절댓값에 대한 제곱근을 출력하는 스크립트 파일을 작성하고 실행하라.

6.9 동시에 변수 num1 값이 0보다 크거나 변수 num2 값이 0과 동일한 경우는 num1의 제곱근을 변수 num3로 출력한다. 그러나 만일 2개 중 1개의 조건을 만족하지 못하는 경우는 2개 변수 값을 더한 값을 num3에 출력하는 스크립트 파일을 `if/else`문을 사용하여 작성하고 실행하라.

6.10 입력 변수 x에 따라 불능(impossible), 부정(indterminate), 가능(possible)을 출력하는 스크립트 파일을 `elseif`문을 사용하여 작성하고 실행하라. 편의를 위해서 명령어 isinf(x)는 불능에 대한 참, 명령어 isnan(x)는 부정에 대한 참을 실행할 수 있다.

6.11 연도를 나타내는 입력 변수 year를 입력하여 해당 연도가 윤년(leap year) 또는 평년(common year)인지를 판별하는 스크립트 파일을 elseif문을 사용하여 작성하라. 나눗셈의 계수에 대한 계산은 `mod` 함수를 이용하면 된다. 출력 변수 verify를 지정하여 해당 연도가 윤년이면 "leap year", 평년이면 "common year"로 나타내고, 2020년과 2021년을 지정하여 윤년 또는 평년 여부를 확인하라.

그레고리력(Gregorian calendar)에서 윤년을 결정하는 규칙은 다음과 같다.

❶ 연도가 400으로 나누어 나머지가 없이 균등하게 나누어 떨어진다.

❷ 연도가 100으로 나누어 떨어지고 400으로 나누어 떨어지지 않으면 윤년이 아니다.

❸ 연도가 100으로 나누어 떨어지지 않지만 4로 나누어 떨어지면 윤년이다.

❹ 조건 ❶~❸에 적합하지 않은 모든 다른 연도는 윤년이 아니다.

6.12 MATLAB을 이용하여 구한 $a = 10$에 대한 제곱근 x는 다음과 같다.

Command Window

```
>> format long;
>> a = 10;
>> x = sqrt(a)
x =
   3.162277660168380
```

제곱근을 구하는 알고리즘이 $x_{n+1} = \frac{1}{2}\left(x_n + \frac{a}{x_n}\right),\ n = 0, 1, 2, \cdots\ x_n \to \sqrt{a}$일 때 `for`문을 사용하여 10의 제곱근을 계산하는 스크립트 파일을 작성하라. 여기서 x에 대한 초깃값은 임시로 $x_1 = 2$로 지정하고 이 값을 포함해서 총 10개의 제곱근의 근삿값을 출력하라.

6.13 2개 `for`문을 중첩 사용하여 다음과 같은 왼쪽 역 삼각형을 보여주는 프로그램을 작성하라. 이때 제어 변수명은 행렬의 행을 나타내는 row 및 열을 나타내는 col로 지정한다.

```
****
***
**
*
```

6.14 2개 `for`문을 중첩 사용하여 다음과 같은 왼쪽 삼각형을 보여주는 프로그램을 작성하라. 이때 제어 변수명은 행렬의 행을 나타내는 row 및 열을 나타내는 col로 지정한다.

```
○
○○
○○○
○○○○
```

6.15 while문을 이용하여 [연습문제 6.12]와 동일한 실행 결과를 얻기 위한 스크립트 파일을 작성하라.

6.16 배열 $x = [1\ \ -4\ \ 9\ \ 16\ \ -25\ \ 36]$이 있을 때, while문과 if문을 혼합 사용하여 양수의 원소에 대한 제곱근을 구하는 스크립트 파일을 작성하라.

6.17 for문과 if문을 이용하여 [연습문제 6.12]와 동일한 실행의 결과를 얻기 위한 스크립트 파일을 작성하라.

6.18 MATLAB을 이용하여 구한 원주율 π의 값은 다음과 같다.

```
Command Window
>> format long;
>> pi
ans =
   3.141592653589793
```

급수(series) 계산의 알고리즘을 이용하면 원주율은 다음과 같이 나타낼 수 있다.

$$\pi = 2\sqrt{3} \lim_{n\to\infty} \sum_{k=0}^{n} \frac{(-1)^k}{(2k+1)3^k}$$

반복하는 급수의 총합은 다음과 같이 나타낼 수 있다.

$$S_n = \sum_{k=0}^{n-1} \frac{(-1)^k}{(2k+1)3^k} + \frac{(-1)^n}{(2n+1)3^n} \quad \text{또는} \quad S_n = S_{n-1} + \frac{(-1)^n}{(2n+1)3^n}$$

여기서 $n \geq 1$이고 총합의 초깃값은 $S_0 = 1$으로 지정한다. for문과 if문을 이용하여 원주율을 얻기 위한 스크립트 파일을 작성하라.

6.19 switch문과 case문을 이용하여 2개의 정숫값이 입력되면 4칙 연산을 실행할 수 있는 스크립트 파일을 작성하라.

6.20 switch문과 case문을 이용하여 성적 'A'를 받으면 'Excellent', 'B'를 받으면 'Good', 'C'를 받으면 'Fair', 'D'를 받으면 'Poor', 그 밖의 알파벳 성적을 받으면 'Fail'을 각각 출력하는 스크립트 파일을 작성하라.

CHAPTER 07

MATLAB의 변수와 사용자정의 함수

MATLAB에서는 내장변수와 내장함수를 이용하여 다양한 방식으로 정보를 저장하고 계산할 수 있다. 또한 사용자가 직접 스크립트 파일을 작성하여 사용자정의 함수를 만들 수 있다. 이 장에서는 MATLAB의 변수와 내장함수를 살펴보고, 사용자정의 함수를 구성하는 방법을 살펴본다.

SECTION 7.1

MATLAB의 변수

학습 목표

- 변수를 올바르게 생성하는 방법에 대해 학습한다.
- 일반 변수와 허수 단위 변수의 차이점을 이해한다.

MATLAB에서는 변수를 이용하여 정보를 저장하고 계산한다. 변수는 정보를 임시로 저장할 메모리 공간을 의미하며, 저장하는 정보를 변수에 지정하게 된다. MATLAB에서 변수 또는 배열의 값을 지정하거나 수식을 계산할 때는 등호를 이용한다.

1. 변수 생성

새로운 변수(variables)를 생성할 때 등호의 오른쪽에는 지정할 값(숫자), 변수명, 수식(expression) 등을 입력하고, 왼쪽에는 새롭게 사용할 변수명을 적는다.

변수명 = 값(숫자)
변수명 = 변수명
변수명 = 수식

변수명은 반드시 영어의 소문자 a~z 혹은 대문자 A~Z로 시작해야 한다. 이후에는 영문자, 숫자 0~9, 밑줄(_) [1]을 입력할 수 있다. 변수명은 영문자, 숫자, 밑줄을 혼합하여 최대 63문자까지 가능하다.

[그림 7-1]과 같이 변수명에 숫자를 영문자보다 먼저 입력하면, 오류 메시지와 함께 올바른 형식을 제안한다. 변수명에 특수문자 *(별표)는 사용할 수 없으므로 오류가 발생하는데, 명령창에서 나타낸 오류 메시지는 변수명의 오류보다 등호를 하나 사용한 지정 연산자에 대한 오류를 우선순위로 제시하고 있다.

1 특수문자 중에서 밑줄(_)만 사용할 수 있다.

```
>> a = 1;
>> a2 = 2;
>> 2b = 3
 2b = 3
   ↑
Error: Invalid expression. Check for missing multiplication operator,
missing or unbalanced delimiters, or other syntax error. To construct
matrices, use brackets instead of parentheses.

Did you mean:
>> b = 3
b =
     3
>> c* = 4
 c* = 4
     ↑
Error: Incorrect use of '=' operator. To assign a value to a variable, use
'='. To compare values for equality, use '=='.
```

그림 7-1 변수명을 잘못 작성한 예

MATLAB에서는 소문자와 대문자를 구별해서(case-sensitive) 사용하므로 'a'와 'A'는 전혀 다른 변수명으로 쓰인다. 즉, [그림 7-2]와 같이 변수 'a'와 'A'는 독립적으로 사용할 수 있다.

```
>> a = 1
a =
     1
>> A = 2
A =
     2
>> a + A
ans =
     3
```

그림 7-2 소문자와 대문자로 작성된 변수명

2. 등호 지정 연산자

등호는 수학에서 왼쪽과 오른쪽이 같음을 나타내는 부호이다. 그러나 MATLAB을 포함한 대부분 프로그래밍 언어에서는 전혀 다른 의미로 사용된다. 수학에서 $x = 1$은 변수 x가 1과 같다는 표현이다. 그러나 MATLAB에서는 변수 x에 1이라는 수를 임시로 저장하는 것을 의미한다. 수학에서 수식 $x = 1$일 때 $x = x + 1$을 풀면 오른쪽에 있는 변수 x가 왼쪽 변수 x와 상쇄되어 $0 = 1$이라는 모순된 관계가 발생하며, 더는 등호가 성립하지 않는다. 그러나 같은 연산이지만 MATLAB에서 등호 지정 연산자를 사용하면 전혀 다른 결과를 볼 수 있다.

[그림 7-3]과 같이 변수 x의 초깃값을 반드시 지정한다. 변수 x에 초깃값 1이 지정되어 있고, 변수 x에 임시로 저장된 초깃값 1에 1이 더해져 다시 변수 x에 2가 새롭게 지정된다.

```
Command Window
>> x = 1;
>> x = x + 1
x =
     2
```

그림 7-3 등호 지정 연산자의 실행 결과

수학에서 같음을 나타내는 등호와 동일한 기능을 하는 MATLAB 부호는 "=="이다. [그림 7-4]는 MATLAB에서 등호를 나타낸 예를 보여준다. 수학에서 1 = 1은 논리적으로 '참'인 조건이지만, MATLAB에서는 허용되지 않는다. 그러므로 MATLAB에서 올바르게 등호 관계를 표시하려면 1==1로 나타내야 한다. 논리적 '1'은 '참'인 조건을 의미한다.

```
Command Window
>> 1 = 1
 1 = 1
   ↑
Error: Incorrect use of '=' operator. To assign a value to a variable, use
'='. To compare values for equality, use '=='.

>> 1 == 1
ans =
  logical
   1
```

그림 7-4 MATLAB의 등호 관계 표시하기

3. 문자열 지정

보통 변수에는 숫자나 수식 등을 지정하지만, 경우에 따라 문자열을 지정할 수도 있다. 변수에 문자열을 지정할 때는 작은따옴표 또는 큰따옴표 안에 문자열을 입력한다. 이때 작은따옴표 혹은 큰따옴표를 생략하면 오류가 발생한다.

[그림 7-5]는 변수에 문자열 'character'를 지정하는 예를 보여준다.

```
Command Window
>> SB1 = character
Unrecognized function or variable 'character'.
>> SB2 = 'character'
SB2 =
    'character'
>> SB3 = "character"
SB3 =
    "character"
```

그림 7-5 변수에 문자열 지정하기

[그림 7-5]에서 변수 SB2와 SB3의 결과에 표시되는 작은따옴표 및 큰따옴표는 문자열에 포함되지 않으며, 문자열을 강조하는 역할을 한다.

[그림 7-6]에서 보듯이 숫자에 작은따옴표 혹은 큰따옴표가 있는 경우와 둘 다 없는 경우 모두 오류 없이 동일한 결과가 나온다. 그러나 기능을 알아보기 위해 일반 숫자를 지정한 변수 *a*1의 결과를 영어로 읽으면 'one hundred'가 되고, 작은따옴표 및 큰따옴표가 있는 변수 *a*2와 *a*3의 결과를 영어로 읽으면 'one zero zero'로 각 숫자를 하나씩 읽는다.

Command Window

```
>> a1 = 100
a1 =
   100
>> a2 = '100'
a2 =
    '100'
>> a3 = "100"
a3 =
    "100"
```

그림 7-6 숫자에 대한 작은따옴표와 큰따옴표의 역할

실습 7-1

변수명이 'MATLAB'인 변수에 문자열 So Good, 'So Good', "So Good"을 각각 나타내라.

풀이

[그림 7-7]은 작은따옴표를 사용한 실행 결과를 보여준다.

Command Window

```
❶ >> MATLAB = 'So Good'
   MATLAB =
       'So Good'
❷ >> MATLAB = ''So Good''
    MATLAB = ''So Good''
               ↑
   Error: Invalid expression. Check for missing multiplication operator,
   missing or unbalanced delimiters, or other syntax error. To construct
   matrices, use brackets instead of parentheses.

❸ >> MATLAB = '''So Good'''
   MATLAB =
       ''So Good''
❹ >> MATLAB = '"So Good"'
   MATLAB =
       '"So Good"'
```

그림 7-7 작은따옴표로 문자열 지정하기 실행 결과

❶ 작은따옴표를 생략하면 오류 메시지가 나오기 때문에 작은따옴표를 문자열 앞뒤에 붙여서 변수를 지정한다. 실행 결과로 나오는 작은따옴표는 문자열을 강조하는 역할일 뿐 실제 작은따옴표를 나타내는 것은 아니다.

❷ 작은따옴표를 포함하는 문자열을 나타내려면 작은따옴표 2개를 문자열 앞뒤에 붙여서 변수를 지정하면 오류 메시지가 나온다.

❸ 작은따옴표를 포함하는 문자열을 나타내려면 작은따옴표 3개를 문자열 앞뒤에 붙여서 변수를 지정한다.

❹ 큰따옴표를 포함하는 문자열을 나타내려면 작은따옴표 사이에 큰따옴표를 문자열 앞뒤에 붙여서 변수를 지정한다.

[그림 7-8]은 큰따옴표를 사용한 실행 결과를 보여준다.

```
Command Window
❶ >> MATLAB = "So Good"
MATLAB =
    "So Good"
❷ >> MATLAB = "'So Good'"
MATLAB =
    "'So Good'"
❸ >> MATLAB = ""So Good""
 MATLAB = ""So Good""
            ↑
Error: Invalid expression. Check for missing multiplication operator,
missing or unbalanced delimiters, or other syntax error. To construct
matrices, use brackets instead of parentheses.

❹ >> MATLAB = """So Good"""
MATLAB =
    ""So Good""
```

그림 7-8 큰따옴표로 문자열 지정하기 실행 결과

❶ 큰따옴표를 생략하면 오류 메시지가 나오기 때문에 큰따옴표를 문자열 앞뒤에 붙여서 변수를 지정한다. 실행 결과로 나오는 큰따옴표는 문자열을 강조하는 역할일 뿐 실제 큰따옴표를 나타내는 것은 아니다.

❷ 작은따옴표를 포함하는 문자열을 나타내려면 큰따옴표 사이에 작은따옴표 2개를 문자열 앞뒤에 붙여서 변수를 지정한다.

❸ 큰따옴표를 포함하는 문자열을 나타내기 위해 큰따옴표 사이에 큰따옴표 2개를 문자열 앞뒤에 붙여서 변수를 지정하면 오류 메시지가 나온다.

❹ 큰따옴표를 포함하는 문자열을 나타내려면 큰따옴표 3개를 문자열 앞뒤에 붙여서 변수를 지정한다.

4. 허수 단위 변수

일반 변수로 사용하는 영문자 i와 j는 예외적으로 복소수의 허수 단위 $\sqrt{-1}$을 의미하는 MATLAB의 내장변수[2]로 사용할 수 있다. [그림 7-9]처럼 일반 변수로 사용할 경우에는 반드시 값을 미리 지정해야 한다. 이 경우 변수 i의 값 8에서 변수 j의 값 4를 뺀 후 제곱근을 계산하므로 변수 k의 결과는 2가 된다.

2 7.2절에서 자세히 다룰 예정이다.

반면에, [그림 7-10]을 보면 일반 변수 a와 b는 값을 미리 지정하지 않아서 오류 메시지가 나타난다. 그러나 제곱근 계산에 쓰인 변수 i와 j는 내장변수로 사용되어 허수 단위 변수로 지정된다. 따라서 계산에 아무런 오류 메시지가 나타나지 않는다. 이 경우는 $i = j$이므로 결과는 0이다.

```
Command Window
>> i = 8;
>> j = 4;
>> k = sqrt(i-j)
k =
     2
```

그림 7-9 일반 변수로 사용한 i 및 j의 실행 결과

```
Command Window
>> z1 = sqrt(a-b)
Unrecognized function or variable 'a'.
>> z2 = sqrt(i-j)
z2 =
     0
```

그림 7-10 허수 단위 변수의 실행 결과

실습 7-2

다음 값을 명령창에 나타내라.

(a) 실숫값이 2, 허숫값이 −3인 복소수 z를 입력하라.
(b) 변수 $i = 2$, $j = -5$일 때 $\sqrt{i+j}$를 계산하라.

풀이

```
Command Window
ⓐ >> z = 2 -3i
   z =
      2.0000 - 3.0000i
ⓑ >> i = 2;
   >> j = -5;
   >> k = sqrt(i+j)
   k =
      0.0000 + 1.7321i
```

그림 7-11 [실습 7-2]의 실행 결과

(a) i, j를 허수 단위 변수로 사용하므로 미리 지정할 필요가 없다. i는 일반 변수가 아니므로 곱셈 연산자를 사용하지 않아도 된다(사용해도 상관없다).

(b) i, j는 값을 지정한 이후에 사용하면 $\sqrt{-1}$의 값을 가진 내장변수가 아닌 일반 변수로 취급되므로 $\sqrt{2-5} = \sqrt{-3} = \sqrt{3}i$의 결과를 얻는다. 계산 결과는 실수부 0을 포함한 복소수 기본 형태 $z = x + iy$로 나타낸다.

프로그래밍에서 사용하는 `if`, `else`, `elseif`, `for`, `while`, `switch`, `case`, `otherwise`, `end`를 포함하여 사용자정의 함수에 사용하는 `function`과 같은 특수한 핵심어는 변수명으로 사용할 수 없다. 그리고 조건의 '참'과 '거짓'을 나타내는 `true`와 `false`도 사용할 수 없다.

SECTION 7.2

내장변수와 내장함수

학습 목표

- 자주 사용되는 내장변수의 역할을 이해한다.
- 각종 내장함수를 실행하는 방법을 터득한다.

1. 내장변수

내장변수는 MATLAB에서 자주 사용하는 변수를 지정하여 정의해둔 것이다. 일반적으로 내장변수명은 소문자를 사용한다. 사용자가 정한 변수명은 MATLAB에서 제공하는 내장변수명과 중복 사용할 수 없다.

이 절에서는 앞서 살펴본 허수 단위 변수 i와 j 이외에 MATLAB에서 제공하는 내장변수 중 자주 사용하는 몇 가지를 살펴보도록 하자.

ans

사용자가 변수명을 지정하지 않아도 수식의 결과를 나타내는 변수명으로 ans가 자동으로 지정된다. [그림 7-12]와 같이 변수 a와 b를 연산한 결과는 새로운 변수 c로 나타냈다. 그리고나서 새로운 변수를 지정하지 않고 연산 $a + b$를 입력하면 내장변수 ans에 자동으로 지정되어 결과를 나타낸다.

Command Window

```
>> a = 1;
>> b = 2;
>> c = a + b
c =
     3
>> a + b
ans =
     3
```

그림 7-12 내장변수 ans 사용하기

pi

내장변수 pi는 원주율 $\pi(3.141592\cdots)$를 표시한다. [그림 7-13]에서 보듯이 대문자를 사용하면 오류 메시지가 나타나므로 반드시 소문자를 사용해야 한다. pi에 숫자를 곱할 때는 반드시 곱셈 연산자인 *를 지정해야 한다.

```
>> Pi
Unrecognized function or variable 'Pi'.
Did you mean:
>> pi
ans =
    3.1416
>> 2pi
 2pi
  ↑
Error: Invalid expression. Check for missing multiplication operator,
missing or unbalanced delimiters, or other syntax error. To construct
matrices, use brackets instead of parentheses.

Did you mean:
>> 2*pi
ans =
    6.2832
```

그림 7-13 내장변수 pi 사용하기

Inf와 NaN

내장변수 Inf와 NaN은 수학적 부정 연산 ∞/∞, $0/0$의 결과를 나타내는 비 숫자 표시이다. [그림 7-14]와 같이 0이 아닌 임의의 수를 분모의 0으로 나누면, 그 결과는 무한대(∞)가 되므로 내장변수 Inf(또는 inf)가 출력된다. 분자의 0을 분모의 0으로 나누면, 그 결과는 부정이므로 내장변수 NaN(또는 nan)이 출력된다.

```
>> 1/0
ans =
   Inf
>> 0/0
ans =
   NaN
```

그림 7-14 내장변수 Inf 및 NaN 사용하기

이밖에도 알아두면 좋은 내장변수들을 [표 7-1]에 정리했다.

표 7-1 다양한 내장변수들

종류	설명
eps	기계 입실론(machine epsilon) ε은 컴퓨터로 계산할 때 부동 소수점 정밀도를 나타내는 인자로, 1보다 큰 수를 표현하는 데 필요한 소수점 이하의 자릿수이다. MATLAB의 부동 소수점 정밀도는 2^{-52}와 동일한 값 2.2204×10^{-16}이다.
intmax	지정된 정수형의 가장 큰 값을 나타낸다. 정수형의 가장 큰 값은 32비트에 대한 $2^{31}-1=2147483647$이다.
intmin	지정된 정수형의 가장 작은 값을 나타낸다. 정수형의 가장 작은 값은 $-2^{31}-1=-2147483647$이다.
realmax	가장 큰 양의 부동 소수점을 나타낸다. 가장 큰 양의 부동 소수점 값은 $(2-\text{eps})\times2^{1023}$과 동일한 값 1.7977×10^{308}이다.
realmin	가장 작은 양의 부동 소수점을 나타낸다. 가장 작은 양의 부동 소수점 값은 2^{-1022}과 동일한 값 2.2251×10^{-308}이다.

[그림 7-15]는 [표 7-1]에 소개된 내장변수를 사용한 예를 보여준다.

```
Command Window
>> eps
ans =
   2.2204e-16
>> intmax
ans =
  int32
   2147483647
>> intmin
ans =
  int32
   -2147483648
>> realmax
ans =
  1.7977e+308
>> realmin
ans =
  2.2251e-308
```

그림 7-15 다양한 내장변수 사용하기

2. 내장함수

내장함수는 MATLAB에서 자주 사용하는 연산 또는 계산을 함수로 만들어 정의해둔 것이다. 항상 소문자로 표기하고, 소괄호 사이에 필요한 인자를 넣어서 쓴다. 이러한 내장함수를 모두 알고 있을 필요는 없으며, 도움말 명령어를 이용하여 필요한 내장함수는 찾아서 사용하면 된다. MATLAB에서 제공하는 내장변수 중 자주 사용하는 몇 가지를 살펴보자.

절댓값과 제곱근

[그림 7-16]과 같이 내장함수 `abs`는 절댓값(absolute value)을 표시하고 `sqrt`는 제곱근(squart root)을 표시한다.

```
Command Window
❶ >> abs(-2)
ans =
     2
>> abs(2)
ans =
     2
❷ >> sqrt(4)
ans =
     2
>> sqrt(-4)
ans =
   0.0000 + 2.0000i
```

❶ 음수 혹은 양수에 절댓값을 계산하면 항상 양수를 나타낸다.

❷ 양수에 제곱근을 계산하면 실수, 음수에 제곱근을 계산하면 복소수를 나타낸다.

그림 7-16 내장함수 abs와 sqrt 사용하기

삼각함수

MATLAB에서 자주 사용하는 삼각함수의 내장함수에는 cos, sin, tan가 있다. 또한 역삼각함수에는 acos, asin, atan가 있다. [그림 7-17]은 삼각함수의 내장함수를 사용한 예를 보여준다.

```
Command Window
>> cos(0)
ans =
     1
>> sin(pi/2)
ans =
     1
>> tan(pi/2)      ❶
ans =
   1.6331e+16
>> acos(1)        ❷
ans =
     0
>> asin(1)        ❸
ans =
    1.5708
>> atan(inf)
ans =
    1.5708
```

❶ 수학에서 $\tan(\pi/2) = \infty$이다. 무한대를 나타내는 내장변수 Inf(또는 inf) 대신 매우 큰 값을 의미하는 1.6331×10^{16}으로 표시된다.

❷ 역삼각함수는 결과로 나온 삼각함수의 값을 다시 대입하면 처음 라디안 값을 표시한다.

❸ 역사인 함수와 역탄젠트 함수의 결과는 $\pi/2 = 1.5708$이 된다.

그림 7-17 삼각함수의 내장함수 사용하기

삼각함수의 각도로는 라디안(radian)을 주로 사용하는데, [그림 7-18]처럼 삼각함수의 인자로 라디안 대신에 도(degree)를 나타내는 내장함수 cosd, sind, tand를 사용하기도 한다.

```
Command Window
>> cosd(0)
ans =
     1
>> sind(90)
ans =
     1
>> tand(90)
ans =
   Inf
```

그림 7-18 도를 사용한 삼각함수의 내장함수 사용하기

삼각함수의 인자를 라디안 또는 도 중 어느 것을 사용해도 무방하지만, 정밀한 계산이 필요하다면 라디안을 사용하는 것이 좋다. 도를 사용하는 경우 좀 더 큰 기계적 오차가 발생할 수 있다. 실제 MATLAB을 사용할 때도 라디안을 좀 더 많이 사용한다.

지수함수 및 로그함수

MATLAB에서 자주 사용하는 지수함수와 로그함수의 내장함수는 exp, log이다. [그림 7-19]는 로그함수의 내장함수를 사용한 예를 보여준다.

```
Command Window
>> x = [-3.8, -2.1, 2.1, 3.8];
>> y = exp(x)
y =
    0.0224    0.1225    8.1662   44.7012
>> z = log(y)
z =
   -3.8000   -2.1000    2.1000    3.8000
```

입력 원소 4개를 포함하는 벡터 **x**에 대한 지수함수를 계산한 결과가 **y**이다. **y**에 다시 로그함수를 계산하면 원래 벡터 **x**의 값을 나타낸다.[3]

그림 7-19 내장함수 exp와 log 사용하기

[그림 7-20]은 로그함수의 내장함수 log, log10, log2를 비교하여 사용한 예를 보여준다.

```
Command Window
>> x = [2,4,10,100];
❶ >> y1 = log(x)
y1 =
    0.6931    1.3863    2.3026    4.6052
❷ >> y2 = log10(x)
y2 =
    0.3010    0.6021    1.0000    2.0000
>> log(x)/log(10)
ans =
    0.3010    0.6021    1.0000    2.0000
❸ >> y3 = log2(x)
y3 =
    1.0000    2.0000    3.3219    6.6439
>> log(x)/log(2)
ans =
    1.0000    2.0000    3.3219    6.6439
```

❶ log 함수는 수학적으로 자연로그를 표시한다.

❷ log10은 밑수 10인 상용로그를 표시한다. 결과 y2는 $y2 = \log_{10} x = \frac{\log x}{\log 10}$와 계산 결과가 같다.

❸ log2는 밑수 2인 로그를 표시한다. 결과 y3는 $y3 = \log_2 x = \frac{\log x}{\log 2}$와 계산 결과가 같다.

그림 7-20 다양한 로그함수의 내장함수 사용하기

TIP log2는 2진 신호를 기초로 하는 디지털 신호에 자주 사용된다.

3 지수함수 $y = e^x$의 역함수는 로그함수 $x = \log_e y$이다.

데이터 크기 비교 함수

데이터 크기를 비교할 때는 max, min, median을 사용한다. [그림 7-21]은 이러한 비교 함수를 사용한 예를 보여준다.

```
>> x = [1,-2,8,0,-4];
>> sort(x)
ans =
    -4    -2     0     1     8
>> max(x)
ans =
     8
>> min(x)
ans =
    -4
>> median(x)
ans =
     0
>> y = [-2,0,1,8];
>> median(y)
ans =
    0.5000
```

❶ 내장함수 sort는 입력 원소 5개를 포함하는 벡터 **x**를 작은 값부터 큰 값 순으로 다시 배열한다.

❷ 내장함수 max는 입력 원소 5개를 포함하는 벡터 **x** 중 최댓값을 선택한다.

❸ 내장함수 min은 입력 원소 5개를 포함하는 벡터 **x** 중 최솟값을 선택한다.

❹ 내장함수 median은 입력 원소 5개를 포함하는 벡터 **x** 중 크기가 중간에 위치하는 세 번째 원소를 선택한다.

❺ 벡터 **y**처럼 입력 원소 4개에 대해 내장함수 median을 실행하면, 두 번째 원소 0과 세 번째 원소 1의 평균인 0.5를 나타낸다.

그림 7-21 내장함수 sort, max, min, median 사용하기

통계함수

통계를 낼 때 자주 사용하는 내장함수로는 mean, var, std가 있다. mean은 평균값, var은 분산(variance), std는 표준편차(standard deviation)를 계산한다.

[그림 7-22]는 통계함수를 사용한 예를 보여준다.

```
>> x = [84,46,90,92,56,65,73,74,50,40];
>> mean(x)
ans =
    67
>> var(x)
ans =
  345.7778
>> std(x)
ans =
   18.5951
```

❶ 내장함수 mean을 이용하여 10개의 성적 원소를 포함하는 벡터 **x**의 평균값을 계산한다.

❷ 내장함수 var을 이용하여 분산을 계산한다.

❸ 내장함수 std를 이용하여 표준편차를 계산한다.

그림 7-22 통계함수 mean, std, var 사용하기

실습 7-3

60°를 라디안 각도로 바꾼 후 내장함수 sin과 cos을 이용하여 $y_1 = \tan(x)$를 구하고, 내장함수 tan를 이용하여 $y_2 = \tan(x)$를 구하라.

풀이

```
Command Window
① >> x = pi/3;
② >> y1 = sin(x)/cos(x)
   y1 =
       1.7321
③ >> y2 = tan(x)
   y2 =
       1.7321
```

그림 7-23 sin, cos, tan 함수 실행 결과

❶ 60°를 $\pi/3$ 라디안으로 변환하여 x에 지정한다.

❷ tan 함수의 정의인 $\tan(x) = \frac{\sin(x)}{\cos(x)}$를 y_1에 지정한다.

❸ 내장함수 tan를 이용한 y_2도 y_1과 동일한 결과를 얻는다.

MATLAB에서 제공하는 내장함수들은 스크립트 파일(M-파일) 형태로 작성하여 만든 함수이다. 예를 들면 내장함수 cos도 cos.m의 스크립트 파일(M-파일)로 작성되어 있다. 따라서 명령창에서 확장자 표기 없이 파일 이름 cos만 입력해도 삼각함수 기능이 활성화되어 연산을 실행한다.

Note 분산과 표준편차

분산은 확률변수가 평균으로부터 얼마나 떨어진 곳에 분포하는지를 나타내며, 다음과 같이 정의한다.

$$\mathrm{var}(X) = E[(X - \mu_X)^2]$$

그러므로 분산은 음이 아닌 수를 나타낸다. 표준편차는 분산의 양의 제곱근으로, 분산보다 더 자주 사용되며 다음과 같이 정의한다.

$$\sigma_X = \sqrt{\mathrm{var}(X)}$$

SECTION 7.3

스크립트 파일

학습 목표

- 스크립트 파일의 개념을 이해한다.
- 스크립트 파일을 생성 및 실행, 저장하는 방법에 대해 학습한다.
- 스크립트 파일을 디버깅하는 방법에 대해 학습한다.

자료와 명령어를 입력하는 방법은 두 가지가 있다.

1. **명령창을 이용하는 방법** : 명령창을 이용하면 작업이 완전히 끝나기 전에 중간 결과를 볼 수 있어 작업의 정확성을 높일 수 있다.
2. **스크립트 파일을 이용하는 방법** : 스크립트 파일을 이용하면 모든 함수/명령어를 알고리즘(algorithm)에 맞게 코딩한 뒤 MATLAB 파일에 저장하고 한꺼번에 실행할 수 있다. 명령창에서 스크립트 파일명을 입력하면 생성한 스크립트 파일을 실행한다.

바로 위에 제시한 두 가지 스크립트 파일을 자세하게 살펴보자. 스크립트 파일은 문제를 풀고, 해석하고, 설계하는 데 유용하다. 특히 다루기 어려운 복잡한 명령어도 충분한 시간을 가지고 계획적으로 순서를 정해 입력할 수 있다.

스크립트 파일은 [그림 7-24]와 같이 두 가지 종류가 있다. 스크립트 M-파일은 MATLAB 명령어, 수식, 변수, 내장함수, 사용자정의 함수 등을 포함한다. 명령창에서 스크립트 M-파일을 실행하면 해당 파일에 작성된 순서대로 명령을 수행한다. 함수 M-파일(사용자정의 함수)은 입력값에 대해 원하는 값을 출력하도록 사용자가 직접 만든 함수이다.

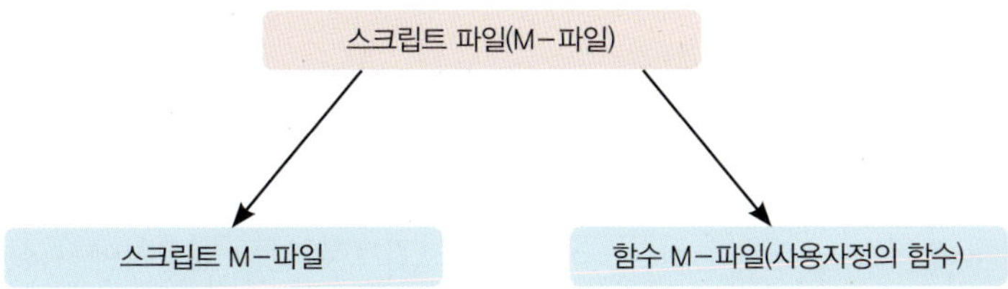

그림 7-24 스크립트 파일의 종류

1. 스크립트 파일의 생성 및 실행

스크립트 파일 생성하기

스크립트 파일은 MATLAB 함수/명령어를 포함하는 텍스트 파일로 확장자가 .m이다. 따라서 스크립트 파일을 M-파일이라고도 한다. 스크립트 파일을 생성하려면 MATLAB 명령창 안에서 제공하는 편집창을 이용한다. 편집창을 열려면 MATLAB 명령창이 열려 있는 상태에서 [HOME]-[New Script] 메뉴를 클릭한다. 그러면 [그림 7-25]와 같은 편집창이 열린다.

그림 7-25 스크립트 파일 생성을 위한 편집창

스크립트 파일 저장하기/불러오기

스크립트 파일을 저장하려면 ❶ 새로운 편집창이 열린 후 편집창 안에 스크립트 파일의 내용을 입력하고 ❷ [Save]-[Save as] 메뉴를 클릭한다. ❸ 이후 새롭게 열리는 〈Selected File for Save As〉창의 [파일 이름(N):]에 스크립트 파일의 확장자 .m 없이 저장할 파일명만 직접 입력한다. 이때 스크립트 파일의 확장자 .m은 [파일 형식(T):]에 자동으로 생성된다.[4]

이미 저장된 스크립트 script.m 파일의 편집창을 다시 불러내어 확인하거나 수정할 때는 [HOME]-[Open] 메뉴를 클릭한 후 'script.m'을 선택한다. 혹은 〈Current Folder〉창에 있는 'script.m'을 더블클릭하면 보다 간편하게 스크립트 파일을 불러올 수 있다.

스크립트 파일 실행하기

만일 스크립트 파일이 〈Current Folder〉창에 저장되어 있지 않는 경우 스크립트 파일을 실행하려면, 먼저 스크립트 파일이 저장된 경로를 현재 폴더로 변경해야 한다. 저장된 스크립트 파일을 명령창에서 실행하는 방법은 다음과 같다. ❶ 명령창에 확장자(.m)를 제외한 파일명만 입력하고 Enter 키를 누른다. ❷ 편집창이 열려 있는 상태에서 [Run] 버튼 ▷을 클릭한다. ❸ 편집창이 열려 있는 상태에서 F5 키를 누른다.

4 예를 들어, 파일명이 script이면 〈Current Folder〉창에 script.m 파일이 저장된다. 이미 생성된 파일을 수정 및 보완 후 다시 저장하는 경우는 [Save] 버튼을 클릭한다.

실습 7-4

M-File | script1.m

[실습 7-3]을 편집창에 입력한 후 스크립트 파일로 저장하라. 이때 파일명은 'script1'로 지정한다.

풀이

```
script1.m
x = pi/3;
y1 = sin(x)/cos(x)
y2 = tan(x);
```

그림 7-26 [실습 7-4]의 스크립트 파일 생성

저장된 스크립트 파일을 실행할 때는, 먼저 현재 폴더에 해당 스크립트 파일이 있는지를 확인한다. 만약 스크립트 파일이 현재 폴더에 없으면 스크립트 파일이 저장된 경로로 현재 폴더를 변경해야 한다. 저장된 스크립트 파일을 명령창에서 실행할 때는 [그림 7-27]과 같이 확장자(.m)를 제외한 파일명 'script1'만 입력하면 된다.

```
Command Window
>> script1
y1 =
    1.7321
>> y2
y2 =
    1.7321
```

그림 7-27 script1.m 실행 결과

스크립트 파일 'script1.m'에서 변수 $y1$의 끝에는 세미콜론을 생략했기 때문에 스크립트 파일을 실행하면 $y1$의 결과를 보여준다. 반면에, 변수 $y2$의 끝에는 세미콜론을 설정했기 때문에 스크립트 파일을 실행하면 $y2$의 결과를 보여주지 않는다. 이런 경우 명령창에 $y2$를 직접 입력하고 Enter 키를 누르면 다시 $y2$의 결과를 보여준다.

2. 스크립트 파일의 디버깅

디버깅(debugging)은 일반적으로 프로그램의 오류를 발견하고 수정하는 작업이다. 스크립트 파일을 디버깅하려면 검사할 행을 표시하는 중단점(breakpoint)을 설정해야 한다. 중단점을 설정하는 방법은 두 가지가 있다.

1. 커서를 중단점을 설정하려는 줄에 둔 뒤 F12 키를 누른다.
2. 커서를 중단점을 설정하려는 줄에 둔 뒤 [Breakpoints]() 〉 [Set/Clear]() 메뉴를 클릭한다.

중단점이 설정되면 [그림 7-28]처럼 그 행에 빨간 동그라미가 나타난다. 중단점을 설정한 다음 편집창에서 [Run] 버튼 을 클릭하거나 F5 키를 누르면 스크립트 파일을 실행하고 디버깅할 수 있다.

```
script1.m
x = pi/3;
y1 = sin(x)/cos(x);
y2 = tan(x)
```

그림 7-28 중단점이 설정된 스크립트 파일

중단점을 해제하는 방법은 두 가지가 있다.

1. 커서를 중단점을 해제하려는 줄에 둔 뒤 F12 키를 누른다.
2. 커서를 중단점을 해제하려는 줄에 둔 뒤 [Breakpoints] 〉 [Clear All] ( ) 메뉴를 클릭한다.

Note 스크립트 파일의 주석 삽입

프로그램을 작성할 때 각각의 코드가 어떠한 의미를 갖는지 해석을 첨언할 필요가 있는데, 이것을 주석(comment)이라 부른다.

MATLAB에서는 주석을 삽입할 때 퍼센트(%) 기호를 사용한다.[5] 주석은 명령어 실행에 영향을 미치지 않으며, 다른 명령어와 달리 초록색으로 나타난다. 한 행 또는 한 행의 일부를 주석으로 처리할 때는 주석이 시작되는 위치에 % 기호를 삽입한다. 그리고 여러 행을 주석으로 처리할 때는 주석으로 처리할 코드를 마우스로 드래그한 후 Ctrl + R 키를 누른다.

```
script_comm1.m
A = 3;                % 변수 A에 3을 지정한다.
B = A + 1;            % 변수 B에 변수 A의 값에 1을 더한 값을 지정한다.
```

그림 7-29 주석을 삽입한 스크립트 파일

주석을 해제하려면 주석 시작 부분에 있는 % 기호를 지우면 된다. 여러 행의 주석을 해제하려면 주석을 해제할 코드를 마우스로 드래그한 후 Ctrl + R 키를 누른다.

5 C언어의 주석 기호는 /* */ 이고, 파이썬은 #이지만, 기본적인 기능은 동일하다.

SECTION 7.4

사용자정의 함수

학습 목표

- 사용자정의 함수의 기본 형태를 이해하고 규칙에 따라 작성하는 방법을 학습한다.
- 입출력 형태에 따라 다양한 사용자정의 함수를 작성하는 방법을 학습한다.

MATLAB에서 제공하는 내장함수는 공학이나 과학에서 자주 사용되는 수식을 최초 개발자인 엔지니어가 정의하여 만든 함수로, 그 종류와 기능이 매우 다양하다.

그러나 연구 분야가 다양하고 연구자마다 원하는 기능이 저마다 다르기 때문에 모든 기능을 내장함수로 제공하지는 못한다. 이러한 경우 소프트웨어 엔지니어가 내장함수를 개발하는 것처럼 연구자 개인이 필요한 함수를 직접 만들어 사용하기도 하는데, 이렇게 작성된 스크립트 파일을 MATLAB에서 제공하는 내장함수와 구별하여 사용자정의 함수라고 부른다. 사용자가 필요에 의해서 언제든지 사용자정의 함수를 생성할 수 있다는 점이 MATLAB의 훌륭한 특성 중 하나이다.

1. 사용자정의 함수의 작성

사용자정의 함수의 기본 형태는 다음과 같다.

```
function [output variables] = filename (input variables)
```

- `output variables` : 사용자가 현재 작성하는 수식에서 지정된 출력 변수와 동일한 변수 이름을 사용한다.
- `filename` : 스크립트 파일과 같은 이름을 사용한다.
- `input variables` : 입력 변수의 이름

사용자정의 함수의 작성 규칙을 정리하면 다음과 같다.

1. 사용자정의 함수는 반드시 스크립트 M-파일로 작성해야 한다.
2. 구문은 반드시 'function'으로 시작해야 한다. 첫 철자 'f'는 물론이고 모든 철자는 소문자로 작성한다.
3. 'output variables'에는 사용자가 현재 작성하는 수식에서 지정된 출력 변수와 동일한 변수 이름을 사용한다. 출력 변수가 여러 개라면 반드시 대괄호를 사용한다.[6]
4. 출력 변수 다음에는 등호를 사용한다.
5. 출력 변수나 입력 변수가 하나 이상인 경우에는 각 변수를 콤마(,)로 구분한다.

6 출력 변수가 하나라면 대괄호를 사용하지 않아도 된다. 그러나 습관적으로 대괄호를 사용하는 것을 권장한다.

6 명령줄 끝에 세미콜론을 사용해도 상관없다.

7 선택적으로 'function'에 상응하는 end 명령어를 지정할 수 있다.

8 작성된 사용자정의 함수는 'filename.m'으로 저장한다.[7]

2. 사용자정의 함수의 종류

사용자정의 함수는 입력과 출력을 각각 단수와 복수로 구분하여 단수 입력에 대한 단수 및 복수 출력과 복수 입력에 대한 단수 및 복수 출력을 나타낼 수 있다.

단수 입력 – 단수 출력 사용자정의 함수

[그림 7-30]은 화씨 온도(Fahrenheit)를 섭씨 온도(Celsius)로 변환하는 사용자정의 함수 'fa2ce.m'의 스크립트 파일이다. 섭씨 온도와 화씨 온도의 비례 수식은 $C = (F - 32) \times \frac{5}{9}$이다.

```
fa2ce.m
function C = fa2ce(F)
C = (F-32)*(5/9);
```

그림 7-30 화씨 온도를 섭씨 온도로 변환하는 사용자정의 함수

출력 변수 C는 대괄호 없이 설정한다. 함수 fa2ce의 인자로 사용하는 입력 변수 F는 소괄호 안에 지정한다. 등호의 우변에 사용자정의 함수명은 스크립트 파일명에서 확장자 .m을 생략한 fa2ce를 지정한다.

TIP 수식 끝에는 세미콜론을 입력하여 중복해서 결과가 출력되지 않도록 한다.

[그림 7-31]은 사용자정의 함수를 이용하여 화씨 온도 86도를 섭씨 온도로 변환한 결과와 화씨 온도 32도부터 68도까지 9/5씩 증가하는 배열을 섭씨 온도로 변환한 결과를 보여준다.

```
Command Window
① >> C = fa2ce(86)
C =
    30
② >> C = fa2ce([32:9/5:68])
C =
  Columns 1 through 7
        0    1.0000    2.0000    3.0000    4.0000    5.0000    6.0000
  Columns 8 through 14
   7.0000    8.0000    9.0000   10.0000   11.0000   12.0000   13.0000
  Columns 15 through 21
  14.0000   15.0000   16.0000   17.0000   18.0000   19.0000   20.0000
```

① 입력인자가 스칼라인 경우에는 소괄호 안에 스칼라값(86)만 입력하면 된다.

② 입력인자가 배열인 경우에는 소괄호 안에 기본 배열의 입력 형태로 쓰면 된다.

그림 7-31 [그림 7-30]의 사용자정의 함수 실행 예시

7 예를 들어, 스크립트 파일명이 'user1.m'이면 'filename'은 확장자(.m)를 생략하고 'user1'만 쓴다.

실습 7-5

M-File | ce2fa.m

섭씨 온도를 화씨 온도로 변환하는 사용자정의 함수 'ce2fa.m'을 작성하고, 섭씨 0도부터 20도까지 1도씩 증가하는 배열에 대한 화씨 온도의 결과를 실행하라.

풀이

```
ce2fa.m  ×  +
function F = ce2fa(C)
F = 32 + C*(9/5);
```

그림 7-32 [실습 7-5]의 사용자정의 함수

입력 변수는 C, 출력 변수는 F이다. 화씨 온도와 섭씨 온도의 비례 수식은 $F = 32 + C \times \frac{9}{5}$이다.

[그림 7-33]은 [그림 7-32]의 사용자정의 함수를 실행한 결과이다. 섭씨 온도 0도부터 20도까지 1도씩 증가하므로 증가를 나타내는 1은 생략한다.

```
Command Window
>> F = ce2fa([0:20])
F =
  Columns 1 through 7
   32.0000   33.8000   35.6000   37.4000   39.2000   41.0000   42.8000
  Columns 8 through 14
   44.6000   46.4000   48.2000   50.0000   51.8000   53.6000   55.4000
  Columns 15 through 21
   57.2000   59.0000   60.8000   62.6000   64.4000   66.2000   68.0000
```

그림 7-33 [실습 7-5]의 실행 결과

실습 7-6

M-File | cir_rhom.m

[그림 7-34]와 같이 삼각형 2개가 합쳐진 마름모가 원 안에 딱 맞게 놓여있다. 지름이 d인 원에서 마름모를 뺀 나머지 부분의 면적 S를 구하는 사용자정의 함수 'cir_rhom.m'을 작성하라. 그리고 지름 $d = 10\,[\text{cm}]$를 입력하여 출력값 $S\,[\text{cm}^2]$를 확인하라. 입력 변수는 원의 지름인 d이고, 출력 변수는 S이다.

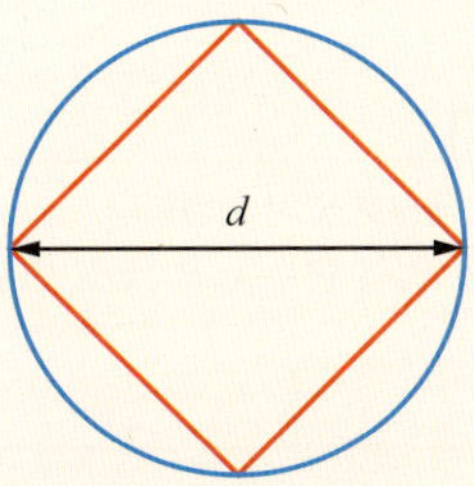

그림 7-34 [실습 7-6]의 도형

풀이

```
cir_rhom.m
function S = cir_rhom(d)
r = d/2;
cirarea = (pi*r^2);
triarea = 1/2*d*r;
rhombus = 2*triarea;
S = cirarea - rhombus;
end
```

그림 7-35 [실습 7-6]의 사용자정의 함수

❶ 입력 변수가 d, 출력 변수가 S인 사용자정의 함수를 정의한다.

❷ 반지름 r을 지름 d의 1/2로 지정한다.

❸ 변수 cirarea에 원의 면적을 계산하는 식 πr^2을 지정한다.

❹ 변수 triarea에는 삼각형의 면적을 계산하는 식을 지정하고, 변수 rhombus에는 마름모 면적을 계산하는 식을 지정한다.

❺ 출력 변수 S에 구하고자 하는 면적을 계산하는 식 cirarea−rhombus를 지정한다.

❻ function에 상응하는 end 명령어를 지정한다.

[그림 7-36]은 [그림 7-35]의 사용자정의 함수를 실행한 결과이다.

```
Command Window
>> S = cir_rhom(10)
S =
   28.5398
```

그림 7-36 [실습 7-6]의 실행 결과

복수 입력 – 단수 출력 사용자정의 함수

[그림 7-37]은 입력 변수 x와 y를 이용하여 함수 $z = x^2 + 2y$를 계산하는 사용자정의 함수 'input2.m'의 스크립트 파일이다.

```
input2.m
function z = input2(x,y)
u = x.^2;
v = 2*y;
z = u + v;
```

❶ function에 이어서 출력 변수 z를 대괄호 없이 설정한다.
❷ 변수 u에 배열 연산자를 이용하여 입력 변수 x의 제곱, 변수 v에 $2y$를 지정한다.
❸ 주어진 수식을 지정한다.

그림 7-37 2개의 입력 변수를 계산하는 사용자정의 함수

TIP 1. 2개의 입력 변수 x와 y는 소괄호 안에 콤마로 분리하여 설정한다.
2. 배열 연산자는 실행하는 값에 의해서 그 사용 여부를 결정하는데, 가능하면 1개 숫자를 포함하여 배열 입력도 가정하여 사용하는 것이 편리하다.

[그림 7-38]은 [그림 7-37]의 사용자정의 함수를 이용하여 $x = 3$과 $y = 4$를 실행한 결과를 보여준다.

```
Command Window
>> x = 3;
>> y = 4;
>> z = input2(x,y)
z =
    17
```

그림 7-38 [그림 7-37]의 사용자정의 함수 실행 예시

실습 7-7

M-File | paracap.m

자유공간에서 거리 d, 길이 L, 반지름 r인 평행한 두 도체의 커패시턴스를 구하는 식은 다음과 같다.

$$C = \frac{\pi\varepsilon_0 L}{\ln\left(\frac{d-r}{r}\right)}$$

여기서 도체의 길이가 $L = 2\,[\mathrm{m}]$이고 자유공간의 유전율은 $\varepsilon_0 = 8.854 \times 10^{-12}\,[\mathrm{F/m}]$이다. 거리 $d = 5\,[\mathrm{mm}]$와 반지름 $r = 2\,[\mathrm{mm}]$를 입력하여 커패시턴스 C를 출력하는 사용자정의 함수 'paracap.m'을 작성하라.

풀이

```
paracap.m  ×  +
❶ function [C]= paracap(d, r)
❷ L = 2;
  epsilon_0 = 8.854e-12;
  C = (pi*epsilon_0*L)/log((d-r)/r);
```

그림 7-39 [실습 7-7]의 사용자정의 함수

❶ 출력 변수 C를 대괄호를 사용하여 설정한다. 입력 변수 d, r은 소괄호 안에 콤마로 분리하여 설정한다.

❷ $L = 2$와 $\varepsilon_0 = 8.854 \times 10^{-12}$을 지정하고, 주어진 수식을 입력한다.

[그림 7-40]은 $d = 5\,[\mathrm{mm}]$, $r = 2\,[\mathrm{mm}]$를 먼저 지정한 후 [그림 7-39]의 사용자정의 함수를 실행한 결과이다.

```
Command Window
>> d = 5e-3
d =
    0.0050
>> r = 2e-3
r =
    0.0020
>> C = paracap(d,r)
C =
   1.3720e-10
```

그림 7-40 [실습 7-7]의 실행 결과

단수 입력 – 복수 출력 사용자정의 함수

[그림 7-41]은 반지름이 r인 구의 표면적과 부피를 구하는 사용자정의 함수 sph_s_v.m이다. 구의 표면적과 부피의 수식은 각각 $S = 4\pi r^2$과 $V = \frac{4}{3}\pi r^3$이다.

```
sph_s_v.m
function [S,V] = sph_s_v(r)
S = 4*pi*r.^2;
V = pi*r.^3*(4/3);
```

❶ 구의 표면적과 구의 부피를 나타내는 출력 변수 S와 V를 대괄호 안에 콤마로 분리하여 지정한다.
❷ 구의 표면적 수식과 구의 부피의 수식을 지정한다.

그림 7-41 구의 표면적과 부피를 구하는 사용자정의 함수

[그림 7-42]는 반지름이 1부터 5까지 1씩 증가하는 입력 배열에 대한 각각의 구의 표면적과 구의 부피를 실행한 결과를 보여준다. 명령창에 2개 출력 결과를 동시에 실행하려면 [S, V] = 형태로 작성해야 한다. 배열을 입력 인자 r로 이용하는 경우는 소괄호 안에 기본 배열 입력 형태로 쓰면 된다.

```
Command Window
>> [S,V] = sph_s_v([1:1:5])
S =
   12.5664   50.2655  113.0973  201.0619  314.1593
V =
    4.1888   33.5103  113.0973  268.0826  523.5988
```

그림 7-42 [그림 7-41]의 사용자정의 함수 실행 예시

[그림 7-41]의 스크립트 파일에서 출력 변수 2개를 대괄호로 묶지 않으면 [그림 7-43]과 같이 입력 인자가 너무 많다는 오류 메시지가 명령창에 표시된다.

```
Command Window
>> [S,V] = sph_s_v([1:1:5])
Error using sph_s_v
Too many input arguments.
```

그림 7-43 대괄호를 사용하지 않은 복수 출력 변수에 대한 오류

[그림 7-41]의 스크립트 파일에서 배열 연산자를 사용하지 않고(어느 한쪽만 사용하지 않고) 입력 배열을 실행하면 [그림 7-44]와 같이 오류 메시지와 함께 수정 방법이 표시된다.

```
Command Window
>> [S,V] = sph_s_v([1:1:5])
Error using  ^  (line 51)
Incorrect dimensions for raising a matrix to a power. Check that the matrix
is square and the power is a scalar. To perform elementwise matrix powers,
use '.^'.
Error in sph_s_v (line 2)
S = 4*pi*r^2;
```

그림 7-44 배열 연산자를 사용하지 않은 수식에 대한 오류

실습 7-8

M-File | rms_ma.m

벡터 $\mathbf{x}$의 제곱평균 제곱근(root mean square, rms)과 평균절대(mean absolute) 값을 구하는 식은 각각 다음과 같다.

$$R = \sqrt{\frac{1}{n}\sum_{i}^{n}|x_i|^2} \text{ 과 } M = \frac{1}{n}\sum_{i}^{n}|x_i|$$

여기서 n은 x의 원소 개수이고 x_i는 각각의 원소를 나타낸다. −5부터 5까지 1씩 증가하는 벡터 x를 입력하여 제곱평균 제곱근과 평균절대를 출력하는 사용자정의 함수 'rms_ma.m'을 작성하라.

풀이

```
rms_ma.m
❶ function [R,M] = rms_ma(x)
❷ R = sqrt(sum(abs(x).^2)/length(x));
   M = sum(abs(x))/length(x);
```

그림 7-45 [실습 7-8]의 사용자정의 함수

❶ 출력 변수 R과 M을 대괄호를 사용하여 설정한다.

❷ 제곱평균 제곱근 수식 및 평균절대 수식을 지정한다. 이때 `length` 함수를 이용하여 주어진 x의 원소 개수를 설정한다.

[그림 7-46]은 [그림 7-45]의 사용자정의 함수를 실행한 결과이다.

```
Command Window
>> x = -5:5;
>> [R,M] = rms_ma(x)
R =
    3.1623
M =
    2.7273
```

그림 7-46 [실습 7-8]의 실행 결과

복수 입력 – 복수 출력 사용자정의 함수

[그림 7-47]은 입력 변수가 직사각형의 너비 w와 직사각형 내부의 면적 A이고, 출력 변수가 $P = \dfrac{A - w^2/8}{w}$과 $Q = 2P + 2 + \dfrac{2w}{\sqrt{2}}$인 사용자정의 함수 'mul_in_out.m'이다.

```
mul_in_out.m
❶ function [P,Q] = mul_in_out(w,A)
   P = (A - w.^2/8)./w;
❷ Q = 2*P + 2 + 2*w/sqrt(2);
```

❶ function에 이어서 출력 변수 P와 Q를 대괄호 안에 콤마로 분리시켜 지정한다.

❷ 수식 P와 Q를 지정한다.

그림 7-47 2개 입력 및 2개 출력을 갖는 사용자정의 함수

[그림 7-48]은 [그림 7-47]의 사용자정의 함수에 너비 $w=8$, 면적 $A=88$을 입력하여 실행한 결과를 보여준다.

```
Command Window
>> [P,Q] = mul_in_out(8,88)
P =
    10
Q =
   33.3137
```

그림 7-48 [그림 7-47]의 사용자정의 함수 실행 예시

실습 7-9

M-File | donut.m

내부 반지름 r_1과 외부 반지름 r_2를 갖는 원환체 도형이 있다. 외부 반지름은 내부 반지름에서 2 [cm] 밖에 놓여있고, 표면적은 $S=\pi^2(r_2^2-r_1^2)$, 부피는 $V=\frac{1}{4}\pi^2(r_1+r_2)(r_2-r_1)^2$이다. 사용자정의 함수 donut.m을 작성하고 내부 반지름이 $0.5 \le r_1 \le 2.5$ [cm] 범위에서 0.5 [cm]씩 증가하는 경우에 대한 표면적과 부피를 확인하라.

풀이

```
donut.m
function [S,V] = donut(r1,r2)
S = pi^2*(r2.^2-r1.^2);
V = (1/4)*pi^2*(r1 + r2).*(r2 - r1).^2;
```

그림 7-49 [실습 7-9]의 사용자정의 함수

❶ 출력 변수 S와 V를 대괄호를 사용하여 설정한다. 그리고 입력 변수 $r1$과 $r2$를 콤마로 분리하고 소괄호를 사용하여 설정한다.

❷ 수식 S와 V를 배열 연산자를 사용하여 지정한다.

[그림 7-50]은 [그림 7-49]의 사용자정의 함수를 실행한 결과이다. 외부 반지름 $r2$는 내부 반지름 $r1$보다 2[cm] 큰 값이므로 먼저 지정한 $r1$에 2를 더한다.

```
Command Window
>> r1 = [0.5:0.5:2.5];
>> r2 = r1 + 2;
>> [S,V] = donut(r1,r2)
S =
   59.2176   78.9568   98.6960  118.4353  138.1745
V =
   29.6088   39.4784   49.3480   59.2176   69.0872
```

그림 7-50 [실습 7-9]의 실행 결과

SECTION 7.5

사용자정의 함수 만들기

학습 목표

- 오일러 공식을 이용하여 삼각함수의 사용자정의 함수를 작성한다.
- 테일러 급수를 이용하여 지수함수 및 삼각함수의 사용자정의 함수를 작성한다.

이 절에서는 쉽게 접할 수 있는 공학적 개념을 간단한 사용자정의 함수로 구성해본다. 이를 통해 오일러 공식을 이용하여 삼각함수에 대한 사용자정의 함수를 작성하고, 테일러 급수를 이용하여 지수함수 및 삼각함수에 대한 사용자정의 함수도 함께 작성한다.

1. 오일러 공식을 이용하여 사용자정의 함수 만들기

오일러 공식에 대해 살펴보고, 이를 이용하여 코사인 함수와 사인 함수에 대한 사용자정의 함수를 작성해 보자.

오일러 공식

지수함수는 다음과 같이 삼각함수로 나타낼 수 있는데, 이를 오일러 공식(Euler's formula)이라고 한다.

$$e^{i\theta} = \cos\theta + i\sin\theta \tag{7.1}$$

지수함수의 각도 θ가 $-\theta$로 바뀌면 식 (7.1)은 다음과 같다.

$$e^{-i\theta} = \cos\theta - i\sin\theta \tag{7.2}$$

두 식을 더하거나 빼면 다음과 같이 삼각함수 $\cos\theta$와 $\sin\theta$를 지수함수 형태로 표현할 수 있다.

$$\cos\theta = \frac{1}{2}(e^{i\theta} + e^{-i\theta}) \tag{7.3}$$

$$\sin\theta = \frac{1}{2i}(e^{i\theta} - e^{-i\theta}) \tag{7.4}$$

코사인 함수의 사용자정의 함수

[그림 7-51]은 식 (7.3)을 이용하여 작성한 코사인 함수에 대한 사용자정의 함수 'u_cos1.m'이다.

```
u_cos1.m
function y = u_cos1(x)
y = (exp(1i*x)+exp(-1i*x))/2;
end
```

그림 7-51 코사인 함수의 사용자정의 함수

TIP 복소수 단위를 정확하게 적용하기 위해서 MATLAB 코딩할 때 i 대신에 $1i$로 설정한다.

[그림 7-52]는 대표적인 각도 5개(0, $\pi/6$, $\pi/3$, $\pi/2$, π)를 입력 벡터로 지정한 후 내장함수 `cos(x)`를 실행한 결과와 [그림 7-51]에서 작성한 사용자정의 함수를 실행한 결과를 보여준다. 두 결과가 동일함을 확인할 수 있다.

```
Command Window
>> x =[0,pi/6,pi/3,pi/2,pi];
>> cos(x)
ans =
    1.0000    0.8660    0.5000    0.0000   -1.0000
>> y = u_cos1(x)
y =
    1.0000    0.8660    0.5000    0.0000   -1.0000
```

그림 7-52 코사인 함수의 내장함수와 [그림 7-51]의 사용자정의 함수 실행 결과

사인 함수의 사용자정의 함수

[그림 7-53]은 식 (7.4)를 이용하여 작성한 사인 함수에 대한 사용자정의 함수 'u_sin1.m'이다.

```
u_sin1.m
function y = u_sin1(x)
y = (exp(1i*x)-exp(-1i*x))/(2*1i);
end
```

그림 7-53 사인 함수의 사용자정의 함수

[그림 7-54]는 5개 값을 입력 벡터로 지정한 후 내장함수 `sin(x)`를 실행한 결과와 [그림 7-53]에서 작성한 사용자정의 함수를 실행한 결과를 보여준다. 두 결과가 동일함을 확인할 수 있다.

```
Command Window
>> x =[0,pi/6,pi/3,pi/2,pi];
>> sin(x)
ans =
         0    0.5000    0.8660    1.0000    0.0000
>> y = u_sin1(x)
y =
         0    0.5000    0.8660    1.0000    0.0000
```

그림 7-54 사인 함수의 내장함수와 [그림 7-53]의 사용자정의 함수 실행 결과

실습 7-10

M-File | u_tan1.m

식 (7.3)과 식 (7.4)를 이용하여 탄젠트 함수의 사용자정의 함수를 작성하라. 그리고 입력 벡터 $x = \left[0, \frac{\pi}{6}, \frac{\pi}{4}, \frac{\pi}{3}\right]$로 내장함수 tan(x)와 그 결과를 비교하라.

풀이

식 (7.4)를 식 (7.3)으로 나누면 $\tan\theta = \frac{\sin\theta}{\cos\theta} = -i\frac{e^{i\theta} - e^{-i\theta}}{e^{i\theta} + e^{-i\theta}}$이다. 이 식을 이용하여 작성한 탄젠트 함수에 대한 사용자정의 함수 'u_tan1.m'은 [그림 7-55]와 같다.

```
u_tan1.m
function y = u_tan1(x)          ①
y = -1i*(exp(1i*x)-exp(-1i*x))./(exp(1i*x)+exp(-1i*x));   ②
end
```

그림 7-55 [실습 7-10]의 사용자정의 함수

❶ tan θ를 출력 변수 y로 지정한다.

❷ 복소수 단위 i 대신에 $1i$로 설정한다. 입력 벡터를 사용하므로 분자항 다음에 반드시 배열 연산자를 붙인다.

[그림 7-56]은 [그림 7-55]의 사용자정의 함수를 실행한 결과이다.

```
Command Window
>> x =[0,pi/6,pi/4,pi/3];
>> tan(x)
ans =
         0    0.5774    1.0000    1.7321
>> y = u_tan1(x)
y =
         0    0.5774    1.0000    1.7321
```

그림 7-56 [실습 7-10]의 실행 결과

2. 테일러 급수를 이용하여 사용자정의 함수 만들기

테일러 공식에 대해 살펴보고, 이를 이용하여 지수함수, 코사인 함수와 사인 함수에 대한 사용자정의 함수를 작성해보자.

테일러 급수

테일러 급수는 함수를 어떤 미분 가능한 한 점의 값으로 계산되는 각 항들의 무한한 합으로 나타내는 방법이다. 즉 미분 가능한 함수를 다항식의 형태로 근사시키는 것이다. 이때 특정 조건을 만족하는 임의의 함수가 테일러 급수로 표현되면, 이를 테일러 정리라고 한다. 테일러 정리는 평균값 정리를 임의의 n 차수(order) 도함수에 일반화시킨 형태로 전개된다.

실제 주어지는 함수 $f(x)$를 전개하여 $x=a$ 근처에서 다음과 같이 표시할 수 있다면, 이를 테일러 정리라고 한다.

$$f(x) = f(a) + \left(\frac{df}{dx}\right)\Big|_{x=a}(x-a) + \frac{1}{2}\left(\frac{d^2f}{dx^2}\right)\Big|_{x=a}(x-a)^2 + \cdots + \frac{1}{k!}\left(\frac{d^kf}{dx^k}\right)\Big|_{x=a}(x-a)^k + \cdots + R_n \tag{7.5}$$

식 (7.5)를 일반화시키면 다음과 같다. 이를 테일러 다항식의 근삿값(approximation)이라고 한다.

$$f(x) = f(a) + f'(a)(x-a) + \frac{1}{2}f''(a)(x-a)^2 + \cdots + \frac{1}{k!}f^k(a)(x-a)^k + \cdots + R_n \tag{7.6}$$

식 (7.6)에서 마지막 항 R_n은 함수 $f(x)$의 나머지항의 미분이라고 하고, 다음과 같이 표현한다. 여기서 b는 a와 x 사이의 값이다.

$$R_n = \frac{1}{n!}\left(\frac{d^nf}{dx^n}\right)\Big|_{x=b}(x-a)^n \tag{7.7}$$

식 (7.6)의 결과에서 만일 함수 $f(x)$가 n차항까지 연속적인 도함수값을 가지면 모든 항을 유효하게 이용할 수 있다. 이때 만일 n이 매우 큰 값을 가져 R_n이 0에 근접하면, 이 전개를 $x=a$에서 $f(x)$에 대한 테일러 급수(series)라고 한다. 만약 $a=0$이면, 이를 맥클로린(Maclaurin) 급수라고 하고 다음과 같이 나타낸다. 맥클로린 급수는 모든 항의 변수가 음수가 아닌 정수의 거듭제곱(power)을 갖는 급수 확장의 유형이다.

$$f(x) = f(0) + f'(0)x + \frac{1}{2}f''(0)x^2 + \frac{1}{3!}f^{(3)}(0)x^3 + \cdots \tag{7.8}$$

지수함수의 사용자정의 함수

만일 $a=0$일 때 지수함수에 대한 테일러 급수는 다음과 같이 쓸 수 있다. 지수함수 `exp(x)`는 연속해서 미분을 해도 값이 변하지 않으므로 테일러 급수는 다음과 같이 전개된다.

$$f(x) = \exp(0) + \exp(0)x + \frac{1}{2}\exp(0)x^2 + \frac{1}{3!}\exp(0)x^3 + \frac{1}{4!}\exp(0)x^4 + \cdots$$

다시 정리해서 써보면 다음과 같다.

$$\exp(x) = 1 + x + \frac{x^2}{2!} + \frac{x^3}{3!} + \frac{x^4}{4!} + \cdots \quad (-\infty < x < \infty) \tag{7.9}$$

[그림 7-57]은 식 (7.9)를 이용하여 작성한 지수함수에 대한 사용자정의 함수 'u_exp.m'이다.

```
function y = u_exp(x)
N = 10;
y = 0;
k = 0;
while k <= N
    y = y + x.^k/factorial(k);
    k = k + 1;
end
end
```

❶ 테일러 급수의 첫 번째 항 $k = 0$부터 $N = 10$, 즉 11개 항까지 전개한다. 지수함수의 총합의 초기화 값은 $y = 0$이다.

❷ 식 (7.9)를 이용하여 출력 변수 $y = \sum_{k=0}^{10} \frac{x^k}{k!}$로 지정한다.

그림 7-57 지수함수의 사용자정의 함수

TIP 내장함수 `factorial`은 계승(factorial)을 계산하는 데 사용한다.

[그림 7-58]은 3개 값을 입력으로 지정한 후 내장함수 exp(x)를 실행한 결과와 [그림 7-57]에서 작성한 사용자정의 함수를 실행한 결과를 보여준다.

```
Command Window
>> x = [1,2,3];
>> exp(x)
ans =
    2.7183    7.3891   20.0855
>> y = u_exp(x)
y =
    2.7183    7.3891   20.0855
```

그림 7-58 지수함수의 내장함수와 [그림 7-57]의 사용자정의 함수 실행 결과

소수점 아래 4자리까지 표시된 결과를 보면 $x = 1$인 경우를 제외한 나머지 두 경우는 값이 동일하지 않다. 이 차이는 테일러 급수를 이용하여 만든 사용자정의 함수 u_exp(x)와 내장함수 exp(x) 사이에서 생기는 오차이다. 오차는 식 (7.6)의 R_n을 나타낸다. [그림 7-57]에서 총합의 항을 확장시키면, 점점 이 오차를 줄일 수 있다.

[그림 7-59]는 $N = 10$ 대신에 $N = 20$을 사용한 결과를 보여준다. 내장함수 exp(x)와 사용자정의 함수 u_exp(x)의 값은 모두 동일하다.

```
Command Window
>> x = [1,2,3];
>> exp(x)
ans =
    2.7183    7.3891   20.0855
>> y = u_exp(x)
y =
    2.7183    7.3891   20.0855
```

그림 7-59 $N = 20$일 때 [그림 7-58]의 실행 결과

더욱 정확한 값을 나타내려면 출력 서식 명령어 `format long`을 이용하면 된다. [그림 7-60]은 format long 명령어로 부동 소수점의 정밀도를 향상시킨 출력 결과를 보여준다.

```
Command Window
>> format long
>> x = [1,2,3];
>> exp(x)
ans =
   2.718281828459046   7.389056098930650   20.085536923187668
>> u_exp(x)
ans =
   2.718281828459046   7.389056098930604   20.085536922950844
```

그림 7-60 부동 소수점의 정밀도를 향상시킨 [그림 7-58]의 실행 결과

[그림 7-60]을 보면 $N=10$ 대신에 $N=20$으로 지수함수에 대한 테일러 전개를 확장했지만, 소수점 아래 4자리 이후의 값에는 오차가 발생한다. 이 오차를 다시 줄이기 위해서는 N 값을 더 높이면 된다. N 값이 커질수록 오차는 줄어든다.

코사인 함수의 사용자정의 함수

만일 $a=0$일 때 식 (7.8)을 이용하면 코사인 함수에 대한 테일러 급수는 다음과 같이 전개된다.

$$f(x) = \cos(0) - \sin(0)x - \frac{1}{2}\cos(0)x^2 + \frac{1}{3!}\sin(0)x^3 + \frac{1}{4!}\cos(0)x^4 - \frac{1}{5!}\sin(0)x^5 - \frac{1}{6!}\cos(0)x^6 + \frac{1}{7!}\sin(0)x^7 + \cdots$$

다시 정리해서 써보면 다음과 같다.

$$\cos x = 1 - \frac{x^2}{2!} + \frac{x^4}{4!} - \frac{x^6}{6!} + \cdots \quad (-\infty < x < \infty) \tag{7.10}$$

[그림 7-61]은 식 (7.10)을 이용하여 작성한 코사인 함수에 대한 사용자정의 함수 'u_cos2.m'이다.

```
u_cos2.m
function y = u_cos2(x)
N = 100;
y = 0;
k = 0;
while k <= N
    y = y + ((-1)^k*x.^(2*k))./factorial(2*k);
    k = k + 1;
end
end
```

① 테일러 급수의 첫 번째 항 $k=0$부터 $N=100$, 즉 101개 항까지 전개한다. 코사인 함수의 총합의 초기화 값은 $y=0$이다.

② 식 (7.10)을 이용하여 출력 변수 $y = \sum_{k=0}^{100} \frac{(-1)^k x^{2k}}{(2k)!}$로 지정한다.

그림 7-61 코사인 함수의 사용자정의 함수

[그림 7-62]는 5개 값을 입력으로 지정한 후 내장함수 cos(x)를 실행한 결과와 [그림 7-61]에서 작성한 사용자정의 함수를 실행한 결과를 보여준다. 두 결과가 동일함을 확인할 수 있다.

```
Command Window
>> x = [0,pi/6,pi/3,pi/2,pi];
>> cos(x)
ans =
    1.0000    0.8660    0.5000    0.0000   -1.0000
>> y = u_cos2(x)
y =
    1.0000    0.8660    0.5000    0.0000   -1.0000
```

그림 7-62 코사인 함수의 내장함수와 [그림 7-61]의 사용자정의 함수 실행 결과

실습 7-11

M-File | u_cos3.m

[그림 7-61]의 사용자정의 함수에서 while문 대신에 for문을 사용해서 테일러 급수로 전개한 코사인 함수를 작성하고, 입력 벡터 $x = \left[0, \frac{\pi}{6}, \frac{\pi}{3}, \frac{\pi}{2}, \pi\right]$를 실행하라.

풀이

```
u_cos3.m
function y = u_cos3(x)
❶ N = 100;
  y = 0;
❷ for k = 0:N
      y = y + ((-1)^k*x.^(2*k))./factorial(2*k);
  end
end
```

그림 7-63 [실습 7-11]의 사용자정의 함수

❶ for문을 사용하여 테일러 급수의 첫 번째 항 $k = 0$부터 마지막 항 $k = 100$까지 실행한다.

❷ 식 (7.10)을 이용하여 출력 변수 $y = \sum_{k=0}^{100} \frac{(-1)^k x^{2k}}{(2k!)}$로 지정한다.

[그림 7-64]는 [그림 7-63]의 사용자정의 함수를 실행한 결과이다.

```
Command Window
>> x = [0,pi/6,pi/3,pi/2,pi];
>> cos(x)
ans =
    1.0000    0.8660    0.5000    0.0000   -1.0000
>> y = u_cos3(x)
y =
    1.0000    0.8660    0.5000    0.0000   -1.0000
```

그림 7-64 [실습 7-11]의 실행 결과

사인 함수의 사용자정의 함수

만일 $a = 0$일 때 식 (7.8)을 이용하면 사인 함수에 대한 테일러 급수는 다음과 같이 전개된다.

$$f(x) = \sin(0) + \cos(0)x - \frac{1}{2}\sin(0)x^2 - \frac{1}{3!}\cos(0)x^3 + \frac{1}{4!}\sin(0)x^4 + \frac{1}{5!}\cos(0)x^5 - \frac{1}{6!}\sin(0)x^6 - \frac{1}{7!}\cos(0)x^7 + \cdots$$

다시 정리해서 써보면 다음과 같다.

$$f(x) = x - \frac{x^3}{3!} + \frac{x^5}{5!} - \frac{x^7}{7!} + \cdots \quad (-\infty < x < \infty) \tag{7.11}$$

[그림 7-65]는 식 (7.11)을 이용하여 작성한 사인 함수에 대한 사용자정의 함수 'u_sin2.m'이다.

u_sin2.m

```
function y = u_sin2(x)
N = 100;
y = 0;
k = 1;
while k <= N
    y = y + ((-1)^(k+1)*x.^(2*k-1))./factorial(2*k-1);
    k = k + 1;
end
end
```

❶ 테일러 급수의 첫 번째 항 $k = 1$부터 $N = 100$, 즉 100개항까지 전개한다. 사인 함수의 총합의 초기화 값은 $y = 0$이다.

❷ 식 (7.11)을 이용하여 출력 변수 $y = \sum_{k=1}^{100} \frac{(-1)^{k+1} x^{2k-1}}{(2k-1)!}$로 지정한다.

그림 7-65 사인 함수의 사용자정의 함수

[그림 7-66]은 5개 값을 입력으로 지정한 후 내장함수 sin(x)를 실행한 결과와 [그림 7-65]에서 작성한 사용자정의 함수를 실행한 결과를 보여준다. 두 결과가 동일함을 확인할 수 있다.

Command Window

```
>> x = [0,pi/6,pi/3,pi/2,pi];
>> sin(x)
ans =
          0    0.5000    0.8660    1.0000    0.0000
>> y = u_sin2(x)
y =
          0    0.5000    0.8660    1.0000    0.0000
```

그림 7-66 사인 함수의 내장함수와 [그림 7-65]의 사용자정의 함수 실행 결과

실습 7-12

M-File | u_tan2.m

테일러 급수를 이용하여 탄젠트 함수의 사용자정의 함수를 작성하고 입력 벡터 $x = \left[0, \frac{\pi}{6}, \frac{\pi}{4}, \frac{\pi}{3}\right]$로 내장함수 tan(x)와 그 결과를 비교하라.

풀이

```
function y = u_tan2(x)
N = 100;
y1 = 0;
k1 = 0;
while k1 <= N
    y1 = y1 + ((-1)^k1*x.^(2*k1))./factorial(2*k1);
    k1 = k1 + 1;
end

y2 = 0;
k2 = 1;
while k2 <= N
    y2 = y2 + ((-1)^(k2+1)*x.^(2*k2-1))./factorial(2*k2-1);
    k2 = k2 + 1;
end
y = y2./y1;
end
```

그림 7-67 [실습 7-12]의 사용자정의 함수

❶ [그림 7-61]의 코사인 함수의 사용자정의 함수와 [그림 7-65]의 사인 함수의 사용자정의 함수를 2개의 while 문을 붙여서 실행한다.

❷ 테일러 급수를 전개하여 구한 사인 함수 $y2$를 코사인 함수 $y1$으로 나누면 탄젠트 함수의 사용자정의 함수를 실행할 수 있다.

[그림 7-68]은 [그림 7-67]의 사용자정의 함수를 실행한 결과이다.

```
Command Window
>> x =[0,pi/6,pi/4,pi/3];
>> tan(x)
ans =
         0    0.5774    1.0000    1.7321
>> y = u_tan2(x)
y =
         0    0.5774    1.0000    1.7321
```

그림 7-68 [실습 7-12]의 실행 결과

CHAPTER

07 연습문제

7.1 문자열 변수가 S = 'MATLAB is useful'로 지정될 때 변수 S의 부분 문자열 변수 S1 = 'MATLAB', S2 = 'is', S3 = 'useful'을 각각 출력하라.

7.2 실숫값이 3, 허숫값이 4인 복소수 z를 다양한 입력 방법을 이용하여 나타내고, 켤레 복소수 $\bar{z}$를 구하라.

7.3 라디안 $\frac{\pi}{4}$는 45°와 동일하므로 함수 cos(x)의 인자 x에는 라디안 값을, 함수 cosd(x)의 인자 x에는 도 단위를 사용하면 다음과 같이 동일한 결과를 얻는다.

```
Command Window
>> cos(pi/4)
ans =
    0.7071
>> cosd(45)
ans =
    0.7071
```

내장함수 cos를 이용하여 사용자정의 함수 cos_d를 작성하고 cos 0°, cos 30°, cos 45°, cos 60°, cos 90°의 결과를 실행하라.

7.4 음이 아닌 정수 n의 계승(factorial)은 $n!$로 표시하고 연속 곱 $n! = n \times (n-1) \times (n-2) \times \cdots \times 1$이 된다. 예를 들어, 3의 계승 3!은 $3 \times 2 \times 1 = 6$이 되고 0!과 1!은 동일한 1의 값을 나타낸다. 계승을 계산하는 사용자정의 함수 factorial을 작성하여 0, 1, 3의 계승을 실행하라.

7.5 피보나치 수열(Fibonacci series)은 수열의 앞선 두 항을 더한 결과가 다음 항의 수를 나타낸다. 즉 피보나치 수열은 현재 항과 과거 항을 알면 미래의 다음 항을 쉽게 찾을 수 있는 특수한 수열이다. 피보나치 수열은 0, 1, 1, 2, 3, 5, 8, 13, …과 같이 언뜻 봐서는 규칙성을 쉽게 찾을 수 없는 형태로 나타낼 수 있다. 피보나치 수열을 생성하는 사용자정의 함수 fibonacci를 작성하고, 처음 3항까지 그리고 10항을 나타내는 피보나치 수열을 실행하라.

7.6 이항 계수(binominal coefficient)는 다항식 $(a+b)^n$을 전개했을 때, $a^k b^{n-k}$의 계수를 나타내고 다음과 같다.

$$C(n,k) = \binom{n}{k} = \frac{n!}{k!\,(n-k)!}$$

여기서 $0 \leq k \leq n$인 정수이다. 이항 계수를 계산하는 사용자정의 함수 `bicoef`를 작성하고 $(n,k) = (0,0)$, $(n,k) = (2,4)$, $(n,k) = (4,2)$를 실행하라.

7.7 파스칼 삼각형(Pascal triangle)은 이항 계수를 삼각형 모양으로 나열한 것이다. 파스칼 삼각형을 그리는 규칙은 각각의 줄 번호와 동일한 개수의 숫자가 채워지면서 한 줄씩 내려가면서 삼각형 모양을 형성한다. 첫 번째 줄과 두 번째 줄에는 모두 1로 채워지고 세 번째 줄부터 각 줄의 양쪽 끝은 1로 채워지고 나머지 자리에는 바로 위의 줄에 위치한 자리에 인접한 2개의 숫자를 더해서 나타낸다. [연습문제 7.6]에서 작성한 사용자정의 함수 `bicoef`를 이용하여 n이 0부터 7까지 증가할 때 파스칼 삼각형을 실행하는 스크립트 파일을 작성하라.

7.8 2개의 하위 함수를 포함하는 사용자정의 함수 `Prms_ma`를 작성하여 [실습 7-8]을 다시 실행하라.

7.9 2개의 정수가 입력될 때 첫 번째 정수가 두 번째 정수보다 작으면 첫 번째 정수를 낮은 수, 두 번째 정수를 높은 수로 지정하라. 반대로 첫 번째 정수가 두 번째 정수보다 크면 두 번째 정수를 낮은 수, 첫 번째 정수를 높은 수로 지정하는 사용자정의 함수 `H_L`를 작성하라. 첫 번째 정수 5와 두 번째 정수 8 그리고 첫 번째 정수 9와 두 번째 정수 2를 입력하여 작성된 사용자정의 함수를 실행하라.

7.10 벡터 **A**와 **B**의 내적(dot product)은 다음과 같이 정의한다.

$$\mathbf{A} \cdot \mathbf{B} = |\mathbf{A}||\mathbf{B}|\cos\theta_{\mathbf{AB}}$$

$\theta_{\mathbf{AB}}$는 **A**와 **B** 사이의 각 중 180°보다 작은 각이다. 벡터 $\mathbf{A} = \mathbf{a}_x + 2\mathbf{a}_y - 3\mathbf{a}_z$, $\mathbf{B} = -4\mathbf{a}_y + \mathbf{a}_z$가 있을 때 벡터의 내적 $\mathbf{A} \cdot \mathbf{B}$을 구하는 사용자정의 함수 `dotprod`를 작성하라.

7.11 벡터 **A**와 **B**의 외적(cross product)은 다음과 같이 정의한다. $\mathbf{a}_n$은 벡터 **A**와 **B**를 동시에 포함하는 면에 수직인 단위 벡터이며, $\theta_{\mathbf{AB}}$는 **A**와 **B** 사이의 각 중 180°보다 작은 각이다. 벡터 $\mathbf{A} = \mathbf{a}_x + 2\mathbf{a}_y - 3\mathbf{a}_z$, $\mathbf{B} = -4\mathbf{a}_y + \mathbf{a}_z$가 있을 때 벡터의 외적 $\mathbf{A} \times \mathbf{B}$을 구하는 사용자정의 함수 `crossprod`를 작성하라.

$$\mathbf{A} \times \mathbf{B} = \mathbf{a}_n|\mathbf{A}||\mathbf{B}|\sin\theta_{\mathbf{AB}}$$

7.12 2021년 9월말 고시환율은 미국 1달러가 1,204원, 일본 100엔이 1,079원이다. 임의로 입력되는 대한민국의 원화에 대한 달러화 및 엔화의 환율을 계산하는 사용자정의 함수 `exchange`를 작성하라. 사용자정의 함수를 이용하여 최종 환율을 계산하고 그 결과를 출력하는 스크립트 파일 '`ex_rate.m`'도 함께 작성하라.

7.13 배열 $\mathbf{x}$ = [51 51 42 39 55 71 45 62 88 85 15 73 78 34 69]가 있을 때 내림차순으로 다시 재배열하는 사용자정의 함수 `dworder`를 작성하라.

7.14 일반적인 복소수의 직교 형식(rectangular form)은 $z = x + iy$, 복소수의 극 형식(polar form)은 $z = r\angle\theta$의 형태로 나타낸다. 이때 $r = \sqrt{x^2 + y^2}$은 원점에서 직교 좌표 (x, y) 사이의 거리이고 복소수의 크기 r과 x축 사이에 놓여 있는 각도 θ는 복소수 z의 편각(argument)이라 하며, 다음과 같이 나타낸다.

$$\theta = \arg z = \cos^{-1}\frac{|x|}{r}$$

여기서 네 개의 사분면에 놓여 있는 각도는 다음과 같이 구할 수 있다. 이때 복소수의 직교 형식을 극 형식으로 변환하는 사용자정의 함수 `recTpol`을 작성하라.

$$\begin{aligned} \theta_1 &= \cos^{-1}\frac{|x|}{r} && (1\text{사분면}) \\ \theta_2 &= 180^\circ - \theta_1 && (2\text{사분면}) \\ \theta_3 &= 180^\circ + \theta_1 && (3\text{사분면}) \\ \theta_4 &= -\theta_1 && (4\text{사분면}) \end{aligned}$$

7.15 초깃값 x_0 = x0에서 시작하는 뉴턴 방법을 사용하여 근 $\sqrt[n]{c}$를 계산하는 사용자정의 함수 `nroot(c, n, x0, e)`를 작성하라. 알고리즘의 연속 추측값의 차이가 e(원하는 최대 허용오차를 나타냄)보다 작을 때까지 루프를 지속하는 프로그램을 작성하라. 뉴턴 방법의 일반형은 다음과 같이 정의된다.

$$x_{n+1} = x_n - \frac{f(x_n)}{f'(x_n)} \quad (n = 0, 1, 2, \cdots)$$

작성된 함수 `nroot`를 사용하여 허용오차 10^{-6}을 만족하는 $\sqrt{8}$과 $\sqrt[3]{8}$을 계산하라. 여기서 초깃값은 전부 1로 지정한다.

CHAPTER 08

심벌릭 함수

MATLAB은 공학 및 과학 분야에서 유용하게 사용할 수 있는 심벌릭 툴박스(Symbolic Math Toolbox)를 제공한다. 심벌릭 함수를 이용하면 수식을 복잡하게 계산하지 않고 문자를 사용하여 수식을 계산하거나 수식을 간단하게 만들 수 있어 매우 편리하다.

이 장에서는 심벌릭 툴박스를 이용하여 무한급수의 총합, 극한값 미적분 등을 계산하고, 대수방정식과 상미분방정식을 풀이해본다. 또한 라플라스 변환, 푸리에 변환, 고윳값, 고유 벡터 등을 구해본다.

SECTION 8.1

심벌릭 함수의 이해

학습 목표

- sym, syms 명령어를 이용하여 심벌릭 변수를 생성한다.
- 수식의 가독성을 높이기 위해 pretty 함수를 이용한다.
- expand, factor 함수 등을 이용하여 수식을 전개 및 인수분해한다.
- sym2poly, poly2sym 함수 등을 이용하여 다항식과 다항식의 계수를 상호 변환한다.

1. 심벌릭 변수 생성하기

심벌릭 툴박스를 시작하려면 수식에서 사용할 변수를 지정해야 한다. 여기에서 심벌릭 변수를 생성 및 처리하기 위해 관련 명령어와 함수를 살펴보자.

sym, syms 명령어

심벌릭 툴박스에서 sym 명령어는 변수를 1개 지정할 때 사용하고, syms 명령어는 변수를 여러 개 지정할 때 사용한다.

sym 명령어의 기본 형태는 다음과 같다.

```
x = sym('x')
```

- x : 심벌릭 툴박스에 사용할 입력 변수
- 'x' : 심벌릭 툴박스를 실행한 후 지정할 변수

만일 입력 변수와 실행 후 지정할 변수가 다른 경우에는 다음과 같이 쓸 수 있다.

```
x = sym('y')
```

- x : 심벌릭 툴박스에 사용할 입력 변수
- 'y' : 심벌릭 툴박스를 실행한 후 지정할 변수

[그림 8-1]은 심벌릭 툴박스를 사용하지 않고 수식 $f_1 = 2x_1 + 1$과 $f_2 = x_2 - 1$을 입력한 결과를 보여준다.

```
Command Window
❶ >> x1 = 1;
   >> f1 = 2*x1+1
   f1 =
        3
❷ >> f2 = x2-1
   Unrecognized function or variable 'x2'.
```

❶ 입력 변수 x_1을 먼저 설정한 후 수식 $f_1 = 2x_1 + 1$을 실행한다.

❷ 입력 변수 x_2를 먼저 설정하지 않고 수식 $f_2 = x_2 - 1$을 실행하는 경우 오류 메시지가 나타난다.

그림 8-1 sym 명령어를 이용하지 않고 수식을 입력한 결과

[그림 8-2]는 심벌릭 툴박스의 sym 명령어를 이용하여 수식 $f_2 = x_2 - 1$과 $f_3 = x_3 + 3$을 입력한 결과를 보여준다.

```
Command Window
❶ >> x2 = sym('x2');
   >> f2 = x2-1
   f2 =
   x2 - 1
❷ >> x3 = sym('y3');
   >> f3 = x3+3
   f3 =
   y3 + 3
```

❶ 입력 변수 x_2를 먼저 설정하지 않아도 sym 명령어를 이용하면 오류 없이 수식 $f_2 = x_2 - 1$을 실행할 수 있다.

❷ sym 명령어를 이용하여 입력 수식 $f_3 = x_3 + 3$을 $f_3 = y_3 + 3$으로 출력할 수 있다.

그림 8-2 sym 명령어로 수식을 입력한 결과

[그림 8-3]은 sym 명령어를 내장함수 및 숫자에 사용한 실행 결과를 보여준다.

```
Command Window
❶ >> sqrt(3)
   ans =
       1.7321
❷ >> sym(sqrt(3))
   ans =
   3^(1/2)
❸ >> sym(3)
   ans =
   3
❹ >> sqrt(sym(3))
   ans =
   3^(1/2)
```

❶ 내장함수 sqrt를 이용하여 제곱근 3을 실행하면 부동 소수점 형태를 보여준다.

❷ 3의 제곱근에 sym 명령어를 입력하면 $\sqrt{3} = 3^{1/2}$의 실행 결과를 보여준다.

❸ sym 명령어에 숫자 3을 입력하면 그대로 숫자 3의 실행 결과를 보여준다.

❹ sym 명령어의 인자 3을 입력하고 제곱근을 계산하면 $\sqrt{3} = 3^{1/2}$ 실행 결과를 보여준다.

그림 8-3 sym 명령어를 내장함수 및 숫자에 실행 결과

TIP 숫자를 입력하는 경우 작은따옴표는 생략할 수 있다.

syms 명령어의 기본 형태는 다음과 같다.

```
syms x y z
```

- x, y, z : 심벌릭 툴박스에서 사용할 변수
- x = sym('x')의 실행 결과와 syms x의 실행 결과는 같다.
- 일반적으로 변수 1개를 지정하는 sym 명령어보다 syms 명령어를 많이 사용한다.

[그림 8-4]는 복수의 입력 변수를 사용하는 syms 명령어를 실행한 결과를 보여준다.

Command Window

```
❶ >> syms x2;
   >> f2 = x2-1
   f2 =
   x2 - 1
❷ >> clear
❸ >> syms x3 y3;
   >> f3 = x3+3
   f3 =
   x3 + 3
❹ >> f4 = y3-2
   f4 =
   y3 - 2
```

❶ 단수 입력 변수 x_2에는 sym 명령어를 대신하여 syms 명령어를 사용한다.

❷ 심벌릭 툴박스에서 이미 지정한 명령어와 새롭게 지정한 명령어 사이에 충돌이 발생하는 것을 방지하기 위해 clear 명령어를 사용한다.

❸ syms 명령어로 수식 $f_3 = x_3 + 3$에서 사용할 변수 x_3를 지정한다. 이때 임의의 다른 변수 y_3를 함께 지정해도 상관없다.

❹ 이미 syms 명령어로 변수 y_3를 지정했기 때문에 수식 $f_4 = y_3 - 2$에 대한 입력은 오류없이 실행한다.

그림 8-4 syms 명령어를 이용한 수식 입력 실행 결과

real 변수

sym(혹은 syms) 명령어와 수식에 사용할 변수와 함께 선택적으로 real 변수를 사용하면 심벌릭 변수의 수학적 특성을 지정할 수 있다.

real 변수를 사용하는 기본 형태는 다음과 같다.

```
syms x y real
혹은
x = sym('x','real'); y = sym('y','real');
```

[그림 8-5]는 복소수 $z = x + iy$에 `real` 변수를 사용하지 않은 실행 결과를 보여준다.

```
Command Window
❶ >> syms x y;
❷ >> z = x+i*y
   z =
   x + y*1i
❸ >> R = real(z)
   R =
   real(x) - imag(y)
   >> C = conj(z)
   C =
   conj(x) - conj(y)*1i
```

❶ syms 명령어로 변수 x와 y를 지정한다.
❷ 복소수 $z = x + iy$를 입력한다.

❸ 복소수의 실수 부분 x와 켤레복소수 $\bar{z} = x - iy$를 얻기 위해 real 함수와 conj 함수를 사용해도 원하는 실행 결과가 나오지 않는다.

그림 8-5 real 변수를 사용하지 않은 복소수 실행 결과

[그림 8-6]은 복소수 $z = x + iy$에 `real` 변수를 사용한 실행 결과를 보여준다.

```
Command Window
❶ >> syms x y real;
❷ >> z = x+i*y
   z =
   x + y*1i
❸ >> R = real(z)
   R =
   x
   >> C = conj(z)
   C =
   x - y*1i
```

❶ syms 명령어로 변수 x, y, real을 지정한다.
❷ 복소수 $z = x + iy$를 입력한다.

❸ real 함수와 conj 함수를 사용하면 복소수의 실수 부분 x와 켤레복소수 $x - iy$의 실행 결과를 얻는다.

그림 8-6 real 변수를 사용한 복소수 실행 결과

2. 조판 형태로 출력하기

대부분의 MATLAB 출력 결과는 가로줄 쓰기 형태이다. 그런데 수식의 가독성을 높이고자 할 때는 `pretty` 함수를 사용한다. 이 함수를 이용하면 수식을 조판 형태로 출력할 수 있다.

`pretty` 함수의 기본 형태는 다음과 같다.

```
pretty(E)
```

- E : 조판 형태로 출력할 수식

[그림 8-7]은 pretty 함수를 이용하여 함수 $f = x^2 + 2x - 3$을 실행한 결과를 보여준다.

```
Command Window
❶ >> syms x;
❷ >> E = x^2+2*x-3
   E =
   x^2 + 2*x - 3
❸ >> pretty(E)
    2
   x  + 2 x - 3
```

❶ syms 명령어로 변수 x를 지정한다.
❷ 수식 E를 입력한다.

❸ pretty 함수를 이용하여 수식 E를 조판 형태로 나타낸다.

그림 8-7 pretty 함수의 실행 결과

실습 8-1

수식 E_1, E_2가 다음과 같을 때, E_1에 E_2를 더한 결과를 pretty 함수를 이용하여 수식 E_3로 나타내라.

$$E_1 = a^2 + 2a, \quad E_2 = 2b^2 + b + 1$$

풀이

```
Command Window
❶ >> syms a b;
❷ >> E1 = a^2+2*a;
   >> E2 = b^2+b+1;
   >> E3 = E1 + E2;
❸ >> pretty(E3)
    2          2
   a  + 2 a + b  + b + 1
```

그림 8-8 [실습 8-1]의 실행 결과

❶ syms 명령어로 변수 a와 b를 지정한다.

❷ 주어진 수식 E_1과 E_2, 계산된 E_3를 입력한다.

❸ pretty 함수를 이용하여 E_3를 조판 형태로 나타낸다.

3. 수식 표현하기

수식을 차수 순으로 전개하거나 인수분해하는 함수, 수식을 간단히 나타내거나 형태를 변환하는 함수를 살펴보자. 또한 다항식과 다항식의 계수를 상호 변환할 때 사용하는 함수에 대해 알아보자.

수식의 전개 및 인수분해

expand 함수는 다항식을 멱승(power) 형태로 전개하고(expand) 그 결과를 내림차순으로 나타낸다. factor 함수는 expand 함수의 상응하는 함수로서 수식을 인수분해(factorization) 형태로 나타낸다.

expand 함수와 factor의 기본 형태는 다음과 같다.

```
expand(E)
```

- E : 멱승 형태로 전개할 수식

```
factor(E)
```

- E : 인수분해 형태로 나타낼 다항식

[그림 8-9]는 수식 $E_1 = (x+1)^3$을 멱승 형태로 전개하고, 수식 $E_2 = x^3 + 3x^2 + 3x + 1$을 인수분해한 결과를 보여준다.

```
Command Window
❶ >> syms x;
❷ >> E1 = (x+1)^3;
   >> E1 = expand(E1)
   E1 =
   x^3 + 3*x^2 + 3*x + 1
❸ >> E2 = x^3+3*x^2+3*x+1;
   >> E2 = factor(E2)
   E2 =
   [ x + 1, x + 1, x + 1]
```

❶ syms 명령어로 변수 x를 지정한다.
❷ 수식 E_1을 입력하고 expand 함수를 이용하여 E_1을 멱승 형태로 전개한다. 이때 내림차순으로 자동 정렬된다.
❸ 수식 E_2를 입력하고 factor 함수를 이용하여 E_2를 인수분해한 결과를 보여준다.

그림 8-9 expand, factor 함수의 실행 결과

실습 8-2

지수함수 e^{a+b}, 삼각함수의 항등식 $\cos(x+y)$, $\sin(x+y)$에 대한 전개식을 구하라.

풀이

```
Command Window
❶ >> syms a b x y;
❷ >> expand(exp(a+b))
   ans =
   exp(a)*exp(b)
   >> expand(cos(a+b))
   ans =
   cos(a)*cos(b) - sin(a)*sin(b)
   >> expand(sin(a+b))
   ans =
   cos(a)*sin(b) + cos(b)*sin(a)
```

그림 8-10 [실습 8-2]의 실행 결과

❶ syms 명령어로 변수 a, b, x, y를 각각 지정한다.

❷ expand 함수를 이용하여 지수함수와 삼각함수의 항등식 결과를 얻는다.

다항식의 내림차순 및 단순화

collect 함수는 다항식(polynomial)을 전개한 결과를 특정 변수에 대한 내림차순으로 나타낼 때 사용한다. collect 함수의 기본 형태는 다음과 같다.

```
collect(P, V)
```

- P : 다항식
- V : 항의 나열 기준이 되는 변수

[그림 8-11]은 다항식 $P = (x-1)(x+2)(x+4)$를 변수 x에 대한 내림차순으로 나타낸 결과이다.

```
Command Window
>> syms x;
❶ >> P = (x-1)*(x+2)*(x+4);
❷ >> pretty(collect(P))
 3      2
x  + 5 x  + 2 x - 8
```

❶ 수식 P를 입력한다.
❷ collect 함수를 이용하여 수식 P를 내림차순으로 전개한다. 이때 pretty 함수를 이용하여 조판 형태로 나타낸다.

그림 8-11 collect 함수의 실행 결과

실습 8-3

다항식 $P = x^2y + xy - x^2 - 2x$를 x, y에 대한 내림차순으로 나타내라.

풀이

```
Command Window
>> syms x y;
❶ >> P = x^2*y+x*y-x^2-2*x;
❷ >> C1 = collect(P,x)
C1 =
(y - 1)*x^2 + (y - 2)*x
>> C2 = collect(P,y)
C2 =
(x^2 + x)*y - x^2 - 2*x
```

그림 8-12 [실습 8-3]의 실행 결과

❶ 다항식 P를 입력한다.

❷ collect 함수를 이용하여 차례대로 x와 y에 대한 내림차순으로 전개한다.

simplify 함수를 이용하면 복잡한 형태의 수식을 좀 더 단순화할 수 있다. simplify 함수의 기본 형태는 다음과 같다.

```
simplify(E)
```

- E : 간략하게 나타낼 수식

[그림 8-13]은 수식 $E_1 = x^6 - 1$을 $E_2 = x^3 + 1$로 나눈 결과를 simplify 함수를 이용하여 간략하게 나타낸 결과이다.

```
Command Window
>> syms x;
>> E1 = x^6-1;
>> E2 = x^3+1;
>> E3 = E1/E2
E3 =
(x^6 - 1)/(x^3 + 1)
>> simplify(E3)
ans =
x^3 - 1
>> factor(simplify(E3))
ans =
[ x - 1, x^2 + x + 1]
```

❶ E_1 및 E_2를 입력하고 나눈 결과 E_3에 simplify 함수를 실행한다.

❷ simplify 함수를 실행한 후 결과 $x^3 - 1$에 factor 함수를 이용하여 인수분해한다.

그림 8-13 simplify 함수의 실행 결과

simplify 함수를 실행하면

$$E_3 = \frac{x^6 - 1}{x^3 + 1} = \frac{(x^3 + 1)(x^3 - 1)}{x^3 + 1}$$

의 계산에서 분자와 분모의 공통 다항식 $x^3 + 1$이 상쇄된다. 그리고 factor 함수를 이용하면 2개 인수항이 곱해진 결과 $(x-1)(x^2 + x + 1)$을 보여준다.

변수 및 수치의 대치

subs 함수는 현재 심벌릭 수식에서 사용하는 심벌릭 변수를 다른 심벌릭 변수 또는 숫자로 대체한다. subs 함수의 기본 형태는 다음과 같다.

```
subs(E, x, a)
```

- E : 심벌릭 수식
- x : 대치할 심벌릭 변수
- a : 변수 x에 대입하는 새로운 심벌릭 변수 또는 숫자

[그림 8-14]는 수식 $E = ax + b$에서 특정 숫자를 사용하여 계수와 상수를 대치하는 것을 보여준다.

Command Window

```
>> syms x a b;
>> E = a*x+b;
>> E1 = subs(E,a,3)        ❶
E1 =
b + 3*x
>> E2 = subs(E,b,5)        ❷
E2 =
a*x + 5
>> E3 = subs(E,{a,b},{3,5})  ❸
E3 =
3*x + 5
```

❶ subs 함수를 이용하여 수식 E에서 계수 a를 3으로 대치한다.

❷ subs 함수를 이용하여 수식 E에서 상수 b를 5로 대치한다.

❸ subs 함수를 이용하여 수식 E에서 동시에 계수 a를 3, 상수 b를 5로 대치한다.

그림 8-14 subs 함수의 실행 결과

double 함수는 주어진 수를 소수점이 있는 정밀한 실수 형태로 변환시킨다. 이 함수는 독립적으로 사용하기보다는 다른 심벌릭 함수와 혼용해서 사용한다. double 함수의 기본 형태는 다음과 같다.

```
double(x)
```

- x : 소수점을 포함한 수치 형태로 변환할 수

[그림 8-15]는 $x = 1.5$일 때 수식 $E = x^3 + 12x^2 + 81$을 수치형으로 변환시키는 실행 결과를 보여준다.

Command Window

```
>> syms x;
>> E = x^3+12*x^2+81;
>> S = subs(E,x,1.5)       ❶
S =
891/8
>> D = double(S)           ❷
D =
  111.3750
```

❶ subs 함수를 이용하여 수식 E에서 변수 x를 1.5로 대치한다.

❷ double 함수를 이용하여 분수 형태의 수식 S를 실수로 변환시킨다.

그림 8-15 double 함수의 실행 결과

실습 8-4

$x = -1.5$일 때 수식 $E_1 = 2x^3 + 5x^2 + 10x + 16$에서 수식 $E_2 = (x-3)^2 + 12x$를 뺀 결과를 수치형으로 변환하라.

풀이

```
Command Window
>> syms x;
>> E1 = 2*x^3+5*x^2+10*x+16;
>> E2 = (x-3)^2+12*x;
>> E3 = E1 - E2;
① >> S = subs(E3,-1.5)
S =
13/4
② >> D = double(S)
D =
    3.2500
```

그림 8-16 [실습 8-4]의 실행 결과

❶ E_1에서 E_2를 뺀 결과 E_3에 subs 함수를 이용하여 x를 -1.5로 대치한다.

❷ double 함수를 이용하여 수식 S의 결과를 실수로 변환시킨다.

다항식과 다항식 계수의 상호 변환

sym2poly 함수는 다항식의 계수를 행벡터로 변환하여 내림차순으로 정렬한다. sym2poly 기본 형태는 다음과 같다.

```
sym2poly(P)
```

- P : 계수의 행벡터로 변환할 다항식

[그림 8-17]은 다항식 $P_1 = 5x^4 - 3x^3 + 2x^2 + 5x + 5$와 $P_2 = 5x^4 + 2x^2 + 5$에서 변수 x의 차수에 대한 계수를 각각 내림차순으로 정렬한 결과이다.

```
Command Window
>> syms x;
① >> P1 = 5*x^4-3*x^3+2*x^2+5*x+5;
>> sym2poly(P1)
ans =
    5    -3    2    5    5
② >> P2 = 5*x^4+2*x^2+5;
>> sym2poly(P2)
ans =
    5    0    2    0    5
```

❶ sym2poly 함수를 이용하여 P_1의 계수를 내림차순으로 나타낸다.

❷ sym2poly 함수를 이용하여 P_2의 계수를 내림차순으로 나타낸다.

그림 8-17 sym2poly 함수의 실행 결과

TIP 사용하지 않은 변수 x의 3차항과 1차항의 계수는 자동으로 0처리되어 나타낸다.

실습 8-5

다항식 $P_1 = 2x^3 + 5x^2 + 10x + 16$에서 $P_2 = (x-3)^2 + 12x$를 뺀 결과의 계수를 행벡터로 나타내라.

풀이

```
Command Window
   >> syms x;
   >> P1 = 2*x^3+5*x^2+10*x+16;
   >> P2 = (x-3)^2+12*x;
❶ >> P3 = P1-P2;
❷ >> sym2poly(P3)
   ans =
        2     4     4     7
```

그림 8-18 [실습 8-5]의 실행 결과

❶ P_1에서 P_2를 뺀 결과 P_3를 구한다.

❷ sym2poly 함수를 이용하여 P_3의 계수를 내림차순으로 나타낸다.

poly2sym 함수는 sym2poly 함수에 상응하는 함수이다. 즉, 다항식의 계수 행벡터를 다항식으로 변환한다. poly2sym 함수의 기본 형태는 다음과 같다.

```
poly2sym(C, v)
```

- C : 다항식 계수 행벡터
- v : 변환할 다항식의 변수명

[그림 8-19]는 다항식의 변수 x의 최고차 항이 5일 때 각 차수에 상응하는 내림차순으로 정렬된 계수 벡터 $C_1 = [4\ \ 3\ \ -2\ \ 3\ \ 1\ \ -5]$와 $C_2 = [4\ \ 3\ \ -2\ \ 0\ \ 0\ \ -5]$에 해당하는 다항식을 나타낸 결과이다.

```
Command Window
>> syms x;
>> C1 = [4 3 -2 3 1 -5];
>> P1 = poly2sym(C1)
P1 =
4*x^5 + 3*x^4 - 2*x^3 + 3*x^2 + x - 5
>> C2 = [4 3 -2 0 0 5];
>> P2 = poly2sym(C2)
P2 =
4*x^5 + 3*x^4 - 2*x^3 + 5
```

계수 벡터 C_1과 C_2를 입력하고, poly2sym 함수를 각각 이용한다.

그림 8-19 poly2sym 함수의 실행 결과

TIP 계수 벡터 C_2에서 변수 x의 2차항 및 1차항이 존재하지 않더라도 계수 0을 입력해야 실행 결과는 최고차 항 5부터 시작한다.

[그림 8-20]은 다항식의 변수 x의 최고차 항이 5일 때 각 차수에 상응하는 내림차순으로 정렬된 계수 벡터 $C_1 = [4\ \ 3\ \ -2\ \ 3\ \ 1\ \ -5]$를 변수 t로 변환한 다항식을 나타낸 결과이다.

```
Command Window
   >> syms x;
❶ >> C1 = [4 3 -2 3 1 -5];
   >> P1 = poly2sym(C1)
   P1 =
   4*x^5 + 3*x^4 - 2*x^3 + 3*x^2 + x - 5
❷ >> t = sym('t');
   >> P2 = poly2sym(C1,t)
   P2 =
   4*t^5 + 3*t^4 - 2*t^3 + 3*t^2 + t - 5
```

❶ 계수 벡터 C_1을 입력하고 poly2sym 함수를 이용하여 변수 x에 해당하는 다항식을 나타낸다.

❷ 변수 x 대신 t로 나타내기 위해 변수 t를 다시 지정하고 poly2sym 함수를 이용한다.

그림 8-20 poly2sym 함수를 이용하여 변수를 변환한 결과

TIP 만일 poly2sym 함수를 이용하여 변수 2개를 사용하려면 첫 줄의 syms 명령어에 변수 2개를 동시에 설정해야 한다.

실습 8-6

다항식의 계수 벡터가 $C = [-4\ \ 1\ \ 5\ \ 3\ \ -2\ \ 0]$일 때, 이에 해당하는 다항식을 찾아라. 이때 변수는 y를 사용한다.

풀이

```
Command Window
   >> syms y;
❶ >> C =[-4 1 5 3 -2 0];
   >> P1 = poly2sym(C)
   P1 =
   - 4*x^5 + x^4 + 5*x^3 + 3*x^2 - 2*x
❷ >> P2 = poly2sym(C,y)
   P2 =
   - 4*y^5 + y^4 + 5*y^3 + 3*y^2 - 2*y
```

그림 8-21 [실습 8-6]의 실행 결과

❶ 계수 벡터 C를 입력하고 poly2sym 함수를 이용한다. 이때 변수 y를 미리 지정해도 실행 결과의 다항식 $P1$은 항상 변수의 기본 형태 x로 나타낸다.

❷ 변수 y로 나타내기 위해서 $P2$처럼 입력한다.

coeffs 함수는 sym2poly 함수처럼 다항식의 계수 행벡터로 변환하여 내림차순으로 정렬하고, 계수에 해당되는 각 차수 항을 나타낸다. coeffs 함수의 기본 형태는 다음과 같다.

```
[C, M] = coeffs(P)
```

- P : 다항식
- C : 다항식에 해당하는 계수의 행벡터
- M : 다항식의 계수에 해당되는 각 차수의 단항식(monomial)

TIP coeffs(P)만 사용하면 다항식에 해당하는 계수의 행벡터가 오름차순으로 정렬된다.

[그림 8-22]는 coeffs 함수를 이용하여 다항식 $P_1 = 5x^4 - 3x^3 + 2x^2 + 5x + 5$에 대한 계수를 찾는 것을 보여준다.

```
Command Window
>> syms x;
>> P1 = 5*x^4-3*x^3+2*x^2+5*x+5;     ①
>> coeffs(P1)
ans =
[ 5, 5, 2, -3, 5]
>> [C,M] = coeffs(P1)                ②
C =
[ 5, -3, 2, 5, 5]
M =
[ x^4, x^3, x^2, x, 1]
```

① coeffs 함수만 사용하면 변수 x의 각 차수에 상응하는 계수를 오름차순으로 나타낸다.

② coeffs 함수를 이용하여 복수의 [C,M]을 지정하면 내림차순의 계수와 이에 해당하는 변수 x의 각 차수를 동시에 나타낸다.

그림 8-22 coeffs 함수의 실행 결과

numden 함수는 분수식에서 다항식 분자(numerator)와 다항식 분모(denominator)를 분리하여 나타낸다. numden 함수의 기본 형태는 다음과 같다.

```
[num,den] = numden(F)
```

- num : 분자의 다항식
- den : 분모의 다항식
- F : 심벌릭 분수식

TIP numden(F)만 사용하면 분자의 다항식만 표시된다.

[그림 8-23]은 numden 함수를 이용하여 다음 분수식

$$F_1 = \frac{3}{x^2+5}, \quad F_2 = 1 + 2x + \frac{3}{x^2+5}$$

에 대한 분자의 다항식과 분모의 다항식을 나타낸 결과이다.

```
Command Window
>> syms x;
>> F1 = 3/(x^2+5);                 ①
>> [num,den] = numden(F1)
num =
3
den =
x^2 + 5
>> F2 = 1+2*x+3/(x^2+5);           ②
>> [num,den] = numden(F2)
num =
2*x^3 + x^2 + 10*x + 8
den =
x^2 + 5
```

① numden 함수를 이용하여 분자와 분모에 해당하는 다항식을 각각 나타낸다.

② 다항식 $1 + 2x + \frac{3}{x^2+5}$ 은 공통 분모로 묶은 새로운 분수식

$$F_2 = \frac{(1+2x) \times (x^2+5) + 3}{x^2+5} = \frac{2x^3 + x^2 + 10x + 8}{x^2+5}$$

에 대해 numden 함수를 이용한 실행 결과를 나타낸다.

그림 8-23 numden 함수의 실행 결과

SECTION 8.2

테일러 급수 및 급수의 총합

학습 목표

- taylor 함수를 이용하여 테일러 급수를 계산한다.
- symsum 함수를 이용하여 급수의 총합을 계산한다.

특정 숫자들의 무리에 대한 특성을 쉽게 보여주기 위해서 숫자를 논리적인 규칙에 의해 나열한 것을 수열(progression)이라고 한다. 그리고 어떤 수열의 시작 항부터 마지막 항까지의 합을 급수(series)라고 한다. 이 절에서는 테일러 급수를 계산하는 심벌릭 함수 taylor와 급수의 총합을 계산하는 심벌릭 함수 symsum을 살펴보자.

1. 테일러 급수

테일러 급수(Taylor series)는 어떤 함수를 미분 가능한 한 점의 값으로 계산되는 각 항을 무한하게 합한 것이다. 이때 미분 가능한 함수를 다항식의 형태로 근사시킨다. 특정 조건을 만족하는 임의의 함수가 테일러 급수로 표현된 것을 테일러 정리라고 한다. 테일러 다항식의 근삿값은 다음과 같이 나타낸다.

$$\sum_{n=0}^{\infty} \frac{f^{(n)}(a)}{n!}(x-a)^n \tag{8.1}$$

이러한 테일러 급수는 심벌릭 함수 taylor 함수로 구할 수 있다.

taylor 함수의 기본 형태는 다음과 같다.

```
taylor(f, 'ExpansionPoint', a, 'Order', n)
```

- f : 테일러 급수를 적용할 함수
- a : $x = a$에서 평가되는 값
- 'Order' : 테일러 급수의 항을 정의
- n : 함수 f에 의해 정의되는 테일러 급수의 처음 $n-1$항

매개변수 a가 생략되어 있다면 $a = 0$을 의미한다. 이를 맥클로린(Maclaurin) 급수라 부르며, 이 경우 'ExpansionPoint' 부분은 삭제할 수 있다.

[그림 8-24]는 taylor 함수를 이용하여 지수함수 e^x에 대한 테일러 급수를 4개의 항까지 전개한 결과를 보여준다.

```
Command Window
>> syms x;
❶ >> f = exp(x);
>> taylor(f,'ExpansionPoint',0,'Order',4)
ans =
x^3/6 + x^2/2 + x + 1
❷ >> taylor(f,'Order',4)
ans =
x^3/6 + x^2/2 + x + 1
❸ >> taylor(f,'ExpansionPoint',1,'Order',4)
ans =
exp(1) + exp(1)*(x - 1) + (exp(1)*(x - 1)^2)/2 + (exp(1)*(x - 1)^3)/6
```

❶ 지수함수 f를 입력하고 taylor 함수를 이용하여 평가값이 0일 때 지수함수에 대한 테일러 급수를 4개 항까지 계산한다.
❷ 평가값이 $a = 0$이면 taylor 함수를 간략하게 지정할 수 있다.
❸ 평가값이 $a = 1$일 때 지수함수에 대한 테일러 급수를 4개 항까지 전개한다.

그림 8-24 taylor 함수의 실행 결과

실습 8-7

함수 $f = \sin x$를 맥클로린 급수로 전개한 처음 두 항을 구하라.

풀이

```
Command Window
>> syms x;
>> f = sin(x);
❶ >> taylor(f,'Order',2)
ans =
❷ x
>> taylor(f,'Order',4)
ans =
- x^3/6 + x
```

그림 8-25 [실습 8-7]의 실행 결과

❶ taylor 함수를 이용하여 f를 테일러 급수로 전개한 두 항을 지정한다.

❷ $\sin(0) = 0$ 때문에 생략되는 항을 고려하여 taylor 함수를 이용하여 네 항을 지정한다.

식 (8.1)에서 네 항까지 전개하면 $f(x) = \sin(0) + \cos(0)x - \frac{1}{2}\sin(0)x^2 - \frac{1}{3!}\cos(0)x^3 = x - \frac{1}{3!}x^3$이 되어 처음 두 항을 나타낼 수 있다.

TIP 식 (8.1)을 이용하여 사인 함수에 대한 두 항까지 전개하면 $f(x) = \sin(0) + \cos(0)x = x$이다. 이때 $\sin(0) = 0$이기 때문에 처음 두 항의 전개를 나타낼 수 없다.

2. 급수의 총합

symsum 함수는 급수를 구하는 수식과 주어진 급수의 총합을 계산한다. 급수의 총합은 다음과 같이 나타낼 수 있다.

$$\sum_{n=a}^{b} f(x) \tag{8.2}$$

symsum 함수의 기본 형태는 다음과 같다.

```
symsum(f(x), n, a, b)
```

- f(x) : 심벌릭 변수로 표현된 수식
- n : 심벌릭 변수
- a : 급수의 시작 값
- b : 급수의 마지막 값

이때 $a=0$이면 맥클로린 급수라 부른다. [그림 8-26]은 symsum 함수를 이용하여 급수 $\sum_{n=1}^{5} n^2$과 $\sum_{n=1}^{\infty} \frac{1}{n^2}$의 총합을 계산한 결과를 보여준다.

```
Command Window
>> syms n;
❶ >> symsum(n^2,n,1,5)
ans =
55
❷ >> symsum(1/n^2,n,1,inf)
ans =
pi^2/6
```

❶ symsum 함수를 이용하여 급수 $\sum_{n=1}^{5} n^2$의 총합을 구한다.

❷ symsum 함수를 이용하여 급수 $\sum_{n=1}^{\infty} \frac{1}{n^2}$의 총합을 구한다.

그림 8-26 symsum 함수의 실행 결과

[그림 8-27]은 symsum 함수를 이용하여 초항이 1인 유한 기하급수(geometric series) $\sum_{k=0}^{n-1} r^k$과 무한 기하급수 $\sum_{k=0}^{\infty} r^k$을 구한 결과를 보여준다.

```
Command Window
>> syms r k n;
❶ >> FG = symsum(r^k,k,0,n-1)
FG =
piecewise(r == 1, n, r ~= 1, (r^n - 1)/(r - 1))
❷ >> IG = symsum(r^k,k,0,inf)
IG =
piecewise(1 <= r, Inf, abs(r) < 1, -1/(r - 1))
```

❶ symsum 함수를 이용하여 유한 기하급수를 구한다.

❷ symsum 함수를 이용하여 무한 기하급수를 구한다.

그림 8-27 symsum 함수로 유한 및 무한 기하급수를 구한 결과

유한 기하급수와 무한 기하급수를 각각 나타내면 다음과 같다.

$$\text{유한 기하급수}: \begin{cases} n & (r=1) \\ \dfrac{r^n-1}{r-1} \text{ 또는 } \dfrac{1-r^n}{1-r} & (r \neq 1) \end{cases}$$

$$\text{무한 기하급수}: \begin{cases} \infty & (r \geq 1) \\ \dfrac{-1}{r-1} \text{ 또는 } \dfrac{1}{1-r} & (|r| < 1) \end{cases}$$

실습 8-8

$1+\dfrac{1}{2^4}+\dfrac{1}{3^4}+\cdots$과 같이 무한대로 전개되는 총합을 구하고 조판 형태로 나타내라.

풀이

주어진 수식을 급수로 나타내면 $\sum_{k=1}^{\infty}\dfrac{1}{k^4}$이 된다.

```
Command Window
>> syms k;
>> pretty(symsum(1/k^4,k,1,inf))
  4
pi
---
 90
```

그림 8-28 [실습 8-8]의 실행 결과

symsum 함수를 이용하여 급수 $\sum_{k=1}^{\infty}\dfrac{1}{k^4}$을 입력한 후 pretty 함수를 이용하여 조판 형태의 최종 결과를 얻는다.

SECTION 8.3

극한 및 미적분

학습 목표

- limit 함수를 이용하여 함수의 극한값을 계산한다.
- diff, int 함수를 이용하여 심벌릭 미적분을 실행한다.

심벌릭 극한함수, 미분함수, 적분함수인 limit, diff, int 함수에 대해 알아보자.

1. 극한함수

영문 'lim'으로 표시하는 극한값(limit value)은 변수가 어떤 값에 가까워짐에 따라 함숫값이 가까워지는 값을 나타낸다. 분수식이 아닌 함수의 형태에서 극한을 찾는 경우는 매우 단순하다. 그러나 분수식의 함수는 분모가 0이 되는 경우 피해야 하므로 계산이 비교적 복잡할 수 있다. limit 함수는 어떤 점에서 함수의 극한을 구하기 위한 함수를 계산한다. 극한은 다음과 같이 나타낸다.

$$\lim_{x \to a} f(x)$$

심벌릭 극한

limit 함수의 기본 형태는 다음과 같다.

```
limit(f, x, a, 'direction')
```

- f : 주어진 함수
- x : 함수 f에 지정된 변수(함수 f를 limit 함수 내부에 직접 입력하면 생략)
- a : 변수 x가 접근하는 값
- 'direction' : 극한을 구하기 위해 접근하는 방향('left' 또는 'right'를 입력하거나 생략)

[그림 8-29]는 극한값 $\lim_{x\to1}\frac{x^2-1}{x-1}$, $\lim_{x\to0^-}\frac{1}{x}$, $\lim_{x\to0^+}\frac{1}{x}$을 구한 결과를 보여준다.

```
Command Window
>> syms x;
❶ >> f1 = (x^2-1)/(x-1);
>> limit(f1,x,1)
ans =
2
❷ >> limit((x^2-1)/(x-1),1)
ans =
2
❸ >> limit(1/x,x,0,'left')
ans =
-Inf
❹ >> limit(1/x,x,0,'right')
ans =
Inf
```

❶ 수식을 먼저 지정한 후에 `limit` 함수를 이용하면 변수 x를 포함하여 $x = 1$에 접근하는 극한값을 구한다.

❷ 수식을 `limit` 함수에 포함하면 변수 x는 생략할 수 있고 $x = 1$에 접근하는 극한값을 구한다.

❸ `limit` 함수를 이용하여 $x = 0$의 왼쪽(−) 방향에서 접근할 때 극한값을 구한다.

❹ `limit` 함수를 이용하여 $x = 0$의 오른쪽(+) 방향에서 접근할 때 극한값을 구한다.

그림 8-29 limit 함수의 실행 결과

2. 미적분 함수

미분(differentiation)은 연속적이고 지속적인 변화량에 대한 순간 변화율을 나타낸다. 따라서 함수 그래프에서 미분은 특정 지점에서 나타나는 접선의 기울기를 말한다. 이때 원래 함수를 미분하여 생성되는 함수를 도함수(derivative)라 한다.

어떤 함수 $f(x)$에 대한 미분의 정의는 다음과 같다.

$$f'(x) = \lim_{\Delta x\to0}\frac{f(x+\Delta x)-f(x)}{\Delta x} \tag{8.3}$$

여기서 $f'(x)$는 함수 $f(x)$의 미분을 표시하고, x축에서 변화하는 변화량 Δx는 아주 작은 값을 갖는다.

미분이 합쳐져 있는 것을 잘게 쪼개는 과정이라면, 적분은 일정 구간 내 나누어진 부분들을 서로 더하는 과정이다. 즉 미분과 적분은 상호보완 작용을 한다.

함수 $f(x)$의 적분은 적분 기호 $\int$를 사용하여 다음과 같이 정의한다.

$$A = \int_a^b f(x)\,dx \tag{8.4}$$

여기서 x는 적분 변수이고, $f(x)$는 피적분 함수(integrand)가 된다. 그리고 a와 b는 적분의 하한(lower bound)과 상한(upper bound)을 나타낸다.

식 (8.4)는 다음과 같이 다시 쓸 수 있다.

$$F(x) = \int_a^b f(x)\,dx \tag{8.5}$$

x에 대한 함수 $F(x)$의 도함수가 바로 $f(x)$이다. 따라서 다음과 같은 관계식으로 다시 쓸 수 있다. $\frac{d}{dx}$는 변수 x에 대해서 함수를 미분하는 연산을 의미한다.

$$f(x) = \frac{d}{dx}F(x) \tag{8.6}$$

심벌릭 미분

diff 함수는 주어진 수식을 원하는 변수에 대해 미분한 결과를 나타낸다. diff 함수의 기본 형태는 다음과 같다.

```
diff(f, n)
```

- f : 함수
- n : 연속으로 실행하는 미분의 차수(생략 시 $n = 1$로 지정됨)

[그림 8-30]은 함수 $f(x) = x^3 - 2x^2 + x - 3$과 $\cos(x)$에 대한 1차, 2차 미분을 실행한 결과를 보여준다.

Command Window

```
>> syms x;
>> diff(x^3-2*x^2+x-3)        % ❶
ans =
3*x^2 - 4*x + 1
>> diff(x^3-2*x^2+x-3,2)      % ❷
ans =
6*x - 4
>> diff(cos(x))               % ❸
ans =
-sin(x)
>> diff(ans)
ans =
-cos(x)
```

❶ diff 함수를 이용하여 3차 함수에 대한 1차 미분을 얻는다. 이때 미분의 차수는 1이므로 생략할 수 있다.

❷ diff 함수를 이용하여 3차 함수에 대한 2차 미분을 얻는다. 이때 미분의 차수는 2를 지정한다.

❸ diff 함수를 이용하여 $\cos(x)$의 1차 미분을 얻고 다시 diff 함수를 실행하면 $\cos(x)$에 대한 2차 미분을 얻을 수 있다.

그림 8-30 diff 함수의 실행 결과

실습 8-9

식 (8.3)을 이용하여 삼각함수 sin (x)와 cos (x)의 도함수를 구하라.

풀이

```
Command Window
❶ >> syms x h;
❷ >> limit((sin(x+h)-sin(x))/h,h,0)
   ans =
   cos(x)
❸ >> limit((cos(x+h)-cos(x))/h,h,0)
   ans =
   -sin(x)
```

그림 8-31 [실습 8-9] 실행 결과

❶ syms 명령어로 변수 x와 x축에서의 아주 작은 변화량 Δx는 변수 h로 지정한다.

❷ `limit` 함수를 이용하여 식(8.3)을 실행하면 sin (x)에 대한 도함수 cos (x)를 얻는다.

❸ `limit` 함수를 이용하여 식(8.3)을 실행하면 cos (x)에 대한 도함수 −sin (x)를 얻는다.

실습 8-10

삼각함수 $f_1 = \cos(x^2)$과 $f_2 = \cos^2(x)$에 대한 2차 미분을 구하라.

풀이

```
Command Window
   >> syms x;
❶ >> f1 = cos(x^2);
   >> D1 = diff(f1,2)
   D1 =
   - 2*sin(x^2) - 4*x^2*cos(x^2)
❷ >> f2 = cos(x)^2;
   >> D2 = diff(f2,2)
   D2 =
   2*sin(x)^2 - 2*cos(x)^2
```

그림 8-32 [실습 8-10]의 실행 결과

❶ 삼각함수 f_1을 입력한 후 `diff` 함수를 이용하여 2차 미분을 계산한다.

❷ 삼각함수 f_2를 입력한 후 `diff` 함수를 이용하여 2차 미분을 계산한다.

심벌릭 적분

`int` 함수는 연속 함수 $f(x)$가 미분 가능하면 함수 $f(x)$의 모든 역도함수를 함수 $f(x)$의 x에 대한 부정적분(indefinite integral)이라 하고 $\int f(x)\,dx$의 결과를 나타낸다.

또한 int 함수는 정적분(definite integral)은 $\int_a^b f(x)\,dx$로 나타내는 정적분(definite integral)의 결과도 나타낸다. int 함수의 기본 형태는 다음과 같다.

```
int(f, a, b)
```

- f : 피적분함수
- a, b : 적분의 하한값과 상한값

[그림 8-33]은 부정적분 $\int \sin^2(x)\,dx$와 정적분 $\int_0^{\pi/2} \sin^2(x)\,dx$를 구한 결과를 보여준다.

```
Command Window
>> syms x;
❶ >> I1 = int(sin(x)^2)
I1 =
x/2 - sin(2*x)/4
❷ >> I2 = int(sin(x)^2,0,pi/2)
I2 =
pi/4
```

❶ int 함수를 이용하여 부정적분을 실행한다.

❷ int 함수에 상한값과 하한값을 지정하여 정적분을 실행한다.

그림 8-33 int 함수 실행 결과

실습 8-11

함수 $f_1 = -2\sin(x^2) - 4x^2\cos(x^2)$에 대한 부정적분을 연속 두 번 실행한 결과를 구하라. 그리고 상한값 $\pi/3$와 하한값 0을 갖는 함수 f_1에 대한 정적분을 실행한 결과를 구하라.

풀이

```
Command Window
>> syms x;
❶ >> f1 = -2*sin(x^2)-4*x^2*cos(x^2);
>> I1 = int(f1);
>> I2 = int(I1)
I2 =
cos(x^2)
❷ >> int(I1,0,pi/3)
ans =
cos(pi^2/9) - 1
```

그림 8-34 [실습 8-11]의 실행 결과

❶ 함수 f_1을 입력한 후 상한값 및 하한값을 지정하지 않은 int 함수를 이용하여 부정적분을 두 번 계산한다.

❷ int 함수를 이용하여 함수 f_1에 상한값 및 하한값을 지정한 후 정적분을 계산한다.

SECTION 8.4

대수방정식과 상미분방정식

학습 목표

- solve 함수를 이용하여 대수방정식 또는 초월방정식의 해를 구한다.
- 구조 배열의 개념을 이해하고, 이를 이용하여 연립방정식의 해를 구한다.
- dsolve 함수를 이용하여 상미분방정식의 해를 구한다.

심벌릭 툴박스를 이용하여 대수방정식과 초월방정식[1]의 해를 구하는 방법을 살펴보자. 또한 다양한 상미분방정식을 계산하는 방법을 알아보자.

1. 대수방정식

solve 함수는 대수방정식의 해를 구할 때 사용한다. solve 함수의 기본 형태는 다음과 같다.

```
solve(E)
```

- E : 해를 구할 방정식

이차방정식 $ax2 + bx + c = 0$ 또는 $a\left(x^2 + \frac{b}{a}x + \frac{c}{a}\right) = 0$의 근(roots)(혹은 해)을 소인수 분해 형태로 나타내면 $a(x - x_+)(x - x_-) = 0$이 된다. 또한 근의 공식(quadratic formula)을 이용하여 2개의 근을 계산하면 $x_\pm = \dfrac{-b \pm \sqrt{b^2 - 4ac}}{2a}$이다. [그림 8-35]는 solve 함수를 이용하여 이차방정식의 근을 구한 결과를 보여준다.

Command Window

```
>> syms x a b c;
>> E = a*x^2+b*x+c;
>> x_pm = solve(E)
x_pm =
 -(b + (b^2 - 4*a*c)^(1/2))/(2*a)
 -(b - (b^2 - 4*a*c)^(1/2))/(2*a)
>> x_p = x_pm(1)
x_p =
-(b + (b^2 - 4*a*c)^(1/2))/(2*a)
>> x_m = x_pm(2)
x_m =
-(b - (b^2 - 4*a*c)^(1/2))/(2*a)
```

❶ 이차방정식을 입력하고 solve 함수를 실행하면 근의 공식을 나타낸다.

❷ 구한 2개 근을 각각 나타낸다.

그림 8-35 solve 함수로 이차방정식의 해 구하기

1 삼각함수, 지수함수, 로그함수와 같은 초월함수를 한 개 이상 포함하는 식을 말한다.

[그림 8-36]은 simplify 함수를 이용하여 $a(x-x_+)(x-x_-)$ 형태를 원래 이차방정식으로 변환한 결과를 보여준다. 그리고 ax^2+bx+c에 x_+ 혹은 x_- 중에 하나를 대입하면 0이 되어 이차방정식이 성립되는 것을 보여준다.

```
Command Window
>> syms x a b c;
>> E = a*x^2+b*x+c;
>> x_pm = solve(E);
>> x_p = x_pm(1); x_m = x_pm(2);
❶ >> E1 = a*(x-x_p)*(x-x_m);
❷ >> simplify(E1)
ans =
a*x^2 + b*x + c
>> E = simplify(a*x_p^2+b*x_p+c)
E =
0
```

❶ 근 x_+ 와 x_- 를 이용하여 $a(x-x_+)(x-x_-)$를 입력한다.
❷ simplify 함수를 이용하여 x_+ (혹은 x_-)를 이차방정식 ax^2+bx+c에 대입하면 $ax^2+bx+c=0$임을 확인할 수 있다.

그림 8-36 simplify 함수로 소인수 분해 형태를 이차방정식으로 나타내기

[그림 8-37]은 solve 함수에서 인자를 올바르게 설정한 경우와 그렇지 못한 경우를 보여준다.

```
Command Window
>> syms x a b c;
>> x_pm1 = solve('a*x^2+b*x+c')
Check for missing argument or incorrect argument data type in call to
function 'solve'.
>> x_pm2 = solve('a*x^2+b*x+c=0')
Check for missing argument or incorrect argument data type in call to
function 'solve'.
>> x_pm3 = solve('a*x^2+b*x+c','x')
Check for missing argument or incorrect argument data type in call to
function 'solve'.
```

(a) 인자 설정이 올바르지 않은 경우

```
Command Window
>> syms x a b c;
❶ >> x_pm1 = solve(a*x^2+b*x+c)
x_pm1 =
 -(b + (b^2 - 4*a*c)^(1/2))/(2*a)
 -(b - (b^2 - 4*a*c)^(1/2))/(2*a)
>> x_pm2 = solve(a*x^2+b*x+c==0)
x_pm2 =
 -(b + (b^2 - 4*a*c)^(1/2))/(2*a)
 -(b - (b^2 - 4*a*c)^(1/2))/(2*a)
>> x_pm3 = solve(a*x^2+b*x+c,x)
x_pm3 =
 -(b + (b^2 - 4*a*c)^(1/2))/(2*a)
 -(b - (b^2 - 4*a*c)^(1/2))/(2*a)
```

❶ solve 함수의 괄호 내부에는 작은따옴표를 제거한다.

❷ 수학적 등호를 표시하는 연산자는 =가 아니라 ==이다.

(b) 인자 설정이 올바른 경우

그림 8-37 solve 함수로 인자 설정하기

실습 8-12

$a=1$, $b=1$, $c=-1$일 때 이차방정식 $ax^2+bx+c=0$에 대한 2개의 근을 심벌릭 툴을 사용한 형태와 숫자 형태로 나타내라.

풀이

```
Command Window
>> syms x a b c;
❶ >> E = subs(a*x^2+b*x+c,{a,b,c},{1,1,-1})
E =
x^2 + x - 1
❷ >> E1 = solve(E)
E1 =
 - 5^(1/2)/2 - 1/2
   5^(1/2)/2 - 1/2
❸ >> double(E1)
ans =
   -1.6180
    0.6180
```

그림 8-38 [실습 8-12]의 실행 결과

❶ subs 함수를 이용하여 주어진 $a=1$, $b=1$, $c=-1$의 값을 대입한다.

❷ solve 함수를 이용하여 x^2+x-1의 근을 구한다.

❸ double 함수를 이용하여 2개의 근을 실수로 나타낸다.

2. 초월방정식

초월방정식은 대수방정식과 다르게 다항식의 근으로 정의할 수 없기 때문에 무한급수의 총합으로 나타낼 수 있다. 초월방정식의 해도 solve 함수로 구한다.

[그림 8-39]는 solve 함수를 이용하여 초월방정식 $\cos(2x)+\sin(x)=0$과 $e^{2x}-3e^x+2=0$의 해를 구한 결과를 보여준다.

```
Command Window
>> syms x;
❶ >> S1 = solve(cos(2*x)+sin(x)==0)
S1 =
pi/2
❷ >> S2 = solve(exp(2*x)-3*exp(x)+2==0)
S2 =
 log(2)
      0
```

❶ solve 함수를 이용하여 초월방정식 $\cos(2x)+\sin(x)=0$의 해를 구한다.

❷ solve 함수를 이용하여 초월방정식 $e^{2x}-3e^x+2=0$의 해를 구한다.

그림 8-39 solve 함수로 초월방정식의 해 구하기

3. 구조 배열

구조 배열(structure array)은 구조(structure)로 구성되어 있으며, 구조 배열에는 서로 다른 배열을 함께 저장할 수 있다. 구조 배열 **S**에 원소 x, y가 저장되었을 때 **S**는 x와 y에 대한 상위 분야(field)이고 x와 y는 **S**에 대한 하위 분야이다. 이렇게 상위 분야와 연결된 하위 분야를 지정할 때는 점(dot) 부호를 사용한다. 예를 들어, 구조 배열 **S**를 사용하여 원소 x와 y를 구하는 경우 각각 **S**.x와 **S**.y로 쓸 수 있다. 이러한 구조 배열의 해도 `solve` 함수로 구할 수 있다.

[그림 8-40]은 `solve` 함수를 이용하여 방정식 $x+y=1$과 $x^2+y^2=1$의 조건을 동시에 만족하는 해 x, y를 구한 결과를 보여준다.

```
Command Window
>> syms x y;
>> S = solve(x+y==1,x^2+y^2==1);
>> [S.x,S.y]
ans =
[ 1, 0]
[ 0, 1]
>> [x,y] = solve(x+y==1,x^2+y^2==1);
>> [x,y]
ans =
[ 1, 0]
[ 0, 1]
```

solve 함수를 이용하여 2개의 방정식을 입력하고 구조 배열 형태로 실행한다.

그림 8-40 solve 함수로 구조 배열의 해 구하기

TIP 방정식을 입력한 이후에 2개 출력 형태 [x, y]를 설정해도 동일한 결과를 보여준다.

실습 8-13

다음 일차 연립방정식을 만족하는 x, y, z의 값을 구하라.

$$\begin{cases} 3x + y + 2z = -4 \\ -x - 2y + z = -2 \\ 2x + 3y - 2z = 5 \end{cases}$$

풀이

```
Command Window
>> syms x y z;
>> S = solve(3*x+y+2*z==-4,-x-2*y+z==-2,2*x+3*y-2*z==5);
>> S.x
ans =
1
>> S.y
ans =
-1
>> S.z
ans =
-3
```

그림 8-41 [실습 8-13]의 실행 결과

❶ solve 명령어를 이용하여 일차 연립방정식의 해를 구하고, 그 값을 **S**에 지정한다.

❷ 구조 배열 **S**.x, **S**.y와 **S**.z를 이용하여 1차 연립방정식의 해 x, y, z의 값을 구한다.

4. 상미분방정식

미분방정식은 종속 변수와 독립 변수에 대한 도함수 모두를 포함한다. 만일 미분방정식이 1차 도함수만 포함하면 1차 미분방정식, 2차 도함수를 포함하면 2차 미분방정식, 3차 도함수를 포함하면 3차 미분방정식이라 부른다. 단 하나의 독립 변수의 도함수를 포함하는 미분방정식을 상미분방정식(Ordinary Differential Equation, ODE)이라 한다.

dsolve 함수

dsolve 함수는 상미분방정식을 계산한다. 상미분방정식에서 임의의 어떤 부호라도 종속 변수 또는 독립 변수를 사용할 수 있지만, MATLAB에서는 독립 변수의 이름과 상관없이 심벌릭 툴박스의 미분 변수는 항상 t를 사용한다.

MATLAB에서 사용하는 1차 상미분방정식은 다음과 같이 쓸 수 있다. 이때 변수 y는 종속 변수이다.

$$\dot{y} = \frac{dy}{dt} = f(t, y)$$

이를 확장해서 2차 상미분방정식은 다음과 같다.

$$\ddot{y} = \frac{d^2y}{dt^2} = f\left(t,\ y,\ \frac{dy}{dt}\right)$$

독립 변수 t에 대한 1차 미분을 나타내는 $\frac{d}{dt}$는 기호 D로 대치하고, 1차 미분방정식 $\frac{dy}{dt}$를 MATLAB 코드 Dy로 표시한다. 같은 방법으로 미분 차수가 $\frac{d^2}{dt^2}$, $\frac{d^3}{dt^3}$인 2차 미분과 3차 미분은 각각 $D2$와 $D3$로 대치하여 사용한다. 미분방정식 차수에 따라 D 옆의 숫자도 함께 증가한다. 예를 들어, 2차 미분방정식 $\frac{d^2y}{dt^2}$는 $D2y$로 표시한다.

■ 단일 상미분방정식

1차 상미분방정식의 풀이에 사용하는 `dsolve` 함수의 기본 형태는 다음과 같다.

```
dsolve(E,y(0))
```

- E : 상미분방정식의 심벌릭 식
- y(0) : 초깃값

2차 상미분방정식을 풀기 위해서는 1차 미분에 대한 초깃값을 포함해서 2개의 초깃값이 필요하다.

[그림 8-42]는 초깃값이 지정되지 않은 여러 형태의 1차 상미분방정식의 해를 `dsolve` 함수를 이용하여 구한 결과를 보여준다.

```
Command Window
❶ >> syms y(t) a;
❷ >> Dy = diff(y);
❸ >> D1 = dsolve(Dy==-2*y+6)
   D1 =
   C1*exp(-2*t) + 3
   >> D2 = dsolve(Dy==cos(a*t))
   D2 =
   C1 + sin(a*t)/a
```

❶ syms 명령어로 독립 변수 t의 인자를 갖는 함수 $y(t)$와 계수를 지정한다.
❷ diff 함수를 이용하여 y를 실행한 값을 1차 미분방정식 Dy로 지정한다.
❸ dsolve 함수를 이용하여 주어진 1차 미분방정식의 해를 각각 구한다.

그림 8-42 dsolve 함수로 1차 상미분방정식의 해 구하기(초깃값이 지정되지 않은 경우)

TIP 실행 후 표시되는 2개의 상숫값 C_1과 C_2는 초깃값이 설정되면 다시 구할 수 있다.

[그림 8-43]은 초깃값이 주어진 1차 상미분방정식의 해를 `dsolve` 함수를 이용하여 구한 결과를 보여준다.

```
Command Window
❶ >> syms y(t) a;
❷ >> Dy = diff(y);
❸ >> D1 = dsolve(Dy==cos(a*t),y(0)==0)
D1 =
sin(a*t)/a
>> D2 = dsolve(Dy==cos(a*t),y(0)==0,'s')
D2 =
sin(a*s)/a
```

❶ syms 명령어로 독립 변수 t의 인자를 갖는 함수 $y(t)$와 계수를 지정한다.
❷ diff 함수를 이용하여 y를 실행한 값을 1차 미분방정식 Dy로 지정한다.
❸ dsolve 함수에 초깃값을 이용하여 주어진 1차 미분방정식의 해를 각각 구한다.

그림 8-43 dsolve 함수로 1차 상미분방정식의 해 구하기(초깃값이 지정된 경우)

여기서 상숫값의 결과는 $C_1 = 0$이다. 기본적으로 독립 변수는 t로 설정되어 있는데, 임의의 독립 변수 s로 변환할 수 있다.

단일 2차 이상 상미분방정식의 풀이에 사용하는 dsolve 함수의 기본 형태는 다음과 같다.

```
dsolve(E, y(0), Dy(0), D2y(0), …)
```
- E : 상미분방정식의 심벌릭 식
- y(0) : 초깃값
- Dy(0) : 1차 도함수 초깃값
- D2y(0), … : 2차 이상 도함수 초깃값

[그림 8-44]는 초깃값이 지정되지 않은 경우, 2차 상미분방정식에 dsolve 함수를 이용한 실행 결과를 보여준다.

```
Command Window
❶ >> syms z(t) b;
❷ >> Dz = diff(z);
❸ >> D2z = diff(z,2);
>> D = dsolve(D2z==b^2*z)
D =
C1*exp(b*t) + C2*exp(-b*t)
```

❶ syms 명령어로 독립 변수 t의 인자를 갖는 함수 $z(t)$와 계수를 지정한다.
❷ diff 함수를 이용하여 z를 실행한 값을 1차 미분방정식 Dz와 2차 미분방정식 $D2z$로 지정한다.
❸ dsolve 함수를 이용하여 2차 미분방정식의 해를 각각 구한다. 2차 미분방정식은 2개의 상숫값 C_1과 C_2를 갖는다.

그림 8-44 dsolve 함수로 2차 상미분방정식의 해 구하기(초깃값이 지정되지 않은 경우)

[그림 8-45]는 2개 초깃값이 주어진 2차 상미분방정식에 dsolve 함수를 이용한 실행 결과를 보여준다.

```
Command Window
❶ >> syms z(t) b;
❷ >> Dz = diff(z);
>> D2z = diff(z,2);
❸ >> D = dsolve(D2z==b^2*z,z(0)==1,Dz(0)==0)
D =
(exp(-b*t)*(exp(2*b*t) + 1))/2
```

❶ syms 명령어로 독립 변수 t의 인자를 갖는 함수 $z(t)$와 계수를 지정한다.
❷ diff 함수를 이용하여 z를 실행한 값을 1차 미분방정식 Dz와 2차 미분방정식 $D2z$로 지정한다.
❸ dsolve 함수에 2개의 초깃값을 이용하여 2차 미분방정식의 해를 각각 구한다.

그림 8-45 dsolve 함수로 2차 상미분방정식의 해 구하기(초깃값이 지정된 경우)

실습 8-14

3차 상미분방정식 $\dddot{y} - 5\dot{y} + 10 = f(t)$는 $t < 0$일 때 $f(t) = 0$이고, $t \geq 0$일 때 $f(t) = 1$이다. 초깃값이 $y(0) = 1$, $\dot{y}(0) = 0$, $\ddot{y}(0) = 0$일 때 방정식의 해를 구하라.

풀이

```
Command Window
❶ >> syms y(t);
❷ >> Dy = diff(y);
   >> D2y = diff(y,2);
   >> D3y = diff(y,3);
❸ >> D = dsolve(D3y-5*Dy+10==1,y(0)==1,Dy(0)==0,D2y(0)==0)
   D =
   (9*t)/5 - (9*5^(1/2)*exp(5^(1/2)*t))/50 + (9*5^(1/2)*exp(-5^(1/2)*t))/50 + 1
```

그림 8-46 [실습 8-14]의 실행 결과

❶ syms 명령어로 독립 변수 t의 인자를 갖는 함수 $y(t)$를 지정한다.

❷ diff 함수를 이용하여 y를 실행한 값을 1차, 2차, 3차 미분방정식 Dy, $D2y$, $D3y$로 지정한다.

❸ dsolve 함수에 3개의 초깃값을 이용하여 3차 미분방정식의 해를 각각 구한다.

연립 상미분방정식

연립 1차 상미분방정식의 풀이에 사용하는 dsolve 함수의 기본 형태는 다음과 같다.

```
dsolve(E(x), E(y), …, x(0), y(0), …)
```

- E(x), E2(y), … : 상미분방정식의 심벌릭 식
- x(0), y(0), … : 초깃값

[그림 8-47]은 초깃값이 지정되지 않은 다음과 같은 연립 1차 상미분방정식의 해를 dsolve 함수를 이용하여 구한 결과를 보여준다.

$$\begin{cases} \dfrac{dx}{dt} = 4x + 3y \\ \dfrac{dy}{dt} = -3x + 4y \end{cases}$$

```
Command Window
❶ >> syms x(t) y(t);
❷ >> Dx = diff(x);
   >> Dy = diff(y);
❸ >> [x,y] = dsolve(Dx==4*x+3*y,Dy==-3*x+4*y)
   x =
   C2*cos(3*t)*exp(4*t) + C1*sin(3*t)*exp(4*t)
   y =
   C1*cos(3*t)*exp(4*t) - C2*sin(3*t)*exp(4*t)
```

❶ syms 명령어로 독립 변수 t의 인자를 갖는 함수 $x(t)$와 $y(t)$를 지정한다.

❷ diff 함수를 이용하여 x와 y에 대한 1차 미분방정식 Dx와 Dy로 지정한다.

❸ dsolve 함수를 이용하여 연립 1차 상미분방정식의 해를 구한다.

그림 8-47 dsolve 함수로 연립 1차 상미분방정식의 해 구하기

[그림 8-48]은 [그림 8-47]에서 초깃값 $x(0)=1$, $y(0)=0$이 주어진 연립 1차 상미분방정식의 해를 dsolve 함수로 구한 결과를 보여준다.

```
❶ >> syms x(t) y(t);
❷ >> Dx = diff(x);
   >> Dy = diff(y);
❸ >> [x,y] = dsolve(Dx==4*x+3*y,Dy==-3*x+4*y,x(0)==1,y(0)==0)
   x =
   cos(3*t)*exp(4*t)
   y =
   -sin(3*t)*exp(4*t)
```

❶ syms 명령어로 독립 변수 t의 인자를 갖는 함수 $x(t)$와 $y(t)$를 지정한다.
❷ diff 함수를 이용하여 x와 y에 대한 1차 미분방정식 Dx와 Dy로 지정한다.
❸ dsolve 함수에 2개의 초깃값을 이용하여 주어진 연립 1차 미분방정식의 해를 구한다.

그림 8-48 dsolve 함수로 연립 1차 상미분방정식의 해 구하기(초깃값이 주어진 경우)

실습 8-15

연립 1차 미분방정식이 다음과 같다. 초깃값이 $u(0)=2$, $v(0)=1$일 때 방정식의 해를 구하라.

$$\frac{du}{dt} + 2v = e^t$$
$$\frac{dv}{dt} - 2u = 1$$

풀이

```
❶ >> syms u(t) v(t);
❷ >> Du = diff(u);
   >> Dv = diff(v);
❸ >> S = dsolve(Du==-2*v+exp(t),Dv==2*u+1,u(0)==2,v(0)==1);
❹ >> S.u
   ans =
   exp(t)/5 + (565^(1/2)*cos(2*t + atan(6/23)))/10 - 1/2
   >> S.v
   ans =
   (2*exp(t))/5 + (565^(1/2)*cos(2*t - atan(23/6)))/10
```

그림 8-49 [실습 8-15]의 실행 결과

❶ syms 명령어를 이용하여 독립 변수 t의 인자를 갖는 함수 $u(t)$와 $v(t)$를 지정한다.
❷ diff 함수를 이용하여 u와 v를 실행한 값을 Du와 Dv로 지정한다.
❸ dsolve 함수에 2개의 초깃값을 이용하여 주어진 연립 1차 미분방정식의 해를 구한다.
❹ 구조 배열 형태를 이용하여 해를 구한다.

[그림 8-49]의 실행 결과를 다시 쓰면 다음과 같다.

$$u(t) = \frac{1}{5}e^t - \frac{1}{2} - \frac{7}{20}\sin 2t + \frac{23}{10}\cos 2t - \frac{t}{2} \quad (t>0)$$
$$v(t) = \frac{2}{5}e^t + \frac{1}{4} + \frac{7}{20}\cos 2t + \frac{23}{10}\sin 2t \quad (t>0)$$

SECTION 8.5

특성 다항식과 합성함수

학습 목표

- charpoly 함수를 이용하여 행렬에 대한 특성 다항식을 나타낸다.
- eig 함수를 이용하여 정방행렬의 고윳값을 구한다.
- compose 함수를 이용하여 다양한 합성함수를 계산한다.

행렬에 대한 특성 다항식을 나타내고, 특성 다항식의 고윳값을 구해보자. 그리고 다양한 합성함수를 계산해보자.

1. 특성 다항식

크기가 n인 정방행렬 $\mathbf{A}$가 있을 때, $\mathbf{Au}=\lambda\mathbf{u}$를 만족하는 벡터 $\mathbf{u}$가 존재한다고 하자(단 $\mathbf{u}\neq 0$). 이때 스칼라 λ를 행렬 $\mathbf{A}$의 고윳값(eigenvalue)이라 하고, 벡터 $\mathbf{u}$를 행렬 $\mathbf{A}$의 고유 벡터(eigenvector)라 한다.

charpoly 함수

특성 다항식(characteristic polynomial)은 다음과 같이 정의된다.

$$\det(\mathbf{A}-\lambda\mathbf{I})$$

여기서 λ는 특성 다항식의 근이다. 따라서 특성 다항식과 그 근을 나타내기 위한 관련 함수를 알아보도록 하자. 참고로 심벌릭 고윳값 변수는 기본값으로 x를 사용한다. charpoly 함수는 심벌릭 정방행렬 $\mathbf{A}$에 대한 특성 다항식을 내림차순 계수로 구성된 벡터 형태로 나타낸다.

charpoly 함수의 기본 형태는 다음과 같다.

```
charpoly(A)
```

- A : 심벌릭 정방행렬

[그림 8-50]은 charpoly 함수를 이용하여 행렬 $\mathbf{A} = \begin{bmatrix} 1 & k \\ 3 & 5 \end{bmatrix}$의 특성 다항식을 벡터 형태로 나타낸 결과를 보여준다.

```
❶ >> syms k;
❷ >> A = [1 k;3 5];
❸ >> CP = charpoly(A)
   CP =
   [ 1, -6, 5 - 3*k]
❹ >> poly2sym(CP)
   ans =
   x^2 - 6*x - 3*k + 5
```

❶ syms 명령어로 주어진 행렬의 1행2열 원소 k를 지정한다.
❷ 행렬 **A**를 입력한다.
❸ charpoly 함수를 이용하여 행렬 A의 특성 방정식을 벡터 형태로 나타낸다.
❹ poly2sym 함수를 이용하여 다시 특성 방정식 형태로 나타낸다.

그림 8-50 charpoly 함수의 실행 결과

eig 함수

eig 함수는 심벌릭 정방행렬 **A**에 대한 고윳값을 구한다. 그러므로 심벌릭 원소가 없는 행렬의 경우 syms 명령어를 지정하지 않아도 계산할 수 있다. eig 함수의 기본 형태는 다음과 같다.

```
eig(A)
```

- A : 심벌릭 정방행렬

[그림 8-51]은 행렬 $\mathbf{A} = \begin{bmatrix} 1 & k \\ 3 & 5 \end{bmatrix}$의 고윳값을 조판 형태로 보여준다.

```
❶ >> syms k;
❷ >> A = [1 k;3 5];
❸ >> EV = eig(A)
   EV =
    3 - (3*k + 4)^(1/2)
    (3*k + 4)^(1/2) + 3
❹ >> pretty(EV)
   / 3 - sqrt(3 k + 4) \
   |                   |
   \ sqrt(3 k + 4) + 3 /
```

❶ syms 명령어로 주어진 행렬의 1행2열 원소 k를 지정한다.
❷ 행렬 **A**를 입력한다.
❸ eig 함수를 실행하여 고윳값을 구한다.

❹ pretty 함수를 이용하여 고윳값 $\lambda_{1,2} = 3 \pm \sqrt{3k+4}$를 조판 형태로 다시 나타낸다.

그림 8-51 eig 함수의 실행 결과

실습 8-16

다음과 같은 삼각 행렬의 특성 다항식을 나타내고, 고윳값을 구하라.

$$\mathbf{A} = \begin{bmatrix} 4 & 0 & 0 \\ 0 & 0 & 0 \\ k & 0 & 3 \end{bmatrix}$$

풀이

```
Command Window
❶ >> syms k;
❷ >> A = [4 0 0;0 0 0;k 0 3];
❸ >> CP = poly2sym(charpoly(A))
   CP =
   x^3 - 7*x^2 + 12*x
❹ >> EV = eig(A)
   EV =
    0
    3
    4
```

그림 8-52 [실습 8-16]의 실행 결과

❶ syms 명령어로 주어진 행렬의 3행1열 원소 k를 지정한다.

❷ 행렬 $\mathbf{A}$를 입력한다.

❸ charpoly 함수와 poly2sym 함수를 차례대로 실행한다.

❹ eig 함수를 실행하여 고윳값을 구한다. 삼각 행렬의 고윳값 특성에 의해서 고윳값은 주대각선의 원소값 4, 0, 3을 얻는다.

TIP 삼각 행렬에 대한 특성 다항식은 지정된 원소 k값과 상관없이 항상 동일한 결과를 얻는다.

2. 합성함수

입력 변수 y를 갖는 함수 $g(y)$가 출력 변수 x와 동일하면 다음과 같이 나타낼 수 있다.

$$x = g(y)$$

여기서 사용한 출력 변수 x의 역할을 새 함수 f의 입력 변수로 대체하고 함수 $f(x)$가 새 출력 변수 z와 동일하면 다음과 같다.

$$z = f(x)$$

$x = g(y)$를 대입하면 다음과 같은 새로운 함수를 정의할 수 있다.

$$C(x) = f(g(y))$$

이처럼 함수 g의 입력 변수 y를 함수 f의 출력 변수 z에 대응시켜 새롭게 얻는 함수의 함수를 합성함수(composite function)라고 한다. 합성함수를 찾기 위해서는 내부 함수 g를 먼저 실행한 후에 외부 함수 f를 실행하는 것이 가장 중요하다.

compose 함수

`compose` 함수는 다양한 합성함수를 계산하는 데 사용한다. `compose` 함수는 지정할 변수의 개수에 따라 기본 형태가 달라진다. `compose` 함수에서 기본 형태는 다음과 같다.

```
compose(f, g)
```

- f : 입력 변수 x인 외부 함수 $f(x)$
- g : 입력 변수 y인 내부 함수 $g(x)$

[그림 8-53]은 함수 $f(x) = x + 1$과 함수 $g(y) = y^2$에 대한 합성함수 $f(g(y))$를 구한 결과를 보여준다.

Command Window

```
>> syms x y;
>> f = x + 1;
>> g = y^2;
>> C1 = compose(f,g)
C1 =
y^2 + 1
>> C2 = compose(g,f)
C2 =
(x + 1)^2
```

❶ 외부 함수 $f(x)$와 내부 함수 $g(y)$를 입력한다.
❷ compose 함수를 이용하여 합성함수 $f(g(y))$를 실행한다.

그림 8-53 compose 함수의 실행 결과

내부 함수와 외부 함수의 자리를 바꾼 후 합성함수 $g(f(x))$를 실행하면 동일한 결과가 나오지 않는다. 즉 합성함수는 교환법칙이 성립하지 않는다.

임의로 변수를 1개 지정할 때 `compose` 함수의 기본 형태는 다음과 같다.

```
compose(f, g, v)
```

- f : 입력 변수 x인 외부 함수 $f(x)$
- g : 입력 변수 y인 내부 함수 $g(y)$
- v : 합성함수 실행 후 임의로 지정할 변수명

[그림 8-54]는 함수 $f(x) = x + 1$과 함수 $g(y) = y^2$에 대한 합성함수 $f(g(y))$의 변수를 임의로 지정하는 것을 보여준다.

```
>> syms w x y;
>> f = x + 1;
>> g = y^2;
>> C1 = compose(f,g,x)
C1 =
x^2 + 1
>> C2 = compose(f,g,y)
C2 =
y^2 + 1
>> C3 = compose(f,g,w)
C3 =
w^2 + 1
```

❶ 외부 함수 $f(x)$와 내부 함수 $g(y)$를 입력한다.
❷ compose 함수를 이용하여 각각 다른 변수명으로 결과를 출력한다.

그림 8-54 임의의 변수를 1개 지정하는 compose 함수의 실행 결과

임의의 변수를 2개 지정할 때 compose 함수의 기본 형태는 다음과 같다.

```
compose(f, g, v1, v2)
```

- f : 입력 변수 x인 외부 함수 $f(x)$
- g : 입력 변수 y인 내부 함수 $g(y)$
- v1 : 외부 함수의 입력 변수
- v2 : 합성함수 실행 후 임의로 지정할 변수명

[그림 8-55]는 함수 $f(x) = x^t$과 함수 $g(y) = y + 1$에 대한 합성함수 $f(g(y))$에 대해 임의의 변수 2개를 지정하는 것을 보여준다.

```
>> syms t w x y;
>> f = x^t;
>> g = y+1;
>> C1 = compose(f,g,x,w)
C1 =
(w + 1)^t
>> C2 = compose(f,g,t,w)
C2 =
x^(w + 1)
```

❶ 외부 함수와 내부 함수를 입력한다.
❷ compose 함수를 실행한다. 여기서 외부 함수 f는 2개 입력 변수를 갖는다. 변수 x를 새롭게 지정하는 변수 w로 대체한 합성함수의 결과를 얻는다.
❸ 변수 t를 새롭게 지정하는 변수 w로 대체한 합성함수의 결과를 얻는다.

그림 8-55 임의의 변수를 2개 지정하는 compose 함수의 실행 결과

TIP x, t는 외부 함수의 변수로 x는 밑수, t는 지수를 나타낸다.

실습 8-17

함수 $f(x) = -2x$, $g(y) = 2y^2 - 3$, $h(z) = z + 1$에 대한 합성함수 $f(g(h(z)))$를 계산하라.

풀이

```
>> syms x y z;
❶ >> f = -2*x;
>> g = 2*y^2-3;
>> h = z+1;
❷ >> C1 = compose(g,h);
>> C2 = compose(f,C1)
C2 =
6 - 4*(z + 1)^2
❸ >> C3 = compose(f,compose(g,h))
C3 =
6 - 4*(z + 1)^2
```

그림 8-56 [실습 8-17]의 실행 결과

❶ 주어진 함수 3개를 입력한다.

❷ compose 함수를 이용하여 합성함수 $g(h(z))$를 실행한다.

❸ 외부 함수 f에 대한 compose 함수를 다시 실행한다.

compose 함수를 이용하여 동시에 합성함수를 실행할 수 있다. 따라서 동일한 결과를 얻는다.

SECTION 8.6

변환 및 역변환

학습 목표

- laplace, ilaplace 함수를 이용하여 라플라스 변환과 역변환을 수행한다.
- ztrans, iztrans 함수를 이용하여 z 변환과 역변환을 수행한다.
- fourier, ifourier 함수를 이용하여 푸리에 변환과 역변환을 수행한다.

변수 t를 사용하는 시간 영역의 미분방정식을 변수 s를 사용하는 라플라스 영역으로 변환하는 것을 라플라스 변환(Laplace transform)이라고 한다.[2] 라플라스 변환을 이용하면 미분 혹은 적분처럼 복잡한 함수들을 곱셈 혹은 나눗셈과 같이 수학적으로 훨씬 간단한 대수함수 모양으로 변환시킬 수 있다.

1. 라플라스 변환 및 역변환

어떤 시간 함수 $f(t)$에 e^{-st}을 곱한 후 시간 t에 대해 0부터 ∞까지 적분한 것을 함수 $f(t)$의 라플라스 변환이라 한다. 이를 식으로 나타내면 다음과 같다.

$$F(s) = \mathcal{L}[f(t)] = \int_0^\infty f(t)e^{-st}dt \tag{8.7}$$

여기서 $\mathcal{L}[f(t)]$의 기호는 함수 $f(t)$의 라플라스 변환을 나타낸다. 시간 영역 $t<0$에서 $f(t)$는 무시하고 $f(t)$가 $t \geq 0$에 대해 정의된다. 즉 라플라스 변환은 시간 영역 함수 $f(t)$를 주파수 영역의 함수 $F(s)$로 변환하는 것이다. 식 (8.7)은 한쪽 혹은 한방향 라플라스 변환이라고 한다. 반면에 시간 t에 대해 $-\infty$부터 ∞까지 적분한 것을 양쪽 혹은 쌍방향 라플라스 변환이라 한다.

라플라스 변환으로 구한 함수 $F(s)$를 다시 시간 함수 $f(t)$의 형태로 바꾸는 것을 라플라스 역변환(inverse Laplace transform)이라고 한다. 라플라스 역변환을 식으로 나타내면 다음과 같다.

$$\mathcal{L}^{-1}[F(s)] = f(t) = \frac{1}{2\pi j}\int_{\sigma_1 - j\omega}^{\sigma_1 + j\omega} F(s)e^{st}ds \tag{8.8}$$

2 시간 영역은 변수 t, 주파수 영역은 변수 s를 사용한다.

laplace 함수

laplace 함수는 변수 t를 사용하는 시간 영역의 함수를 변수 s를 사용하는 라플라스 영역으로 변환하는 데 사용한다. laplace 함수의 기본 형태는 다음과 같다.

```
laplace(f)
```
- f : 시간 영역의 함수

[그림 8-57]은 시간 영역의 삼각함수를 laplace 함수를 이용하여 라플라스 변환한 결과를 보여준다.

```
Command Window
>> syms t a b;
>> L1 = laplace(sin(a*t))
L1 =
a/(a^2 + s^2)
>> L2 = laplace(cos(a*t))
L2 =
s/(a^2 + s^2)
>> L3 = laplace(sin(a*t+b))
L3 =
(a*cos(b) + s*sin(b))/(a^2 + s^2)
>> L4 = laplace(cos(a*t+b))
L4 =
-(a*sin(b) - s*cos(b))/(a^2 + s^2)
```

삼각함수를 입력하고 laplace 함수를 실행한다.

그림 8-57 laplace 함수로 삼각함수의 라플라스 변환 구하기

[그림 8-58]은 시간 영역의 지수함수와 t 함수를 laplace 함수를 이용하여 라플라스 변환한 결과를 보여준다.

```
Command Window
>> syms t a;
>> L5 = laplace(exp(-a*t))
L5 =
1/(a + s)
>> L6 = laplace((1/a)*(1-exp(-a*t)))
L6 =
-(1/(a + s) - 1/s)/a
>> L7 = laplace(t)
L7 =
1/s^2
>> L8 = laplace(t*exp(-a*t))
L8 =
1/(a + s)^2
```

지수함수와 함수 t를 입력하고 laplace 함수를 실행한다.

그림 8-58 laplace 함수로 지수함수의 라플라스 변환 구하기

실습 8-18

함수 $f_1(t) = 1$과 $f_2(t) = 3\sin 2t - 2\cos 2t + 4$의 라플라스 변환을 구하라.

풀이

```
Command Window
   >> syms t;
❶ >> L1 = laplace(1)
   Check for missing argument or incorrect argument data type in call to
   function 'laplace'.
❷ >> L1 = laplace(heaviside(t))
   L1 =
   1/s
❸ >> f2 = 3*sin(2*t)-2*cos(2*t)+4*heaviside(t);
   >> L2 = laplace(f2)
   L2 =
   6/(s^2 + 4) - (2*s)/(s^2 + 4) + 4/s
```

그림 8-59 [실습 8-18]의 실행 결과

❶ 상숫값 1을 갖는 단위함수(unit function)에 `laplace` 함수를 실행하면 오류가 발생한다.

❷ 상숫값을 지정하는 계단 함수 heaviside에 `laplace` 함수를 실행하면 라플라스 변환 값을 얻는다.

❸ `laplace` 함수를 이용하여 함수 f_2의 라플라스 변환을 구한다.

ilaplace 함수

`ilaplace` 함수는 변수 s를 사용하는 라플라스 영역의 함수를 시간 영역의 함수로 라플라스 역변환하는 데 사용한다. `ilaplace` 함수의 기본 형태는 다음과 같다.

```
ilaplace(f)
```

- f : 라플라스 영역의 함수

[그림 8-60]은 [그림 8-57]에서 구한 라플라스 영역의 함수를 `ilaplace` 함수를 이용하여 라플라스 역변환한 결과를 보여준다. 이때 결과는 [그림 8-57]의 삼각함수와 동일하다.

```
Command Window
>> syms s a;
>> IL1 = ilaplace(a/(a^2+s^2))
IL1 =
sin(a*t)
>> IL2 = ilaplace(s/(a^2+s^2))
IL2 =
cos(a*t)
```

ilaplace 함수를 이용하여 라플라스 역변환을 실행한다.

그림 8-60 ilaplace 함수로 [그림 8-57]의 역변환 구하기

[그림 8-61]은 [그림 8-58]에서 구한 라플라스 영역의 함수를 ilaplace 함수를 이용하여 라플라스 역변환한 결과를 보여준다. 이때 결과는 [그림 8-58]의 삼각함수와 동일하다.

```
>> syms s a;
>> IL5 = ilaplace(1/(a+s))
IL5 =
exp(-a*t)
>> IL7 = ilaplace(1/s^2)
IL7 =
t
```

ilaplace 함수를 이용하여 라플라스 역변환을 실행한다.

그림 8-61 ilaplace 함수로 [그림 8-58]의 역변환 구하기

실습 8-19

[실습 8-18]에서 구한 라플라스 함수에 대한 라플라스 역변환 함수를 구하라.

풀이

```
   >> syms s;
❶ >> IL1 = ilaplace(1/s)
   IL1 =
   1
   >> L2 = 6/(s^2+4)-(2*s)/(s^2+4)+4/s;
❷ >> IL2 = ilaplace(L2)
   IL2 =
   3*sin(2*t) - 2*cos(2*t) + 4
```

그림 8-62 [실습 8-18]의 실행 결과

❶ ilaplace 함수를 이용하여 [실습 8-18]에서 구한 L1에 라플라스 역변환을 수행한다.

❷ ilaplace 함수를 이용하여 [실습 8-18]에서 구한 L2에 라플라스 역변환을 수행한다.

ilaplace 함수를 이용하여 라플라스 역변환을 수행하면 [실습 8-18]의 최초의 함수 $f_1(t)$와 $f_2(t)$의 결과를 얻는다.

2. z 변환 및 역변환

입력되는 시간에 상관없이 같은 입력에 대해 항상 같은 반응을 나타내고 입출력 관계가 선형인 시스템을 선형 시불변 시스템이라 한다. 선형 시불변 시스템의 신호를 해석하기 위해 주파수 영역을 변환하지 않고 직접 z 변환(z-transform)을 사용한다. 이산 신호 $x[n]$의 z 변환은 다음과 같이 정의한다. 이때 z 는 복소 변수이다.

$$X(z) = \sum_{n=-\infty}^{+\infty} x[n] z^{-n} \tag{8.9}$$

시간축 $n \geq 0$에서만 존재하는 인과(causal) 시스템의 신호에 대한 z 변환을 단방향 z 변환이라고 하며 식 (8.9)는 다음과 같이 다시 쓸 수 있다.

$$X(z) = \sum_{n=0}^{+\infty} x[n] z^{-n} \tag{8.10}$$

ztrans 함수

ztrans 함수는 변수 n을 사용하는 이산 시간 영역의 함수를 변수 z를 사용하는 z 변환 영역으로 변환하는 데 사용한다. ztrans 함수의 기본 형태는 다음과 같다.

```
ztrans(f, v)
```

- f : 이산 시간 영역의 함수
- v : z 변환 후 새롭게 지정하는 변수명

[그림 8-63]은 이산 시간 영역의 델타(delta) 함수 $\delta[n]$을 ztrans 함수를 이용하여 z 변환한 결과를 보여준다.

```
Command Window
   >> syms n;
❶ >> f = kroneckerDelta(n);
❷ >> Z = ztrans(f)
   Z1 =
   1
```

❶ kroneckerDelta 함수를 이용하여 이산 시간 영역의 델타 함수를 입력한다.

❷ ztrans 함수를 이용하여 델타 함수의 z 변환을 구한다.

그림 8-63 ztrans 함수로 델타 함수의 z 변환 구하기

[그림 8-64]는 이산 시간 영역의 단위 계단(unit step) 함수 $u[n]$을 ztrans 함수를 이용하여 z 변환한 결과를 보여준다.

```
Command Window
   >> syms n;
❶ >> f = heaviside(sym(1));
❷ >> Z = ztrans(f)
   Z =
   z/(z - 1)
```

❶ heaviside 함수를 이용하여 이산 시간 영역의 단위 계단 함수를 입력한다.

❷ ztrans 함수를 이용하여 단위 계단 함수의 z 변환을 구한다.

그림 8-64 ztrans 함수로 단위 계단 함수의 z 변환 구하기

여기서 $|z| > 1$일 때 단위 계단 함수의 z 변환은 $F(z) = \frac{z}{z-1} = \frac{1}{1-z^{-1}}$을 나타낸다.

[그림 8-65]는 이산 시간 영역의 사인 함수와 코사인 함수를 ztrans 함수를 이용하여 z 변환한 결과를 보여준다.

```
>> syms n a b;
>> f1 = sin(a*n);
>> Z1 = ztrans(f1)
Z1 =
(z*sin(a))/(z^2 - 2*cos(a)*z + 1)
>> f2 = cos(b*n);
>> Z2 = ztrans(f2)
Z2 =
(z*(z - cos(b)))/(z^2 - 2*cos(b)*z + 1)
```

사인 함수와 코사인 함수를 입력하고 ztrans 함수를 실행한다.

그림 8-65 ztrans 함수로 삼각 함수의 z 변환 구하기

실습 8-20

함수 $f[n] = \delta[n] + \frac{1}{2}\delta[n-1] - \frac{1}{2}\delta[n-2]$의 z 변환을 구하라.

풀이

```
>> syms n;
❶ >> f1 = kroneckerDelta(n);
>> f2 = (1/2)*kroneckerDelta(n-1);
>> f3 = (1/2)*kroneckerDelta(n-2);
❷ >> f = f1 + f2 - f3;
>> F = ztrans(f)
F =
1/(2*z) - 1/(2*z^2) + 1
```

그림 8-66 [실습 8-20]의 실행 결과

❶ 명령 창을 보기 좋게 나타내기 위해 kroneckerDelta 함수를 이용하여 주어진 함수의 각 항을 나눠서 입력한다.

❷ 분리한 각 항을 모두 더한 후 ztrans 함수를 이용하여 z 변환을 구한다.

TIP 주어진 이산 함수를 한번에 입력해도 상관없다.

iztrans 함수

iztrans 함수는 z 영역의 함수를 이산 시간 영역으로 역변환하는 데 사용한다. iztrans 함수의 기본 형태는 다음과 같다.

```
iztrans(F, v)
```

- F : z 영역의 함수
- v : z 역변환 후 새롭게 지정하는 이산 시간 변수명

[그림 8-67]은 [그림 8-64]에서 구한 z 변환된 함수를 이산 시간 영역으로 z 역변환한 결과를 보여준다. 이는 [그림 8-64]의 주어진 단위 계단 함수와 동일한 결과를 얻는다.

```
Command Window
  >> syms z;
❶ >> Z = z/(z-1);
❷ >> f = iztrans(Z)
  f =
  1
```

❶ [그림 8-64]에서 구한 z 변환 함수를 입력한다.
❷ iztrans 함수를 이용하여 z 역변환을 구한다.

그림 8-67 iztrans 함수로 [그림 8-64]의 z 역변환 구하기

[그림 8-68]은 [그림 8-65]에서 구한 z 변환된 삼각함수를 이산 시간 영역으로 z 역변환한 결과를 보여준다. 이는 [그림 8-65]의 주어진 삼각함수와 동일한 결과를 얻는다.

```
Command Window
  >> syms z a b;
❶ >> Z1 = (z*sin(a))/(z^2-2*cos(a)*z+1);
❷ >> f1 = iztrans(Z1)
  f1 =
  sin(a*n)
  >> Z2 = (z^2-z*cos(b))/(z^2-2*cos(b)*z+1);
  >> f2 = iztrans(Z2)
  f2 =
  cos(b*n)
```

❶ [그림 8-65]에서 구한 z 변환 함수를 입력한다.
❷ iztrans 함수를 이용하여 z 역변환을 구한다.

그림 8-68 iztrans 함수로 [그림 8-65]의 z 역변환 구하기

실습 8-21

[실습 8-20]에서 구한 함수에 대한 z 역변환을 구하라.

풀이

```
Command Window
  >> syms z;
❶ >> F = 1/(2*z)-1/(2*z^2)+1;
❷ >> f = iztrans(F)
  f =
  kroneckerDelta(n - 1, 0)/2 - kroneckerDelta(n - 2, 0)/2 + kroneckerDelta(n, 0)
```

그림 8-69 [실습 8-21]의 실행 결과

❶ [실습 8-20]에서 구한 z 변환 함수를 입력한다.

❷ iztrans 함수를 실행하면 [실습 8-20]에서 주어진 함수와 동일한 결과를 얻는다.

3. 푸리에 변환 및 역변환

푸리에 변환은 시간 영역에 있는 비주기 함수 $f(t)$에 적분 변환을 적용하여 주파수 영역의 함수 $F(\omega)$로 변환시킨다.

시간 영역의 함수 $f(t)$의 푸리에 변환 $F(\omega)$는 다음과 같이 정의한다.

$$F(\omega) = \mathcal{F}[f(t)] = \int_{-\infty}^{\infty} f(t) e^{-j\omega t} dt \qquad (8.11)$$

여기서 $\mathcal{F}$는 푸리에 변환 연산자이다. 식 (8.11)에서 푸리에 적분이 수렴하면 푸리에 변환 $F(\omega)$가 존재한다. $F(\omega)$는 복소수 함수이다. 이때 크기를 진폭 스펙트럼(amplitude spectrum)이라 하고 위상을 위상 스펙트럼(phase spectrum)이라고 한다.

주파수 영역의 함수 $F(\omega)$를 역으로 시간 영역의 함수 $f(t)$로 되돌려 놓는 것을 푸리에 역변환(inverse Fourier transform)이라고 하며, 다음과 같이 정의한다.

$$f(t) = \mathcal{F}^{-1}[F(\omega)] = \frac{1}{2\pi} \int_{-\infty}^{\infty} F(\omega) e^{j\omega t} d\omega \qquad (8.12)$$

fourier 함수

fourier 함수는 시간 영역의 함수를 푸리에 영역 또는 주파수 영역으로 변환하는 데 사용한다. 이때 시간 영역의 변수는 t 대신에 기본 심벌릭 독립 변수 x, 푸리에 영역의 변수는 ω(오메가) 대신 w를 사용한다.

fourier 함수의 기본 형태는 다음과 같다.

```
fourier(f, v)
```

- f : 시간 영역의 함수
- v : 푸리에 변환 후 새롭게 지정하는 푸리에 변수명

[그림 8-70]은 시간 영역의 델타 함수 $\delta[x]$를 fourier 함수를 이용하여 푸리에 변환한 결과를 보여준다.

Command Window

```
>> syms x;
❶ >> f = dirac(x);
❷ >> F = fourier(f)
F =
1
```

❶ dirac 함수를 이용하여 시간 영역의 델타 함수를 입력한다.
❷ fourier 함수를 이용하여 델타 함수의 푸리에 변환을 실행한다.

그림 8-70 fourier 함수를 이용한 델타 함수 실행 결과

TIP 이산 시간 영역에서 사용한 델타 함수는 kroneckerDelta이다.

[그림 8-71]은 시간 영역의 단위 계단(unit step) 함수 $u[x]$를 fourier 함수를 이용하여 푸리에 변환한 결과를 보여준다.

```
Command Window
>> syms x;
>> f = heaviside(x);
>> F = fourier(f)
F =
pi*dirac(w) - 1i/w
```

❶ heaviside 함수를 이용하여 시간 영역의 단위 계단 함수를 입력한다.

❷ fourier 함수를 이용하여 단위 계단 함수의 푸리에 변환을 구하면 $\pi\delta(w) + \frac{1}{iw}$과 동일하다.

그림 8-71 fourier 함수로 단위 계단 함수의 푸리에 변환 구하기

[그림 8-72]는 함수 $|x|$를 푸리에 변환한 결과를 보여준다.

```
Command Window
>> syms x;
>> f = abs(x);
>> F = fourier(f)
F =
-2/w^2
```

주어진 함수를 입력하고 fourier 함수를 이용하여 푸리에 변환을 구한다.

그림 8-72 fourier 함수로 함수 |x|의 푸리에 변환 구하기

[그림 8-73]은 시간 영역의 지수함수를 푸리에 변환한 결과를 보여준다.

```
Command Window
>> syms x;
>> f1 = exp(-x^2);
>> F1 = fourier(f1)
F1 =
pi^(1/2)*exp(-w^2/4)
>> f2 = exp(-abs(x));
>> F2 = fourier(f2)
F2 =
2/(w^2 + 1)
```

지수함수 $f_1 = e^{-x^2}$과 $f_2 = e^{-|x|}$를 입력한 후 fourier 함수를 이용하여 푸리에 변환을 구한다.

그림 8-73 fourier 함수로 지수함수의 푸리에 변환 구하기

[그림 8-74]는 시간 영역의 삼각함수를 푸리에 변환한 결과를 보여준다. [그림 8-74]의 결과를 다시 쓰면 다음과 같다.

$$i\pi[\delta(w+w_0) - \delta(w-w_0)]\text{와 } \pi[\delta(w+w_0) + \delta(w-w_0)]$$

```
>> syms x w0;
>> f1 = sin(w0*x);
>> F1 = fourier(f1)
F1 =
-pi*(dirac(w - w0) - dirac(w + w0))*1i
>> f2 = cos(w0*x);
>> F2 = fourier(f2)
F2 =
pi*(dirac(w - w0) + dirac(w + w0))
```

사인 함수와 코사인 함수를 입력한 후 fourier 함수를 이용하여 푸리에 변환을 구한다.

그림 8-74 fourier 함수로 삼각함수의 푸리에 변환 구하기

[그림 8-75]는 시간 영역의 부호함수(signum function)를 푸리에 변환한 결과를 보여준다. 부호함수는 다음과 같이 정의된다.

$$\mathrm{sgn}(x) = \frac{x}{|x|} = \frac{|x|}{x} = \begin{cases} 1 & (x > 0) \\ 0 & (x = 0) \\ -1 & (x < 0) \end{cases}$$

```
>> syms x;
>> f1 = sign(x);        ❶
>> F1 = fourier(f1)     ❷
F1 =
-2i/w
>> f2 = heaviside(x)-heaviside(-x);
>> F2 = fourier(f2)
F2 =
-2i/w
```

❶ 부호함수를 나타내는 sign 함수를 입력한다.
❷ fourier 함수를 이용하여 푸리에 변환을 구하면 $-\frac{2i}{w}$이다.

그림 8-75 fourier 함수로 부호함수의 푸리에 변환 구하기

실습 8-22

함수 $f(x) = u(x) - u(-x)$에 대한 푸리에 변환을 구하라.

풀이

```
>> syms x;
>> f = heaviside(x)-heaviside(-x);   ❶
>> F = fourier(f)                    ❷
F =
-2i/w
```

그림 8-76 [실습 8-22]의 실행 결과

❶ heaviside 함수를 이용하여 함수를 입력한다.
❷ fourier 함수를 이용하여 푸리에 변환을 실행한다.

[그림 8-75]와 동일한 부호함수에 대한 동일한 푸리에 변환을 얻는다. 그러므로 $\mathrm{sgn}(x) = u(x) - u(-x)$가 된다.

ifourier 함수

ifourier 함수는 푸리에 영역의 함수를 시간 영역으로 푸리에 역변환하는 데 사용한다. 푸리에 역변환 변수는 x가 된다. ifourier 함수의 기본 형태는 다음과 같다.

```
ifourier(f, v)
```

- F : 푸리에 영역의 함수
- v : 푸리에 역변환 후 새롭게 지정하는 시간 함수 변수명

[그림 8-77]은 [그림 8-70]에서 구한 푸리에 변환을 다시 역변환한 결과를 보여준다. 단순하게 델타 함수에 대한 푸리에 역변환 결과인 상숫값 1에 대한 결과는 오류가 발생한다.

```
Command Window
>> syms x w;
>> F = 1;
>> f = ifourier(F)
Check for missing argument or incorrect argument data type in call to
function 'ifourier'.
>> f1 = dirac(x);
>> F1 = fourier(f1)
F1 =
1
>> f = ifourier(F1)
f =
dirac(x)
```

❶ ifourier 함수를 이용하여 심벌릭 변수가 아닌 상숫값 1에 대한 푸리에 역변환을 실행하면 오류가 발생한다.

❷ [그림 8-70]에서 구한 푸리에 함수에 대해 ifourier 함수를 이용하여 시간 영역의 델타 함수를 얻는다.

그림 8-77 ifourier 함수로 [그림 8-70]의 역변환 구하기

[그림 8-78]은 [그림 8-72]에서 구한 푸리에 변환된 함수 $|x|$를 푸리에 역변환한 결과를 보여준다.

```
Command Window
>> syms t w;
>> F = -2/w^2;
>> f = ifourier(F,t)
f =
t*sign(t)
```

❶ 주어진 함수를 입력한다.

❷ ifourier 함수를 이용하여 푸리에 역변환을 실행한 후 변수를 x 대신 t로 대체한다.

그림 8-78 ifourier 함수로 [그림 8-72]의 푸리에 역변환 구하기

[그림 8-78]의 결과를 다시 쓰면 다음과 같다.

$$t\,\mathrm{sgn}(t) = t\frac{|t|}{t} = |t|$$

[그림 8-79]는 [그림 8-74]에서 푸리에 변환한 삼각함수를 역변환한 결과를 보여준다.

```
Command Window
   >> syms x w w0;
❶ >> F1 = -pi*(dirac(w-w0)-dirac(w+w0))*1i;
❷ >> f1 = ifourier(F1)
   f1 =
   (exp(-w0*x*1i)*1i)/2 - (exp(w0*x*1i)*1i)/2
   >> F2 = pi*(dirac(w-w0)+dirac(w+w0));
   >> f2 = ifourier(F2)
   f2 =
   exp(-w0*x*1i)/2 + exp(w0*x*1i)/2
```

❶ 푸리에 함수 $i\pi[\delta(w+w_0)-\delta(w-w_0)]$와 $\pi[\delta(w+w_0)+\delta(w+w_0)]$를 입력한다.
❷ ifourier를 이용하여 푸리에 역변환을 실행한다.

그림 8-79 ifourier 함수로 [그림 8-74]의 푸리에 역변환 구하기

[그림 8-79]의 결과는 오일러 공식 $\exp(\pm\, iw_0x) = \cos(w_0x) \pm i\sin(w_0x)$를 이용하여 다음과 같이 사인 함수와 코사인 함수를 얻을 수 있다.

$$\frac{\exp(iw_0x) - \exp(-\,iw_0x)}{2i} = \sin(w_0x)$$
$$\frac{\exp(iw_0x) + \exp(-\,iw_0x)}{2} = \cos(w_0x)$$

실습 8-23

[실습 8-22]의 푸리에 함수 $F(w) = \frac{-2i}{w}$에 대한 푸리에 역변환 함수 $f(t)$를 구하라.

풀이

```
Command Window
   >> syms w t;
❶ >> F = -2i/w;
❷ >> f = ifourier(F,t)
   f =
   sign(t)
```

그림 8-80 [실습 8-23]의 실행 결과

❶ 주어진 푸리에 함수를 입력한다.

❷ ifourier 함수를 이용하여 푸리에 역변환을 실행한 후 시간 함수를 t로 대체한다. 실행 결과는 [실습 8-22]에서 주어진 부호함수와 동일하다.

SECTION 8.7

심벌릭 그래프

학습 목표

- plot, ezplot 함수를 이용하여 심벌릭 그래프를 그린다.
- plot, ezplot 함수의 차이점을 이해한다.

하나의 변수로 표현된 심벌릭 수식의 그래프를 쉽게 그릴 수 있는 ezplot 함수에 대해 살펴보자.

ezplot 함수

ezplot은 입력 변수가 x로 명시되는 함수 $f(x)$의 그래프를 기본 영역 $-2\pi < x < 2\pi$에 대해 그려준다.

ezplot 함수의 기본 형태는 다음과 같다.

```
ezplot(E, [xmin  xmax])
```

- E : 그래프로 나타낼 심벌릭 수식
- xmin : 사용하는 변수의 최소 범위
- xmax : 사용하는 변수의 최대 범위

TIP 변수의 최소 및 최대 범위를 지정하지 않으면 범위는 기본인 $[-2\pi \ \ 2\pi]$로 지정된다.

[그림 8-81]은 입력 변수 x가 $-3 \le x \le 5$의 범위에서 0.1씩 증가할 때 수식 $E = x^2 - 2x + 5$의 일반적인 그래프를 그리기 위한 명령어 입력을 보여준다. [그림 8-82]는[그림 8-81]에 대한 그래프를 보여준다.

```
Command Window
>> x = -3:0.1:5;
>> E = x.^2-2*x+5;
>> plot(x,E);
>> xlabel('x');
>> ylabel('E');
>> title('E = x^2-2x+5');
```

그림 8-81 일반적인 그래프를 그리기 위한 명령어 입력하기

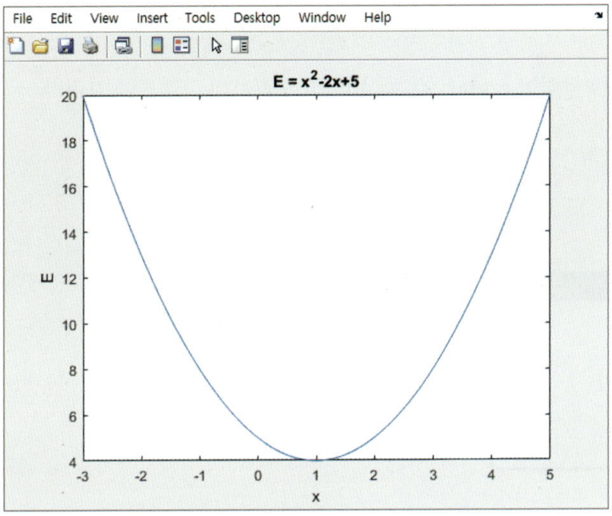

그림 8-82 [그림 8-81]의 그래프 실행 결과

[그림 8-83]은 `ezplot` 함수를 이용하여 [그림 8-81]과 동일한 수식에 대한 입력을 보여준다.

Command Window

```
>> syms x;
>> E = x^2-2*x+5;
>> ezplot(E,[-3 5]);
>> ylabel('E');
```

❶ `ezplot` 함수를 이용하여 x의 범위에 따른 심벌릭 수식 E의 그래프를 그린다.

❷ y축의 이름은 자동으로 지정되지 않기 때문에 `ylabel` 명령어를 이용하여 y축의 이름을 표시한다. 이때 제목과 x축의 이름은 자동으로 지정된다.

그림 8-83 ezplot 함수를 이용한 명령어 입력

[그림 8-84]는 [그림 8-83]을 실행한 그래프로 [그림 8-82]와 동일하다. 다만 일반적으로 수식을 그린 그래프와는 다르게 `title`, `xlabel` 명령어를 사용하지 않아도 자동으로 제목과 x축의 이름이 표시된다.

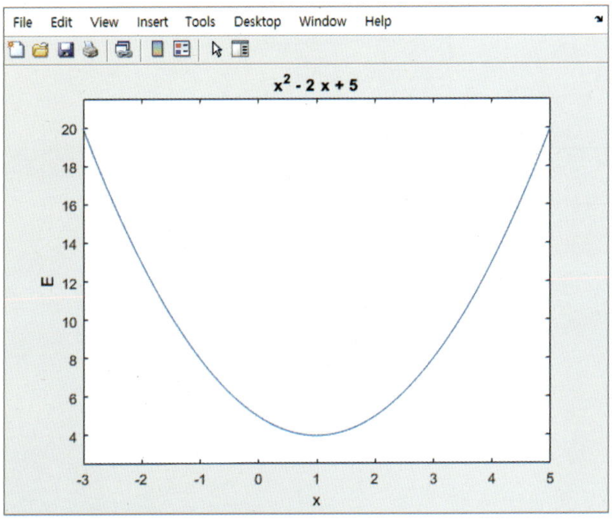

그림 8-84 [그림 8-83]의 그래프 실행 결과

실습 8-24

$0 \le t \le 5$일 때, 다음 같은 1차 미분방정식의 해를 구하고 ezplot 함수를 이용하여 $y(t)$의 그래프를 그려라.

$$\dot{y} = 4\sin 3t - 5y, \quad y(0) = 1$$

풀이

```
Command Window
❶ >> syms y(t);
❷ >> Dy = diff(y);
❸ >> E = dsolve(Dy==4*sin(3*t)-5*y,y(0)==1);
❹ >> ezplot(E,0,5);
   >> ylabel('E');
```

그림 8-85 [실습 8-24]의 입력 결과

❶ syms 명령어로 독립 변수 t의 인자를 갖는 함수 $y(t)$와 계수를 지정한다.

❷ diff 함수를 이용하여 y를 실행한 값을 1차 미분방정식 Dy로 지정한다.

❸ dsolve 함수를 이용하여 주어진 1차 미분방정식과 초깃값을 입력한 후 실행한다.

❹ ezplot 함수를 이용하여 1차 미분방정식을 그래프로 나타낸다.

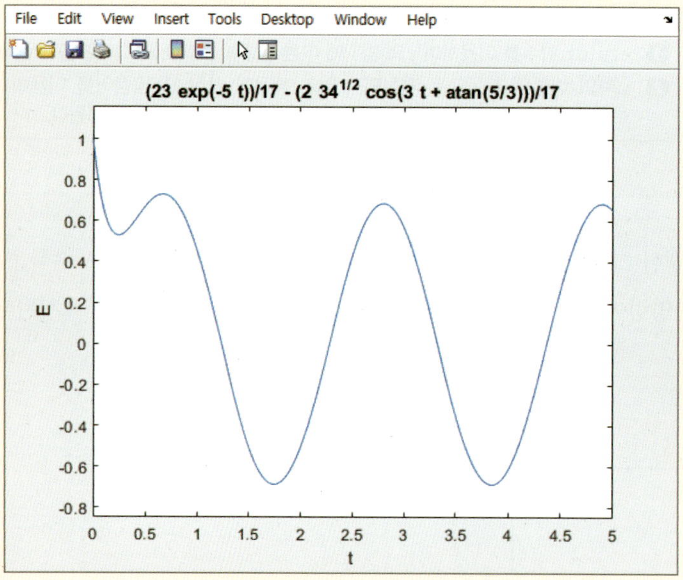

그림 8-86 [실습 8-24]의 실행 결과

실습 8-25

앞서 [실습 8-15]에 주어진 연립 1차 미분방정식은 다음과 같다. 초깃값이 $u(0)=2$, $v(0)=1$일 때 방정식의 해를 구하라. 그리고 ezplot 함수를 이용하여 $u(t)$와 $v(t)$ 그래프를 각각 그려라. 이때 그래프의 범위는 $-0.5 \le t \le 0.5$이다.

$$\frac{du}{dt} + 2v = e^t$$
$$\frac{dv}{dt} - 2u = 1$$

풀이

Command Window

```
❶ >> syms u(t) v(t);
❷ >> Du = diff(u);
   >> Dv = diff(v);
❸ >> E = dsolve(Du==-2*v+exp(t),Dv==2*u+1,u(0)==2,v(0)==1);
❹ >> figure(1);
❺ >> ezplot(E.u, [-0.5 0.5]);
   >> ylabel('u(t)');
   >> figure(2)
   >> ezplot(E.v, [-0.5 0.5]);
   >> ylabel('v(t)');
```

그림 8-87 [실습 8-25]의 입력 결과

❶ syms 명령어로 독립 변수 t의 인자를 갖는 함수 $u(t)$와 $v(t)$를 지정한다.

❷ diff 함수를 이용하여 u와 v를 실행한 값을 Du와 Dv로 지정한다.

❸ dsolve 함수에 2개 초깃값을 이용하여 주어진 연립 1차 미분방정식을 각각 실행한다.

❹ figure 명령어를 이용하여 2개 그래프를 각각 다른 그림 창에 그린다.

❺ ezplot 함수를 이용하여 구조 배열 형태로 나눠진 각각의 그래프를 나타낸다.

[그림 8-88]은 함수 $u(t)$와 $v(t)$의 그래프를 각각 보여준다.

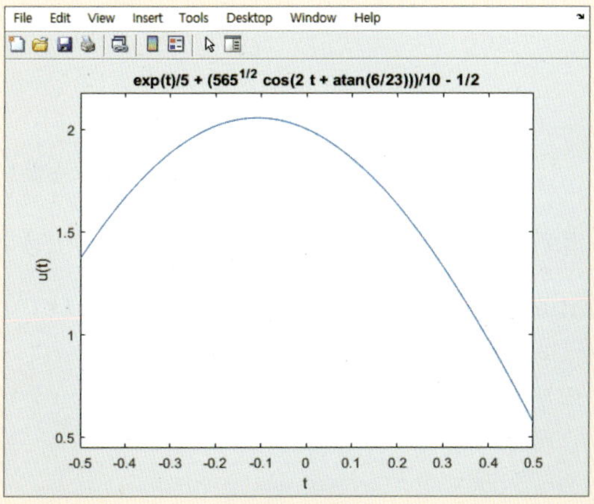

(a) $u(t)$ 그래프

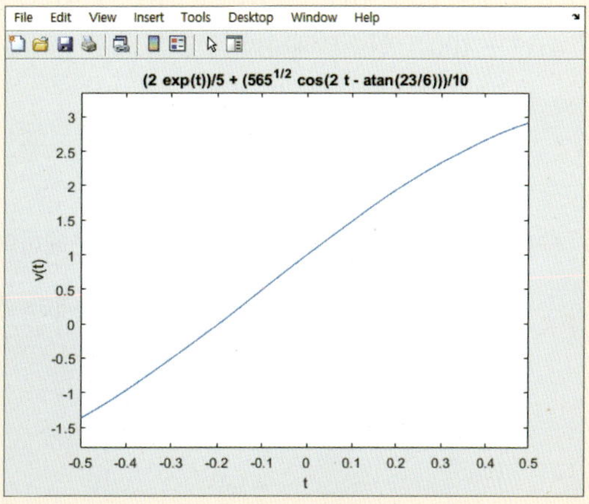

(b) $v(t)$ 그래프

그림 8-88 [실습 8-25]의 실행 결과

CHAPTER

08 연습문제

8.1 행렬 $\mathbf{A}=\begin{bmatrix} a_{11} & a_{12} \\ a_{21} & a_{22} \end{bmatrix}$와 $\mathbf{B}=\begin{bmatrix} b_{11} & b_{12} \\ b_{21} & b_{22} \end{bmatrix}$가 있을 때 $\mathbf{C}=\mathbf{A}+\mathbf{B}$와 $\mathbf{D}=\mathbf{A}\times\mathbf{B}$를 나타내라.

8.2 수식 $f=x^6-1$, $g=x^3+1$, $h=y^2-1$일 때 `pretty` 함수를 이용하여 $p=\dfrac{f}{g}\times h$를 나타내라.

8.3 이차방정식 $f=ax^2-bx+c$를 이용하여 입력 변수 x 대신 입력 변수 y를 갖는 새로운 이차방정식 $g=ay^2-by+c$를 나타내라. 이때 변수와 3개의 상숫값을 다음과 같이 치환한 후 이차방정식 g를 계산하라.

$$y=3,\ a=2,\ b=-1,\ c=4$$

8.4 `pretty` 함수를 이용하여 위상형(phasor form)으로 주어진 전기장 $\mathbf{E}(y)=\mathbf{a}_z E_0 e^{-jky}$을 나타내라. 여기서 단위 벡터 $\mathbf{a}_z$는 행벡터 [0 0 1]과 동일하다.

8.5 수식 $f=(x-2)(x+2)(x^2+5)(x^2+4)(x^2-5)$를 내림차순의 멱승 형태로 나타내고, $g=y^8-41y^4+400$은 인수분해하라.

8.6 수식 $f=\dfrac{2x^2-3x+1}{x^3+2x^2-9x-18}$을 인수분해하여 조판 형태로 나타내라. 그리고 `partfrac`을 이용하여 수식에 대한 부분 분수를 조판 형태로 나타내라. 참고로 `partfrac` 함수의 기본 형태는 `partfrac(f)`이다.

8.7 직교좌표에서 벡터의 발산(divergence)을 구하는 식은 다음과 같이 변수 x, y, z에 대한 편미분의 계산과 동일하다.

$$\text{div}\,\mathbf{D} = \frac{\partial D_x}{\partial x} + \frac{\partial D_y}{\partial y} + \frac{\partial D_z}{\partial z}$$

직교좌표의 점 (1, 1, 1)에 있는 벡터 $\mathbf{D} = 10xy^2z\mathbf{a}_x + 10x^2yz\mathbf{a}_y + 5x^2y^2\mathbf{a}_z$의 발산을 구하라.

8.8 원통좌표에서 벡터의 발산을 구하는 식은 다음과 같다.

$$\text{div}\,\mathbf{D} = \frac{1}{\rho}\frac{\partial(\rho D_\rho)}{\partial \rho} + \frac{1}{\rho}\frac{\partial D_\phi}{\partial \phi} + \frac{\partial D_z}{\partial z}$$

원통좌표의 점 (2, 60°, −1)에 있는 벡터 $\mathbf{D} = \rho_z \sin\phi\mathbf{a}_\rho - \rho z\cos\phi\mathbf{a}_\phi + 2\rho^2\sin\phi\mathbf{a}_z$의 발산을 구하라.

8.9 선 적분(line integral)은 함수의 곡선을 따라 이동하면서 적분하는 방법이다. 다음 식의 적분 구간은 $(x_0, y_0, z_0) \xrightarrow{(1)} (x_1, y_0, z_0) \xrightarrow{(2)} (x_1, y_1, z_0) \xrightarrow{(3)} (x_1, y_1, z_1)$과 같이 분할한다.

$$\mathbf{F} = F_x\mathbf{a}_x + F_y\mathbf{a}_y + F_z\mathbf{a}_z$$

경로 (1)은 x 성분만 x_0에서 x_1으로, 경로 (2)는 y 성분만 y_0에서 y_1으로, 경로 (3)은 z 성분만 z_0에서 z_1으로 이동하면서 각각 적분을 계산한다. 이를 다음과 같이 나타낼 수 있다.

$$\oint \mathbf{F}\cdot d\mathbf{L} = \int_{x_0}^{x_1} F_x\big|_{y=y_0,\,z=z_0}dx + \int_{y_0}^{y_1} F_y\big|_{x=x_1,\,z=z_0}dy + \int_{z_0}^{z_1} F_z\big|_{x=x_1,\,y=y_1}dz$$

식 $\mathbf{F} = 2xyz\mathbf{a}_x + x^2z\mathbf{a}_y + x^2y\mathbf{a}_z$와 분할 경로 $(0, 0, 0) \xrightarrow{(1)} (2, 0, 0) \xrightarrow{(2)} (2, -1, 0) \xrightarrow{(3)} (2, -1, 4)$가 주어져 있다. 선 적분을 구하라.

8.10 미분방정식 $y' = y + t$의 해에 대한 라플라스 변환을 구하라.

8.11 라플라스 변환 함수 $X(s)$에 대한 시간 영역의 함수 $x(t)$를 구하고, `ezplot` 함수를 이용하여 시간 $0 \le t \le 15$ [sec]에서 변화하는 $x(t)$의 파형을 그려라.

$$X(s) = \frac{2s+1}{s(s^2+2s+10)}$$

8.12 미분방정식 $(y^2 - y)\dfrac{dy}{dt} = t$를 풀면 $2y^3 - 3y^2 = 3t^2 + 6A$를 얻는다. 만일 상수 A가 정수값 −3부터 3까지 1씩 증가하는 경우 `ezplot` 함수를 이용하여 스크립트 파일을 작성하고 그래프를 그려라.

8.13 표면(surface)을 그리기 위해서 표면을 매개변수로 표시하는 방법을 고려할 수 있다. 방정식 $f(x, y, z) = 0$으로 주어진 표면을 매개변수 표시된 $x(s, t)$, $y(s, t)$, $z(s, t)$를 이용하면 $f(x(s, t), y(s, t), z(s, t)) = 0$이 된다. `ezsurf` 함수를 이용하여 타원체(ellipsoid) $9x^2 + y^2 + 4z^2 = 36$에 대한 표면을 그려라. 각각의 매개변수는 $x = 2\cos(s)\sin(t)$, $y = 6\sin(s)\sin(t)$, $z = 3\cos(t)$가 된다.

CHAPTER 09

MATLAB으로 공학 문제 해결하기

이 장에서는 간단한 수학 문제부터 다소 어려운 공학 문제를 풀기 위한 MATLAB 코딩을 학습한다. 예를 들어 주어진 문제를 풀이할 때 직접 명령창에 코드를 입력하거나 스크립트 파일로 작성된 사용자정의 함수를 사용하지 않고 해결하기 위해 문제를 최적화시켜 풀 수 있는 알고리즘을 파악한 후 스크립트 파일을 작성한다.

SECTION 9.1

기초수학 문제

학습 목표

- 다양한 복소수 형식을 이해하고, 형식을 변환하는 방법을 살펴본다.
- 행렬식과 역행렬을 구한다.
- 크래머 법칙을 이용하여 연립 일차방정식의 해를 구한다.
- 테일러 다항식의 근삿값과 오차를 구한다.
- 탄젠트 함수와 코탄젠트 함수를 구하고, 삼각함수 방정식의 해를 구한다.

1. 복소수 형식

복소수는 직교 형식, 극 형식, 지수 형식으로 다양하게 나타낼 수 있다. 여기에서는 복소수의 크기와 편각 및 오일러 공식을 이용하여 직교 형식과 극 형식을 상호 변환하는 방법을 살펴보자.

복소수 직교 형식

복소수의 직교 형식(rectangular form) z는 다음과 같이 실수 부분을 나타내는 x와 실수 y와 허수 단위(imaginary unit) i를 곱한 허수 부분을 더한 형태이다.

$$z = x + iy \tag{9.1}$$

허수 단위는 $i = \sqrt{-1}$ 이므로 $i^2 = -1$이 되고 $i^3 = -i$, $i^4 = 1$이 된다. 이후에 허수 단위를 계속 곱해도 네 개 값이 반복된다. 식 (9.1)에서 복소수 z에 대한 실수 부분과 허수 부분은 다음과 같이 표현하기도 한다.[1]

$$x = \mathrm{Re}(z) \tag{9.2a}$$

$$y = \mathrm{Im}(z) \tag{9.2b}$$

식 (9.1)의 직교 형식 z는 다음과 같이 극 형식(polar form)으로 쓸 수 있다.

$$z = r\angle\theta \tag{9.3}$$

식 (9.3)에서 복소수의 크기 r은 원점에서 직교 좌표 (x, y) 사이의 거리 혹은 복소수 z의 절댓값을 나타내며 다음과 같이 쓸 수 있다.

$$r = |z| = \sqrt{x^2 + y^2} \tag{9.4}$$

1 Re와 Im는 Real과 Imaginary의 처음 두 영문자를 나타낸다.

복소수의 크기 r과 x축 사이에 놓여 있는 각도 θ는 복소수 z의 편각(argument)이라 하며, 다음과 같이 나타낸다.

$$\theta = \arg z = \tan^{-1}\frac{y}{x} \tag{9.5}$$

식 (9.5)에서 시계 방향으로 움직이는 각도는 음의 각도를 나타내고, 반대로 반시계 방향으로 움직이는 각도는 양의 각도를 표시한다.

일반적인 계산에서는 $-\frac{y}{x}$, $\frac{-y}{x}$, $\frac{y}{-x}$ 모두 음의 부호 위치에 상관없이 같은 음의 값을 나타내고, $\frac{-y}{-x}$와 $\frac{y}{x}$는 같은 양의 값을 나타낸다. 그러나 식 (9.5)와 같이 각도를 구할 때는 음의 부호의 위치에 의해 구하는 각도 θ의 값이 다를 수 있으므로 주의해야 한다.

실습 9-1

M-File | comnum1.m

직교 형식의 복소수 $z = 3 + 4i$를 극 형식으로 변환하기 위한 복소수의 크기 및 편각을 구하는 스크립트 파일을 작성하라.

풀이

comnum1.m

```
❶ x = input('Enter a value for x: ');
   y = input('Enter a value for y: ');
❷ z = x + 1i*y;
❸ disp('Rectangular form:');
   disp(z)
   r = sqrt(x^2+y^2);
   disp('magnitude:');
   disp(r)
   theta = atan(y/x);
❹ arg = theta*(180/pi);
   disp('argument:');
   disp(arg)
```

그림 9-1 [실습 9-1]의 스크립트 파일

❶ input 명령어로 실수 x와 y를 명령창에서 직접 입력받는다.

❷ 복소수를 직교 형식으로 입력한다.

❸ disp 명령어를 이용하여 작은따옴표 사이에 문자열을 입력하면 문자열 자체를 출력한다.

❹ 라디안 각도를 도 단위로 변환하기 위해 $180/\pi$을 곱한다.

TIP 1. 작은따옴표 없이 disp 명령어를 이용하여 설정된 출력 변수를 입력하면 그 수식의 결과를 출력한다.
2. 일반 변수로 사용하는 i와 혼동되지 않도록 복소수의 허수 단위를 $1i$로 쓴다.

[그림 9-2]는 복소수 $z = 3 + 4i$를 극 형식 $z = 5\angle 53.13°$로 변환시킨 결과를 보여준다.

```
Command Window
>> comnum1
Enter a value for x: 3
Enter a value for y: 4
Rectangular form:
   3.0000 + 4.0000i
magnitude:
     5
argument:
   53.1301
```

그림 9-2 [실습 9-1]의 실행 결과

복소수 지수 형식

삼각함수의 기본 성질을 이용하여 x와 y를 나타내면 다음과 같다.

$$x = r\cos\theta \tag{9.6a}$$

$$y = r\sin\theta \tag{9.6b}$$

식 (9.6)을 식 (9.1)에 대입하면 다음과 같이 직교 좌표 (x, y)를 극 좌표 (r, θ)로 변환시킨 극 형식을 얻는다.

$$z = r(\cos\theta + i\sin\theta) \tag{9.7}$$

식 (9.7)의 복소수 z는 다음과 같은 지수 형식으로 표현할 수 있다.

$$z = re^{i\theta} \tag{9.8}$$

식 (9.8)에서 r과 θ는 식 (9.7)의 극 형식에서 사용한 복소수 크기와 각도와 같다. 그러므로 식 (9.8)의 지수함수는 식 (9.7)의 삼각함수와 동일하다. 이를 오일러 공식(Euler's formula)이라 부르며, 다음과 같이 정의한다.

$$e^{\pm i\theta} = \cos\theta \pm i\sin\theta \tag{9.9}$$

삼각함수 항등식 $\cos^2\theta + \sin^2\theta = 1$을 이용하면 지수함수의 크기는 다음과 같이 1의 값을 갖는다.

$$|e^{i\theta}| = |\cos\theta + i\sin\theta| = \sqrt{\cos^2\theta + \sin^2\theta} = 1 \tag{9.10}$$

식 (9.9)에서 양의 지수승과 음의 지수승을 더하거나 빼면 다음과 같이 삼각함수 cos θ와 sin θ를 지수함수 형태로 표현할 수 있다.

$$\cos\theta = \frac{1}{2}(e^{i\theta} + e^{-i\theta}) \tag{9.11a}$$

$$\sin\theta = \frac{1}{2i}(e^{i\theta} - e^{-i\theta}) \tag{9.11b}$$

실습 9-2

M-File | comnum2.m

복소수의 크기와 편각이 각각 $r = 5$, $\theta = 233.13°$일 때 직교 형식의 복소수를 구하는 스크립트 파일을 작성하라.

풀이

comnum2.m

```
r = input('Enter a value for r: ');
arg = input('Enter a value for arg: ');
theta = arg*(pi/180);
x = r*cos(theta);
y = r*sin(theta);
z = x + 1i*y;
disp('Rectangular form:');
disp(z)
```

그림 9-3 [실습 9-2]의 스크립트 파일

❶ input 명령어로 소수의 크기 r과 θ를 명령창에서 직접 입력받는다.

❷ 라디안 각도로 변환하기 위해 $\pi/180$를 곱한다.

❸ 직교 좌표 $x = r \cos\theta$와 $y = r \sin\theta$를 설정하고, 복소수를 직교 형식으로 입력한다.

❹ disp 명령어를 이용하여 직교 형식의 복소수에 대한 출력 변수를 출력한다.

[그림 9-4] 는 복소수의 크기와 편각을 이용하여 구한 복소수의 직교 형식 $z = -3 - 4i$의 결과를 보여준다.

Command Window

```
>> comnum2
Enter a value for r: 5
Enter a value for arg: 233.13
Rectangular form:
  -3.0000 - 4.0000i
```

그림 9-4 [실습 9-2]의 실행 결과

실습 9-3

M-File | comnum3.m

복소수 $z_1 = -\sqrt{3} + i$와 $z_2 = 1 - \sqrt{3}i$에 대해 $z = z_1 \times z_2$를 극 형식으로 나타내는 스크립트 파일을 작성하라.

풀이

주어진 두 개의 복소수를 먼저 곱하거나 나눈 후 극 형식으로 전환할 수도 있고, 각각의 복소수를 극 형식으로 전환한 후 곱하거나 나눌 수 있다. 어느 방법으로 계산해도 결과는 동일하다. 여기서는 각각 극 형식으로 변환한 후 계산하는 방법을 이용한다.

comnum3.m

```
x1 = input('Enter a value for x1: ');
y1 = input('Enter a value for y1: ');
z1 = x1 + 1i*y1;
r1 = sqrt(x1^2+y1^2);
theta1 = atan(y1/x1);
arg1 = 180 + theta1*(180/pi);
x2 = input('Enter a value for x2: ');
y2 = input('Enter a value for y2: ');
z2 = x2 + 1i*y2;
r2 = sqrt(x2^2+y2^2);
theta2 = atan(y2/x2);
arg2 = theta2*(180/pi);
z = z1*z2;
r = r1*r2;
arg = arg1+arg2;
disp('magnitude:');
disp(r)
disp('argument:');
disp(arg)
```

그림 9-5 [실습 9-3]의 스크립트 파일

❶ input 명령어로 복소수 2개에 대한 실수 $x1$, $y1$, $x2$, $y2$를 명령창에서 직접 입력받는다.

❷ 복소수 2개를 곱하는 $z = z_1 \times z_2$를 입력한다.

❸ 복소수 $z1$의 각도는 2사분면에 놓여 있는 $\frac{y}{-x}$의 계산에 해당하는 $\tan^{-1}\frac{y}{-x} = 150°$를 구하기 위해 $180°$를 더한다.

❹ 극 형식의 크기에 대한 곱셈은 크기를 서로 곱한다.

❺ 극 형식의 각도에 대한 곱셈은 각도를 서로 더해 구한다.

TIP 만일 $180°$를 더하지 않으면 4사분면에 놓여 있는 $\frac{-y}{x}$의 계산에 해당하는 $-30°$를 나타내는 오류가 발생한다.

[그림 9-6]은 극 형식으로 구한 복소수 곱셈의 결과로 $z = 4\angle 90°$가 된다.

```
Command Window
>> comnum3
Enter a value for x1: -sqrt(3)
Enter a value for y1: 1
Enter a value for x2: 1
Enter a value for y2: -sqrt(3)
magnitude:
    4.0000
argument:
    90
```

그림 9-6 [실습 9-3]의 실행 결과

2. 행렬식과 역행렬

행렬식(determinant)은 행과 열의 수가 같은 정방행렬에 수를 대응시킨 함수로, 기호 $|\mathbf{A}|$ 또는 det($\mathbf{A}$)로 나타낸다. 역행렬 $\mathbf{A}^{-1}$이 존재하려면 행렬 $\mathbf{A}$는 반드시 정방행렬과 행렬식의 값이 0이 아닌, 즉 $|\mathbf{A}| \neq 0$인 정칙행렬(nonsingular matrix)이어야 한다. 행렬식의 값이 0인, 즉 $|\mathbf{A}| = 0$인 비정칙 행렬(singular matrix)은 역행렬이 존재하지 않는다.

17세기 독일의 수학자 라이프니츠(Leibniz)가 사용한 3행3열의 행렬식에 대해 살펴보자. 다음과 같은 3행3열의 행렬 $\mathbf{A}$가 있다고 하자.

$$\mathbf{A} = \begin{bmatrix} a_{11} & a_{12} & a_{13} \\ a_{21} & a_{22} & a_{23} \\ a_{31} & a_{32} & a_{33} \end{bmatrix}$$

MATLAB에서 3행3열의 각 원소의 위치는 다음과 같은 기본 설정이 적용된다.

$$\mathbf{A} = \begin{bmatrix} \mathbf{A}(1) & \mathbf{A}(4) & \mathbf{A}(7) \\ \mathbf{A}(2) & \mathbf{A}(5) & \mathbf{A}(8) \\ \mathbf{A}(3) & \mathbf{A}(6) & \mathbf{A}(9) \end{bmatrix}$$

TIP 1. 2행2열에 대한 행렬식은 라이프니츠의 방식을 이용하여 D_A = A(1)*A(4)-A(2)*A(3)으로 쓸 수 있다.
2. 행렬의 변수명과 상관없이 3행3열에 대한 행렬식을 구하는 경우는 행렬식을 1개만 지정한다.

[그림 9-7]은 행렬 **A**에 대한 행렬식의 계산 진행 방향을 보여준다.

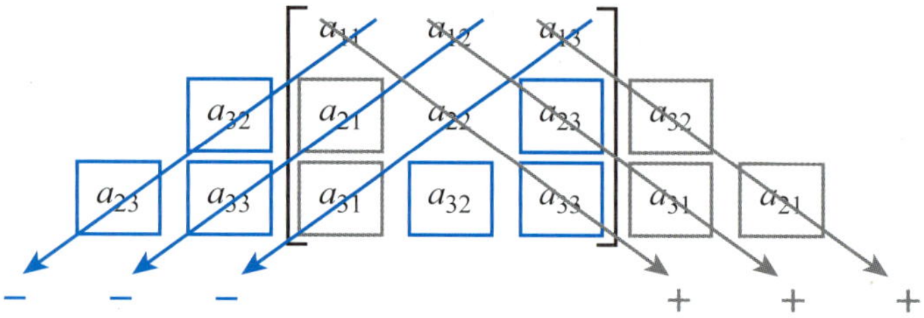

그림 9-7 행렬식의 계산 진행 방향

A의 행렬식은 다음과 같이 오른쪽 대각선 방향으로 원소를 3개씩 묶어서 차례대로 곱하고 서로 더한 뒤, 왼쪽 대각선 방향으로 원소를 3개씩 묶어서 차례대로 곱한 것을 모두 빼주면 된다. 4행4열 이상의 행렬에는 이 방식을 적용할 수 없다.

$$\det(\mathbf{A}) = |\mathbf{A}| = a_{11}a_{22}a_{33} + a_{12}a_{23}a_{31} + a_{13}a_{32}a_{21} - a_{13}a_{22}a_{31} - a_{12}a_{21}a_{33} - a_{11}a_{32}a_{23} \quad (9.12)$$

실습 9-4

M-File | linalg1.m

다음 행렬의 행렬식을 구하는 스크립트 파일을 작성하라.

$$\mathbf{A} = \begin{bmatrix} -1 & 3 & 4 \\ -1 & 1 & 2 \\ 3 & -1 & 1 \end{bmatrix}, \quad \mathbf{B} = \begin{bmatrix} 1 & 5 & 3 \\ 2 & 8 & 6 \\ 1 & 2 & 3 \end{bmatrix}$$

배경 지식

det(A)

- 정사각 행렬 A의 행렬식을 반환한다.

풀이

linalg1.m

```
A = input('Enter a 3-by-3 matrix A: ');
B = input('Enter a 3-by-3 matrix B: ');
❶ D_A = A(1)*A(5)*A(9)+A(4)*A(8)*A(3)+A(7)*A(6)*A(2) ...
      -A(8)*A(6)*A(1)-A(7)*A(3)*A(5)-A(4)*A(2)*A(9);
D_B = B(1)*B(5)*B(9)+B(4)*B(8)*B(3)+B(7)*B(6)*B(2) ...
      -B(8)*B(6)*B(1)-B(7)*B(3)*B(5)-B(4)*B(2)*B(9);
❷ disp('determinant of A:');
disp(D_A)
disp('determinant of B:');
disp(D_B)
```

그림 9-8 [실습 9-4]의 스크립트 파일

❶ 식 (9.12)를 이용하여 행렬식 2개를 지정한다.

❷ 행렬의 이름을 2개 사용했으므로 행렬의 변수명에 맞춰 2개의 행렬식을 사용한다.

[그림 9-9]는 행렬 **A**와 **B**의 행렬식을 나타낸 결과이다. 이때 행렬 **A**는 정칙행렬이고 행렬 **B**는 비정칙행렬을 나타낸다.

```
Command Window
>> linalg1
Enter a 3-by-3 matrix A: [-1 3 4;-1 1 2;3 -1 1]
Enter a 3-by-3 matrix B: [1 5 3;2 8 6;1 2 3]
determinant of A:
   10
determinant of B:
    0
```

그림 9-9 [실습 9-4]의 실행 결과

선형 시스템은 비선형 시스템을 수치적으로 해석하고 미분방정식과 적분방정식 및 최적화 문제를 푸는 등 응용수학에서 광범위하게 사용된다. 선형 시스템을 행렬방정식으로 일반화시키면 다음과 같다.

$$\mathbf{Ax} = \mathbf{c} \tag{9.13}$$

여기서 **Ax**는 행렬-벡터의 곱을 나타낸다. 식 (9.13)에서 **x**에 대한 해를 구하려면 $\left(\frac{\mathbf{c}}{\mathbf{A}}\right)$가 되어, 분모 위치에 놓이는 행렬 **A**는 $\mathbf{A}^{-1}$로 표시할 수 있다. 이때 $\mathbf{A}^{-1}$을 행렬 **A**의 역행렬(inverse matrix)이라고 한다. 행렬 **A**와 행렬 **A**의 역행렬 $\mathbf{A}^{-1}$을 서로 곱하면 다음과 같이 단위행렬 **I**가 성립한다. 단위행렬을 이용하면 행렬과 역행렬의 관계를 쉽게 이해할 수 있다.

$$\mathbf{A}^{-1}\mathbf{A} = \mathbf{A}\mathbf{A}^{-1} = \mathbf{I} \tag{9.14}$$

식 (9.13)의 양변에 역행렬 $\mathbf{A}^{-1}$을 곱하면 다음과 같다.

$$\mathbf{A}^{-1}\mathbf{Ax} = \mathbf{A}^{-1}\mathbf{c} \tag{9.15}$$

식 (9.15)를 이용하면 다음과 같이 **x**에 대한 해를 구할 수 있다.

$$\mathbf{x} = \mathbf{A}^{-1}\mathbf{c} \tag{9.16}$$

실습 9-5

M-File | linalg2.m

식 (9.14)를 이용하여 다음 행렬의 역행렬을 구하는 스크립트 파일을 작성하라.

$$\mathbf{A} = \begin{bmatrix} -1 & 3 & 4 \\ -1 & 1 & 2 \\ 3 & -1 & 1 \end{bmatrix}$$

풀이

```
linalg2.m
① A = input('Enter a 3-by-3 matrix A: ');
② I = eye(3);
③ A_inv = A\I;
   disp('inverse matrix of A:');
   disp(A_inv)
```

그림 9-10 [실습 9-5]의 스크립트 파일

❶ input 명령어로 입력할 행렬을 명령창에서 직접 입력받는다.

❷ eye 명령어를 이용하여 3행3열 단위행렬을 지정한다.

❸ 왼쪽 나눗셈을 이용하여 역행렬을 푼다.

[그림 9-11]은 왼쪽 나눗셈 연산자를 실행하여 구한 역행렬을 보여준다. inv 명령어를 이용하면 행렬 **A**의 역행렬을 직접 얻을 수 있다.

```
Command Window
>> linalg2
Enter a 3-by-3 matrix A: [-1 3 4;-1 1 2;3 -1 1]
inverse matrix of A:
    0.3000   -0.7000    0.2000
    0.7000   -1.3000   -0.2000
   -0.2000    0.8000    0.2000
>> inv(A)
ans =
    0.3000   -0.7000    0.2000
    0.7000   -1.3000   -0.2000
   -0.2000    0.8000    0.2000
```

그림 9-11 [실습 9-5]의 실행 결과

실습 9-6

M-File | linalg3.m

식 (9.16)을 이용하여 다음과 같은 선형방정식의 해를 구하는 스크립트 파일을 작성하라.

$$
\begin{aligned}
4x_1 - 2x_2 - x_3 &= 0 \\
-x_1 + 2x_2 - x_3 &= 3 \\
-x_1 - 2x_2 + 3x_3 &= 3
\end{aligned}
$$

풀이

```
linalg3.m
❶ A = input('Enter a 3-by-3 matrix A: ');
   c = input('Enter a constant vector c: ');
   I = eye(3);
   A_inv = A₩I;
❷ x = A_inv*c;
   disp('solutions:');
❸ disp(x(1,1))
   disp(x(2,1))
   disp(x(3,1))
```

그림 9-12 [실습 9-6]의 스크립트 파일

❶ input 명령어로 입력할 계수 행렬과 상수 벡터를 명령창에서 직접 입력받는다.

❷ 식 (9.16)을 입력한다.

❸ 선형방정식의 해를 열벡터로 구한다.

[그림 9-13]은 식 (9.16)에서 구한 선형방정식의 해 $x_1 = 9$, $x_2 = 12$, $x_3 = 12$를 보여준다.

```
Command Window
>> linalg3
Enter a 3-by-3 matrix A: [4 -2 -1;-1 2 -1;-1 -2 3]
Enter a constant vector c: [0;3;3]
solutions:
    9.0000
   12.0000
   12.0000
```

그림 9-13 [실습 9-6]의 실행 결과

3. 크래머 법칙

크래머 법칙(Cramer's rule)을 이용하면 다음과 같은 연립 일차방정식을 체계적으로 풀 수 있다.

$$\begin{aligned} a_{11}x_1 + a_{12}x_2 + a_{13}x_3 &= c_1 \\ a_{21}x_1 + a_{22}x_2 + a_{23}x_3 &= c_2 \\ a_{31}x_1 + a_{32}x_2 + a_{33}x_3 &= c_3 \end{aligned}$$

크래머 법칙을 이용하여 미지의 변수 x_1, x_2, x_3를 구하는 과정을 살펴보자.

❶ 연립 일차방정식에 대한 행렬방정식이 다음과 같을 때 계수 행렬 **A**의 행렬식을 구한다.

$$\begin{bmatrix} a_{11} & a_{12} & a_{13} \\ a_{21} & a_{22} & a_{23} \\ a_{31} & a_{32} & a_{33} \end{bmatrix} \begin{bmatrix} x_1 \\ x_2 \\ x_3 \end{bmatrix} = \begin{bmatrix} c_1 \\ c_2 \\ c_3 \end{bmatrix}$$

❷ 행렬방정식의 오른쪽 상수 벡터 **c**를 계수 행렬 **A**의 첫 번째 열에 모두 대치한 행렬의 행렬식을 구한다.

$$|D_1| = \begin{vmatrix} c_1 & a_{12} & a_{13} \\ c_2 & a_{22} & a_{23} \\ c_3 & a_{32} & a_{33} \end{vmatrix} = c_1 a_{22} a_{33} + c_2 a_{13} a_{32} + c_3 a_{12} a_{23} - c_1 a_{23} a_{32} - c_2 a_{12} a_{33} - c_3 a_{13} a_{22}$$

❸ 같은 방법으로 상수 벡터를 두 번째 열과 세 번째 열에 모두 대치한 행렬의 행렬식을 구한다.

$$|D_2| = \begin{vmatrix} a_{11} & c_1 & a_{13} \\ a_{21} & c_2 & a_{23} \\ a_{31} & c_3 & a_{33} \end{vmatrix} = c_1 a_{23} a_{31} + c_2 a_{11} a_{33} + c_3 a_{13} a_{21} - c_1 a_{21} a_{33} - c_2 a_{13} a_{31} - c_3 a_{11} a_{23}$$

$$|D_3| = \begin{vmatrix} a_{11} & a_{12} & c_1 \\ a_{21} & a_{22} & c_2 \\ a_{31} & a_{32} & c_3 \end{vmatrix} = c_1 a_{21} a_{32} + c_2 a_{12} a_{31} + c_3 a_{11} a_{22} - c_1 a_{22} a_{31} - c_2 a_{11} a_{32} - c_3 a_{12} a_{21}$$

❹ 과정 ❷~❸에서 구한 값들을 ❶에서 구한 행렬식 값으로 나누어 다음과 같이 미지의 변수 값을 구한다.

$$I_1 = \frac{|D_1|}{|D|}, \quad I_2 = \frac{|D_2|}{|D|}, \quad I_3 = \frac{|D_3|}{|D|}$$

실습 9-7

M-File | linalg4.m

크래머 법칙을 이용하여 다음과 같은 연립 일차방정식의 해를 구하는 스크립트 파일을 작성하라.

$$\begin{cases} x_1 + \ \ x_2 + x_3 = 6 \\ 2x_1 + 3x_2 + x_3 = 1 \\ x_1 - \ \ x_2 + x_3 = 3 \end{cases}$$

풀이

```
linalg4.m

A = input('Enter a 3-by-3 matrix A: ');
c = input('Enter a 3-by-1 matrix c: ');
D = det(A);
A1 = [c(:,1),A(:,2),A(:,3)];
A2 = [A(:,1),c(:,1),A(:,3)];
A3 = [A(:,1),A(:,2),c(:,1)];
x1 = det(A1)/D;
x2 = det(A2)/D;
x3 = det(A3)/D;
disp('x1 = ');
disp(x1)
disp('x2 = ');
disp(x2)
disp('x3 = ');
disp(x3)
```

그림 9-14 [실습 9-7]의 스크립트 파일

❶ input 명령어로 입력할 계수 행렬과 상수 벡터를 명령창에서 직접 입력받는다.

❷ det(A) 명령어를 이용하여 행렬식을 구한다.

❸ 배열 원소의 대체 방법을 이용하여 상수 벡터의 열을 계수 행렬에 지정한다.

❹ det 명령어를 이용하여 행렬식을 계산한다. 계산된 3개 행렬식의 값을 행렬 **A**의 행렬식 값으로 나누어 변숫값을 구한다.

[그림 9-15]는 크래머 법칙을 실행하여 구한 연립 일차방정식의 해 $x_1 = -8$, $x_2 = 1.5$, $x_3 = 12.5$를 보여준다.

```
Command Window
>> linalg4
Enter a 3-by-3 matrix A: [1 1 1;2 3 1;1 -1 1]
Enter a 3-by-1 matrix c: [6;1;3]
x1 =
    -8
x2 =
    1.5000
x3 =
   12.5000
```

그림 9-15 [실습 9-7]의 실행 결과

4. 테일러 다항식

테일러 급수를 간략하게 근사하면 유한한 다항식으로 만들 수 있다. 이러한 다항식을 테일러 다항식이라고 한다. 여기서는 테일러 다항식에서 근삿값 및 오차를 구하는 방법을 살펴보자.

테일러 다항식의 근삿값

테일러 다항식의 근삿값(approximation)은 테일러 정리를 좀 더 일반화한 것을 의미하며 다음과 같이 나타낸다.

$$f(x) = f(a) + f'(a)(x-a) + \frac{1}{2}f''(a)(x-a)^2 + \cdots + \frac{1}{k!}f^k(a)(x-a)^k + \cdots + R_n \qquad (9.17)$$

이때 마지막 항 R_n은 함수 $f(x)$ 나머지 항의 미분이라고 한다. 일반적인 테일러 다항식의 근삿값은 다음과 같이 쓸 수 있다.

$$p_n(x) = f(a) + (x-a)f'(a) + \frac{1}{2!}(x-a)^2 f''(a) + \cdots + \frac{1}{n!}(x-a)^n f^{(n)}(a) \qquad (9.18)$$

식 (9.17)의 결과에서 함수 $f(x)$가 n차항까지 연속적인 도함수값을 가지면 모든 항을 유효하게 이용할 수 있다. 만일 n 값이 매우 커서 R_n이 0에 근접하면 이 전개를 $x = a$에서 $f(x)$에 대한 테일러 급수[2]라고 한다. 식 (9.17)과 식 (9.18)을 비교하면 $f(x) \approx p_n(x)$이다.

테일러 다항식의 오차

실제 함수 $f(x)$와 테일러 다항식의 근삿값 $p_n(x)$를 $x = a$에서 근사한 결과와의 오차를 구하는 공식은 다음과 같다.

$$R_n(x) = f(x) - p_n(x) = \frac{(x-a)^{n+1}}{(n+1)!} f^{(n+1)}(c_x) \qquad (9.19)$$

식 (9.19)는 식 (9.17)의 나머지 항과 같으며, 점 c_x는 x와 a 사이에 있을 때만 그 값을 알 수 있다.

지수함수 $f(x) = e^x$에 대한 테일러 급수를 전개하려면, 먼저 지수함수에 대한 1차, 2차, 3차, …, n차 미분을 계산하고 그 결과를 식 (9.17)에 대입하면 다음과 같다.

$$f(x) = \exp(a) + \exp(a)(x-a) + \frac{1}{2}\exp(a)(x-a)^2 + \frac{1}{3!}\exp(a)(x-a)^3 + \frac{1}{4!}\exp(a)(x-a)^4 + \frac{1}{5!}\exp(a)(x-a)^5 + \frac{1}{6!}\exp(a)(x-a)^6 - \cdots$$

2 테일러 급수는 어떤 함수를 미분 가능한 한 점의 값으로 계산되는 각 항들의 무한한 합으로 나타내는 방법이다.

실습 9-8

M-File | linalg5.m

$x=0$인 점에서 함수 $f(x)=e^x$에 대한 선형 및 3차 테일러 다항식의 근삿값을 구하라. 그리고 선형 테일러 다항식의 근삿값과 3차 테일러 다항식의 근삿값의 절대 오차의 최댓값을 계산하는 스크립트 파일을 작성하라. 이때 $-1.0 \le x \le 1.0$이고, x값은 0.05씩 증가한다.

풀이

```
linalg5.m
format long;
x = input('range of x: ');
a = input('nearby x=a: ');
f = exp(x);
p1 = exp(a)+exp(a)*(x-a);
p3 = p1+(1/2)*exp(a)*(x-a).^2+(1/6)*exp(a)*(x-a).^3;
err1 = max(abs(p1-f))
err3 = max(abs(p3-f))
```

그림 9-16 [실습 9-8]의 스크립트 파일

❶ input 명령어로 입력할 지수함수의 범위와 a를 명령창에서 직접 입력받는다.

❷ 실제 지수함수와 지수함수에 대한 1차 및 3차 테일러 다항식의 근삿값을 지정한다.

❸ abs 명령어를 이용하여 $f(x)$와 1차 및 3차 테일러 다항식의 근삿값의 오차 절댓값을 구한다. 이후 max 명령어를 이용하여 절대 오차의 최댓값을 구한다.

[그림 9-17]은 지수함수에 대한 3차 테일러 다항식의 오차를 보여준다. 1차 테일러 다항식의 오차와 비교하면 현저히 낮아진 것을 알 수 있다.

```
Command Window
>> linalg5
range of x: -1.0:0.05:1.0
nearby x=a: 0
err1 =
   0.718281828459046
err3 =
   0.051615161792379
```

그림 9-17 [실습 9-8]의 실행 결과

5. 삼각함수

여기서는 일반적인 삼각함수인 사인, 코사인 함수를 기초로 응용 가능한 삼각함수와 역 삼각함수에 대해 좀 더 면밀히 알아보도록 하자.

탄젠트 함수

탄젠트(tangent) 함수와 탄젠트 함수의 역함수인 코탄젠트(cotangent) 함수는 다음과 같이 사인 함수와 코사인 함수로 나타낼 수 있다.

$$\tan\theta = \frac{\sin\theta}{\cos\theta} \tag{9.20a}$$

$$\cot\theta = \frac{1}{\tan\theta} = \frac{\cos\theta}{\sin\theta} \tag{9.20b}$$

또한 탄젠트 함수는 식 (9.11)을 이용하여 다음과 같이 지수함수 형태로 표현할 수 있다.

$$\tan\theta = \frac{-i(e^{i\theta} - e^{-i\theta})}{e^{i\theta} + e^{-j\theta}} \tag{9.21}$$

실습 9-9

M-File | trig1.m

지수함수를 이용하여 $\theta = 30°$일 때 탄젠트 함수와 코탄젠트 함수의 값을 구하는 스크립트 파일을 작성하라.

풀이

trig1.m

```
❶ theta = input('Enter a value for angle: ');
   %arg = input('Enter a value for arg: ');
❷ sin_theta = (1/2i)*(exp(1i*theta)-exp(-1i*theta));
   cos_theta = (1/2)*(exp(1i*theta)+exp(-1i*theta));
❸ tan_theta = sin_theta/cos_theta;
   cot_theta = 1/tan_theta;
   disp('tan_theta = ');
   disp(tan_theta)
   disp('cot_theta = ');
   disp(cot_theta)
```

그림 9-18 [실습 9-9]의 스크립트 파일

❶ input 명령어로 각도를 명령창에서 직접 입력받는다.

❷ 식 (9.11a)와 식 (9.11b)를 지정한다.

❸ 식 (9.20a)와 식 (9.20b)를 지정한다.

[그림 9-19]는 $\theta = 30° = \frac{\pi}{6}$를 대입한 $\tan\left(\frac{\pi}{6}\right) = \frac{1}{\sqrt{3}}$과 $\cot\left(\frac{\pi}{6}\right) = \sqrt{3}$의 결과를 보여준다.

```
Command Window
>> trig1
Enter a value for angle: pi/6
tan_theta =
    0.5774

cot_theta =
    1.7321
```

그림 9-19 [실습 9-9]의 실행 결과

역 삼각함수

코시컨트(cosecant) 함수 csc θ는 사인 함수 sin θ의 역함수로 $\frac{1}{\sin\theta}$을 의미한다. 역 사인 함수는 다음과 같이 나타내며, 코시컨트 함수와 달리 제한된 사인 함수의 각도 범위에서만 존재한다.

$$\sin^{-1}\theta \text{ 혹은 } \arcsin\theta \ (\sin\theta,\ -\frac{\pi}{2} \le \theta \le \frac{\pi}{2})$$

예를 들어, $\sin\left(-\frac{\pi}{2}\right) = -1$에 대한 역 사인 함수는 $\sin^{-1}(-1) = -\frac{\pi}{2}$이다.

역 코사인 함수는 다음과 같이 나타내며, 제한된 코사인 함수의 각도 범위에서만 존재한다.

$$\cos^{-1}\theta \text{ 혹은 } \arccos\theta \ (\cos\theta,\ 0 \le \theta \le \pi)$$

예를 들어, $\cos\left(\frac{\pi}{3}\right) = \frac{1}{2}$에 대한 역 코사인 함수는 $\cos^{-1}\left(\frac{1}{2}\right) = \frac{\pi}{3}$이다.

실습 9-10

M-File | trig2.m

$a=2$, $b=-3$, $c=1$일 때 삼각함수 방정식 $a\cos^2\theta + b\cos\theta + c = 0$의 해를 구하는 스크립트 파일을 작성하라.

풀이

```
a = input('Enter a coefficient a: ');
b = input('Enter a coefficient b: ');
c = input('Enter a constant c: ');
cos_theta = input('x');
f = a*x^2+b*x+c;
x1 = (-b+sqrt(b^2-4*a*c))/(2*a);
x2 = (-b-sqrt(b^2-4*a*c))/(2*a);
theta1 = acos(x1);
theta2 = acos(x2);
disp('theta1 = ');
disp(theta1)
disp('theta2 = ');
disp(theta2)
```

그림 9-20 [실습 9-10]의 스크립트 파일

❶ input 명령어로 입력할 계수 및 상수를 명령창에서 직접 입력받는다.

❷ 방정식을 단순화하기 위해 $x=\cos\theta$로 대체시킨 후 새로운 방정식 f를 지정한다. 이때 명령창에 실제 입력하지 않지만 input 명령어를 이용하여 x를 임시 변수(dummy variable)로 지정한다. 이 과정을 생략하면 오류가 발생한다.

❸ 2차 방정식에 대한 해를 구하는 근의 공식을 입력한다.

❹ acos 함수를 이용하여 역 코사인 함수를 구한다.

[그림 9-21]은 역 코사인 함수의 해 $\cos^{-1}\left(\frac{1}{2}\right) = \frac{\pi}{3} = 1.0472$와 $\cos^{-1}(1) = 0$을 보여준다.

```
>> trig2
Enter a coefficient a: 2
Enter a coefficient b: -3
Enter a constant c: 1
x
theta1 =
     0
theta2 =
    1.0472
```

그림 9-21 [실습 9-10]의 실행 결과

SECTION 9.2

기초공학 문제

학습 목표

- 연속 신호와 이산 신호의 정현파 함수 그래프를 그린다.
- 비주기 신호인 싱크 함수의 파형을 그린다.
- 단위 벡터, 벡터의 내적과 외적, 스칼라 및 벡터의 삼중적을 구한다.
- 확률에서 평균, 분산, 표준편차를 구한다.
- 아날로그 변조와 디지털 변조로 주파수 변조 신호와 진폭 천이 변조 신호를 그린다.

이 절에서는 공학 문제에서 자주 사용하는 신호, 벡터에 대한 기본 개념을 이해하는 코딩을 학습해보자.

1. 정현파 함수

정현파(sinusoidal wave)는 시간의 변화에 따라 영향을 받고, 진폭의 변화가 시간에 따라 사인 함수와 같은 파형을 나타낸다. 이때 주기적으로 정현파의 크기가 변할 때 양의 최대 크기 혹은 음의 최대 크기에서 크기 0인 값을 뺀 절댓값을 파형의 진폭(amplitude)이라 한다.

연속 신호의 정현파 함수

시간에 의존하는 신호의 중요한 특징은 주기 신호로 나타낼 수 있다는 것이다. 다음 조건을 만족하는 연속 신호 $f(t)$를 기본 주기가 T인 주기 신호(periodic signal)라고 한다.

$$f(t) = f(t + nT) \quad (n = 1, 2, 3, \cdots) \tag{9.22}$$

1주기는 정현파가 시간 0초의 크기 0에서 출발하여 양의 최댓값과 음의 최댓값을 한 번 지난 후에 다시 크기 0인 위치로 돌아오는 것을 말한다. 주기와 역수 관계인 고유 주파수(natural frequency)는 다음과 같이 정의한다.

$$f_0 = \frac{1}{T} \tag{9.23}$$

연속 신호(continuous-time signal)는 시간과 크기가 모두 연속인 아날로그 신호(analog signal)와 함께 사용하기도 한다. 대표적인 연속 주기 신호인 정현파 함수는 코사인파를 이용하여 다음과 같이 나타낼 수 있다.

$$f(t) = A\cos(\omega t + \phi) \tag{9.24}$$

진폭 A는 정현파 함수가 진동하여 가질 수 있는 값의 범위를 나타낸다. 위상(phase) ϕ는 시간 0에서 정현파 함수의 출발 위치를 결정하는 각이다. 각주파수(radian frequency) ω는 단위 시간에 정현파 함수가 이동할 수 있는 각을 라디안으로 표시한 값으로 다음과 같이 정의한다.

$$\omega = 2\pi f \qquad (9.25)$$

실습 9-11

M-File | funsig1.m

진폭 $A=3$, 주파수 $f_0 = \frac{1}{\pi}$, 위상 $\phi = \frac{\pi}{6}$인 연속 신호의 정현파 함수 $f(t)$의 파형을 그리는 스크립트 파일을 작성하라. 파형의 시간축은 $-\pi \le t \le \pi$이고 $\frac{\pi}{100}$초씩 증가한다.

풀이

funsig1.m

```
t = input('Enter time interval = ');
A = input('Enter an amplitude = ');
f_0 = input('Enter a frequency = ');
phi = input('Enter a phase = ');
rad_fre = 2*pi*f_0;
f_t = A*cos(rad_fre*t+phi);
plot(t,f_t);
grid;
axis([-pi pi -3.1 3.1]);
xlabel('Time (t)');
ylabel('f(t)');
title('Acos(₩omega t+₩phi)');
```

그림 9-22 [실습 9-11]의 스크립트 파일

❶ input 명령어로 시간 간격, 진폭, 자연 주파수, 위상을 명령창에서 직접 입력받는다.

❷ 식 (9.25)와 식 (9.24)를 입력하고, 연속 신호의 정현파 함수를 그래프에 나타낸다.

❸ 부수적인 그래프 속성을 지정하는 명령어를 함께 사용한다.

TIP MATLAB에 내장된 레이텍(LATEX) 프로그램을 이용하면 각주파수와 위상을 나타내는 그리스 문자 ω와 ϕ를 나타낼 수 있다. 레이텍은 `xlabel`, `ylabel`, `title` 명령어 내부에서 사용할 수 있다.

[그림 9-23]과 같이 주어진 매개변수를 명령창에 각각 입력한다.

Command Window

```
>> funsig1
Enter time interval = -pi:pi/100:pi
Enter an amplitude = 3
Enter a frequency = 1/pi
Enter a phase = pi/6
```

그림 9-23 [실습 9-11]의 매개변수 입력

[그림 9-24]는 연속 신호의 정현파 함수 그래프를 보여준다.

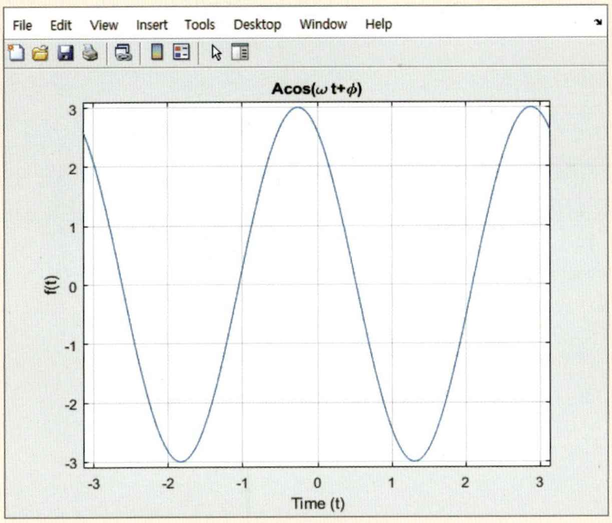

그림 9-24 [실습 9-11]의 연속 신호의 정현파 함수 그래프

이산 신호의 정현파 함수

이산 신호(discrete-time signal)는 시간과 크기가 모두 이산적인 값인 디지털 신호(digital signal)와 혼용하기도 한다. 일반적으로 이산 신호에서 함수 x에 대한 시간 변수는 $x[n]$으로 나타낸다. 신호 값이 발생한 시간 또는 순서를 나타내는 n은 항상 정숫값이다. 이산 주기 신호는 다음과 같이 정의한다.

$$f[n + kN] = f[n] \quad (k = \cdots, -1, 0, 1, 2, \cdots) \tag{9.26}$$

식 (9.26)을 만족하는 가장 작은 N 값, 즉 파형이 반복되는 최소 시간을 기본 주기(fundamental period)라고 한다. 이때 식 (9.26)을 만족하는 N 값이 존재하지 않는 신호를 이산 비주기 신호라고 하며, 이산 신호 정현파 함수는 다음과 같이 나타낸다.

$$f[n] = A\cos(\omega n + \theta) \tag{9.27}$$

여기서 A는 진폭, ω는 각주파수, θ는 위상이다.

실습 9-12

M-File | funsig2.m

지속적인 표본 $N=11$, $A=3$, 각주파수 $\omega=2$, 위상 $\theta=\frac{\pi}{6}$인 이산 신호의 정현파 함수 $f[n]$의 파형을 그리는 스크립트 파일을 작성하라.

풀이

```
funsig2.m
❶ N = input('Enter number of sample = ');
  A = input('Enter an amplitude = ');
  omega = input('Enter a radian frequency = ');
  theta = input('Enter a phase = ');
❷ n = 0:N-1;
  f_n = A*cos(omega*n+theta);
❸ stem(n,f_n);
❹ grid;
  xlabel('Time [n]');
  ylabel('f[n]');
  title('Acos(\omegan+\theta)');
```

그림 9-25 [실습 9-12]의 스크립트 파일

❶ input 명령어로 표본 개수, 진폭, 각주파수, 위상을 명령창에서 직접 입력받는다.

❷ 0부터 시작하는 표본 개수를 지정한 다음 식 (9.27)을 입력하고, 이산 신호의 정현파 함수를 그래프에 나타낸다.

❸ stem 함수를 이용하여 11개로 지정한 기본 주기 N의 개수만큼 입력 값 n을 지정하고 이 값에 의해 생성되는 출력값 $f[n]$을 줄기 형태로 그린다.

❹ 부수적인 그래프 속성을 지정하는 명령어를 함께 사용한다.

TIP [실습 9-11]과 마찬가지로 레이텍을 이용하여 각주파수와 위상을 나타내는 그리스 문자 ω와 θ를 나타낸다.

[그림 9-26]과 같이 주어진 매개변수를 명령창에 각각 입력한다. 이때 시간 간격과 그래프에서 각 축의 크기를 조절하는 axis 명령어를 명령창에 입력한다.

```
Command Window
>> funsig2
Enter number of sample = 11
Enter an amplitude = 3
Enter a radian frequency = 2
Enter a phase = pi/6
>> axis([-0.5 10.5 -3.5 3.5])
```

그림 9-26 [실습 9-12]의 매개변수 입력

[그림 9-27]은 이산 신호의 정현파 함수 그래프를 보여준다.

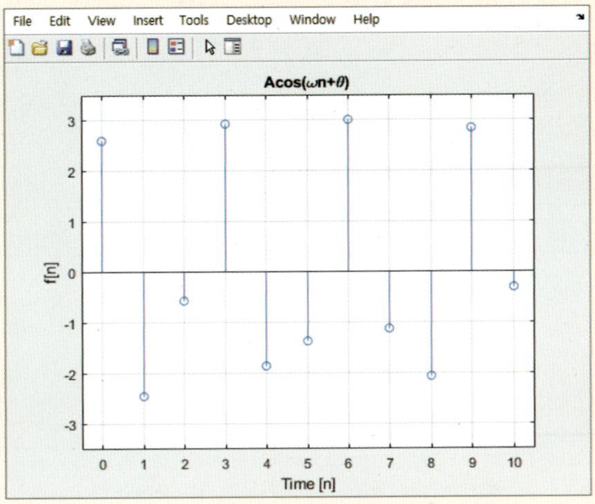

그림 9-27 [실습 9-12]의 이산 신호의 정현파 함수 그래프

2. 싱크 함수

싱크 함수(sinc function)는 동일한 파형이 반복되지 않는 비주기 신호(aperiodic signal)를 사용하는 대표적인 함수이다. 싱크 함수는 사인 함수와 그 인수(argument)의 비로 나타내며 다음과 같이 정의한다.

$$\mathrm{sinc}(t) = \frac{\sin(\pi t)}{\pi t} \tag{9.28}$$

식 (9.28)의 푸리에 변환이 구형 함수(rectangular function)이고 그 적분값이 동일하기 때문에 정규화된 싱크 함수라고도 한다.

실습 9-13

M-File | funsig3.m

파형의 시간축이 $-2\pi \le t \le 2\pi$[sec]이고 $\frac{\pi}{100}$초씩 증가하는 싱크 함수의 파형을 그리는 스크립트 파일을 작성하라.

풀이

```
funsig3.m

❶ t = input('Enter time interval = ');
❷ f_t = sin(pi*t)./(pi*t);
   plot(t,f_t);
❸ grid;
   xlabel('Time (t)');
   ylabel('f(t)');
   title('sinc(t)=sin(\pit)/\pit');
```

그림 9-28 [실습 9-13]의 스크립트 파일

❶ input 명령어로 시간 간격을 명령창에서 직접 입력받는다.

❷ 식 (9.28)을 입력하고, 싱크 함수를 그래프에 나타낸다.

❸ 부수적인 그래프 속성 지정 명령어를 함께 사용한다.

TIP 레이텍(LATEX) 프로그램을 이용하여 그리스 문자 π를 나타낸다.

[그림 9-29]와 같이 시간 간격과 그래프에서 각 축의 크기를 조절하는 axis 명령어를 명령창에 입력한다.

```
Command Window

>> funsig3
Enter time interval = -2*pi:pi/100:2*pi
>> axis([-2*pi 2*pi -0.4 1.2])
```

그림 9-29 [실습 9-13]의 매개변수 입력

[그림 9-30]은 싱크 함수 그래프를 보여준다.

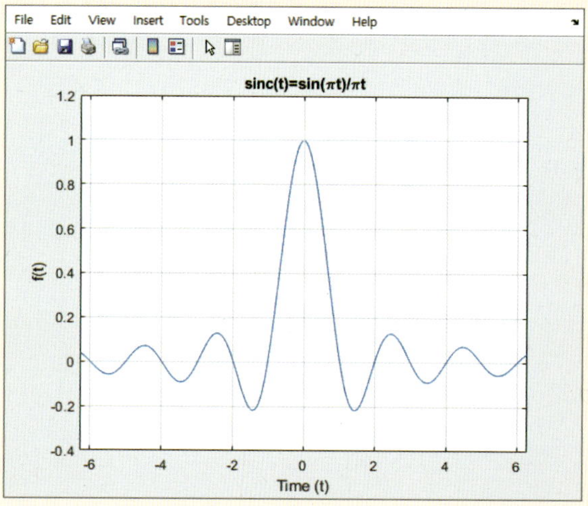

그림 9-30 [실습 9-13]의 싱크 함수 그래프

3. 벡터

1차원 공간에서 시간, 질량, 거리를 하나의 실수로 나타내는 스칼라(scalar)와 달리, 벡터(vector)는 2차원 또는 3차원 공간에서 힘, 속도, 가속도를 크기와 방향을 함께 사용하여 나타낸다. 여기서는 단위 벡터, 벡터의 내적과 외적, 그리고 스칼라 및 벡터의 삼중적에 대해 살펴본다.

단위 벡터

3차원 직교 벡터 $\mathbf{A} = A_x\mathbf{a}_x + A_y\mathbf{a}_y + A_z\mathbf{a}_z$에 대한 단위 벡터(unit vector) $\mathbf{a}_A$는 벡터 $\mathbf{A}$와 방향이 같고 크기가 1인 벡터로 다음과 같이 나타낼 수 있다.

$$\mathbf{a}_A = \frac{\mathbf{A}}{|\mathbf{A}|} = \frac{\mathbf{A}}{A} \tag{9.29}$$

여기서 $|\mathbf{A}|$ 또는 A는 벡터 $\mathbf{A}$의 크기를 나타내며 다음과 같이 구한다.

$$|\mathbf{A}| = \sqrt{A_x^2 + A_y^2 + A_z^2} \tag{9.30}$$

실습 9-14

M-File | vector1.m

벡터 $\mathbf{A} = 2\mathbf{a}_x - \mathbf{a}_y + 4\mathbf{a}_z$에 대한 벡터의 크기와 단위 벡터 $\mathbf{a}_A$를 구하는 스크립트 파일을 작성하라.

배경 지식

norm(A)

- 벡터 $\mathbf{A}$의 크기를 구하는 함수이다.
- 단위 벡터의 계수 A_x, A_y, A_z를 제곱한 값을 더한 후 제곱근을 취한 값을 직접 계산할 수 있다.

풀이

vector1.m

```
A = input('Enter a vector A: ');
A_mag = sqrt(A(1)^2+A(2)^2+A(3)^2);
unit_a = A/A_mag;
disp('Magnitude of A = ');
disp(A_mag)
disp('Unit vector of A = ');
disp(unit_a)
```

그림 9-31 [실습 9-14]의 스크립트 파일

❶ input 명령어로 직교 벡터를 명령창에서 직접 입력받는다.

❷ 식 (9.30)과 식 (9.29)를 차례대로 입력한다.

[그림 9-32]는 벡터의 크기와 단위 벡터를 보여준다.

```
>> vector1
Enter a vector A: [2,-1,4]
Magnitude of A =
    4.5826
Unit vector of A =
    0.4364   -0.2182    0.8729
>> norm(A)
ans =
    4.5826
```

그림 9-32 [실습 9-14]의 실행 결과

벡터의 내적과 외적

벡터 **A**와 **B**의 내적(dot product)은 다음과 같이 정의한다.

$$\mathbf{A} \cdot \mathbf{B} = |\mathbf{A}||\mathbf{B}|\cos\theta_{\mathbf{AB}} \tag{9.31}$$

여기서 $\theta_{\mathbf{AB}}$는 **A**와 **B** 사이의 각 중 180°(π 라디안)보다 작은 값이고, 식 (9.31)을 이용하면 다음과 같다.

$$\theta_{\mathbf{AB}} = \cos^{-1}\left(\frac{\mathbf{A} \cdot \mathbf{B}}{|\mathbf{A}||\mathbf{B}|}\right) \tag{9.32}$$

두 벡터 $\mathbf{A} = (A_x, A_y, A_z)$와 $\mathbf{B} = (B_x, B_y, B_z)$에 대한 벡터의 내적은 다음과 같이 쓸 수 있다. 그러므로 벡터 내적의 결과는 스칼라가 된다.

$$\mathbf{A} \cdot \mathbf{B} = A_x B_x + A_y B_y + A_z B_z \tag{9.33}$$

식 (9.31)을 이용하면 단위 벡터의 내적은 $\mathbf{a}_x \cdot \mathbf{a}_y = \mathbf{a}_y \cdot \mathbf{a}_z = \mathbf{a}_z \cdot \mathbf{a}_x = 0$ ($\cos 90° = 0$)과 $\mathbf{a}_x \cdot \mathbf{a}_x = \mathbf{a}_y \cdot \mathbf{a}_y = \mathbf{a}_z \cdot \mathbf{a}_z = 1$ ($\cos 0° = 1$)이 된다.

벡터 **A**와 **C**의 외적(cross product)은 다음과 같이 정의한다.

$$\mathbf{A} \times \mathbf{C} = \mathbf{a}_n |\mathbf{A}||\mathbf{C}|\sin\theta_{\mathbf{AC}} \tag{9.34}$$

여기서 $\mathbf{a}_n$은 벡터 **A**와 **C**를 동시에 포함하는 면에 수직인 단위 벡터이며, $\theta_{\mathbf{AC}}$는 **A**와 **C** 사이의 각 중 180°보다 작은 각이다.

만일 두 벡터 $\mathbf{A} = (A_x, A_y, A_z)$와 $\mathbf{B} = (B_x, B_y, B_z)$에 대한 벡터의 외적은 다음과 같이 쓸 수 있다. 그러므로 벡터 외적의 결과는 벡터가 된다.

$$\mathbf{A} \times \mathbf{B} = \begin{bmatrix} \mathbf{a}_x & \mathbf{a}_y & \mathbf{a}_z \\ A_x & A_y & A_z \\ B_x & B_y & B_z \end{bmatrix}$$
$$= (A_y B_z - A_z B_y)\mathbf{a}_x + (A_z B_x - A_x B_z)\mathbf{a}_y + (A_x B_y - A_y B_x)\mathbf{a}_z \quad (9.35)$$

식 (9.34)를 이용하면 단위 벡터의 외적은 $\mathbf{a}_x \times \mathbf{a}_y = \mathbf{a}_z$, $\mathbf{a}_y \times \mathbf{a}_z = \mathbf{a}_x$, $\mathbf{a}_z \times \mathbf{a}_x = \mathbf{a}_y$와 $\mathbf{a}_y \times \mathbf{a}_x = -\mathbf{a}_z$, $\mathbf{a}_z \times \mathbf{a}_y = -\mathbf{a}_x$, $\mathbf{a}_x \times \mathbf{a}_z = -\mathbf{a}_y$가 된다.

실습 9-15

M-File | vector2.m

벡터 $\mathbf{A} = 2\mathbf{a}_x - \mathbf{a}_y + 4\mathbf{a}_z$, $\mathbf{B} = -4\mathbf{a}_y + \mathbf{a}_z$일 때 벡터의 내적 $\mathbf{A} \cdot \mathbf{B}$와 벡터의 외적 $\mathbf{A} \times \mathbf{B}$를 구하는 스크립트 파일을 작성하라.

풀이

vector2.m

```
❶ A = input('Enter a vector A: ');
   B = input('Enter a vector B: ');
❷ D = A.*B;
   dot_AB = D(1)+D(2)+D(3);
❸ cross_AB = [A(2)*B(3)-A(3)*B(2),A(3)*B(1)-A(1)*B(3),A(1)*B(2)-A(2)*B(1)];
   disp('dot product between A and B ');
   disp(dot_AB)
   disp('cross product between A and B ');
   disp(cross_AB)
```

그림 9-33 [실습 9-15]의 스크립트 파일

❶ input 명령어로 직교 벡터를 명령창에서 직접 입력받는다.

❷ 배열 연산자를 이용하여 두 벡터의 동일 원소를 곱한 후 각 원소를 더하면 식 (9.33)과 동일하게 벡터의 내적을 계산할 수 있다.

❸ 식 (9.35)를 직접 입력하여 벡터의 외적을 계산한다.

[그림 9-34]는 벡터의 내적과 외적의 결과를 보여준다. dot(A, B)를 이용하면 크기가 같은 벡터 **A**와 **B**의 벡터의 내적을 직접 계산할 수 있다.

```
Command Window
>> vector2
Enter a vector A: [2,-1,4]
Enter a vector B: [0,-4,1]
dot product between A and B
     8
cross product between A and B
    15    -2    -8
>> DP = dot(A,B)
DP =
     8
>> CP = cross(A,B)
CP =
    15    -2    -8
```

그림 9-34 [실습 9-15]의 실행 결과

TIP 벡터 **A**와 **B**가 모두 열벡터인 경우 dot(A, B)의 결과는 A'*B와 같다.
cross(A, B)를 이용하면 벡터 **A**와 **B**의 외적을 직접 계산할 수 있다. 이때 벡터 **A**와 **B**는 반드시 원소가 세 개여야 한다.

실습 9-16

M-File | vector3.m

벡터 $\mathbf{A} = 2\mathbf{a}_x - \mathbf{a}_y + 4\mathbf{a}_z$, $\mathbf{B} = -4\mathbf{a}_y + \mathbf{a}_z$일 때 벡터 **A**와 **B** 사이의 각 $\theta_{\mathbf{AB}}$를 구하는 스크립트 파일을 작성하라.

풀이

```
vector3.m
❶ A = input('Enter a vector A: ');
   B = input('Enter a vector B: ');
   D = A.*B;
❷ dot_AB = D(1)+D(2)+D(3);
   A_mag = sqrt(A(1)^2+A(2)^2+A(3)^2);
   B_mag = sqrt(B(1)^2+B(2)^2+B(3)^2);
❸ theta_rad = acos(dot_AB/(A_mag*B_mag));
   theta_AB = theta_rad*(180/pi);
   disp('Angle between A and B ');
   disp(theta_AB)
```

그림 9-35 [실습 9-16]의 스크립트 파일

❶ input 명령어로 직교 벡터를 명령창에서 직접 입력받는다.

❷ 벡터의 내적을 계산하고 두 벡터의 크기를 각각 구하는 식을 입력한다.

❸ acos 함수를 이용하여 역코사인 값을 구한다. 이때 라디안 값을 각으로 나타내기 위해 $\frac{180°}{\pi}$를 곱한다.

[그림 9-36]은 두 벡터 사이의 각을 보여준다.

```
Command Window
>> vector3
Enter a vector A: [2,-1,4]
Enter a vector B: [0,-4,1]
Angle between A and B
   64.9503
```

그림 9-36 [실습 9-16]의 실행 결과

스칼라 및 벡터의 삼중적

벡터 **A**, **B**, **C**의 곱하기는 스칼라 삼중적(scalar triple product)과 벡터 삼중적(vector triple product)으로 나뉜다. 삼중적한 결과가 스칼라일 경우 스칼라 삼중적, 벡터일 경우 벡터 삼중적이라 한다.

스칼라 삼중적은 식 (9.36) 또는 식 (9.37)과 같이 계산한다.

$$\mathbf{A}\cdot(\mathbf{B}\times\mathbf{C})=\mathbf{B}\cdot(\mathbf{C}\times\mathbf{A})=\mathbf{C}\cdot(\mathbf{A}\times\mathbf{B}) \tag{9.36}$$

$$\mathbf{A}\cdot(\mathbf{B}\times\mathbf{C})=-\mathbf{A}\cdot(\mathbf{C}\times\mathbf{B})=-\mathbf{B}\cdot(\mathbf{A}\times\mathbf{C})=-\mathbf{C}\cdot(\mathbf{B}\times\mathbf{A}) \tag{9.37}$$

세 벡터 $\mathbf{A}=(A_x, A_y, A_z)$, $\mathbf{B}=(B_x, B_y, B_z)$, $\mathbf{C}=(C_x, C_y, C_z)$에 대한 스칼라 삼중적은 다음과 같이 행렬식을 계산하는 것과 동일하게 쓸 수 있다. 그러므로 스칼라 삼중적의 결과는 스칼라가 된다.

$$\mathbf{A}\cdot(\mathbf{B}\times\mathbf{C})=\begin{vmatrix} A_x & A_y & A_z \\ B_x & B_y & B_z \\ C_x & C_y & C_z \end{vmatrix} \tag{9.38}$$

벡터 삼중적은 $\mathbf{A}\times(\mathbf{B}\times\mathbf{C})$이며 다음과 같이 확장하여 나타낼 수 있다. 그러므로 벡터 내적의 결과인 스칼라 값에 다시 벡터를 곱하므로 벡터 삼중적의 결과는 벡터가 된다.

$$\mathbf{A}\times(\mathbf{B}\times\mathbf{C})=\mathbf{B}(\mathbf{A}\cdot\mathbf{C})-\mathbf{C}(\mathbf{A}\cdot\mathbf{B}) \tag{9.39}$$

실습 9-17

M-File | vector4.m

벡터 $\mathbf{A} = 2\mathbf{a}_x - \mathbf{a}_z$, $\mathbf{B} = 2\mathbf{a}_x - \mathbf{a}_y + 2\mathbf{a}_z$, $\mathbf{C} = 2\mathbf{a}_x - 3\mathbf{a}_y + \mathbf{a}_z$일 때 스칼라 삼중적과 벡터 삼중적을 구하는 스크립트 파일을 작성하라.

풀이

```
A = input('Enter a vector A: ');
B = input('Enter a vector B: ');
C = input('Enter a vector C: ');
cross_BC = [B(2)*C(3)-B(3)*C(2),B(3)*C(1)-B(1)*C(3),B(1)*C(2)-B(2)*C(1)];
dot_A = A.*cross_BC;
stp = dot_A(1)+dot_A(2)+dot_A(3);
vtp = cross(A,cross(B,C));
disp('scalar triple product ');
disp(stp)
disp('vector triple product ');
disp(vtp)
```

그림 9-37 [실습 9-17]의 스크립트 파일

❶ input 명령어로 직교 벡터를 명령창에서 직접 입력받는다.

❷ 식 (9.35)를 입력하고 배열 연산자를 이용하여 벡터의 내적을 계산한다.

❸ 괄호를 이용하여 직접 cross 함수를 두 번 연속으로 사용한다.

[그림 9-38]은 스칼라 삼중적과 벡터 삼중적을 계산한 결과를 보여준다.

```
>> vector4
Enter a vector A: [2,0,-1]
Enter a vector B: [2,-1,2]
Enter a vector C: [2,-3,1]
scalar triple product
    14
vector triple product
     2     3     4
```

그림 9-38 [실습 9-17]의 실행 결과

[그림 9-39]는 식 (9.38)의 왼쪽 항의 행렬식을 이용한 결과이다. 이는 [그림 9-38]과 동일한 결과를 얻는다.

```
Command Window
>> A = [2,0,-1];
>> B = [2,-1,2];
>> C = [2,-3,1];
>> M = [A;B;C]
M =
     2     0    -1
     2    -1     2
     2    -3     1
>> stp = det(M)
stp =
    14
```

그림 9-39 다른 방법으로 구한 [실습 9-17]의 실행 결과

4. 평균, 분산, 표준편차

확률에서 평균(mean) μ와 기댓값은 같은 의미로, 확률변수 x의 위치를 나타낸다. 분산(variance)은 확률변수가 평균으로부터 얼마나 떨어진 곳에 분포하는지를 나타내며 다음과 같이 정의한다.

$$var(x) = \sigma^2 = \frac{\sum(x-\mu)^2}{n} \tag{9.40}$$

표준편차(standard deviation) σ는 분산의 제곱근으로 분산보다 더 자주 사용되며 다음과 같이 정의한다.

$$\sigma = \sqrt{\text{var}(x)} \tag{9.41}$$

실습 9-18

M-File | stoch1.m

1부터 100까지 무작위로 정수 10개를 생성한 후, 이에 대한 평균, 분산, 표준편차를 구하는 스크립트 파일을 작성하라.

풀이

```
stoch1.m
❶ N = input('Number of samples: ');
❷ x = randi([1 100],1,N);
❸ m_x = sum(x)/N;
❹ var_x = sum((x-m_x).^2)/N;
   std_x = sqrt(var_x);
   disp(x)
   disp('mean');
   disp(m_x)
   disp('variance');
   disp(var_x)
   disp('standard deviance');
   disp(std_x)
```

그림 9-40 [실습 9-18]의 스크립트 파일

❶ input 명령어로 생성하는 정수를 명령창에서 직접 입력받는다.

❷ randi 함수를 이용하여 1부터 100까지 무작위로 정수를 생성한다.

❸ sum 함수를 이용하여 10개 표본에 대한 평균을 계산한다.

❹ 분산과 표준편차를 구하는 식 (9.40)과 식 (9.41)을 입력한다.

[그림 9-41]은 무작위로 생성된 10개 표본에 대한 평균, 분산, 표준편차를 계산한 결과를 보여준다.

```
Command Window
>> stoch1
Number of samples: 10
    57     8     6    54    78    94    13    57    47     2
mean
   41.6000
variance
  951.0400
standard deviance
   30.8389
```

그림 9-41 [실습 9-18]의 실행 결과

randi 함수를 사용했으므로 무작위로 정수가 발생한다. 따라서 이 결과는 작성된 스크립트 파일을 다시 실행할 때마다 매번 다르게 나타난다.

5. 이산 푸리에 변환

주파수 영역에서 반복 주기를 이용하면 이산 정현파 신호도 연속 정현파 신호처럼 쉽게 표현할 수 있다. 그런데 연속 정현파는 주파수 값에 상관없이 항상 주기 신호이지만, 이산 정현파는 디지털 주파수가 유리수인 경우에만 주기 신호가 된다. 따라서 주파수가 2π의 정수배만큼 차이 나는 이산 정현파들은 같은 신호이고, 주파수의 차이가 2π의 정수배가 아니면 이산 비주기 신호로 분류된다.

이산 푸리에 변환(Discrete Fourier Transform, DFT)은 주파수 영역에서 이산 시간 유한 주기 신호를 분석하는 데 사용한다. 이산 비주기 신호를 주파수 영역의 표현으로 바꾸고, 다시 시간 영역 표현으로 되돌리는 이산 시간 푸리에 변환쌍은 다음과 같다.

$$x[n] = \frac{1}{2\pi}\int_{2\pi} X(\omega)e^{j\omega n}d\omega \qquad (9.42)$$

$$X(\omega) = \sum_{-\infty}^{\infty} x[n]e^{-j\omega n} \qquad (9.43)$$

합성방정식(synthesis equation)으로 표현된 식 (9.42)는 이산 시간 푸리에 역변환이라 하고, 분석방정식(analysis equation)으로 표현된 식 (9.43)은 이산 시간 푸리에 변환(DTFT)이라 한다.

실습 9-19

M-File | dis_four1.m

시간 $-8 \le n \le 8$[sec]에서 이산 비주기 입력 신호 $x[n]$에 대한 진폭 스펙트럼을 그리는 스크립트 파일을 작성하라. 여기서 모든 이산 정현파는 $-\pi \le \omega \le \pi$에서 표현할 수 있다.

$$x[n] = \sin\left[\frac{5\pi n}{2}\right]$$

풀이

```
dis_four1.m
❶ n = input('Discrete time: ');
❷ x_n = input('Discrete aperiodic signal: ');
❸ omega = -pi:1/500:pi;
❹ X_f = x_n*(exp(-1j*n'*omega));
❺ X_spec = abs(X_f);
❻ plot(omega,X_spec);
   xlabel('\omega');
   ylabel('|X(\omega)|');
   title('Amplitude Spectrum');
```

그림 9-42 [실습 9-19]의 스크립트 파일

❶ input 명령어로 이산 신호 간격과 비주기 신호를 명령창에서 직접 입력받는다.

❷ 이산 비주기 입력 신호 $x[n]$을 명령창에서 직접 입력받는다.

❸ $\frac{1}{500}$씩 증가하는 이산 정현파의 각주파수를 입력한다.

❹ 식 (9.43)을 지정한다. 이때 벡터 n과 omega에 대한 벡터 곱셈은 서로 차수를 맞춰 계산하기 위해 벡터 n을 전치 벡터로 바꿔서 사용한다.

❺ abs 명령어를 이용하여 진폭을 구한다.

❻ plot 함수를 이용하여 진폭 스펙트럼을 그래프로 나타낸다.

[그림 9-43]과 같이 이산 비주기 신호의 진폭을 그릴 때 필요한 이산 신호 간격과 비주기 신호를 입력한다. 그래프 시각성을 향상시키기 위해서 axis 명령어를 이용한다.

```
Command Window
>> dis_four1
Discrete time: -8:8
Discrete aperiodic signal: sin(5*pi*n/2)
>> axis([-pi pi 0 9])
```

그림 9-43 [실습 9-19]의 매개변수 입력

[그림 9-44]는 이산 비주기 신호의 진폭 그래프를 보여준다.

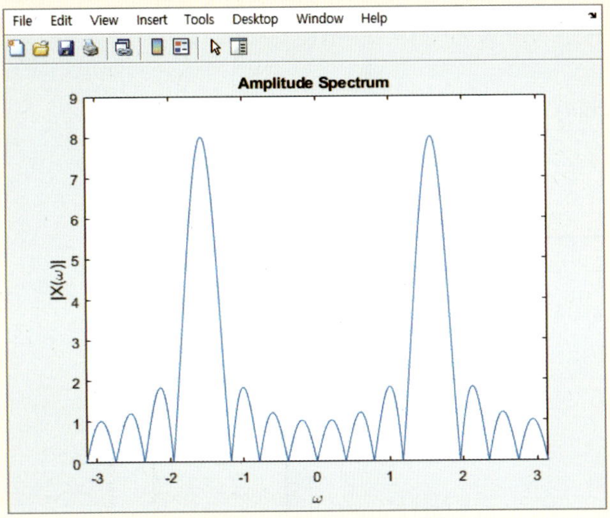

그림 9-44 [실습 9-19]의 이산 비주기 신호의 진폭 그래프

6. 아날로그 변조

아날로그 변조는 아날로그 신호에 의해 반송 신호의 진폭, 주파수, 위상 정보를 변경한 신호를 얻는다. 이는 여러 신호를 주파수 대역에서 분리하여 동시에 다중 신호를 전송하거나 잡음을 걸러내어 증폭이 용이한 대역으로 스펙트럼을 이동한다. 변조 방식으로는 진폭 변조, 주파수 변조, 위상 변조 등이 있다. 이 책에서는 주파수 변조에 대해서만 다루도록 한다.

주파수 변조

시간 영역에서 주파수 변조(Frequency Modulation, FM) 신호는 다음과 같이 나타낼 수 있다.

$$s(t) = A_c \cos\left[\omega_c t + k_f \int_{-\infty}^{t} m(\tau)\,d\tau\right] \tag{9.44}$$

여기서 k_f는 변조기의 주파수 감도(sensitivity)를 나타내는 상수이고, 주파수 변조 신호 $s(t)$는 메시지 신호 $m(t)$의 비선형 함수로 정의된다. 주파수 변조 방식은 대역폭이 넓기 때문에 진폭 변조[3]와 달리 신호의 스펙트럼을 메시지 신호와 연결하여 해석하기가 매우 어렵다. 반면에 잡음에 비교적 강한 것이 장점이다.

3 진폭 변조는 전송하고자 하는 메시지 신호에 코사인 파형 반송 신호를 곱하여 코사인파의 진폭에 정보를 실어 보내는 방식이다.

실습 9-20

M-File | freqmo.m

$-0.03 \le t \le 0.03$ [sec] 동안 주파수 감도가 $k_f = 80\pi$이고, 반송 주파수 $f_c = 200$ [Hz], 샘플링 주파수 $f_s = 10000$ [Hz]인 다음 삼각 아날로그 메시지 신호에 주파수 변조 방식을 이용한 결과를 나타내는 스크립트 파일을 작성하라.

$$m(t) = \begin{cases} 1 - 100\,|t + 0.01| & (-0.02 \le t \le 0) \\ -1 + 100\,|t - 0.01| & (0 \le t \le 0.02) \\ 0 & (\text{그 외}) \end{cases}$$

풀이

```
freqmo.m
f_s = input('Sampling frequency: ');
f_c = input('Carrier frequency: ');
t_i = input('Initial time: ');
t_f = input('Final time: ');
t_s = 1/f_s;
t = t_i:1/f_s:t_f;
t1 = input('Time interval 1: ');
t2 = input('Time interval 2: ');
m1 = [zeros([1 100]),1-100*abs(t1+0.01),zeros([1 300])];
m2 = [zeros([1 300]),-1+100*abs(t2-0.01),zeros([1 100])];
m_t = m1+m2;
k_f = 80*pi;
int_m_t = t_s*cumsum(m_t);
FM = cos(2*pi*f_c*t+k_f*int_m_t);
plot(t,FM);
xlabel('Time (sec)');
ylabel('s(t)');
title('FM signal');
grid;
```

그림 9-45 [실습 9-20]의 스크립트 파일

❶ input 명령어로 샘플링 주파수, 반송 주파수, 초기 시간, 최종 시간을 명령창에서 직접 입력받는다.

❷ 샘플링 시간은 샘플링 주파수의 역수이다.

❸ 주어진 각각의 삼각 아날로그 메시지 신호를 지정하고 더하면 전체 메시지 신호가 된다.

❹ 주파수 감도를 지정한다.

❺ 벡터 **x**의 원소 누적 합을 포함하는 벡터를 생성하는 cumsum 함수를 이용하여 식 (9.44)의 적분 항을 계산한다.

[그림 9-46]과 같이 샘플링 주파수, 반송 주파수, 초기 시간, 최종 시간과 삼각 아날로그 메시지 신호에 대한 각각의 시간 간격을 입력한다.

```
Command Window
>> freqmo
Sampling frequency: 10000
Carrier frequency: 200
Initial time: -0.03
Final time: 0.03
Time interval 1: -0.02:1e-4:0
Time interval 2: 0:1e-4:0.02
```

그림 9-46 [실습 9-20]의 매개변수 입력

[그림 9-47]은 시간에 따른 주파수 변조 신호를 그래프로 보여준다.

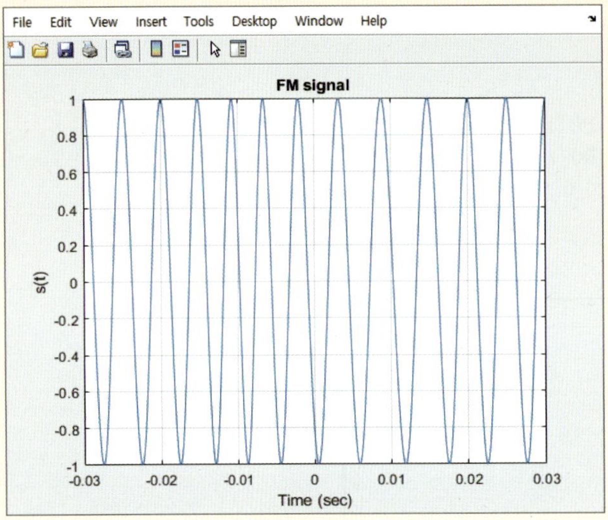

그림 9-47 [실습 9-20]의 주파수 변조 신호 그래프

7. 디지털 변조

아날로그 변조가 연속 파형을 나타내는 방식이라면 디지털 변조는 0과 1을 사용하는 2진 전송 시스템으로, 아날로그 변조보다 용량이 크기 때문에 더 많은 정보를 전송할 수 있다. 디지털 변조는 더 많은 정보 용량을 가지며 디지털 데이터 서비스와의 호환성은 물론 데이터 보안 면에서 우수하다. 그리고 통신 품질이 더 뛰어나고 시스템 가용성이 높다는 장점이 있다. 디지털 변조 방식으로는 진폭 천이 변조, 2진 주파수 천이 변조, 2진 위상 천이 변조 등이 있다. 이 책에서는 진폭 천이 변조에 대해서만 다루도록 한다.

진폭 천이 변조

진폭 천이 변조(Amplitude Shift Keying, ASK)는 가장 간단한 디지털 변조 방식이다. 진폭 천이 변조는 아날로그 변조의 진폭변조처럼 반송파의 진폭을 통해 이루어진다.

$0 \le t < T_b$에서 전송되는 심벌이 0인 파형은 $s_0(t)$를 사용한다. 심벌이 1인 파형은 $s_1(t)$를 사용하는 경우, 다음과 같은 파형으로 나타낼 수 있다.

$$s_0(t) \qquad (9.45a)$$

$$s_1(t) = A\cos(2\pi f_c t) \qquad (9.45b)$$

여기서 f_c는 반송 주파수를 나타낸다.

기저대역 신호(baseband signal)와 반송 신호(carrier signal)에 의해 디지털 진폭 천이 방식으로 변조된 신호는 다음과 같다.

$$M_{ASK}(t) = b(t) \times c(t) \tag{9.46}$$

실습 9-21

M-File | digital1.m

진폭 천이 변조의 통신 시스템을 이용하여 무작위로 생성되는 30개의 심벌(0 또는 1)을 연속으로 $0 \leq t \leq 15$초 동안 전송한다. 이때 반송파 $c(t) = \sin(2\pi t)$를 사용하여 기저대역 신호와 진폭 천이 변조된 신호를 그리는 스크립트 파일을 작성하라. 기저대역과 진폭 천이 변조된 신호를 나타내기 위해 3100개의 샘플을 사용하라.

풀이

digital1.m

```
t = input('Enter time: ');
N = input('Number of samples: ');
data = round(rand(1,30));
x = 1:1:N;
for i = 1:30
for j = i:0.1:i+1
b_sig(x(i*100:(i+1)*100)) = data(i);
end
end
b_sig = b_sig(100:1600);
c_sig = sin(2*pi*t);
M_ASK = b_sig.*c_sig;
plot(t,b_sig,'-.',t,M_ASK);
xlabel('Time [sec]');
ylabel('Digital Symbol');
title('Modulated Digital Signal');
legend('Baseband signal','ASK signal','Location','se');
```

그림 9-48 [실습 9-21]의 스크립트 파일

❶ input 명령어로 시간과 샘플의 개수를 명령창에서 직접 입력받는다.

❷ 0과 1 사이의 실수를 무작위로 생성하는 rand 함수와 실수 원소를 0과 1의 정수로 반올림하는 round 함수를 이용하여 2진 심벌 30개를 생성한다.

❸ for문을 이용하여 100개의 샘플마다 무작위로 생성된 심벌을 나타낸다.

❹ 2진 데이터 15개에 대한 기저대역을 구한다.

❺ 주어진 반송파와 진폭 천이 변조 신호를 입력한다.

❻ 기저대역 신호와 진폭 천이 변조 신호를 그래프로 나타낸다.

[그림 9-49]와 같이 0초부터 15초까지 연속 시간 동안 기저대역과 진폭 천이 변조된 신호를 나타내기 위해 3100개의 샘플을 지정하고 axis 명령어를 이용하여 그래프의 시각적 효과를 향상시킨다.

```
Command Window
>> digital1
Enter time: 0:0.01:15
Number of samples: 3100
>> axis([0 15 -1.5 1.5])
```

그림 9-49 [실습 9-21]의 매개변수 입력

[그림 9-50]은 진폭 천이 변조된 신호를 보여준다. rand 함수를 이용하여 무작위로 신호를 생성했기 때문에 신호 형태는 매번 실행할 때마다 다르게 나온다. 심벌 0에 대한 부분은 0으로 변조되고, 심벌 1에 대한 부분은 주어진 반송파와 동일한 사인파로 변조된다.

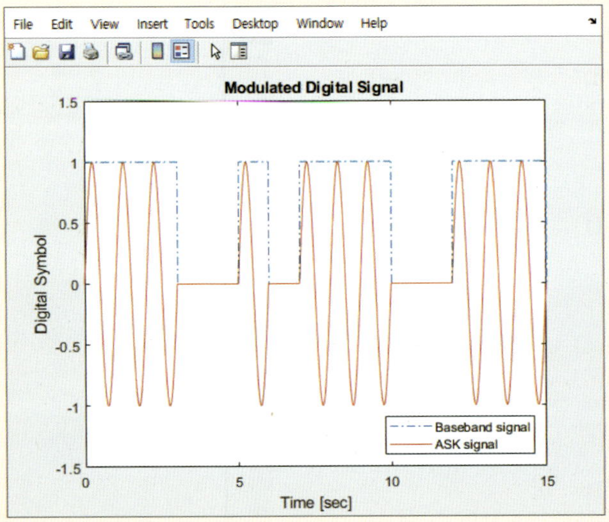

그림 9-50 [실습 9-21]의 진폭 천이 변조 그래프

SECTION 9.3

응용공학 문제

학습 목표

- 점전하에 대한 전기장을 구하는 과정을 이해한다.
- 커패시턴스와 인덕턴스의 개념을 구분하고, 구면 커패시턴스를 구하는 방법을 학습한다.
- 스크립트 파일을 작성하여 정전기장에 대한 경계 조건을 분석하는 방법을 학습한다.
- 최대 전달 전력의 변화를 나타내는 그래프를 그린다.
- RC 회로에서 커패시터에 흐르는 전압을 실행하는 그래프를 그린다.
- 삼각 푸리에 급수의 개념에 대해 이해한다.
- 보드선도의 개념을 이해한 후 스크립트를 작성하여 그린다.
- 전달함수의 직렬 및 병렬 연결에 대한 그래프를 그린다.

1. 점전하로 생성되는 전기장

전하 Q는 물질이 갖고 있는 전기의 양으로, 단위는 쿨롱(coulomb)이다. 전자가 갖는 전하는 $-e$로 나타내는데, 전하의 양 $e = 1.602 \times 10^{-19}$ [C]과 같다.[4]

위치 벡터 $\mathbf{r}_1$과 $\mathbf{r}_2$에 놓여 있는 두 점전하 Q_1과 Q_2가 거리 R만큼 떨어져 있다. 이때 Q_1에 의해 Q_2가 받는 벡터 힘을 나타내는 쿨롱의 법칙(Coulomb's law)은 다음과 같다.

$$\mathbf{F}_{12} = \frac{Q_1 Q_2}{4\pi\varepsilon_0 R^2}\mathbf{a}_R \tag{9.47}$$

여기서 상수 ε_0는 자유공간의 유전율(permittivity)이라 하고, 그 값은 다음과 같다.

$$\varepsilon_0 = 8.854 \times 10^{-12} \tag{9.48}$$

전기장 $\mathbf{E}$는 $\mathbf{F}_{12}$를 Q_2로 나누어 구할 수 있는데, 이를 다음과 같이 나타낸다.

$$\mathbf{E} = \frac{Q}{4\pi\varepsilon_0 |\mathbf{R}|^3}\mathbf{R} \tag{9.49}$$

N개의 점전하 $Q_1, Q_2, \cdots, Q_N$이 위치 벡터 $\mathbf{r}_1, \mathbf{r}_2, \cdots, \mathbf{r}_N$에 각각 놓여 있을 때 위치 벡터 $\mathbf{r}$에서의 전기장은 다음과 같다.

$$\mathbf{E} = \frac{1}{4\pi\varepsilon_0}\sum_{k=1}^{N}\frac{Q_k(\mathbf{r}-\mathbf{r}_k)}{|\mathbf{r}-\mathbf{r}_k|^3} \tag{9.50}$$

4 6.242×10^{-18} 개의 전하가 모여 1[C]이 된다.

실습 9-22

M-File | efield.m

점전하 $-2[\text{nC}]$, $3[\text{nC}]$, $-1[\text{nC}]$이 각각 $(1, 0, 0)$, $(0, 1, 0)$, $(0, 0, 1)$에 있을 때, 좌표 $(-1, 2, 3)$에서의 전기장을 구하는 스크립트 파일을 작성하라.

풀이

efield.m

```
❶ Q1 = input('Enter the 1st charge: ');
   Q2 = input('Enter the 2nd charge: ');
   Q3 = input('Enter the 3rd charge: ');
   r1 = input('Enter the 1st location: ');
   r2 = input('Enter the 2nd location: ');
   r3 = input('Enter the 3rd location: ');
   R = input('Enter new location: ');
❷ eps0 = 8.854e-12;
   k = 4*pi*eps0;
❸ R1 = R-r1;
   R2 = R-r2;
   R3 = R-r3;
❹ R1_mag = norm(R1);
   R2_mag = norm(R2);
   R3_mag = norm(R3);
❺ E1 = Q1/(k*R1_mag^3)*R1;
   E2 = Q2/(k*R2_mag^3)*R2;
   E3 = Q3/(k*R3_mag^3)*R3;
❻ E_field = E1+E2+E3;
   disp('Electric field ');
   disp(E_field)
```

그림 9-51 [실습 9-22]의 스크립트 파일

❶ input 명령어로 점전하와 위치 벡터를 명령창에서 직접 입력받는다.

❷ 자유공간의 유전율과 상수 $k = 4\pi\varepsilon_0$를 지정한다.

❸ 구하는 자기장의 위치 벡터에서 세 개 점전하의 위치 벡터의 거리를 지정한다.

❹ norm 함수를 직접 이용하여 세 개 위치 벡터의 크기를 구한다.

❺ 전기장을 구하기 위해 식 (9.49)를 계산한다.

❻ 새로운 전기장을 구하기 위해 앞서 구한 세 개 전기장을 더한다.

[그림 9-52]는 새로운 좌표에서 전기장을 실행한 결과를 보여준다.

Command Window

```
>> efield
Enter the 1st charge: -2e-9
Enter the 2nd charge: 3e-9
Enter the 3rd charge: -1e-9
Enter the 1st location: [1,0,0]
Enter the 2nd location: [0,1,0]
Enter the 3rd location: [0,0,1]
Enter new location: [-1,2,3]
Electric field
    0.1067   -0.4396    0.7821
```

그림 9-52 [실습 9-22]의 실행 결과

2. 커패시턴스와 인덕턴스

커패시터와 인덕터는 회로에서 대표적으로 사용하는 수동 소자이다. 커패시턴스는 커패시터가 전하를 얼마만큼 저장할 수 있는가를 나타내고, 인덕턴스는 인덕터에 흐르는 전류의 변화량에 비례하여 전압을 유도함으로써 전류의 급격한 변화를 억제할 수 있는가를 나타낸다.

커패시턴스

커패시터는 동일한 2개 이상의 도체가 서로 반대 극성 전하를 갖는 형태로 구성된다. 한쪽 도체에서 흐르는 전기선속은 반드시 다른 쪽 도체 표면에 도달하는데, 이 때문에 도체를 커패시터의 판이라고 부르기도 한다. 2개의 판은 유전율 ε으로 분리되어 있다. 그리고 커패시턴스 C는 두 도체 시스템 중 한 전하의 크기에 대한 두 도체 사이의 전위차(potential difference) 비율로 정의한다.

그 중에서도 내부 도체 구의 반지름 a와 외부 도체 구의 반지름 b로 이루어진 구면(spherical) 커패시터의 커패시턴스는 다음과 같다.

$$C = \frac{Q}{V_{ab}} = \frac{4\pi\varepsilon}{\frac{1}{a} - \frac{1}{b}} \quad (b > a) \tag{9.51}$$

절대 유전율(permittivity) ε은 자유 공간의 유전율 ε_0와 유전체의 상대 유전율(relative permittivity) ε_r의 관계는 다음과 같이 나타낼 수 있다.

$$\varepsilon = \varepsilon_0 \varepsilon_r \tag{9.52}$$

실습 9-23

M-File | sph_capa.m

내부 도체 구의 반지름이 1[mm], 외부 도체 구의 반지름이 3[mm]일 때 구면 커패시터의 커패시턴스를 구하는 스크립트 파일을 작성하라. 여기서 자유 공간의 유전율은 $\varepsilon_0 = 8.854 \times 10^{-12}$이고 상대 유전율은 $\varepsilon_r = 2.5$이다.

풀이

```
sph_capa.m
a = input('Enter an inner radius: ');
b = input('Enter an outer radius: ');
r_eps = input('Enter a relative permittivity: ');
eps0 = 8.854e-12;
eps = eps0*r_eps;
C = (4*pi*eps)/(1/a-1/b);
disp('Spherical capacitance ');
disp(C)
```

그림 9-53 [실습 9-23]의 스크립트 파일

❶ input 명령어로 반지름과 비유전율을 명령창에서 직접 입력받는다.

❷ 자유공간의 유전율과 절대 유전율을 지정한다.

❸ 구면 커패시턴스를 구하기 위해 식 (9.51)을 입력한다.

[그림 9-54]와 같이 내 · 외부 도체 구의 반지름과 상대 유전율을 입력한다. 그러면 구면 커패시턴스를 계산한 결과를 보여준다.

Command Window

```
>> sph_capa
Enter an inner radius: 1e-3
Enter an outer radius: 3e-3
Enter a relative permittivity: 2.5
Spherical capacitance
   4.1723e-13
```

그림 9-54 [실습 9-23]의 실행 결과

인덕턴스

도선의 코일로 구성된 인덕터(inductor)는 자기장의 에너지를 저장할 수 있는 소자이다. 인덕터가 가지고 있는 성질을 인덕턴스(inductance)라 하는데, 기호는 L이고 단위는 헨리[H]이다. 이를 식으로 나타내면 다음과 같다.

$$L = \frac{\Phi}{I} \tag{9.53}$$

도선을 N번 감은 코일의 자기선속 Φ는 다음과 같다.

$$\Phi = N\Phi_s \tag{9.54}$$

여기서 Φ_s는 한 번 감긴 도선에 의해 둘러싸인 표면을 통과하는 선속이다.

실습 9-24

M-File | inductance.m

도선에 코일을 N번 감은 환상체(toroidal frame)가 자유공간에 놓여 있을 때 자체 인덕턴스 L은 다음과 같다. a와 b는 각각 환상체 안쪽과 바깥쪽 반지름, h는 높이, 자유 공간의 투자율은 $\mu_0 = 4\pi \times 10^{-7}$ [H/m]이다.

$$L = \frac{\mu_0 N^2 h}{2\pi} \ln \frac{b}{a}$$

$a = 2$[mm], $b = 5$[mm], $h = 3$[mm], $N = 1000$[회]을 입력하여 인덕턴스 L을 출력하는 스크립트 파일을 작성하라.

풀이

```
inductance.m
❶ a = input('Enter inner radius [m]: ');
  b = input('Enter outer radius [m]: ');
  h = input('Enter height [m]: ');
  N = input('Nmber of turns: ');
❷ mu0=4*pi*1e-7;
❸ L = mu0*(N^2*h/(2*pi))*log(b/a);
  disp('Inductance [H]:');
  disp(L)
```

그림 9-55 [실습 9-24]의 스크립트 파일

❶ input 명령어로 안쪽과 바깥쪽 반지름, 높이, 코일의 감긴 횟수를 명령창에서 직접 입력받는다.

❷ 자유공간의 투자율을 지정한다.

❸ 주어진 식을 지정하고 계산된 결과를 명령창에 출력하기 위해 disp 명령어를 이용한다.

[그림 9-56]과 같이 안쪽과 바깥쪽 반지름, 높이, 코일의 감긴 횟수를 입력한다. 그러면 인덕턴스를 계산한 결과를 보여준다.

```
Command Window
>> inductance
Enter inner radius [m]: 2e-3
Enter outer radius [m]: 5e-3
Enter height [m]: 3e-3
Nmber of turns: 1e3
Inductance [H]:
   5.4977e-04
```

그림 9-56 [실습 9-24]의 실행 결과

3. 전기장의 경계 조건

서로 다른 2개의 매질이 경계면 사이에 존재할 때 정전기 공간에서 각 영역에 대한 전기장에 대한 경계 조건을 분석하고, 전기선속 밀도의 관계를 구해보자. 전기장 $\mathbf{E}_1$은 다음과 같이 2개의 직교 성분으로 나뉜다.

$$\mathbf{E}_1 = \mathbf{E}_{1t} + \mathbf{E}_{1n} \tag{9.55}$$

경계면 사이에 위치한 2개의 완전 유전체에서 전기장의 접선 성분은 경계면을 따라 연속이기 때문에 다음과 같이 나타낼 수 있다.

$$\mathbf{E}_{1t} = \mathbf{E}_{2t}\ [\mathrm{V/m}] \tag{9.56}$$

전기장 $\mathbf{E}_1$의 수직 성분은 다음과 같다.

$$\mathbf{E}_{1n} = (\mathbf{E}_1 \cdot \mathbf{a}_N)\mathbf{a}_N\ [\mathrm{V/m}] \tag{9.57}$$

만일 경계면에 표면전하 밀도가 존재하면 전기선속 밀도의 수직 성분은 경계면을 따라 불연속이므로 다음과 같다.

$$\mathbf{D}_{1n} - \mathbf{D}_{2n} = \rho_s [\mathrm{C/m^2}] \tag{9.58}$$

그러나 완전 유전체 사이의 경계면에는 표면전하 밀도가 존재하지 않으므로($\rho_s = 0$) 식 (9.58)은 다음과 같이 나타낼 수 있다.

$$\mathbf{D}_{1n} = \mathbf{D}_{2n} \tag{9.59}$$

실습 9-25

M-File | e_border.m

$z<0$인 영역 1에 상대 유전율 $\varepsilon_{r1}=2$인 완전 유전체가 있고, $z>0$인 영역 2에 상대 유전율 $\varepsilon_{r2}=5$인 완전 유전체가 있다.

영역 1에 전기장 $\mathbf{E}_1 = -40\mathbf{a}_x + 60\mathbf{a}_y + 80\mathbf{a}_z\,[\mathrm{V/m}]$가 있을 때, 영역 2의 전기장 $\mathbf{E}_2$와 전기선속 밀도 $\mathbf{D}_2$를 구하는 스크립트 파일을 작성하라. 여기서 자유 공간의 유전율은 $\varepsilon_0 = 8.854 \times 10^{-12}$이다.

풀이

```
e_border.m
❶ a_N = input('Enter normal unit vector: ');
❷ E1 = input('Enter electric field intensity 1: ');
  r_eps1 = input('Enter a relative permittivity1: ');
  r_eps2 = input('Enter a relative permittivity2: ');
  eps0 = 8.854e-12;
❸ E1_n = (dot(E1,a_N))*a_N;
  E1_t = E1 - E1_n;
  E2_t = E1_t;
❹ E2_n = E1_n*r_eps1/r_eps2;
❺ E2 = E2_t+E2_n;
  D2 = eps0*r_eps2*E2;
❻ disp('Electric field intensity 2');
  disp(E2)
  disp('Electric flux density ');
  disp(D2)
```

그림 9-57 [실습 9-25]의 스크립트 파일

❶ input 명령어로 경계면 $z=0$의 수직 방향인 단위 벡터를 명령창에서 직접 입력받는다.

❷ input 명령어로 벡터 $\mathbf{E}_1$과 상대 유전율 ε_{r1}, ε_{r2}를 명령창에서 직접 입력받는다.

❸ 식 (9.57), 식 (9.55), 식 (9.56)을 이용하여 $\mathbf{E}_{1n}$, $\mathbf{E}_{1t}$, $\mathbf{E}_{2t}$를 지정한다.

❹ 식 (9.59)에 따라 $\varepsilon_1\mathbf{E}_{1n} = \varepsilon_2\mathbf{E}_{2n}$이므로 $\mathbf{E}_{2n}$을 지정한다.

❺ 식 (9.56)과 $\mathbf{D}_2 = \varepsilon_0\varepsilon_{r2}\mathbf{E}_2$를 이용하여 $\mathbf{E}_2$와 $\mathbf{D}_2$를 지정한다.

❻ 계산된 벡터 $\mathbf{E}_2$와 $\mathbf{D}_2$의 결과를 명령창에 출력하기 위해 disp 명령어를 이용한다.

[그림 9-58]과 같이 단위 벡터, 벡터 $\mathbf{E}_1$, 상대 유전율을 입력한다. 그러면 영역 2의 전기장과 전기선속 밀도를 계산한 결과를 보여준다.

```
Command Window
>> e_border
Enter normal unit vector: [0 0 1]
Enter electric field intensity 1: [-40 60 80]
Enter a relative permittivity1: 2
Enter a relative permittivity2: 5
Electric field intensity 2
   -40    60    32
Electric flux density
   1.0e-08 *
   -0.1771    0.2656    0.1417
```

그림 9-58 [실습 9-25]의 실행 결과

4. 최대 전력 전달

[그림 9-59]에서 전력원에 연결된 부하는 전력원에 저항으로 나타낼 수 있다. 옴의 법칙(Ohm's law)과 키르히호프의 법칙(Kirchhoff's law)을 이용하면 부하에 의해 소모되어 전달되는 전력은 다음과 같다.

$$P = \frac{V_0^2 R}{(R_0 + R)^2} \tag{9.60}$$

여기서 R은 부하 저항, V_0는 공급원, R_0는 발전기의 내부 저항이다. 최대 전력 전달은 부하 저항과 발전기의 내부 저항이 일치할 때($R = R_0$), 부하에 공급되는 전력이 최대가 되는 것을 의미한다.

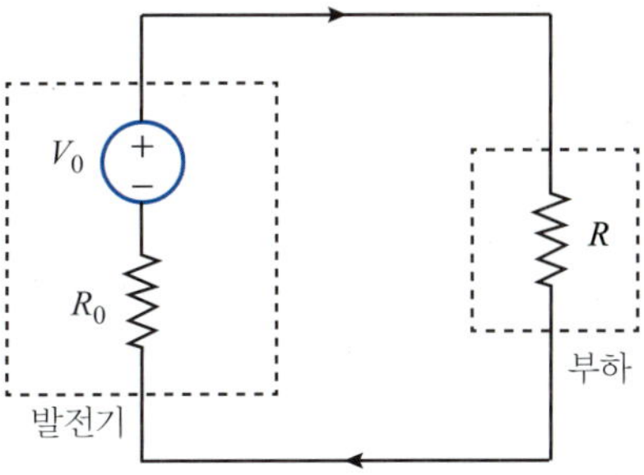

그림 9-59 최대 전력 해석에 사용하는 등가 회로

또한 식 (9.60)은 모든 R 값에 대해 다음과 같이 나타낼 수 있다.

$$P = \frac{V_0^2 R}{(R_0 + R)^2} = \frac{V_0^2}{4R_0} \cdot \left[1 - \frac{(R - R_0)^2}{(R + R_0)^2}\right] \tag{9.61}$$

만일 식 (9.61)에서 $R=R_0$이면 다음과 같이 간략하게 쓰여진다.

$$P \le \frac{V_0^2}{4R_0} \tag{9.62}$$

실습 9-26

M-File | circuit1.m

[그림 9-59]에서 $V_0=100$ [V], $R_0=50$ [Ω]일 때 최대 전달 전력을 구하는 스크립트 파일을 작성하라. 간격 $0 \le R \le 300$ [Ω] 사이에 601개의 벡터 원소를 생성하고, 식 (9.60)을 이용하여 저항 R[Ω]에 대한 전력 P[W]의 그래프를 나타내라. 이때 최대 전력 전달의 지점을 그래프에 표시한다.

풀이

```
V0 = input('voltage source: ');
R0 = input('internal resistance: ');
R = input('load resistance: ');
P = V0^2*R./(R+R0).^2;
Pmax = V0^2/(4*R0);
plot(R,P,R0,Pmax,'ro');
axis([0 300 0 55]);
xlabel('{₩itR} [ohms]');
ylabel('{₩itP} [Watts]');
title('{₩itP} vs. {₩itR}');
grid on;
legend('power','maximum','Location','se');
```

그림 9-60 [실습 9-26]의 스크립트 파일

❶ input 명령어로 전압원, 내부 저항, 부하 저항을 명령창에서 직접 입력받는다.

❷ 식 (9.60)과 식 (9.62)를 지정한다.

❸ plot 명령어를 입력하여 최대 전력의 그래프를 그린다.

[그림 9-61]과 같이 최대 전력 전달을 계산하기 위해 주어진 전압원, 내부 저항, 부하 저항의 범위를 입력한다.

```
>> circuit1
voltage source: 100
internal resistance: 50
load resistance: linspace(0,300,601)
```

그림 9-61 [실습 9-26]의 매개변수 입력

[그림 9-62]는 부하 저항의 변화에 상응하는 최대 전력 전달의 변화를 보여준다.

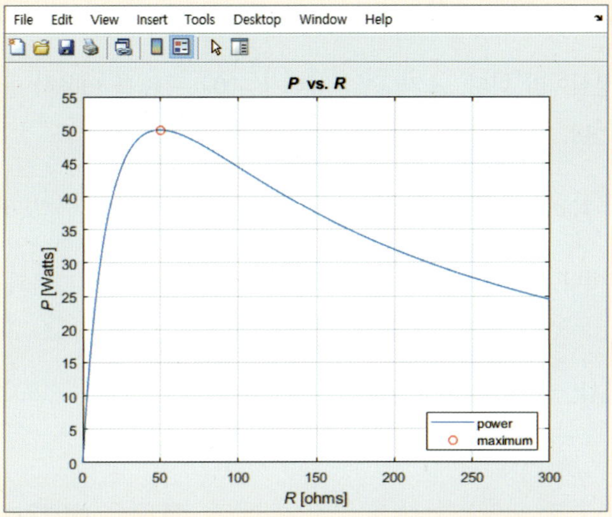

그림 9-62 [실습 9-26]의 부하 저항 변화에 따른 최대 전력 전달 그래프

5. *RC* 회로

수동 소자인 저항과 커패시터의 결합으로 구성된 *RC* 회로를 해석하면 1차 미분방정식으로 나타낼 수 있다. 이처럼 1차 미분방정식으로 회로의 특성을 나타내는 회로를 1차 회로라고 한다. [그림 9-63]은 전압원 $V_S(t)$가 연결된 *RC* 회로를 보여준다.

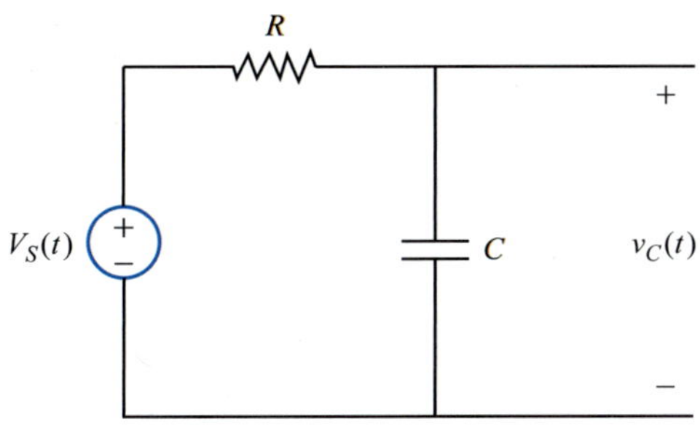

그림 9-63 전압원이 연결된 *RC* 회로

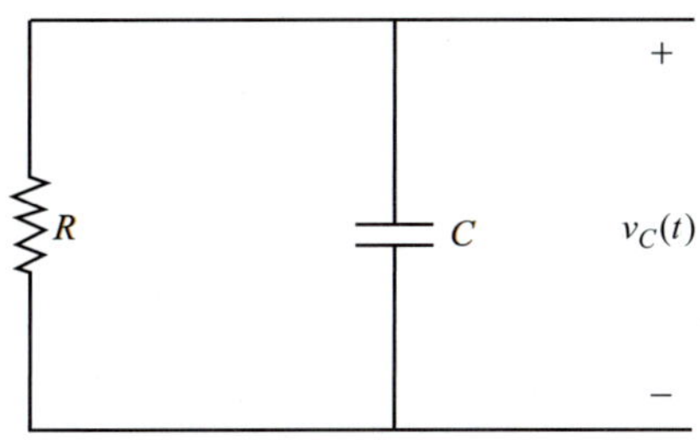

그림 9-64 전압원이 단락된 *RC* 회로

[그림 9-63]에서 키르히호프의 전류 법칙을 이용하면 다음과 같다.

$$C\frac{dv_C(t)}{dt} + \frac{v_C(t) - V_S(t)}{R} = 0 \tag{9.63}$$

[그림 9-64]는 [그림 9-63]에서 전압원이 단락된 회로로, 이처럼 공급원의 영향을 받지 않는 *RC* 회로를 무공급원(source-free) *RC* 회로라 한다.

무공급원 RC 회로에서 공급원은 $V_S(t)=0$이 되어 식 (9.63)은 다음과 같이 다시 쓸 수 있다.

$$C\frac{dv_C(t)}{dt}+\frac{v_C(t)}{R}=0 \tag{9.64}$$

이를 선형 동차(homogeneous) 미분방정식이라 한다. 초기 전압 상태 $V_C(0)=V_0$를 이용하여 식 (9.64)를 풀면 다음과 같은 결과를 다시 얻는다.

$$v_C(t)=V_0e^{-t/\tau} \quad (t\geq 0) \tag{9.65}$$

여기서 시간 상수(time constant) $\tau=RC$이다. 공급원 $V_S(t)$가 존재하는 경우 식 (9.65)는 다음과 같이 다시 쓸 수 있다.

$$v_C(t)=V_0(1-e^{-t/\tau}) \quad (t\geq 0) \tag{9.66}$$

실습 9-27

M-File | circuit2.m

[그림 9-63]에서 $v_C(0)=10$[V], $C=20[\mu\text{F}]$이다. 이때 저항 50[Ω], 500[Ω], 2[kΩ]일 때 시간 $t=0:0.01:0.1$[sec]에서 커패시터에 흐르는 전압을 보여주는 스크립트 파일을 작성하라.

풀이

circuit2.m

```
① V0 = input('Enter initial voltage: ');
  C = input('Enter capacitor value: ');
  R1 = input('Enter the 1st resistor: ');
  R2 = input('Enter the 2nd resistor: ');
  R3 = input('Enter the 3rd resistor: ');
  t = input('Enter time: ');
② tau = [R1*C, R2*C, R3*C];
③ v_C1 = V0*(1-exp(-t./tau(1)));
  v_C2 = V0*(1-exp(-t./tau(2)));
  v_C3 = V0*(1-exp(-t./tau(3)));
  plot(t,v_C1,t,v_C2,'--',t,v_C3,'-.');
  xlabel('Time [sec]');
  ylabel('Voltage across capacitor [V]');
  title('RC circuit');
  legend('R1=50[ohm]','R2=500[ohm]','R3=2k[ohm]','Location','se');
```

그림 9-65 [실습 9-27]의 스크립트 파일

① input 명령어로 초기 전압, 커패시터, 3개의 저항값, 시간을 명령창에서 직접 입력받는다.

② 시간 상수 3개를 배열로 지정한다.

③ 식 (9.66)을 이용하여 커패시터에 흐르는 3개의 전압을 지정한다.

[그림 9-66]과 같이 RC 회로의 초기 전압, 커패시터, 저항들과 시간을 입력한다.

```
Command Window
>> circuit2
Enter initial voltage: 10
Enter capacitor value: 20e-6
Enter the 1st resistor: 50
Enter the 2nd resistor: 500
Enter the 3rd resistor: 2e3
Enter time: 0:0.01:0.1
>> axis([0 0.1 0 11]);
```

그림 9-66 [실습 9-27]의 매개변수 입력

[그림 9-67]은 시간 변화에 의해서 생성되는 3개의 그래프를 보여준다.

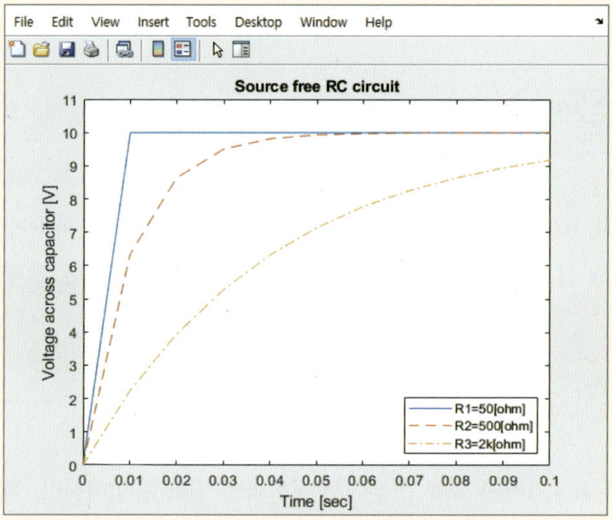

그림 9-67 [실습 9-27]의 시간 변화에 따른 커패시터의 전압 그래프

6. 삼각 푸리에 급수

푸리에 정리(Fourier theorem)는 어떠한 주기 함수도 각기 다른 주파수를 갖는 정현파의 합으로 나타낼 수 있다는 정리이다. 즉 상이한 진폭, 위상 및 주파수를 갖는 다양한 정현파 신호를 중첩하여 새로운 신호를 표현할 수 있다.

다음 조건을 만족하는 연속 신호 $f(t)$를 기본 주기가 T인 주기 신호(periodic signal)라고 정의한다.

$$f(t) = f(t + nT) \tag{9.67}$$

푸리에 정리에 의하면 주기 함수인 비정현파 신호도 사인 함수 혹은 코사인 함수에 주파수 ω_0의 정수배가 곱해진 정현파 함수의 무한한 합으로 표현할 수 있다. 그러므로 주기 함수 $f(t)$는 다음과 같이 삼각함수의 가중치로 분해한 푸리에 급수(Fourier series) 형태로 나타낼 수 있다.

$$f(t) = a_0 + a_1 \cos \omega_0 t + b_1 \sin \omega_0 t + a_2 \cos 2\omega_0 t + b_2 \sin 2\omega_0 t + \cdots \tag{9.68}$$

여기서 $\omega_0 = \dfrac{2\pi}{T}$의 단위는 [rad/s]이며, 기본 주파수(fundamental frequency)라고 한다. 기본 주파수의 정수배인 $2\omega_0$, $3\omega_0$, $\cdots$을 고조파(harmonic)라고 한다. 식 (9.68)의 푸리에 급수, 즉 고조파 사인 곡선의 무한급수로 이루어진 주기함수 $f(t)$는 식 (9.69)와 같이 교류 성분과 직류 성분으로 나누어 표현할 수 있다.

식 (9.69)는 주기함수 $f(t)$의 삼각 푸리에 급수(trigonometric Fourier series)라고 하고, $\cos n\omega_0 t$ 및 $\sin n\omega_0 t$는 주기 함수 $f(t)$의 n 번째 고조파를 나타낸다.

$$f(t) = \underbrace{a_0}_{\text{직류 성분}} + \underbrace{\sum_{n=1}^{\infty}(a_n \cos n\omega_0 t + b_n \sin n\omega_0 t)}_{\text{교류 성분}} \tag{9.69}$$

이때 n이 우수(짝수, even)이면 우수 고조파, n이 기수(홀수, odd)이면 기수 고조파라 한다. 파수가 없는 직류 성분인 푸리에 상수 a_0를 구하기 위해 식 (9.69)의 양변을 주기 T동안 적분하면 상수 a_0는 주기 함수 $f(t)$의 평균값으로 나타낼 수 있다.

$$a_0 = \frac{1}{T}\int_0^T f(t)\,dt \tag{9.70}$$

식 (9.69)의 상수 a_n과 b_n은 푸리에 계수로, $n \neq 0$이면 교류 성분에서 정현파의 진폭을 의미한다. 계수 a_n을 구하기 위해 식 (9.69)의 양변에 $\cos m\omega_0 t$를 곱한 후 주기 T동안 적분하면 푸리에 계수 a_n은 다음과 같다.

$$a_n = \frac{2}{T}\int_0^T f(t)\cos n\omega_0 t\,dt \tag{9.71}$$

푸리에 계수 b_n은 식 (9.69)의 양변에 $\sin m\omega_0 t$를 곱한 후 주기 T동안 적분하면 푸리에 계수 b_n은 다음과 같다.

$$b_n = \frac{2}{T}\int_0^T f(t)\sin n\omega_0 t\,dt \tag{9.72}$$

실습 9-28

M-File | circuit3.m

푸리에 급수를 이용하여 평균값 0을 갖는 톱니(sawtooth) 함수에 대한 삼각 푸리에 급수는 다음과 같다.

$$s(t) = \frac{20}{\pi}\sum_{n=1}^{\infty}\frac{\sin(n\pi t)}{n}$$

만일 $f(t)$가 다음과 같이 주어질 때, 시간 $0 \sim 4$[sec]까지 0.05[ms] 간격을 갖는 $f(t)$의 그래프를 그리는 스크립트 파일을 작성하라.

$$f(t) = \frac{20}{\pi}\sum_{n=1}^{50}\frac{\sin(n\pi t)}{n}$$

풀이

circuit3.m

```
t = input('Enter time: ');
dt = input('Enter time interval: ');
t_pts = (4/dt)+1;
for n = 1:50
    for k = 1:t_pts
        sig(n,k) = (20/pi)*(sin(n*pi*dt*(k-1))/n);
    end
end
for k = 1:t_pts
    g1 = sig(:,k);
    g2(k) = sum(g1);
end
f = g2';
plot(t,f);
xlabel('Time [sec]');
ylabel('Amplitude [V]');
title('Fourier Seires of Sawtooth');
grid on;
```

그림 9-68 [실습 9-28]의 스크립트 파일

❶ input 명령어로 시간과 시간 간격을 명령창에서 직접 입력받는다.

❷ 주어진 시간에 포함되는 전체 시간 간격의 개수를 계산한다.

❸ for문을 이용하여 급수의 총합을 계산한다.

[그림 9-69]와 같이 주어진 시간과 시간 간격을 입력한다.

Command Window

```
>> circuit3
Enter time: 0:5e-5:4
Enter time interval: 5e-5
```

그림 9-69 [실습 9-28]의 매개변수 입력

[그림 9-70]은 삼각 푸리에 급수를 이용하여 구한 톱니 함수의 그래프를 보여준다.

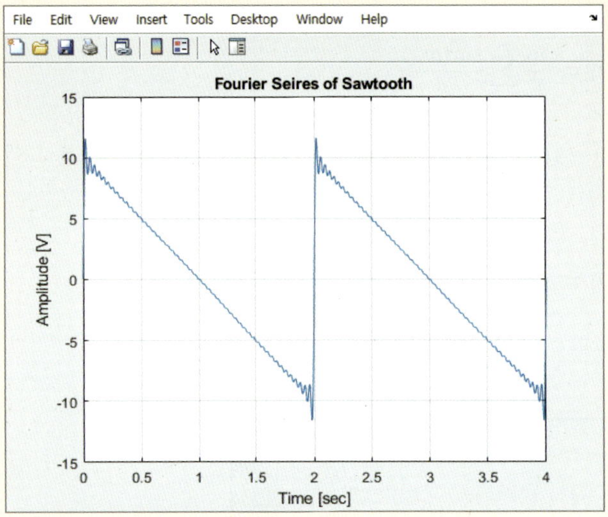

그림 9-70 [실습 9-28]의 톱니 함수 그래프

7. 보드선도

보드선도(bode diagram)는 가로축이 log ω이고 세로축이 데시벨 값인 크기 $|G(j\omega)|$의 주파수 응답(frequency response)[5]과 가로축이 log ω이고 세로축이 위상각 $\angle G(j\omega)$인 주파수 응답을 그리는 선도를 말한다. 이때 이득은 데시벨[dB]로 나타내며 다음과 같이 계산한다.

$$20\log_{10}|G(j\omega)| \tag{9.73}$$

실습 9-29

M-File | control1.m

전달함수가 $G(s)$인 시스템에 대한 주파수 응답의 보드선도를 그리는 스크립트 파일을 작성하라. 각주파수는 0.1[rad/s]부터 1000[rad/s]까지 0.1[rad/s]씩 규칙적으로 증가한다.

$$G(s) = \frac{10(s+3)}{s^2+8s+12}$$

5 닫힌 루프 시스템의 전달함수 $G(s)$에 정현파 입력 $r(t) = A \sin \omega t$를 가했을 때 입력 주파수 ω의 변화에 대한 진폭비(amplitude ratio) $|G(j\omega)|$와 위상차(phase difference) $\angle G(j\omega)$의 변화를 말한다.

풀이

```
control1.m
① num = input('Enter numerator: ');
  den = input('Enter denominator: ');
  omega = input('Enter radian frequency: ');
② G = freqs(num,den,omega);
  mag = abs(G);
③ semilogx(omega,20*log10(mag));
④ xlabel('Radian frequency [rad/s]');
  ylabel('Magnitude [dB]');
  title('Bode Diagram');
  grid on;
```

그림 9-71 [실습 9-29]의 스크립트 파일

❶ input 명령어로 전달함수의 분자 계수, 분모 계수, 각주파수를 명령창에서 직접 입력받는다.

❷ 전달함수 $G(s)$에 대한 복소 주파수 벡터 $G(j\omega)$를 찾는 freqs 함수를 이용하여 전달함수 $G(s)$를 지정한다.

❸ semilogx 명령어를 이용하여 x축을 로그함수로 지정하고, 크기를 이득 형태로 지정한다.

❹ 보드선도를 그리는 명령어를 입력한다.

[그림 9-72]와 같이 전달함수의 분자 계수, 분모 계수, 각주파수를 입력한다. 이는 bode 함수를 이용해도 동일한 결과를 얻을 수 있다.

```
Command Window
>> control1
Enter numerator: 10*[0 1 3]
Enter denominator: [1 8 12]
Enter radian frequency: 0.1:0.1:1e3
```

그림 9-72 [실습 9-29]의 매개변수 입력

[그림 9-73]은 각주파수에 대한 보드선도의 크기를 보여준다.

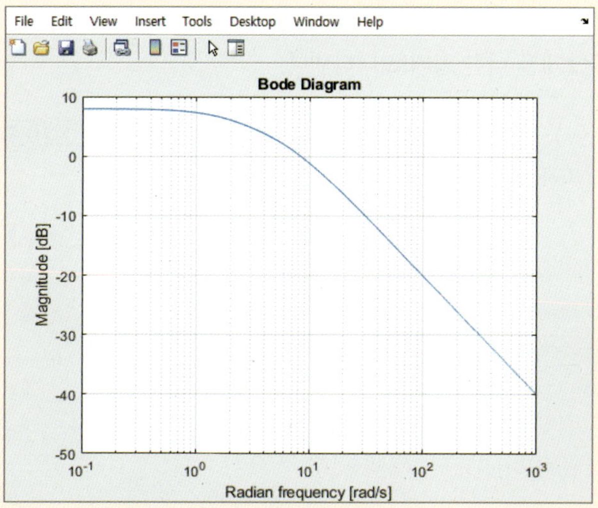

그림 9-73 [실습 9-29]의 각주파수에 대한 보드선도

8. 전달함수의 직렬 및 병렬 연결

전달함수 $G(s)$는 임펄스 응답 $g(t)$의 라플라스 변환으로 정의한다. 출력 $y(t)$의 라플라스 변환 $Y(s)$를 구하기 위해 입력 $x(t)$의 라플라스 변환 $X(s)$에 전달함수 $G(s)$를 곱하면 다음과 같다.

$$Y(s) = G(s)X(s) \tag{9.74}$$

전달함수는 출력의 라플라스 변환을 입력의 라플라스 변환으로 나눈 값이므로, 식 (9.74)에 라플라스 역변환을 적용하면 출력에 대한 시간 함수 $y(t)$를 얻을 수 있다.

전달함수의 직렬 연결(series connection)은 입력 $X(s)$와 출력 $Y(s)$ 사이에 2개 이상의 전달함수가 놓여 있음을 의미한다. 전달함수의 직렬 연결을 블록선도로 나타내면 [그림 9-74]와 같다.

그림 9-74 전달함수의 직렬 연결 블록선도

전달함수의 직렬 연결은 다음과 같이 전달함수 2개를 곱한 형태로 나타낸다.

$$Y(s) = G_1(s)G_2(s)X(s) \tag{9.75}$$

전달함수의 병렬 연결(parallel connection)[6]을 블록선도로 나타내면 [그림 9-75]와 같다.

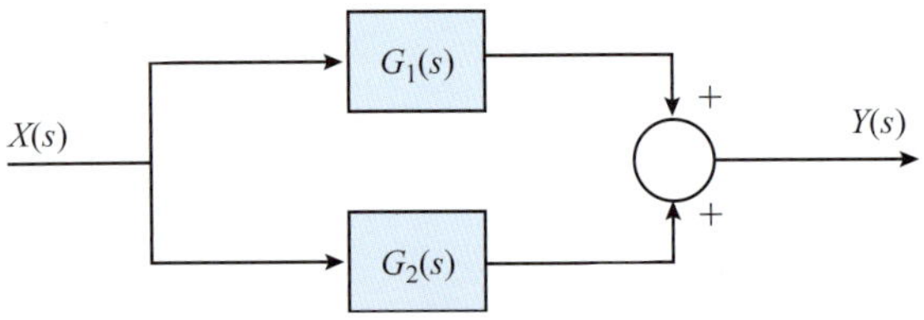

그림 9-75 전달함수의 병렬 연결 블록선도

전달함수의 병렬 연결은 다음과 같이 전달함수 2개를 더한 형태로 나타낸다.

$$Y(s) = [G_1(s) + G_2(s)]X(s) \tag{9.76}$$

6 전달함수의 병렬 연결은 실행 전에 결함을 예측하고 실행하는 귀환 과정을 제어하는 기능이 있어서 피드포워드(feedforward)라고도 한다.

실습 9-30

M-File | control2.m

시간 $0 \le t \le 4$일 때, 전달함수 $G_1(s)$, $G_2(s)$의 직렬 연결과 병렬 연결에 대한 임펄스 응답의 그래프를 그리는 스크립트 파일을 작성하라.

$$G_1(s) = \frac{1}{s+2}, \quad G_2(s) = \frac{s+3}{s+5}$$

풀이

```
control2.m
❶ t = input('Enter time: ');
❷ s = tf('s');
   G1 = 1/(s+2);
   G2 = (s+3)/(s+5);
❸ ser = input('Series connection: ');
   par = input('Parallel connection: ');
❹ g_ser = impulse(ser,t);
   g_par = impulse(par,t);
❺ plot(t,g_ser,t,g_par,'-.');
   xlabel('Time [sec]');
   ylabel('Amplitude');
   title('Impulse Response');
   legend('Series','Parallel','Location','ne');
   grid on;
```

그림 9-76 [실습 9-30]의 스크립트 파일

❶ input 명령어로 시간을 명령창에서 직접 입력받는다.

❷ 라플라스 변수 s로 표현되는 유리함수를 사용하여 전달함수 모델을 지정하는 tf 함수를 지정한 후 주어진 전달함수를 각각 입력한다.

❸ input 명령어를 이용하여 직렬 및 병렬 연결을 입력한다.

❹ impulse 함수를 이용하여 임펄스 출력 응답을 얻는다.

❺ 전달함수의 직렬 및 병렬 연결 결과를 그래프로 나타낸다.

[그림 9-77]과 같이 매개변수를 입력한다.

```
Command Window
>> control2
Enter time: 0:0.01:4
Series connection: G1.*G2
Parallel connection: G1+G2
```

그림 9-77 [실습 9-30]의 매개변수 입력

전달함수의 직렬 연결은 매초 단위에 상응하는 전달함수 $G_1(s)$와 $G_2(s)$의 진폭을 곱하고, 병렬 연결은 전달함수 $G_1(s)$와 $G_2(s)$의 진폭을 더한다.

TIP MATLAB에서 제공하는 series 함수는 전달함수 2개를 직렬로 연결하는 함수이고, parallel 함수는 전달함수 2개를 병렬로 연결하는 함수이다.

[그림 9-78]은 전달함수 $G_1(s)$와 $G_2(s)$에 대한 임펄스 출력 응답을 보여준다.

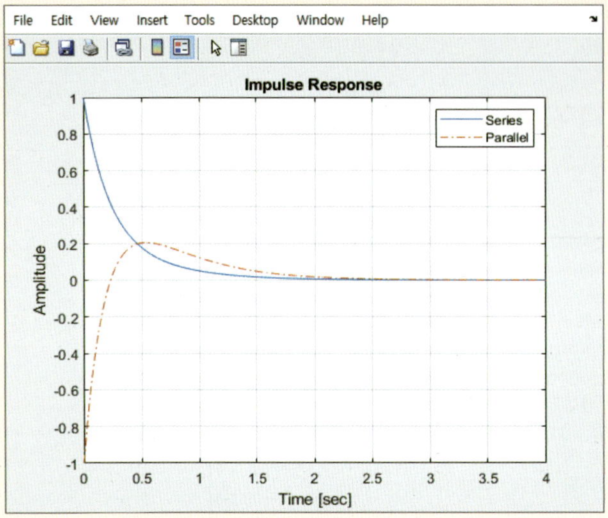

그림 9-78 [실습 9-30]의 직렬 연결과 병렬 연결의 임펄스 출력 응답 그래프

CHAPTER

09 연습문제

9.1 0이 아닌 복소수 $z = r(\cos\theta + i\sin\theta)$의 n 제곱근은 다음과 같이 나타낸다. 여기서 $k = 0, 1, 2, \cdots, n-1$이다.

$$w_k = r^{1/n}\left[\cos\left(\frac{\theta + 2k\pi}{n}\right) + i\sin\left(\frac{\theta + 2k\pi}{n}\right)\right]$$

복소수 $z = i$의 세제곱근 3개를 찾는 스크립트 파일을 작성하라. 복소수의 2개 실수와 제곱근의 수는 `input` 명령어를 이용하여 입력한다.

9.2 복소수 $z_1 = -\sqrt{3} + i$와 $z_2 = 1 - \sqrt{3}i$에 대해 $z = z_1/z_2$을 극 형식으로 나타내는 스크립트 파일을 작성하라. 각 복소수의 2개 실수는 `input` 명령어를 이용하여 입력한다.

9.3 함수 `det`를 지정하지 않고 크래머 법칙을 이용하여 다음 선형연립방정식의 해를 구하는 스크립트 파일을 작성하라. 계수 행렬 및 상수 벡터는 `input` 명령어를 이용하여 입력한다.

$$\begin{aligned} 4x_1 + \ \ x_2 &= 6 \\ 3x_1 + 2x_2 &= 7 \end{aligned}$$

9.4 복소수 $z = x + iy$에 대해 쌍곡선(hyperbolic) 함수는 다음과 같이 정의한다.

$$\sinh z = \frac{e^z - e^{-z}}{2}, \quad \cosh z = \frac{e^z + e^{-z}}{2}$$

이때 $\sinh\left(1 + \frac{\pi}{3}i\right)$와 $\cosh\left(1 + \frac{\pi}{3}i\right)$를 구하는 스크립트 파일을 작성하라. 복소수의 2개 실수는 `input` 명령어를 이용하여 입력한다.

9.5 여러 종류의 신호를 표현하는 데 매우 유용한 단위 계단 함수(unit step function) $u[n]$과 특정한 단위 시간의 파형을 추출할 때 사용하는 임펄스 함수(impulse function) $\delta[n]$은 다음과 같이 정의된다.

$$u[n] = \begin{cases} 1 & (n \geq 0) \\ 0 & (n < 0) \end{cases}$$

$$\delta[n] = \begin{cases} 1 & (n = 0) \\ 0 & (n \neq 0) \end{cases}$$

그러므로 단위 계단 함수를 이용하여 임펄스 함수를 $\delta[n] = u[n] - u[n-1]$로 표현할 수 있다. 신호값이 발생하는 시간 $-4 \le n \le 4$[sec]에서 임펄스 함수의 파형을 그리는 스크립트 파일을 작성하라. 이때 단위 계단 함수를 일정한 시간만큼 이동하는 데 사용하는 함수는 `stepfun`이며, 시간 간격 벡터는 `input` 명령어를 이용하여 입력한다.

9.6 직교좌표계는 좌표 (x, y, z)가 서로 직교한 상태로 3차원 공간에 놓여 있는 것을 의미한다. 원통좌표계는 (ρ, ϕ, z) 좌표로 이루어지며, 직교좌표 (x, y, z)를 원통좌표 (ρ, ϕ, z)로 변환하려면 다음 관계를 이용한다.

$$\rho = \sqrt{x^2 + y^2},\ \phi = \tan^{-1}\frac{y}{x},\ z = z$$

직교좌표의 점 $(1, 2, -3)$에 상응하는 원통좌표의 점 (ρ, ϕ, z)를 구하는 스크립트 파일을 작성하라. 좌표 (x, y, z)는 `input` 명령어를 이용하여 입력한다.

9.7 구면좌표계는 (r, θ, ϕ) 좌표로 이루어지며, 구면좌표 (r, θ, ϕ)를 직교좌표 (x, y, z)로 변환하려면 다음 관계를 이용한다.

$$x = r \sin\theta \cos\phi,\ y = r \sin\theta \sin\phi,\ z = r \cos\theta$$

구면좌표의 점 $(\sqrt{14}, 74.4986°, -56.3099°)$에 상응하는 직교좌표의 점 (x, y, z)를 구하는 스크립트 파일을 작성하라. 좌표 (r, θ, ϕ)는 `input` 명령어를 이용하여 입력한다.

9.8 확률변수 X는 계산한 확률을 서로 연결한 것이다. 누적분포함수(cumulative distribution function)에서 확률변수는 다음과 같이 집합 $(-\infty, x]$에서 사건 $\{X \le x\}$의 확률로 정의한다.

$$F_X(x) = P[X \le x]$$

주사위 2개를 동시에 20번 던질 때 나오는 주사위 눈의 합에 대한 누적분포함수를 나타내는 스크립트 파일을 작성하라. 주사위 갯수와 주사위를 동시에 던지는 횟수는 `input` 명령어를 이용하여 입력한다.

9.9 3차다항식 $y = \alpha + \beta x + \gamma x^2 + \delta x^3$은 컴퓨터 지원 설계(CAD)와 서로 매끄럽게 연결된 3차 곡선의 조각으로 구성되는 스플라인(spline) 함수에 널리 이용된다. 이는 3차 곡선이 다음 4개의 (x, y) 좌표를 통과하는 계수 $\{\alpha, \beta, \gamma, \delta\}$를 결정하는 데 쓰인다.

$$(x_1, y_1) = (1, -1),\ (x_2, y_2) = (2, 2),\ (x_3, y_3) = (3, -2),\ (x_4, y_4) = (4, 3)$$

미지의 계수에 대한 4×4 선형방정식 시스템을 설정하고 이것을 푼다. 구한 계수를 이용하여 구간 $0 \le x \le 5$에서 3차 곡선 y의 그래프와 3차 곡선을 통과하는 4개의 좌표를 나타내는 스크립트 파일을 작성하라. 좌표 4개는 각각 `input` 명령어를 이용하여 입력한다.

9.10 **심화** MATLAB에서 제공하는 신경망을 이용하여 논리적 AND의 출력 결과를 두 집단으로 분류하는 결정 경계를 보여라. 입력 벡터 및 목표 벡터는 `input` 명령어를 이용하여 입력한다.

배경 지식

`net = configure(net, p, t)`

- 입력 데이터와 목표 데이터를 가장 잘 일치하도록 네트워크 입력 및 출력을 구성한다.
- p는 입력 데이터, t는 목표 데이터를 표시한다.

`net = perceptron`

- 입력 공간을 선형 결정 경계로 나누는 간단한 단일 계층 2진 분류기이다.

`rands(n, m)`

- 무작위로 부호가 있는 초기 가중치를 계산하는 함수이다.
- n은 신경세포 계층의 수, m은 입력 원소 수를 표시한다.

`plotpv(p, t)`

- 퍼셉트론의 입력 벡터와 목표 벡터를 그리는 명령어이다.
- 목표 벡터가 0인 경우는 원, 1인 경우는 +로 나타낸다.

`plotpc(w, b)`

- 그린 퍼셉트론의 목표 벡터상에 분류 직선을 덧붙여서 그리는 명령어이다.
- w는 가중치 벡터, b는 바이어스 벡터를 표시한다.

`net = train(net, p, t)`

- 신경망을 훈련하는 명령어이다.
- 우측 `net`은 새롭게 훈련된 네트워크, 좌측 `net`은 신경망에 사용하는 네트워크를 표시한다.

`net.iw{i, j}`

- 입력 `j`에서 계층 `i`에 지정되는 가중치를 나타낸다.

`net.b{i}`

- 신경망 각 계층의 편차이다. `net.b{1}`는 첫 번째 계층의 편차이다.

MATLAB INDEX

INDEX

INDEX